MANUEL
DE
DROIT COMMERCIAL

MANUEL
DE
DROIT COMMERCIAL

de

ALFRED JAUFFRET †

Professeur honoraire à la Faculté de droit d'Aix-Marseille
Correspondant de l'Institut

DIX-HUITIÈME ÉDITION

par Jacques MESTRE
Professeur à la Faculté de droit d'Aix-Marseille

CAPACITÉ

PREMIÈRE ANNÉE

PARIS
LIBRAIRIE GÉNÉRALE DE DROIT ET DE JURISPRUDENCE
R. PICHON ET R. DURAND-AUZIAS

20, rue Soufflot, 75005

1986

ISBN 2-275-00902-7

AVANT-PROPOS

Au seuil de cette nouvelle édition, qu'il nous soit permis de dire très simplement l'honneur et l'émotion que nous ressentons de continuer l'œuvre d'Alfred Jauffret. Ce maître a su, en effet, tout à la fois rester fidèle à la Faculté de droit d'Aix, où il a formé d'innombrables disciples, et puissamment contribuer au rayonnement du droit commercial français, au-delà même de nos frontières.

Depuis 1982, date de la précédente édition, le droit commercial a connu une profonde évolution. Plusieurs de ses composantes traditionnelles ont été sensiblement modifiées : comptabilité de l'entreprise, registre du commerce et des sociétés, situation des époux commerçants, valeurs mobilières, et surtout prévention et traitement des difficultés de l'entreprise. Par ailleurs, de nouvelles institutions sont apparues, dont la plus remarquable est sans doute l'entreprise unipersonnelle à responsabilité limitée. Dans les importants remaniements qui en ont été la naturelle conséquence, nous nous sommes efforcé de respecter la méthode d'exposition du professeur Jauffret.

Jacques MESTRE.

Aix, le 15 avril 1986.

INTRODUCTION

SECTION I. – LE DROIT CIVIL ET LE DROIT COMMERCIAL

1. *Le droit privé et ses divisions.* – Le *droit privé* est la partie du droit qui régit les rapports entre les particuliers.

Le droit privé comprend notamment le droit civil et le droit commercial. Dans l'opinion traditionnelle, le *droit civil* constitue le droit commun applicable, en principe, à tous les rapports de droit privé. Le *droit commercial* constitue un droit spécial qui, dans certains cas, est substitué au droit civil pour régir les actes de commerce et les commerçants. Ce serait donc un *droit d'exception.*

Mais actuellement, cette opinion peut paraître critiquable. Le droit commercial, en effet, a étendu considérablement son influence. D'une part, sont apparus de nombreux et importants actes de commerce nouveaux (v. n°s 32-2°, 33-1°, 34-3°, 35-4°). Le nombre de sociétés réputées commerciales s'est considérablement accru (v. n° 216). D'autre part, aujourd'hui, les règles commerciales s'appliquent fréquemment à des opérations non commerciales (v. n°s 542, 665, 672) et à des non-commerçants (v. n°s 62, al. 3, 185 *in fine).*

Enfin, le droit commercial est de plus en plus régi par des règles propres tout à fait distinctes des règles du droit civil (v. n° 11). Il est sans doute plus exact, dans ces conditions, de considérer que le droit commercial n'est plus un droit d'exception, ni un droit subordonné, mais un *droit autonome.*

2. *Le sens du mot « commerce ».* – Le « commerce », au sens juridique du mot, n'est pas le commerce (commerce d'échange) que l'économie politique et le langage courant opposent à l'industrie. Le

droit commercial régit aussi bien l'industrie que le commerce. En droit commercial, « l'entreprise de manufacture », « l'opération de banque », « l'opération du courtage » constituent des *actes de commerce* au même titre que « l'achat pour revendre ». L'industriel, le banquier, le courtier sont des *commerçants* au même titre que le négociant. L'entreprise industrielle, l'établissement de banque, le cabinet de courtier sont des *fonds de commerce* au même titre que le magasin de vente au détail.

En somme, on peut dire (sauf à préciser ultérieurement par l'étude des actes de commerce) que le commerce, au sens juridique du terme, englobe toute l'activité économique – à l'exception des entreprises agricoles et artisanales, et des professions libérales.

3. *La dualité du droit civil et du droit commercial.* – En droit français actuel, le droit commercial est distinct du droit civil. Il y a *dualité*. Pour une même situation juridique il y a, fréquemment, deux législations distinctes : l'une applicable au commerce, l'autre applicable s'il n'y a pas commerce.

Cette dualité est particulièrement nette en droit français. Non seulement il existe des règles distinctes pour les actes de commerce et les actes civils, les commerçants et les non-commerçants, les fonds de commerce et les fonds civils, les sociétés commerciales et les sociétés civiles, mais encore les litiges commerciaux sont jugés par des tribunaux spéciaux et suivant une procédure spéciale (v. notre *Manuel de procédure civile,* 14e éd., par J. Normand, nos 59, 70 et suiv., 267 et suiv.). Cette dualité est d'ailleurs marquée, en la forme, par l'existence de deux codes distincts : le Code civil et le Code de commerce.

Cette dualité est très ancienne en France. Dès le XVIIe siècle, il existait une codification du droit spécial au commerce : l'Ordonnance du commerce de mars 1673 et l'Ordonnance de la marine d'août 1681. Au contraire, le droit civil n'était ni codifié, ni même unifié, les règles en étant souvent très différentes suivant les diverses régions de la France.

Cependant, cette dualité n'a pas toujours existé (elle était inconnue en droit romain) et, actuellement, elle n'existe pas dans tous les pays (notamment, l'Angleterre ne connaît, en principe, qu'un droit unique).

4. *Justification de la dualité.* – On peut justifier la dualité du droit civil et du droit commercial par l'utilité d'avoir des règles spéciales mieux adaptées aux besoins et aux habitudes des commerçants.

1° Parfois, les règles du droit commercial sont plus souples que celles du droit civil. Ainsi, les contrats doivent, en droit civil, être prouvés, en principe, par un acte authentique ou un acte sous seing privé. Au contraire, le droit commercial admet, sauf exception, la preuve par tous les moyens et notamment par la correspondance, les témoins, les présomptions. C'est qu'en effet la rapidité nécessaire de beaucoup d'opérations commerciales et l'habitude des commerçants de traiter souvent les affaires oralement ou par simple lettre ne permettent guère la rédaction d'un acte écrit. L'écrit est, cependant, en soi, préférable et on comprend qu'il soit exigé pour des contrats civils pour lesquels le besoin de rapidité est généralement moindre et les habitudes favorables à la rédaction d'un écrit.

2° Plus souvent, les règles du droit commercial sont plus strictes que celles du droit civil. On peut le constater, soit pour les règles de fond, soit pour le formalisme, soit pour la publicité :

a) Pour les règles de fond, on notera par exemple que la cessation des paiements, presque sans conséquences pour un non-commerçant (du moins pour une personne physique), entraîne, pour un commerçant, une procédure collective fortement organisée, rigoureuse pour le débiteur. C'est que cette procédure a paru nécessaire pour assurer l'exactitude des échéances, affermir le crédit du commerçant, garantir en principe l'égalité entre les nombreux créanciers. Sa rigueur est approuvée par les commerçants. Au contraire, une telle procédure a paru inutile pour le non-commerçant qui a moins besoin de crédit, dont les créanciers sont généralement moins nombreux, et pour les défaillances duquel l'opinion publique est indulgente.

b) Le droit commercial est souvent beaucoup plus formaliste que le droit civil. Par exception au principe de la liberté de la preuve, tantôt un écrit est obligatoire, tantôt des mentions sont impérativement prescrites. Des procédures spéciales sont imposées, des délais de rigueur, des prescriptions rapides sont prévues, etc. Cette sévérité a paru nécessaire pour couper court aux discussions, assurer la sécurité des opérations, affermir le crédit. Elle serait excessive en dehors du commerce pour des personnes moins rompues aux affaires, moins attentives aux prescriptions légales, moins habituées à agir rapidement.

c) La publicité est très répandue en droit commercial : publicité des entreprises (registre du commerce et des sociétés, répertoire national des entreprises et des établissements), publicité des contrats (contrats de vente, de nantissement, de location gérance des fonds de commerce ; contrats de gage sans dessaisissement ; contrats de crédit bail), publicité des sociétés, publicité des protêts, publicité des jugements de règlement judiciaire, de liquidation des biens, de suspension provisoire des poursuites, et désormais de redressement judiciaire, etc. Il paraît nécessaire que tout ce qui touche à la situation, au crédit des commerçants soit exposé au grand jour. En dehors du commerce, cette publicité serait peu utile et répugnerait aux habitudes des non-commerçants qui tiennent au secret de leurs affaires.

(Cette publicité des actes et faits juridiques, destinée à les porter à la connaissance des tiers, ne doit pas être confondue avec la *publicité commerciale*, destinée à la promotion des ventes des commerçants : v. n° 122.)

5. *Tendances particulières du droit commercial.* – La dualité du droit civil et du droit commercial peut encore se justifier par les tendances particulières du droit commercial.

Relevons deux tendances qui ne peuvent guère être discutées :

1° Le droit commercial est moins traditionaliste et, partant, d'évolution plus rapide que le droit civil. En droit civil, certaines institutions qui tiennent à des habitudes, à des traditions anciennes, à des préjugés parfois, demeurent presque intactes à travers les siècles : les régimes matrimoniaux, par exemple (jusqu'à la réforme de 1965). Au contraire, le droit commercial qui réglemente les rapports économiques évolue aussi rapidement que l'économie elle-même. La législation se renouvelle constamment.

2. Le droit commercial est un droit à tendance moins nationale que le droit civil. Le droit civil des divers Etats est, sur bien des points, très différent. Au contraire, le commerce a toujours été, en grande partie, international. Aussi, les commerçants ont toujours eu tendance à adopter, dans les divers pays, des règles juridiques assez semblables. De là l'importance des sources internationales du droit commercial (v. *infra,* n°s 8 et 9). La tendance à une unification ou du moins une harmonisation des droits commerciaux des diverses nations est très nette. D'une part, des pratiques semblables sont utilisées, des contrats types internationaux sont en usage (v. *infra,* n° 20). D'autre part, des conventions internationales régissent de nombreux rapports internationaux et même certains rapports internes (v. *infra,* n°s 8 et 9). La tendance au rapprochement des législations est particulièrement accentuée parmi les Etats membres de la Communauté économique européenne instituée par le Traité de Rome du 25 mars 1957, établissant un « marché commun » entre ces Etats (v. *infra,* n° 9).

6. *Autres tendances du droit commercial.* – D'autres tendances ne peuvent être relevées qu'avec d'importantes réserves :

1° Le droit commercial est plus mêlé de droit public que le droit civil. Notamment le droit pénal et le droit fiscal ont une très grande importance en droit commercial. De plus, l'influence de la puissance publique est très nette dans le commerce depuis le développement de l'économie dirigée : contrôle des changes, contrôle des prix, contrôle du crédit, planification, sociétés d'économie mixte, etc. : c'est l'étude de ces questions qui constitue, au moins dans une conception, *le droit économique*. Enfin, notamment avec les nationalisations de 1945-1946 et de 1982, l'importance des entreprises publiques s'est considérablement accrue.

Il faut cependant noter que l'intervention généralisée de l'Etat ne se traduit pas nécessairement par un accroissement du domaine du droit public. D'une part, les réglementations, les contrôles n'impliquent pas toujours l'application des règles de droit public. D'autre part, les nationalisations laissent subsister, pour une large part, l'application du droit privé : c'est ainsi que le droit commercial reste en principe applicable aux sociétés nationalisées. Elles ne sont pas, par ailleurs, irréversibles comme en témoigne la création, en mars 1986, d'un ministère chargé de la privatisation d'une partie du secteur public.

2° Le droit commercial, plus que le droit civil, tend, en partie du moins, à être un droit professionnel. Le Code civil ingorait la profession. Le Code de commerce établissait un statut du commerçant. La tendance s'est accentuée à une époque récente, notamment avec l'institution du registre du commerce en 1919, la création des Comités d'organisation en 1940, l'institution d'une prescription spéciale entre commerçants en 1948, la réforme du registre du commerce en 1953.

Ici encore, il ne faut pas exagérer l'importance de cette tendance. D'une part, les Comités d'organisation ont été supprimés. D'autre part, le droit commercial ne se limite pas à une classe de professionnels, il s'applique de plus en plus dans tous les milieux, à de nombreuses personnes non commerçantes, avec l'usage fréquent des comptes en banque, l'emploi généralisé du chèque, la diffusion des valeurs mobilières, ou encore la progressive extension des procédures collectives. De là la tendance à parler, plutôt que de droit commercial, de *droit des affaires*.

SECTION II. – LES SOURCES DU DROIT COMMERCIAL

7. *Généralités*. – Les sources du droit commercial sont, pour la plus grande partie, d'ordre interne. Cependant, c'est en premier lieu qu'il faut faire état des sources internationales, même si leur domaine d'application est encore assez restreint. D'une part, en effet, en vertu

de la Constitution française du 4 octobre 1958, article 55, les traités internationaux ont « une autorité supérieure à celle des lois ». D'autre part, le rôle des conventions internationales paraît destiné à augmenter, notamment pour les Etats membres des Communautés européennes.

§ 1. – LES SOURCES INTERNATIONALES

8. *Règles internationales régissant directement les rapports juridiques.* – Certaines conventions internationales régissent directement les rapports juridiques, mais, le plus souvent, elles ne sont applicables qu'aux rapports internationaux. C'est ainsi que, dans plusieurs pays d'Europe, les transports ferroviaires internationaux sont régis par les conventions de Berne de 1892 plusieurs fois remaniées, que les transports maritimes internationaux sont régis par la convention de Bruxelles du 25 août 1924 amendée par le Protocole de 1968, que les transports aériens internationaux sont régis pas la convention de Varsovie du 12 octobre 1929, modifiée par plusieurs protocoles dont la ratification a été autorisée par la loi du 8 décembre 1981, que les transports routiers internationaux sont régis par la convention de Genève du 19 mars 1956. Il existe aussi de très importantes conventions en matière de propriété industrielle (nº 140), en matière de propriété littéraire (v. nº 141). D'autres conventions ont trait à l'effet international des jugements, à l'arbitrage international, etc. En 1966, a d'ailleurs été créée la Commission des Nations unies pour le Droit commercial international (C.N.U.D.C.I.), dont le rôle est de préparer de telles conventions.

D'autre part, il faut noter que le traité de Rome du 25 mars 1957 (v. nº 5, 2º) est, en certains de ses articles, directement applicable en France, et s'impose aux tribunaux français, notamment en ce qui concerne les textes sur la concurrence dans le Marché commun (art. 85 et 86 du traité). V. nºs 124 et 368, al. 3.

Dans certains cas, sans doute beaucoup plus rares, les conventions internationales régissent directement les rapports internes. C'est ainsi qu'en vertu de diverses lois françaises, les Français peuvent se prévaloir, même dans les rapports internes, des dispositions des conventions sur la propriété industrielle, lorsque ces dispositions sont plus favorables que celles des lois françaises.

9. *Règles internationales régissant indirectement les rapports juridiques internes.* – Certains traités internationaux obligent l'Etat français à prendre des dispositions applicables aux rapports juridiques internes. La convention internationale ne régit pas directement ces

rapports, car les dispositions qui les régissent sont des lois, des ordonnances, des décrets français. Mais ces textes sont pris en exécution d'obligations internationales.

C'est ainsi que des conventions de Genève de 1930 et 1931 ont imposé à la France l'obligation d'adopter des lois uniformes sur la lettre de change (v. n° 607) et sur le chèque (v. n° 684).

Le traité de Rome du 25 mars 1957 (article 100) prévoit le rapprochement progressif des législations des Etats membres de la Communauté économique européenne. Et, déjà, des Directives émanées du Conseil des Communautés obligent les Etats membres à conformer leurs législations à ces Directives (v. n°s 84, 2°, 197, 277, 299, 301, 368, 420).

En outre, même si une convention internationale ne prévoit pas l'obligation de modifier la loi nationale, il est fréquent que le législateur modifie cependant la loi interne pour la mettre en harmonie avec la convention internationale. C'est ce qui s'est passé en France pour plusieurs conventions internationales en matière maritime.

Enfin, on constate que, sans qu'il y ait aucune obligation, le législateur français s'est souvent inspiré, en fait, de la loi étrangère. C'est ainsi que la réglementation française du registre du commerce a été influencée par le droit allemand et le droit suisse.

§ 2. – LES SOURCES INTERNES

10. *Source principale et sources secondaires.* – Où trouve-t-on les règles juridiques internes régissant le commerce ? Principalement dans la loi (et le décret) : la *loi* (et le *décret)* sont, en effet, de beaucoup, la source la plus importante du droit commercial. Il convient cependant de faire état de sources secondaires : les *usages*, dont le rôle est notable en certaines matières, et les *règles professionnelles*, dont le rôle est, actuellement, très effacé. D'autre part, si la pratique, la jurisprudence, la doctrine, ne sont pas des sources proprement dites du droit, elles jouent néanmoins un rôle important dans la formation des règles juridiques.

I. – *La loi (et le décret)*

11. *Le Code civil.* – L'opinion traditionnelle admettait que le droit civil était le droit commun et qu'il était, en conséquence, applicable même en matière commerciale, s'il n'était pas écarté par les règles spéciales du droit commercial. Cette conception nous paraît dépassée (v. n° 1). Mais même si on l'admet, il faut reconnaître que l'application du droit civil est fort restreinte. Sans doute, en matière

de sociétés, le Code civil, dans la nouvelle rédaction donnée au titre « De la société », par la loi du 4 janvier 1978, contient des Dispositions générales (art. 1832 à 1844-17) applicables à toutes les sociétés, donc aux sociétés commerciales. Sans doute aussi, pour certains contrats commerciaux, notamment pour la vente, à défaut de dispositions spéciales, on applique les règles du Code civil. Mais, en dehors de ces cas particuliers, notamment, en matière d'effets de commerce, de procédures collectives au cas de défaillance du débiteur, l'influence du droit civil est à peu près nulle, les règles du droit commercial étant très complètes, très précises et très différentes des règles civiles.

12. *Le Code de commerce.* – Le Code de commerce fait partie de la codification napoléonienne. Il date de septembre 1807 et a été mis en vigueur le 1er janvier 1808.

Le Code de commerce était inférieur au Code civil, il était moins complet, moins original, moins bien rédigé. Il a beaucoup plus vieilli. Il n'a cependant jamais fait l'objet d'une réforme d'ensemble, malgré les importants et intéressants travaux d'une Commission de réforme du Code de commerce et du droit des sociétés qui a fonctionné auprès du ministre de la Justice de 1947 à 1965.

Le Code de commerce comprenait 648 articles et était divisé en 4 livres. Il ne comprend guère actuellement que 159 articles, sur lesquels à peine 33 ont conservé intégralement la rédaction de 1807. Le Livre II sur le commerce maritime a été abrogé et remplacé par divers textes nouveaux de 1966 à 1970. Le Livre III sur la Faillite a été abrogé par la loi du 13 juillet 1967.

Le Livre premier (art. 1 à 189 *bis)*, intitulé : « Du commerce en général », est encore en vigueur et contient, sans grand ordre, des dispositions relatives à une série de matières. Nous y trouvons, notamment, parmi les questions traitées dans ce Manuel, des dispositions sur les commerçants, sur le gage, sur la lettre de change et le billet à ordre, sur la prescription commerciale. Le Livre IV (art. 624 à 644) traite de la juridiction commerciale : nous n'aurons à en citer que quelques articles relatifs aux actes de commerce, car l'étude de la procédure commerciale fait partie du programme de procédure civile (v. notre *Manuel de procédure civile,* 14e éd., nos 70 et suiv., 85, 120, 121, 129 à 131, 152, 267 et suiv.).

13. *Les textes postérieurs au Code de commerce.* – Le Code de commerce s'est montré bien vite insuffisant en raison du prodigieux développement du commerce, de l'industrie, de la banque au XIXe siècle. Certaines institutions, telles que les sociétés par actions,

étaient très peu réglementées. D'autres ne sont apparues qu'après le Code de commerce : fonds de commerce, chèque, registre du commerce. Le législateur a donc été obligé d'intervenir pour compléter certains textes du Code ou combler les lacunes de sa réglementation. Quelques textes ont été incorporés au Code de commerce, beaucoup d'autres sont restés en dehors du Code.

D'autre part, est apparue la nécessité de protéger certaines catégories de personnes. De là, les nouveaux textes destinés, notamment, à la protection des épargnants (v. n° 275, 2°), des travailleurs (v. n° 275, 3°), des consommateurs (v. n° 472). Tous ces textes spéciaux sont actuellement beaucoup plus importants que le Code de commerce lui-même.

14. *Nature des nouveaux textes.* – Il faut noter que des réformes très importantes ont été réalisées, à partir de 1935, par des textes qui, n'émanant pas d'un Parlement, ne constituaient pas à proprement parler des lois, mais qui ont statué sur des matières législatives et ont force de loi : décrets-lois de 1935 à 1939, actes dits lois de 1940 à 1944, ordonnances du Gouvernement provisoire de 1944 et 1945, décrets que diverses lois de la IVe République ont autorisé les gouvernements à prendre, ordonnances qui ont été prévues par la Constitution du 4 octobre 1958. Cette Constitution, d'ailleurs, restreignant beaucoup le domaine de la loi, permet, à titre permanent, de régler de nombreuses matières par décret. Il en résulte qu'actuellement bien des institutions sont régies par une loi et par un décret, par exemple les sociétés commerciales, les procédures collectives commerciales.

15. *Textes spéciaux essentiels.* – Sans prétendre faire une énumération complète, il faut dès à présent noter quelques textes essentiels sur les diverses matières traitées dans ce Manuel :

1° Pour les actes de commerce, les commerçants, le fonds de commerce : la loi du 30 août 1947 sur l'assainissement des professions commerciales ; le décret du 30 mai 1984 sur le registre du commerce ; les lois des 17 mars 1909, 29 juin 1935, 20 mars 1956 sur le fonds de commerce ; le Code de l'artisanat du 16 juillet 1952 et les textes postérieurs, notamment les décrets du 1er mars 1962 et du 10 juin 1983. Tous ces textes sont restés en dehors du Code de commerce.

2° Pour les sociétés et les groupements d'intérêt économique : la loi du 24 juillet 1966 sur les sociétés commerciales, le décret du 23 mars 1967 sur les sociétés commerciales, l'ordonnance du 23 septembre 1967 sur les groupements d'intérêt économique, la loi du 4 janvier

1978 refondant le Titre du Code civil sur la société et les décrets d'application du 3 juillet 1978. Tous ces textes sont restés en dehors du Code de commerce.

3° Pour les entreprises publiques : les lois de 1945 et de 1946, la loi du 11 février 1982, sur les nationalisations.

4° Pour les contrats commerciaux : la loi du 23 mai 1863 sur le gage commercial, incorporée au Code de commerce ; le décret-loi du 30 septembre 1953 sur les baux commerciaux.

5° Pour les effets de commerce : les décrets-lois du 30 octobre 1935 qui ont entièrement refondu les textes du Code de commerce (pour la lettre de change et le billet à ordre) et de la loi spéciale de 1865 (pour le chèque).

6° Pour la prévention des difficultés de l'entreprise : la loi du 1er mars 1984 et le décret du 1er mars 1985.

7° Pour les procédures collectives au cas de défaillance du débiteur : la loi du 13 juillet 1967 et le décret du 22 décembre 1967, l'ordonnance du 23 septembre 1967 et le décret du 31 décembre 1967, régissant les procédures ouvertes avant le 1er janvier 1986 ; la loi du 25 janvier 1985 et le décret du 27 décembre 1985, gouvernant celles ouvertes après cette date.

Plusieurs de ces textes ont fait l'objet d'additions ou de modifications.

16. *Lois fiscales.* – Le droit fiscal est très important en matière commerciale, les incidences fiscales des opérations qu'ils traitent, des sociétés qu'ils constituent étant au premier plan des préoccupations des commerçants. Les lois fiscales ont été codifiées en un *Code général des impôts* du 6 avril 1950, fréquemment modifié depuis lors. Sans pouvoir traiter de façon complète les questions de droit fiscal, nous donnerons, du moins, des indications sur les points les plus importants (v. particulièrement : n° 98).

17. *Haut-Rhin, Bas-Rhin, Moselle.* – Il faut signaler que, dans les départements du Haut-Rhin, du Bas-Rhin, de la Moselle, une loi du 1er juin 1924 a introduit, à dater du 1er janvier 1925, l'ensemble du droit commercial français. Le législateur a, cependant, maintenu provisoirement en vigueur certaines dispositions du droit local, c'est-à-dire du droit allemand. Mais ces exceptions sont peu importantes et nous ne les évoquerons pas.

18. *Métropole et outre-mer.* – Nous nous en tiendrons à l'étude du droit commercial en vigueur dans la métropole. Mais il faut savoir que, dans la République française, il n'y a pas d'unité parfaite de la

législation commerciale. La législation métropolitaine est, sur presque tous les points, étendue aux départements d'outre-mer. Mais elle n'est pas entièrement introduite ou ne l'est qu'avec des modifications et des règles spéciales dans les territoires d'outre-mer.

II. – *Les sources secondaires*

19. *Les usages et la coutume.* – Les *usages* sont des règles de droit établies par une pratique ancienne et constante. Les usages commerciaux sont le plus souvent des clauses qui sont devenues si usuelles dans les conventions qu'elles sont sous-entendues. Ce sont des conventions tacites, les parties étant censées se référer à ces règles habituelles, qu'elles pourraient d'ailleurs expressément écarter.

On dit souvent que les usages ont une très grande importance en droit commercial. Encore faut-il distinguer : leur rôle n'est, en réalité, important que pour certains contrats commerciaux : nous en verrons des exemples à propos de la vente commerciale. Mais en beaucoup de matières (sociétés, effets de commerce, procédures collectives), le rôle des usages est presque nul.

Les usages se prouvent, s'il y a lieu, par la production, devant les tribunaux, d'attestations émanées des Chambres de commerce et d'industrie ou syndicats de commerçants et appelées *parères.* La violation d'un usage n'est pas, en principe, une cause d'ouverture à cassation. Cependant, dans quelques cas, l'usage est plus qu'une convention tacite, c'est une véritable *coutume,* règle traditionnelle dont les tribunaux consacrent le caractère obligatoire : il en est ainsi de la règle de la liberté de forme de la mise en demeure (v. nº 50, 1º), de la présomption de solidarité en matière commerciale (v. nº 50, 2º).

20. *Les règles professionnelles.* – Les règles professionnelles ou règles corporatives, c'est-à-dire les règles de droit imposées par un organisme professionnel, avaient eu, sous l'ancien régime, un rôle important. Elles l'avaient entièrement perdu. Depuis 1940, l'institution des Comités d'organisation (transformés en 1945 en Offices professionnels) leur avait rendu une certaine place. En effet, ces Comités, qui régissaient les diverses branches d'activité commerciale, avaient promulgué un certain nombre de décisions réglementaires touchant au droit privé. Mais les Comités d'organisation ont été supprimés par la loi du 26 avril 1946 et la plupart de leurs décisions réglementaires ont été annulées, de sorte qu'il ne reste presque plus rien de cette réglementation corporative.

Dans quelques rares branches d'activités peut cependant exister encore un droit professionnel : c'est ainsi que les banquiers sont obligatoirement groupés dans une association professionnelle qui peut leur imposer certaines règles.

On peut encore considérer que sont des règles corporatives les contrats types élaborés par certains groupements, par exemple les polices types d'assurances maritimes qui, pratiquement, sont imposées aux usagers. Il en est de même des conditions générales de vente, des contrats types de vente, élaborés par des groupements professionnels, par divers organismes, surtout en matière de commerce international. Il faut encore citer les Règles et usances uniformes en matière de crédit documentaire, dues à la Chambre de commerce internationale (v. nº 490).

20-1. *Documents administratifs.* – De l'Administration émanent différents textes qui ne sont pas de véritables sources du droit en ce qu'ils ne lient pas les tribunaux, mais qui précisent cependant sa position : par exemple, des *réponses ministérielles*, fréquentes en droit des sociétés, ou des *circulaires* s'adressant aux fonctionnaires dans le domaine, notamment, de la concurrence. De même, les *recommandations* de la Commission des opérations de bourse ou de la Commission de la concurrence, sans avoir directement autorité, seront naturellement prises en considération et généralement respectées par leurs destinataires.

21. *La pratique.* – La pratique commerciale, qui se manifeste notamment par des conventions, n'est pas une source du droit. Son rôle est néanmoins intéressant. D'une part, les conventions répétées tendent à constituer des usages obligatoires. D'autre part, la pratique, en imaginant des institutions nouvelles, en modifiant les anciennes, amène le législateur à intervenir pour consacrer, pour améliorer la pratique, parfois pour la redresser ou la condamner. Le rôle créateur de la pratique est particulièrement net en matière de fonds de commerce.

22. *La jurisprudence.* – La jurisprudence n'est généralement pas considérée comme une source du droit, les tribunaux ne faisant qu'interpréter la loi pour l'appliquer à une espèce déterminée et ne pouvant statuer par voie générale et réglementaire. En fait, une jurisprudence constante, surtout si elle émane de la Cour de cassation, a, pour la pratique, une autorité sensiblement égale à celle de la loi. Si la jurisprudence n'a peut-être pas eu en matière commerciale un rôle créateur aussi notable qu'en droit civil, elle a cependant une importance considérable.

23. *La doctrine.* – La doctrine, c'est-à-dire l'opinion des jurisconsultes, n'est pas une source de droit. L'autorité de certains jurisconsultes a pu cependant avoir une influence sur la pratique et sur la jurisprudence, parfois même sur le législateur.

PLAN DU MANUEL

24. *La division en six Livres.* – Nous examinerons :

Livre I : Les actes de commerce, les commerçants et le fonds de commerce.

Livre II : Les sociétés commerciales et les groupements d'intérêt économique.

Livre III : Les entreprises publiques.

Livre IV : Les contrats commerciaux.

Livre V : Les effets de commerce.

Livre VI : Le traitement des difficultés de l'entreprise commerciale.

Nota. – 1° Il est indispensable, pour une étude sérieuse, de se reporter constamment aux textes du Code de commerce et des lois et décrets spéciaux. A cet effet, les renvois aux textes ont été multipliés.

2° Les étudiants qui voudraient faire une étude plus complète du droit commercial pourraient se référer aux ouvrages suivants :

Georges Ripert et René Roblot, *Traité élémentaire de droit commercial*, 1er vol., 11e éd., 1984 ; 2e vol., 10e éd., 1986.

Joseph Hamel, Gaston Lagarde et Alfred Jauffret, *Droit commercial*, t. I, 2e éd., 1er vol. par Alfred Jauffret, 1980, 2e vol., par Gaston Lagarde, 1980 ; t. II, 1966.

Michel de Juglart et Benjamin Ippolito, *Traité de droit commercial*, 3e vol., 3e éd., par J. Dupichot et E. du Pontavice, 1979, 1981 et 1982.

Yves Guyon, *Droit des affaires*, 3e éd., 1984.

Yves Chartier, *Droit des affaires*, t. I, 1984, et t. II, 1985.

LIVRE PREMIER

LES ACTES DE COMMERCE
LES COMMERÇANTS
LE FONDS DE COMMERCE

Généralités.

25. *Les deux conceptions possibles du droit commercial.* – En législation, on peut prendre pour base du droit commercial soit le commerçant, soit l'acte de commerce :

1° Dans une législation qui, tel le Code de commerce allemand de 1897, prend pour base le commerçant (conception *subjective* ou *personnelle)*, le droit commercial est le droit qui s'applique aux commerçants, c'est-à-dire à ceux qui exercent un certain nombre de professions déterminées par la loi. Et le droit commercial s'applique à tous les actes que font ces personnes pour les besoins de leur profession. La notion essentielle est la notion de *commerçant ;*

2° Dans une législation qui prend pour base l'acte de commerce (conception *objective* ou *réelle)*, le droit commercial est le droit qui s'applique aux actes de commerce, c'est-à-dire à un certain nombre d'opérations déterminées par la loi, quelle que soit la profession de celui qui les accomplit. Le droit commercial établit sans doute le statut du commerçant (défini : celui qui fait professionnellement des actes de commerce). Mais la notion essentielle est la notion d'*acte de commerce*.

26. *La conception du Code de commerce français.* – Le droit français, du moins tel qu'il est généralement interprété, est, en principe, attaché à la deuxième conception. La notion de base est l'acte de commerce. L'acte de commerce produit des conséquences, par exemple, entraîne compétence du tribunal de commerce, quelle que soit la personne qui le fasse, même s'il s'agit d'un non-commerçant. La notion de commerçant n'est qu'une notion seconde, déterminée en fonction de la notion d'acte de commerce.

Mais il faut immédiatement noter que ces principes restent assez théoriques, car :

1° Pour beaucoup d'actes de commerce, la loi exige qu'il y ait une « entreprise », ce qui suppose à peu près nécessairement que l'acte soit fait par un professionnel, donc par un commerçant ;

2° Même pour les autres actes (achat pour revendre, acte de courtage), il est rare qu'ils soient faits par des non-commerçants et les tribunaux sont d'ailleurs peu enclins à reconnaître en pareil cas l'existence d'un acte de commerce, admettant notamment assez facilement que l'acte fait pour les besoins d'une profession civile n'est pas un acte de commerce (v. n° 42) ;

3° Si la profession commerciale a pour base la notion d'acte de commerce, elle a, à son tour, une influence sur les actes faits par le commerçant, le Code de commerce admettant (par un emprunt à la conception subjective) que l'acte fait par un commerçant pour les besoins de son commerce est un acte de commerce (v. n° 39 et suiv.).

27. *Le fonds de commerce et l'entreprise.* – Si les notions d'acte de commerce et de commerçant sont fondamentales, la notion de *fonds de commerce* est en relation étroite avec elles. Le fonds de commerce, c'est, en effet, l'ensemble juridique des biens compris dans l'entreprise commerciale, c'est-à-dire dans l'entreprise dont l'objet est de faire des actes de commerce de telle sorte que la qualité de commerçant appartienne à l'exploitant.

C'est une notion plus récente que celles d'acte de commerce ou de commerçant. Si ces dernières étaient nettement précisées dans le Code du commerce de 1807, le fonds de commerce n'a fait l'objet d'une réglementation étendue que par la loi du 17 mars 1909, et la location-gérance des fonds de commerce n'a été prévue que par le décret-loi du 22 septembre 1953, remplacé ensuite par la loi du 20 mars 1956.

A l'heure actuelle, une partie importante de la doctrine s'attache plus particulièrement à l'étude de la notion d'*entreprise*. Mais, si elle pénètre de plus en plus notre droit positif (v. n° 133), cette notion n'a pas encore vraiment, en droit privé commercial, supplanté celle de fonds de commerce, dont l'étude demeure donc, aujourd'hui encore, fondamentale.

28. *Plan.* – Dans ce premier Livre, nous étudierons les trois notions fondamentales du droit commercial en trois titres :

Titre I. – Les actes de commerce.
Titre II. – Les commerçants.
Titre III. – Le fonds de commerce.

Titre Ier

LES ACTES DE COMMERCE

29. *Division.* – Nous examinerons, tout d'abord, la distinction des actes de commerce et des actes civils, puis les intérêts de la distinction entre les actes de commerce et les actes civils.

Chapitre I. – Distinction des actes de commerce et des actes civils.

Chapitre II. – Intérêts de la distinction entre les actes de commerce et les actes civils.

CHAPITRE PREMIER

DISTINCTION DES ACTES DE COMMERCE ET DES ACTES CIVILS

30. *Généralités.* – Etant donné l'importance primordiale de la notion d'acte de commerce, on s'attendrait à voir cette matière réglée en tête du Code de commerce. Il n'en est rien. Ce n'est qu'à la fin du Code de commerce que, de façon incidente, à propos de la compétence des tribunaux de commerce, il est donné l'énumération des actes de commerce (c'est ce que l'on appelle couramment : *les actes de commerce par nature).*

Il semblerait qu'il suffise de se référer à cette énumération, à cette liste légale, pour connaître les actes de commerce, tous les autres actes étant civils : la distinction serait aisée. Mais, en réalité, notre système français est plus complexe puisqu'il faut, en outre, tenir compte de l'influence possible de la profession de l'auteur de l'acte, influence qui peut avoir pour effet de rendre commercial un acte ne figurant pas sur la liste (c'est ce que l'on appelle couramment : *les actes de commerce par accessoire)* ou, inversement, de rendre civil un acte figurant cependant sur cette liste.

SECTION I. – LA LISTE LÉGALE DES ACTES DE COMMERCE

31. *Y a-t-il un critère général de l'acte de commerce ?* – Les actes de commerce sont énumérés dans les articles 632 et 633. Mais l'article 633 vise les actes du commerce maritime : nous n'aurons pas à nous en occuper, puisque le droit maritime ne figure pas au programme. Nous ne retiendrons que l'article 632. Celui-ci a été modifié et complété par la loi du 13 juillet 1967 sur le règlement judiciaire et la liquidation des biens, qui a remplacé l'alinéa 2 de l'article 632 par quatre alinéas nouveaux ; le nouvel alinéa 3 a été lui-même retouché par une loi du 9 juillet 1970. Il y a lieu également de tenir compte de quelques textes postérieurs à 1807 et restés en dehors du Code de commerce.

La liste dressée par l'article 632 est-elle inspirée par une idée générale ? Y a-t-il un critère général de l'acte de commerce ?

On répond, en général, affirmativement, et on propose l'un des trois critères suivants :

1° L'acte de commerce serait essentiellement un *acte de spéculation*, un acte inspiré par une idée de lucre, le désir d'un bénéfice.

Cette conception est exacte en ce sens que tout acte de commerce implique en effet une idée de spéculation, la recherche d'un bénéfice. La jurisprudence exige, en général, cette condition. Un acte à titre gratuit, un acte fait par philanthropie ou sans recherche de bénéfice ne peuvent être des actes de commerce. Mais le critère est insuffisant en ce sens que bien des actes de spéculation ne sont pas des actes de commerce. Par exemple, celui qui vend avec bénéfice le sel qu'il extrait de ses marais salants a une activité civile, tandis que celui qui vend avec bénéfice le sel qu'il extrait de sa mine de sel gemme a une activité commerciale. Cependant, l'intention de spéculation est la même dans les deux cas.

2° On dit encore que font acte de commerce tous ceux qui s'entremettent dans la *circulation* des produits, et non ceux qui sont aux deux bouts de la chaîne : le producteur, qui tire la chose de son fonds, et le consommateur.

Ce critère n'est pas non plus suffisant : l'exploitation des mines est commerciale, l'exploitation des carrières est civile, alors que, dans les deux cas, il y a production. La commission est commerciale, la représentation commerciale est civile, alors que, dans les deux cas, il y a acte d'entremise.

3° Plus récemment, on a proposé de reconnaître la caractère commercial aux *entreprises* comportant une organisation technique spéciale.

Cette conception est intéressante au point de vue législatif. Elle concorde bien avec un certain nombre d'actes de commerce pour lesquels la loi exige précisément qu'il y ait une « entreprise » (v. *supra* n° 27, 1°). Mais, en droit positif, elle ne peut expliquer de façon satisfaisante la commercialité du courtage ou de la lettre de change. De plus, certaines entreprises, notamment les entreprises agricoles, même ayant une organisation très moderne et complexe, ne sont pas commerciales dans notre droit actuel.

Il nous paraît, en définitive, que les règles légales ont été inspirées par des considérations pratiques et n'obéissent à aucune idée générale. Tout au plus peut-on tenter de mettre un certain ordre dans l'énumération légale, très décousue, en rangeant sous diverses rubriques les actes de commerce.

32. *Première catégorie : Les activités d'échange.* – On peut classer dans cette catégorie :

1° *L'achat de biens meubles pour les revendre.* Cet acte, prévu par l'alinéa 2 de l'article 632, est particulièrement important, car c'est l'acte de commerce le plus fréquent. L'achat doit porter sur un bien meuble, ce qui doit être entendu non seulement des meubles corporels (denrées, marchandises, matières premières, produits finis ou demi finis, etc.), mais encore des meubles incorporels (fonds de commerce, créances, valeurs mobilières, productions de l'esprit, etc.).

L'opération doit consister dans un achat, c'est-à-dire une acquisition à titre onéreux, l'acquéreur se proposant de revendre la chose. Ainsi, le marchand au détail fait acte de commerce en achetant des marchandises parce qu'il a l'intention de les revendre. Il fait encore un acte de commerce en les revendant. (Bien que, textuellement, l'article 632 ne déclare acte de commerce que *l'achat* pour revendre, on admet sans difficulté que la *revente* est aussi un acte de commerce.)

Au contraire, le consommateur qui achète un objet ne fait pas acte de commerce parce qu'il n'achète pas pour revendre. Peu importe si, par la suite, il est amené à vendre l'objet qu'il avait acheté : ce qu'il faut retenir, c'est *l'intention* dans laquelle il a fait l'acquisition. Peu importe que la chose soit achetée pour être revendue en nature ou après avoir été travaillée et mise en œuvre.

Les opérations des bourses des valeurs sont-elles commerciales ? Elles le sont pour le spéculateur qui n'achète que pour revendre, spécialement au marché à terme. Elles ne le sont pas pour le capitaliste qui achète à titre de placement, même si, par la suite, il revend les valeurs achetées.

Le cultivateur qui vend les produits de son sol, qui vend le bétail qu'il a nourri et engraissé avec les produits de son sol ne fait pas acte de commerce : il vend, en effet, mais n'a pas acheté. La solution était d'ailleurs formellement donnée par l'article 638, alinéa 2, du Code de commerce, auquel a été substitué l'article L. 411-7 du Code de l'organisation judiciaire, par le décret n° 78-329 du 16 mars 1978. Ce texte exclut de la compétence des tribunaux de commerce « les actions intentées contre un propriétaire, cultivateur ou vigneron, pour vente de denrées provenant de son cru ». Sans doute, l'agriculteur est-il amené à faire des achats pour revendre. Par exemple, il achète de jeunes animaux pour en faire l'élevage, des semences pour produire des céréales, des moûts concentrés pour enrichir en sucre sa vendange, des bouteilles pour y mettre son vin. Mais ces achats pour revendre ne sont que des accessoires de sa profession civile (v. n° 42). Sont également des accessoires les transformations qu'il opère sur ses produits (v. n° 33, 2° et 42). Cependant, tombe sous le coup de la commercialité l'éleveur qui nourrit pour l'essentiel ses bêtes avec des produits qu'il achète, ou l'horticulteur qui achète en grande quantité les boutures qu'il repique.

De même, l'auteur, l'artiste qui vendent leurs œuvres ne font pas acte de commerce : ils vendent mais n'ont pas acheté. Mais fait acte de commerce l'éditeur qui achète leurs œuvres et les revend au public.

2° *L'achat de biens immeubles pour les revendre.* Cet acte est prévu par l'alinéa 3 nouveau de l'article 632. Dans le texte primitif, l'achat pour revendre ne pouvait porter que sur des meubles, les immeubles étant considérés traditionnellement comme ne pouvant pas faire l'objet du commerce. Cette conception ne correspondait plus à l'état actuel de l'économie, au développement de la spéculation foncière. Aussi la loi du 13 juillet 1967 a-t-elle réalisé une réforme utile en modifiant l'article 632 pour déclarer acte de commerce l'achat d'immeubles pour les revendre, rendant ainsi commerciale la spéculation immobilière. Mais, par faveur pour la construction immobilière, la loi du 9 juillet 1970 a prévu que l'achat pour revendre ne serait pas acte de commerce si l'acquéreur a agi en vue d'édifier un ou plusieurs bâtiments et de les vendre en bloc ou par locaux.

3° *L'entreprise de location de meubles.* Le nouvel alinéa 5 de l'article 632, dû à la loi du 13 juillet 1967, vise « l'entreprise de location de meubles ». De telles entreprises sont nombreuses, donnant en location des fûts, des sacs, des véhicules, des machines (v. n° 505), faisant des opérations de crédit-bail (v. n° 506). De même, l'hôtelier fait acte de commerce, car il a une véritable entreprise de location de meubles, louant les lits, le linge, etc., à ses clients. (Quant au restaurateur, il fait acte de commerce parce qu'il achète des vivres pour les revendre à ses clients.) Hôtelier et restaurateur, de surcroît, fournissent des services.

4° *L'entreprise de fournitures* (art. 632, al. 7). C'est souvent une simple variété de l'achat pour revendre, mais la revente précède l'achat : ainsi une personne s'engage à fournir, pendant un certain temps, certaines quantités de marchandises, qu'elle se procurera au fur et à mesure des livraisons. Mais il faut aussi faire entrer dans cette catégorie les entreprises de fourniture, de distribution d'eau, de gaz, d'électricité, de chauffage, d'air comprimé et les *entreprises de fourniture de services* qui se sont multipliées.

5° *L'exploitation des salles de ventes publiques.* Le Code les appelle « établissement de ventes à l'encan » (art. 632, al. 7). Il s'agit de l'exploitation de salles dans lesquelles il est procédé aux ventes aux enchères publiques de marchandises en gros (seules ventes aux enchères autorisées, la loi prohibant en principe les ventes aux enchères au détail de marchandises neuves : v. n° 478). Les salles de ventes publiques doivent être autorisées par arrêté préfectoral (décret du 12 mars 1859).

6° *L'exploitation des magasins généraux.* Les magasins généraux sont des entrepôts recevant des marchandises et remettant aux déposants des titres négociables permettant la vente ou la mise en gage : v. n° 530 et suivants. L'exploitation des magasins généraux est un acte de commerce, puisque l'article 35 de l'ordonnance du 6 août 1945, qui régit la matière, qualifie ces entreprises de « fonds de commerce ».

33. *Deuxième catégorie : Les activités industrielles.* – On peut classer dans cette catégorie :

1° *L'exploitation des mines.* Les industries extractives n'étaient pas commerciales d'après le Code de commerce. Mais depuis la loi du 9 septembre 1919, art. 5 (actuellement remplacé par le « Code minier », art. 23), « l'exploitation des mines est considérée comme un acte de commerce ». Les mines sont les gîtes de substances énumérées par l'article 2 du Code minier. Elles comprennent, notamment, le charbon, les métaux, la bauxite, les hydrocarbures liquides ou gazeux, le sel gemme. Au contraire, l'exploitation des carrières, c'est-à-dire des gîtes et substances non visées à l'article 2 (pierre, argile, marbre, ardoise, etc.), des tourbières, des marais salants est civile.

2° *L'entreprise de manufacture* (art. 632, al. 6). On entend généralement par là l'industrie de transformation : les entreprises de métallurgie, de produits chimiques, de tissage, etc., sont commerciales. Mais la jurisprudence, à juste titre, a une conception plus vaste de l'entreprise de manufacture qu'elle caractérise par une *spéculation sur le travail d'autrui :* ainsi est commerciale une entreprise de terrassement, une entreprise de construction, bien qu'il n'y ait pas transformation, car il y a bien spéculation sur la main-d'œuvre.

Les entreprises de transformation de produits agricoles faite par le cultivateur lui-même ne sont pas commerciales. Ainsi, le vigneron qui vend le vin provenant de ses raisins, après avoir fait la vinification ou son eau-de-vie après avoir distillé son vin ou son marc, ne fait pas acte de commerce. En fait un, au contraire, le vinificateur qui transforme en vin les raisins d'autrui, le distillateur qui distille le vin ou le marc d'autrui. L'agriculteur qui bat son blé ne fait pas acte de commerce, l'entrepreneur de battage est un commerçant.

3° *L'entreprise de transports.* Le Code (art. 632, al. 6) vise le transport par terre et par eau (c'est-à-dire par la batellerie fluviale). Il faut ajouter : par air (C. av. civ., textes révisés annexés aux décrets du 30 mars 1967, art. L.321-1). Peu importe qu'il s'agisse de transport de personnes ou de marchandises.

4° *Les établissements de spectacles publics* (art. 632, al. 7). Il faut entendre par là toutes les entreprises de théâtre, cinématographe, music-hall, concert, mais aussi, pour la jurisprudence, l'exploitation de grottes aménagées, voire même, pour certaines décisions récentes, des clubs de football professionnel.

34. *Troisième catégorie : Les activités financières.* – Le Code prévoit les opérations de banque et les opérations de change (art. 632, al. 8). La jurisprudence y ajoute les opérations d'assurance.

1° *Les opérations de banque.* Ces opérations sont très variées. Elles comprennent, avec la clientèle dite « capitaliste » : les dépôts de fonds, les dépôts de titres, les ordres de Bourse, le paiement des coupons, la location de coffres-forts, etc. ; avec la clientèle dite « commerciale » : le crédit sous ses formes les plus diverses : l'escompte des effets de commerce, les ouvertures de crédit, les participations financières, etc. Les établissements de crédit sont régis par la loi n° 84-46 du 24 janvier 1984, et le décret d'application n° 84-708 du 24 juillet 1984.

Le Code précise que sont commerciales aussi bien les opérations des banques publiques (art. 632, al. 9) que celles des banques privées. Pour les banques nationalisées en 1945, la loi du 2 décembre 1945, article 10, avait précisé, dans le même sens, qu'elles resteraient soumises à la législation commerciale. Et la même solution a été donnée, pour les banques nationalisées en 1982, par la loi du 11 février 1982, article 14.

Les caisses d'épargne ordinaires font des opérations très semblables aux opérations de banque, mais leurs opérations ne sont pas commerciales en raison de l'absence de l'esprit de spéculation.

2° *Les opérations de change* consistent en un échange de monnaies de pays différents, soit matériellement (change manuel), soit par vente ou achat d'effets de commerce payables à l'étranger (change tiré). Ces opérations sont, depuis 1939, soumises à une réglementation qui est plus ou moins sévère suivant les époques.

Les opérations de banque et de change ne sont des actes de commerce par nature que pour les professionnels, les banquiers. Ce sont, pour leurs clients, des actes civils (sauf application de la commercialité si l'acte est fait pour les besoins de la profession commerciale du client).

3° *Les opérations d'assurance.* L'assurance est un contrat par lequel une personne (normalement une société) promet, moyennant paiement de primes, de verser une indemnité au cas de réalisation d'un risque : incendie, vol, décès, responsabilité, etc. L'article 632 ne vise pas les opérations d'assurance, mais la jurisprudence les considère comme des actes de commerce, du moins lorsqu'elles sont faites par une société par actions qui spécule, c'est-à-dire qui espère tirer un bénéfice de l'opération, les primes fixes qu'elle encaisse étant supérieures à la charge probable de risques. Au contraire, les assurances mutuelles, pratiquées sans recherche de bénéfice, ne sont pas commerciales.

Cette jurisprudence admettant la commercialité des assurances terrestres est difficile à justifier. On peut tirer argument, par analogie, de l'article 633 qui déclare acte de commerce les assurances maritimes.

35. *Quatrième catégorie : Les activités des intermédiaires.* – Nous groupons dans cette catégorie des actes par lesquels une personne s'interpose dans les rapports entre d'autres personnes, généralement en qualité de mandataire. Il importe peu que l'opération pour laquelle se fait l'entremise soit civile ou commerciale. C'est l'acte d'entremise, par lui-même, qui est commercial.

1° *L'entreprise de commission* (art. 632, al. 6). La commission est un contrat de mandat, mais qui se distingue du contrat civil en ce que le commissionnaire agit pour le compte d'autrui mais en son propre nom. Il y a des commissions d'achat, de vente, de transport ; les agents de change qui vendent et achètent des valeurs mobilières sont des commissionnaires (v. n° 327). Sur le contrat de commission, v. *infra*, n° 556 et suivants.

Notons que la *représentation commerciale* ou l'*agence commerciale*, par lesquelles le représentant traite en pur mandataire au nom du commerçant qui l'emploie, ne sont pas visées par le Code de commerce et ne sont donc pas des actes de commerce. Sur le contrat d'agence commerciale, v. *infra*, n°s 564 et suivants.

2° *Le courtage* (art. 632, al. 8) diffère de la commission en ce que le courtier n'intervient pas dans la conclusion du contrat, il se borne à préparer celle-ci en recherchant une contrepartie à son client, en rapprochant les contractants. Le courtage tend le plus souvent à la conclusion d'une vente, mais peut également préparer d'autres contrats, l'assurance, par exemple. Sur le contrat de courtage, v. *infra*, n°s 560 et suivants.

3° *L'agence d'affaires* (art. 632, al. 7) est plus complexe. Elle consiste à se charger de mandats pour gérer les affaires d'autrui. Ces mandats sont très variés : l'agent d'affaires recouvre des créances, représente en justice, gère des immeubles, exploite une agence de voyages, une agence de publicité, etc.

Bien que souvent très semblable à celle de l'agent d'affaires, l'activité des avocats, des avoués près les cours d'appel, des conseils juridiques, n'est pas commerciale. La raison en est que leurs professions sont étroitement réglementées, qu'ils sont soumis à une discipline corporative sévère. Au contraire, le Code de commerce a jugé utile de soumettre au droit commercial les agences d'affaires, le statut du commerçant constituant pour le public une garantie à défaut d'une organisation légale de la profession ou du moins à défaut d'une organisation suffisamment protectrice du public (car certaines catégories d'agences d'affaires sont actuellement réglementées).

4° Certaines *opérations d'intermédiaires spécialisés*. Il s'agit, d'une part, des opérations d'intermédiaires pour l'achat, la souscription ou la vente d'*immeubles*, *de fonds de commerce*, d'actions ou parts de sociétés immobilières (art. 632, al. 4 nouveau ajouté par la loi du 13 juillet 1967). Il s'agit, d'autre part, de *l'activité des agents artistiques*, qui procurent des engagements à des artistes du spectacle : cette activité est commerciale en vertu de la loi du 26 décembre 1969, article 3.

A vrai dire, le plus souvent, ces opérations d'intermédiaires étaient déjà commerciales à titre d'opérations de courtage ou d'entreprise de commission ou d'agence d'affaires, mais elles le sont toujours actuellement, en vertu de ces nouveaux textes, quelle que soit la nature de l'entremise.

36. *Cinquième catégorie : La lettre de change.* – Ce dernier acte de commerce offre une singularité qui lui mérite un classement à part. Alors que les divers actes de commerce que nous venons de voir ont le caractère commercial à raison du *fond*, la lettre de change est commerciale par sa *forme* même, et cela quel que soit son objet, civil ou commercial, quelles que soient les personnes qui la signent. Toute personne qui, pour une opération quelconque, signe une lettre de change, accomplit un acte de commerce (art. 632, al. 12).

Au contraire, le billet à ordre et le chèque sont commerciaux ou civils, suivant la nature de l'opération pour laquelle ils sont employés.

37. *L'énumération faite par le Code est-elle limitative ?* – On admet, en général, que la liste des actes de commerce est limitative : le droit commercial étant, dans l'opinion traditionnelle, un droit d'exception, ne peut s'appliquer qu'aux actes énumérés par la loi. Tous les autres actes sont civils. Mais à vrai dire, l'interprétation jurisprudentielle est si large (nous en avons vu des exemples pour l'achat pour revendre, pour l'entreprise de manufacture, pour les assurances terrestres) que le principe a peu de portée et que les auteurs récents tendent à l'abandonner. Il nous paraît cependant préférable de maintenir le principe, sous peine de tomber dans un arbitraire complet.

SECTION II. – L'INFLUENCE DE LA PROFESSION DE L'AUTEUR DE L'ACTE

38. *Généralités.* – La distinction des actes de commerce et des actes civils, telle qu'elle résulte des règles légales précédentes, est susceptible d'être modifiée par l'influence de la profession de l'auteur de l'acte.

La profession commerciale de l'auteur de l'acte fera passer des actes civils dans la catégorie des actes de commerce si ces actes sont faits pour les besoins de la profession commerciale. Cette règle posée par le Code de commerce est d'application extrêmement fréquente.

Le Code de commerce n'a pas prévu l'influence de la profession civile. Elle est cependant, dans des cas beaucoup plus limités, admise par la jurisprudence.

§ 1. – Influence de la profession commerciale

39. *Le principe.* – Le Code de commerce prévoit que des actes qui, par leur nature, sont civils, peuvent devenir commerciaux : il déclare, en effet, actes de commerce les obligations entre commerçants (art. 632, al. 10).

Mais tous les actes des commerçants ne sont pas commerciaux. Si le commerçant fait un acte en dehors de l'exercice de sa profession, il n'y a pas acte de commerce : l'article L. 411-7 du Code de l'organisation judiciaire, substitué, par le décret du 16 mars 1978, à l'article 638 du Code de commerce, précise que ne sont pas commerciaux les achats faits par un commerçant pour son usage particulier.

Il en résulte, et c'est la formule de la jurisprudence, que sont actes de commerce tous les actes faits par un commerçant pour les besoins de son commerce.

Contrairement à ce que paraît dire l'article 632, la jurisprudence n'exige pas que l'acte soit fait « entre commerçants », il suffit que l'acte soit fait par un commerçant, voire même par une personne qui va le devenir (commercialité de l'achat d'un fonds de commerce par un non-commerçant). Cependant, celui qui voudra invoquer la commercialité à son profit devra être immatriculé au registre du commerce (v. n° 118).

On appelle fréquemment ces actes : *actes de commerce par accessoire* ou *actes de commerce par relation* ou *actes de commerce subjectifs*.

40. *Les applications.* – La jurisprudence actuelle applique le principe à toutes les obligations, tant extra-contractuelles que contractuelles.

1° *Obligations contractuelles.* Tous les contrats qui sont passés par un commerçant dans l'intérêt direct de son entreprise sont commerciaux, par exemple : les achats de matériel destiné à ses bureaux ou à son usine, des locations de machines, des locations de fûts ou de sacs pour ses marchandises, l'escompte de ses effets de commerce auprès de son banquier, etc. On admettait cependant que la règle ne s'appliquait pas s'il s'agissait de contrats ayant pour objet des immeubles. Mais pour le louage d'immeuble, la jurisprudence récente admet, à juste titre, que fait acte de commerce le commerçant qui prend en location un immeuble pour les besoins de son commerce (v. n° 507). Et l'extension récente de la commercialité à l'achat d'immeubles pour les revendre (v. n° 32, 2°) devrait inciter les tribunaux à donner la même solution pour l'achat d'un immeuble pour les besoins du commerce. De même, le contrat de travail est un acte de commerce pour l'employeur commerçant : le salarié peut faire la preuve du contrat par tous les moyens. Mais les différends sont de la compétence des conseils de prud'hommes.

2° *Obligations extra-contractuelles.* Le principe s'applique aux *obligations quasi contractuelles :* par exemple, l'obligation de la S.N.C.F., si elle a perçu pour un transport plus que ne le prévoyaient les tarifs, de restituer l'indu, sur l'action dite en détaxe, est commerciale. Le principe joue aussi pour les *obligations délictuelles* ou *quasi délictuelles.* Ainsi un commerçant, pour attirer la clientèle, se livre à des manœuvres de concurrence déloyale : il y a acte de commerce. Il en est de même si le commerçant ou ses préposés causent un dommage à autrui à l'occasion de l'exercice du commerce. Mais, par exception, si le dommage est causé par un véhicule quelconque, sont seuls compétents le tribunal de grande instance ou le tribunal d'instance (décret n° 58-1285 du 22 décembre 1958 ; le principe est confirmé par l'article R. 311-4 du Code de l'organisation judiciaire). Et, s'il y a accident du travail, est seul compétent le tribunal des affaires de Sécurité sociale (Code de la Sécurité sociale, art. 191). Le principe joue aussi pour les *obligations légales :* ainsi la Cour de cassation a jugé qu'était commerciale la dette du commerçant pour cotisations de Sécurité sociale ; mais elle ne l'a pas admis pour les dettes fiscales.

41. *La preuve de la commercialité.* – En principe, ce serait à celui qui veut se prévaloir de la commercialité de l'acte à prouver que l'acte a été fait à l'occasion du commerce. Mais la jurisprudence, généralisant une solution donnée par l'article 638, alinéa 2, du Code de commerce (auquel est, actuellement substitué, par le décret du 16 mars 1978, l'article L. 411-7 du Code de l'organisation judiciaire), pour les billets souscrits par un commerçant, admet une *présomption :* tous les actes faits par un commerçant sont présumés faits pour les besoins de son commerce et, en conséquence, sont présumés commerciaux, sauf preuve du contraire.

§ 2. – Influence de la profession civile

42. *Solutions jurisprudentielles.* – Le Code de commerce n'a pas prévu l'influence de la profession civile. En principe, l'acte de commerce produit ses effets même si celui qui le fait exerce une profession civile : c'est précisément là le propre d'un système objectif. Cependant, la jurisprudence tend à décider que si cet acte de

commerce est fait strictement pour les besoins de la profession, il perd son caractère et est considéré comme civil.

Ainsi les médecins, dans les localités où il n'y a pas de pharmaciens, peuvent être autorisés par le préfet à vendre à leurs clients les médicaments qu'ils leur prescrivent (Code de la santé publique, art. L. 594 et L. 595). Ils font donc des achats pour revendre. Cependant, les tribunaux considèrent qu'il n'y a là que des actes civils parce que ces actes sont faits pour les besoins de la profession civile. Il en serait autrement si ces médecins (contrairement à la loi) vendaient à d'autres qu'à leurs clients.

De même, un artisan, pour les besoins de sa profession, est nécessairement amené à faire des achats pour revendre : ainsi, un cordonnier achètera du cuir nécessaire aux réparations de chaussures et le revendra incorporé dans les chaussures réparées. Ces actes ne seront pas considérés comme commerciaux. Mais ils le deviendraient s'ils dépassaient les besoins de la profession artisanale (v. sur *l'artisan*, nº 62 et suiv.).

De même, les chefs d'institutions d'enseignement privé qui reçoivent des élèves internes ne font pas acte de commerce, bien qu'ils accomplissent des actes semblables à ceux des hôteliers et des restaurateurs, car ces actes ne sont que des accessoires obligés de l'exercice de leur profession libérale. Ils feraient acte de commerce s'ils logeaient et nourrissaient des personnes qui ne seraient pas leurs élèves.

Enfin, nous avons déjà vu que ne sont pas actes de commerce les achats pour revendre et les transformations que fait l'agriculteur pour les besoins de sa profession civile (v. *supra*, nºs 32, 1º et 33, 2º).

CHAPITRE II

INTÉRÊTS DE LA DISTINCTION ENTRE LES ACTES DE COMMERCE ET LES ACTES CIVILS

43. *Distinction.* – Nous supposerons tout d'abord, et c'est la situation la plus simple, que l'acte est commercial à l'égard des deux parties : il s'agit, par exemple, d'une vente faite par un négociant en gros à un négociant au détail (section I). Puis nous envisagerons le cas spécial, plus complexe, où l'acte envisagé est commercial à l'égard de l'une des parties, civil à l'égard de l'autre : c'est, par exemple, la vente

faite par un cultivateur à un négociant en légumes ou la vente faite par un marchand à un consommateur (section II).

SECTION I. – ACTES COMMERCIAUX A L'ÉGARD DES DEUX PARTIES

44. *Nombreux intérêts de la distinction.* – Les intérêts de la distinction entre les actes de commerce et les actes civils sont très nombreux.

Nous laisserons ici de côté, malgré leur très grande importance, deux intérêts que nous retrouverons par la suite :

1° L'exercice des actes de commerce à titre professionnel donne à l'auteur des actes la qualité de commerçant (v. n° 57 et suiv.).

2° Une société est réputée commerciale lorsque son objet est de faire des actes de commerce (v. n° 216).

Les autres intérêts peuvent être classés, par exemple, suivant qu'ils touchent à la procédure ou au droit des obligations.

§ 1. – RÈGLES DE PROCÉDURE

45. *Compétence.* – Pratiquement, l'intérêt le plus marquant qui s'attache à la détermination des actes de commerce, c'est la compétence des tribunaux ; c'est précisément à propos de la compétence que le Code de commerce a énuméré les actes de commerce (v. n° 30). Les contestations relatives aux actes de commerce sont, en effet, de la compétence d'une juridiction exceptionnelle : les *tribunaux de commerce.* Là où ils n'existent pas, c'est le tribunal de grande instance qui est compétent et qui juge commercialement (v. notre *Manuel de procédure civile,* 14e éd., nos 70 à 71-1, 129 à 131).

46. *Clause compromissoire.* – La clause compromissoire est une clause par laquelle les parties, au moment où elles passent un contrat, conviennent que toutes les difficultés qui pourront naître à l'occasion de ce contrat seront soumises à des arbitres. Cette clause est, en principe, nulle, comme l'a confirmé la loi du 5 juillet 1972 (art. 2061 nouveau, C. civ.). Mais, par exception, la loi du 31 décembre 1925 (art. 631, al. final) a déclaré que cette clause était valable dans les cas où serait normalement compétent le tribunal de commerce, et donc dans celui d'un acte de commerce.

47. *Ouverture d'une procédure collective.* – Jusqu'en 1967, une telle procédure ne pouvait être déclenchée que pour le non-paiement

d'une dette commerciale. Mais cet intérêt de la qualification commerciale d'une dette a disparu avec la loi du 13 juillet 1967. Désormais, un créancier peut demander l'ouverture d'une procédure de redressement judiciaire quelle que soit la nature de sa créance (loi du 25 janvier 1985, art. 4, al. 1er, reprenant la solution de 1967).

§ 2. – DROIT DES OBLIGATIONS

48. *Usages commerciaux.* – De façon générale, en matière commerciale, existent des usages dérogeant aux règles interprétatives de la loi ou complétant la loi (v. n° 19). Ces usages seront applicables s'il y a acte de commerce. Ils sont très importants en matière de contrats commerciaux, notamment en matière de ventes commerciales (v. nos 471 et 476).

49. *Preuve des contrats.* – Pour la preuve des contrats, nous avons déjà noté (v. n° 4, 1°) que les besoins et les habitudes du commerce ont fait admettre des règles beaucoup plus souples qu'en droit civil.

S'il s'agit d'actes civils, la preuve, au-dessus de 5 000 F, doit être faite par un écrit, acte notarié ou acte sous seing privé (art. 1341 C. civ., modifié par la loi n° 80-525 du 12 juillet 1980 ; décret n° 80-533 du 15 juillet 1980). La preuve par témoins, la preuve par présomptions sont, en principe, exclues.

Au contraire, s'il s'agit d'actes de commerce, l'article 109 du Code du commerce, modifié par la loi du 12 juillet 1980, permet la preuve par tous moyens ; la règle sera exposée de façon plus complète à propos des contrats commerciaux : v. n° 470.

Toutefois, exceptionnellement, le droit commercial, plus rigoureux, exige un acte écrit pour certains contrats : v. n° 470 *in fine* et les renvois.

50. *Exécution des obligations.* – Nous trouvons, en matière d'exécution des obligations, certaines particularités des actes de commerce :

1° *Mise en demeure.* En droit civil, la mise en demeure doit se faire par exploit d'huissier (art. 1139 C. civ.). En droit commercial, une véritable coutume (v. n° 19), consacrée par la jurisprudence, autorise la mise en demeure par tous moyens : en pratique, on la réalisera par lettre recommandée ou par télégramme.

2° *Solidarité.* En droit civil, « la solidarité ne se présume point ; il faut qu'elle soit expressément stipulée » (art. 1202 C. civ.). En matière commerciale, une coutume très ancienne antérieure au Code de commerce et consacrée par la jurisprudence admet que la solidarité se présume.

3° *Régime des intérêts.* Primitivement, deux différences importantes existaient, dans le régime des intérêts, entre le droit civil et le droit commercial. D'une part, le taux des intérêts légaux était plus élevé en matière commerciale qu'en matière civile. D'autre part, le taux de l'intérêt conventionnel était libre en matière commerciale, tandis qu'il était limité en matière civile. Ces deux intérêts ont disparu. Le taux de l'intérêt légal, depuis la loi du 11 juillet 1975, est le même en toute matière : c'est, pour chaque année civile, le taux d'escompte pratiqué par la Banque de France (v. n° 604 *in fine)* le 15 décembre de l'année précédente. Quant aux taux de l'intérêt conventionnel, il est actuellement libre aussi bien en matière civile qu'en matière commerciale, sous réserve des limitations imposées par la loi du 28 décembre 1966 sur l'usure : les intérêts des prêts comme ceux des crédits accordés à l'occasion des ventes à tempérament ne peuvent excéder de plus du quart les taux moyens pratiqués par les banques et les établissements financiers, ni excéder le double du taux moyen de rendement effectif des obligations émises au cours du semestre précédent.

4° *Prescription.* Si l'obligation est née à l'occasion du commerce, et constitue, par conséquent, un acte de commerce, la prescription est la prescription décennale. V. n° 130.

51. *Règles du gage.* – Depuis une loi du 23 mai 1863, les règles du gage commercial diffèrent de celles du gage civil. Ces règles seront exposées sous les numéros 526 et suivants.

SECTION II. – ACTES COMMERCIAUX A L'ÉGARD D'UNE SEULE DES PARTIES

52. *Dualité de régime.* – Si l'acte n'est commercial qu'à l'égard de l'une des parties, on dit alors, bien que l'expression ne soit pas heureuse, qu'il s'agit d'un acte *mixte.* En principe, la solution nous paraît devoir être la suivante : il faut, dans la mesure du possible, appliquer les règles commerciales à celle des parties à l'égard de laquelle l'acte est un acte de commerce, appliquer les règles civiles à celle des parties à l'égard de laquelle l'acte est civil.

Si nous prenons pour exemple le cas de vente de légumes par un cultivateur à un négociant qui les achète dans l'intention de les revendre, nous dirons que :

1° Pour la *compétence,* le négociant ne pourra assigner le

cultivateur que devant le tribunal de grande instance ou le tribunal d'instance. Mais le cultivateur peut assigner le négociant devant le tribunal de commerce (la jurisprudence lui donne une option : il peut assigner aussi devant les tribunaux ordinaires) (v. notre *Manuel de procédure civile*, 14e éd., n° 129).

2° Pour la *clause compromissoire*, le cultivateur pourrait l'invoquer, le négociant ne le pourrait pas. La Cour de cassation s'est cependant prononcée en sens contraire, décidant que la clause compromissoire n'est pas valable dans les actes mixtes, et que sa nullité pouvait être invoquée par les deux parties.

3° Pour la *preuve du contrat*, le négociant devra faire la preuve conformément à l'article 1341 C. civ. ; le cultivateur pourra prouver par tous moyens, conformément à l'article 109 de Code du commerce.

4° Pour la *mise en demeure*, le négociant devra mettre le cultivateur en demeure par exploit d'huissier ; le cultivateur pourra mettre le négociant en demeure par tous moyens.

5° Si l'achat avait été fait par plusieurs négociants, le cultivateur pourrait, invoquant la *solidarité*, réclamer à l'un quelconque d'entre eux la totalité du prix ; l'inverse ne serait pas vrai.

53. *Unité de régime*. – Pour certaines matières, cependant (régime du gage, application des usages commerciaux), la dualité de régimes est irréalisable. Il faut, nécessairement, appliquer à l'acte envisagé ou le régime civil ou le régime commercial.

1° Pour le *gage*, l'article 91 du Code du commerce déclare commercial le gage constitué pour un acte de commerce. C'est donc la personne qui constitue le gage qu'il faut considérer : si elle constitue le gage pour garantir une créance qui est commerciale à son égard, le gage sera soumis aux règles commerciales. Ainsi, dans notre exemple, si le négociant constituait un gage pour garantir le paiement de son achat, ce gage serait un gage commercial.

2° Pour l'application des *usages commerciaux*, il faudra rechercher quelle a été l'intention des parties.

3° Pour la prescription décennale, elle est applicable aux deux parties, dès lors que l'obligation est née à l'occasion du commerce d'un commerçant, même si l'autre partie n'est pas commerçant (art. 189 *bis* C. com.).

Titre II

LES COMMERÇANTS

54. *Les diverses personnes exerçant le commerce.* – Le commerce peut être exercé :

1° Par des *personnes physiques*, des commerçants individus : ce sont eux que l'on vise généralement lorsqu'on dit : « les commerçants » ;

2° Par des *personnes morales de droit privé :* ce sont les sociétés commerciales et les groupements d'intérêt économique ;

3° Par des *personnes morales de droit public :* ce sont l'Etat et les diverses collectivités publiques.

Nous étudions dans ce Titre les commerçants personnes physiques. Les personnes morales seront examinées plus loin : les sociétés commerciales et les groupements d'intérêt économique feront l'objet du Livre II (n° 195 et suiv.), les entreprises publiques du Livre III (n° 451 et suiv.).

Les développements du présent Titre sont donc, en principe, propres aux personnes physiques. Il faut cependant remarquer que certaines règles sont, sous réserve parfois de modalités spéciales, applicables aussi aux personnes morales, par exemple, les règles sur la comptabilité, sur le registre du commerce et des sociétés, sur la concurrence.

55. *Plan.* – Nous examinerons successivement :

Chapitre I. – La qualité de commerçant.

Chapitre II. – Le statut des commerçants.

CHAPITRE PREMIER

LA QUALITÉ DE COMMERÇANT

56. *Division.* – Nous verrons tout d'abord les conditions générales qu'il faut réunir pour avoir la qualité de commerçant (section I). Nous consacrerons ensuite une étude aux règles spéciales au mineur (section II) et au commerçant marié (section III).

SECTION I. – LES CONDITIONS GÉNÉRALES DE LA QUALITÉ DE COMMERÇANT

§ 1. – L'ARTICLE 1er DU CODE DE COMMERCE

57. *Généralités.* – La qualité de commerçant, en droit privé, ne coïncide pas toujours avec la qualité de commerçant en droit fiscal. Une personne qui est assujettie à la taxe professionnelle ou même à l'impôt sur le revenu pour les bénéfices industriels et commerciaux, n'a pas pour cela la qualité de commerçant au regard du droit commercial.

La déclaration de l'intéressé n'établit pas non plus sa qualité : la personne qui, dans un contrat, se qualifie de « commerçant » n'a pas, par là même, la qualité de commerçant.

Quant à l'immatriculation au registre du commerce, elle était, jusqu'au 1er mars 1954, sans aucune influence sur la qualité de commerçant. Depuis lors, cette immatriculation a un certain effet, mais limité, en principe, au fardeau de la preuve : la personne immatriculée est présumée commerçante, mais la preuve contraire est possible (v. n° 118). Quant à la personne non immatriculée, elle a néanmoins, si elle remplit les conditions légales, la qualité de commerçant, mais elle ne peut se prévaloir des droits qui en découlent (v. n° 118).

En définitive, la qualité de commerçant n'appartient qu'à la personne qui remplit les conditions légales fixées par l'article 1er du Code de commerce. Cet article est ainsi conçu : « Sont commerçants ceux qui exercent des actes de commerce et en font leur profession habituelle. » Il y a donc deux conditions pour être commerçant :

1° Faire des actes de commerce ;

2° A titre de profession habituelle.

Mais il faut préciser, ce que le texte ne dit pas expressément mais qui va de soi, que :

3° Il faut faire des actes de commerce en son nom et pour son compte ;

4° Il faut être capable (capacité d'exercice).

On peut dire : sont commerçants ceux qui, ayant la capacité d'exercice nécessaire, font, en leur nom et pour leur compte, des actes de commerce à titre de profession habituelle.

58. *Première condition : faire des actes de commerce.* – La première condition pour être commerçant, c'est de faire des actes de commerce : il suffit de renvoyer à l'étude déjà faite de la liste légale des actes de commerce, des actes de commerce par nature.

C'est précisément parce qu'ils ne font pas, en principe, d'actes de commerce, que les *artisans* ne sont pas commerçants : mais la question est assez importante pour qu'une étude spéciale lui soit réservée (v. § 2).

En cas de location-gérance du fonds de commerce, le locataire-gérant, qui fait des actes de commerce, est commerçant (v. n° 185). Mais le propriétaire du fonds ne l'est pas, puisqu'il ne fait pas d'actes de commerce (v. n° 185).

59. *Deuxième condition : la profession habituelle.* – Il ne suffit pas de faire des actes de commerce pour être commerçant, ni même de les faire habituellement, il faut encore en faire sa profession, c'est-à-dire en faire une occupation sérieuse, continue, de nature à produire des bénéfices et à permettre de subvenir aux besoins de l'existence. Il n'est d'ailleurs pas nécessaire que la profession soit notoire, ni même principale : celui qui, à côté de sa profession civile principale, se livre, même clandestinement, au commerce, pour en tirer des moyens d'existence, devient commerçant.

Celui qui, sans exercer par ailleurs d'activité commerciale, tirerait habituellement des lettres de change, pour recouvrer des loyers, par exemple, ne deviendrait pas commerçant : c'est qu'en effet, tirer des lettres de change ne constitue pas une profession.

60. *Troisième condition : faire les actes en son nom et pour son compte.* – Bien que le Code de commerce ne le précise pas, il est bien certain que, pour être commerçant, il faut faire les actes de commerce en son nom et pour son compte. Ainsi ne sont pas commerçants :

1° L'employé du commerçant : il agit au nom et pour le compte de son patron ;

2° Le gérant (proprement dit) d'un fonds de commerce, d'une succursale : il agit comme mandataire du commerçant (v. n° 149). Au contraire, le locataire-gérant (gérant libre) fait des actes de commerce en son nom et pour son compte, il est commerçant (v. n° 185).

3° Le voyageur de commerce, le représentant de commerce régis par le statut spécial de la loi du 18 juillet 1937, modifiée (v. *infra*, n° 550 et suiv.), l'agent commercial régi par le décret du 23 décembre 1958, modifié (v. *infra*, n° 564 et suiv.) : ils traitent les affaires au nom de leurs commettants. Au contraire, les courtiers, les commissionnaires sont des commerçants, parce que le courtage, la commission sont, par eux-mêmes, des actes de commerce, tandis que la représentation commerciale n'en est pas un (v. n° 35) ;

4° L'agent d'assurance : il représente la compagnie d'assurances et agit au nom et pour le compte de celle-ci ;

5° Les administrateurs, le président-directeur général ou les membres du directoire des sociétés anonymes, les gérants des sociétés à responsabilité limitée : ils agissent au nom de la société, c'est la société qui est commerçant. Si l'associé gérant d'une société en nom collectif ou le commandité gérant d'une société en commandite sont commerçants, ce n'est pas en tant que gérants mais en tant qu'associés responsables indéfiniment des dettes sociales et déclarés commerçants par la loi du 24 juillet 1966.

61. *Quatrième condition : être capable.* – En principe, sont incapables de faire le commerce ceux que le droit civil déclare incapables : les mineurs, les majeurs en tutelle ou en curatelle (mais il y a des règles spéciales pour le mineur, que nous examinerons dans la section II).

Lorsqu'un incapable se livre au commerce, il ne devient pas commerçant, parce que les actes qu'il fait sont nuls. Mais il faut noter que les jugements ouvrant la tutelle ou la curatelle doivent être mentionnés au registre du commerce et des sociétés et qu'à défaut de mention ils sont inopposables aux tiers.

La capacité, condition de la qualité de commerçant, est, bien entendu, la capacité d'*exercice*. Il faut éviter de la confondre avec ce que l'on appelle parfois la capacité de *jouissance* : si un individu qui n'a pas la capacité de jouissance, c'est-à-dire qui est, par suite d'incompatibilités, de prohibitions, de sanctions, privé du droit de faire le commerce, le fait néanmoins, il deviendra commerçant (v. n° 92).

§ 2. – LA DISTINCTION DE L'ARTISAN ET DU COMMERÇANT

62. *Intérêt de la distinction.* – La distinction de l'artisan et du commerçant est très importante pour pouvoir délimiter exactement les frontières de la commercialité.

Le statut de l'artisan a fait l'objet de nombreux textes dont la plupart ont été réunis, par décret du 16 juillet 1952, en un Code de l'artisanat. Ce Code de l'artisanat a d'ailleurs déjà été modifié sur beaucoup de points, notamment par un décret du 1er mars 1962. Récemment, sont intervenus plusieurs textes importants : un décret du 10 juin 1983 et un arrêté du 30 août 1983 relatifs au répertoire des métiers, et une loi du 20 juillet 1983 concernant le statut des sociétés coopératives artisanales.

L'artisan, dans certains cas, est soumis à un régime identique à celui du commerçant : ainsi la location-gérance de l'entreprise artisanale est soumise, en vertu de la loi du 20 mars 1956 (v. n° 185 et suiv.), aux mêmes règles que la location-gérance des fonds de commerce. Par ailleurs, depuis la loi du 5 janvier 1957, les artisans immatriculés au répertoires des métiers bénéficient du statut spécial des baux commerciaux (v. n° 508 *in fine).* Enfin, la loi du 25 janvier 1985 a étendu la procédure de redressement judiciaire aux artisans (art. 2, al. 1er).

Mais, le plus souvent, l'artisan est soumis à un statut particulier : le commerçant est électeur aux chambres de commerce et d'industrie, l'artisan aux chambres des métiers ; le commerçant doit se faire immatriculer au registre du commerce et des sociétés, l'artisan au répertoire des métiers (v. n° 107). L'artisan est, par ailleurs, soumis aux juridictions civiles, au régime civil de la preuve, à la prescription de droit commun. Et son fonds échappe, sauf pour la location-gérance, aux règles du fonds de commerce (v. n° 132).

L'artisan jouit d'un régime de faveur au point de vue fiscal. Il est, à certaines conditions, exempt de la taxe professionnelle (art. 1454 C. gén. imp.) et de la taxe d'apprentissage (art. 224, 3, 1°, C. gén. imp.).

L'artisan est également favorisé au point de vue du crédit : des prêts sont consentis aux artisans, individuellement, et aux coopératives artisanales (v., en dernier lieu, décret du 15 avril 1983 relatif au crédit à l'artisanat).

63. *Définitions légales.* – Un certain nombre de lois donnent des définitions des métiers et des artisans. Les définitions principales sont : les plus larges, celles du décret du 10 juin 1983 ; les plus strictes, celles du Code général des impôts.

1° Le décret du 10 juin 1983 précise que doivent être immatriculées au répertoire des métiers les personnes n'employant pas plus de dix salariés, qui exercent à titre principal ou secondaire une activité professionnelle indépendante de production, de transformation, de réparation ou de prestation de services, à l'exclusion de l'agriculture et de la pêche (art. 1er). Ne sont pas compris au nombre des salariés le conjoint, les ascendants, descendants, collatéraux ou alliés jusqu'au troisième degré inclus et, dans la limite de trois pour chacune de ces catégories, les associés participant à la gestion de la société et prenant part à l'exécution du travail, les handicapés et les apprentis.

Cette notion des métiers vaut pour l'immatriculation au répertoire des métiers, les élections aux chambres des métiers, le crédit à l'artisanat.

Pour avoir le titre d'« artisan », il faut, de plus, avoir une certaine qualification, et, pour avoir le titre de « maître-artisan », il faut avoir un brevet de maîtrise. Dans les deux cas, il ne faut pas être frappé par la loi du 30 août 1947 (v. *infra,* n° 85), art. 7 et 8 du décret n° 62-235 du 1er mars 1962.

2° Les définitions fiscales sont beaucoup plus strictes, ne tolérant, notamment, pour l'exonération de la taxe professionnelle, que des apprentis et un manœuvre indispensable à l'exercice de la profession.

64. *La distinction en droit privé.* – Les définitions précédentes ne peuvent permettre, en droit privé, de distinguer l'artisan du commerçant. D'une part, elles sont multiples. D'autre part, faites pour une matière déterminée, elle ne peuvent être étendues au droit privé. Il est donc courant qu'un individu, dont l'entreprise est immatriculée au répertoire des métiers, soit considéré comme commerçant en droit commercial et, en conséquence, soit assujetti à immatriculation au registre du commerce et des sociétés (v. n° 113), soit réputé propriétaire d'un fonds de commerce, soit déclaré l'auteur d'actes de commerce par accessoire.

En droit privé, qu'est-ce qu'un artisan ?

1° C'est un travailleur autonome : par-là, il se distingue du salarié qui est subordonné à son employeur.

2° Il vit du produit de son travail manuel : par-là, il se distingue du commerçant ayant une « entreprise de manufacture ». Suivant la formule de la Cour de cassation, l'entreprise de manufacture est caractérisée par la *spéculation sur le travail d'autrui* (v. n° 33, 2°) tandis que l'artisan vit du produit de son propre travail. Sans doute – et c'est là la difficulté principale – l'artisan travaille-t-il rarement seul. Il faut rechercher, dans chaque cas, si le travail personnel de l'artisan reste le principal, l'aide d'autrui étant l'accessoire, ou si, au contraire, le prétendu artisan spécule principalement sur le travail de son personnel ; c'est alors un commerçant.

3° Si l'artisan est amené à faire des achats pour revendre, il ne doit les faire qu'à titre d'accessoire de sa profession artisanale et, dans ce cas, ces actes ne sont pas considérés comme des actes de commerce

(v. n° 42). Par-là, il se distingue du commerçant faisant des achats pour revendre à titre d'objet propre de sa profession. La difficulté consiste, dans chaque cas, à rechercher si les achats pour revendre sont nécessités par l'exercice d'une profession artisanale dont ils restent l'accessoire, ou si le travail manuel ne devient pas l'accessoire d'une profession commerciale. Ainsi, le cordonnier, le coiffeur seront généralement considérés comme artisans ; le boucher, le charcutier, comme commerçants.

SECTION II. – LES RÈGLES SPÉCIALES AU MINEUR

65. *Généralités.* – Sous l'empire de la législation antérieure à la loi du 5 juillet 1974, la majorité était fixée à vingt et un ans accomplis (art. 388 C. civ.). Le mineur qui n'avait pas atteint cet âge était incapable en droit commercial comme en droit civil.

Mais le mineur pouvait être émancipé, soit de plein droit par le mariage, soit, à partir de dix-huit ans, par une déclaration reçue par le juge des tutelles et émanée des père et mère ou du conseil de famille. Le mineur émancipé avait, depuis la loi du 14 décembre 1964, une pleine capacité pour tous les actes de la vie civile.

Cette solution n'avait pas paru heureuse en droit commercial, car l'exercice du commerce est particulièrement dangereux pour un mineur. Il existait donc des règles spéciales pour le mineur qui voulait faire du commerce. Il ne suffisait pas qu'il soit émancipé, il fallait de plus, en vertu de l'article 2 du Code de commerce (retouché par la loi du 14 décembre 1964) auquel renvoyait l'article 487 du Code civil, qu'il ait dix-huit ans et qu'il soit spécialement autorisé à faire le commerce par ses père et mère ou par le conseil de famille. L'autorisation devait être mentionnée au registre du commerce.

L'article 3 du Code de commerce exigeait les mêmes conditions de fond pour qu'un mineur puisse faire un acte de commerce isolé, sans prétendre être commerçant.

66. *La réforme de la majorité par la loi du 5 juillet 1974.* – La loi du 5 juillet 1974 a fixé la majorité non plus à vingt et un ans mais à dix-huit ans. A cet âge, l'homme ou la femme ont pleine capacité pour tous les actes de la vie civile et pour l'exercice du commerce.

67. *Situation du mineur en droit civil et en droit commercial.* – Le mineur, c'est-à-dire actuellement celui qui n'a pas dix-huit ans accomplis, est incapable.

Mais il persiste sur ce point une différence, beaucoup plus forte qu'auparavant, entre le droit civil et le droit commercial.

En droit civil, le mineur peut être émancipé. Il l'est, de plein droit, par le mariage. Il peut l'être, à partir de seize ans, par le juge des tutelles, si celui-ci estime qu'il y a de justes motifs, sur demande émanée de ses père et mère ou de l'un d'eux ou, à défaut, du conseil de famille (art. 478 nouveau C. civ.). Et le mineur émancipé est capable, comme un majeur, de tous les actes de la vie civile (art. 481 C. civ.).

En droit commercial, il a paru aux auteurs de la loi du 5 juillet 1974 qu'il n'était pas opportun de permettre à un mineur, même émancipé, d'être commerçant. Le commerce, en effet, paraîtrait bien dangereux pour une personne qui n'a pas dix-huit ans. Aussi le législateur a-t-il posé en règle absolue, dans l'article 487 nouveau du Code civil, que « Le mineur émancipé ne peut être commerçant », ce que confirme le nouvel article 2 du Code de commerce : « Le mineur, même émancipé, ne peut être commerçant. » Mais l'article 3 C. com. a été abrogé, ce qui autorise le mineur émancipé à faire valablement des actes de commerce isolés.

68. *Sanctions des règles légales.* – Si le mineur exerce le commerce, malgré son incapacité, les actes qu'il fait sont nuls et il ne devient pas commerçant. Mais l'action en nullité des actes n'appartient qu'au mineur. Elle sera exercée soit par le mineur devenu majeur, soit par le représentant légal du mineur. Conformément à l'article 1305 du Code civil, la preuve devra être faite que le mineur a été lésé. Quant à la qualité de commerçant, le mineur pourra certainement se prévaloir de son incapacité pour échapper, par exemple, à une procédure de redressement judiciaire. Mais il faut admettre que les tiers eux-mêmes pourront se prévaloir de cette incapacité du mineur pour lui contester la qualité de commerçant.

SECTION III. – LES RÈGLES RELATIVES AUX COMMERÇANTS MARIÉS

69. *Généralités.* – Le mariage n'est pas un obstacle à l'exercice du commerce. Il ne l'a jamais été pour l'homme, et ne l'est plus, sur la base de textes assez récents, pour la femme. Mais il emporte quand même, sur le statut du commerçant, d'importantes conséquences qui seront envisagées dans la présente section. Certaines, générales, découlent du fait même du mariage (§ 1er) ; d'autres sont propres à

l'hypothèse, pratiquement fréquente, où le conjoint de l'époux commerçant participe à son activité professionnelle (§ 2).

§ 1. – Dispositions générales

70. *La liberté de faire le commerce.* – Toujours reconnue au mari, cette liberté a été, en revanche, longtemps déniée à l'épouse. Il a fallu attendre une loi du 22 septembre 1942 pour la voir accordée à cette dernière, et la loi du 13 juillet 1965 portant réforme des régimes matrimoniaux, pour voir disparaître le droit d'opposition conservé jusque-là par le mari. Ainsi, mari et femme sont-ils à présent placés sur un pied d'égalité dans l'exercice de la profession commerciale (art. 223 C. civ.). Ils le sont d'autant plus qu'une récente loi du 23 décembre 1985, en supprimant la catégorie des biens réservés et en unifiant le régime des dettes contractées par chacun des époux (v. n° 74) a donné à l'épouse les mêmes possibilités de crédit qu'au mari.

71. *Nom et domicile de la femme mariée commerçante.* – A la vérité, le seul particularisme juridique de la situation d'une femme mariée exerçant le commerce tient dans son nom. La femme mariée peut faire le commerce sous son nom de jeune fille. Mais, fréquemment, elle le fait sous le nom de son mari. Cette pratique soulève des difficultés en cas de divorce, car, par l'effet du divorce, chaque époux reprend l'usage de son nom, ce qui peut être préjudiciable à la femme dont le nom commercial, qui était celui de son mari, avait une réputation. Mais la femme peut, par exception, continuer à user du nom de son mari s'il y a accord de celui-ci ou si le tribunal l'y autorise parce qu'elle justifie d'un intérêt particulier (art. 209 C. civ., modifié par la loi du 11 juillet 1975).

Quant au domicile, la jurisprudence avait depuis longtemps admis qu'une femme mariée, même lorsqu'elle était de plein droit domiciliée chez son mari, puisse avoir un domicile distinct pour les besoins de son commerce, et elle a évidemment été confortée par la rédaction que la loi du 11 juillet 1975 a donnée à l'article 108 du Code civil (« Le mari et la femme peuvent avoir un domicile distinct sans qu'il soit pour autant porté atteinte aux règles relatives à la communauté de vie »).

72. *Les publicités spéciales imposées au commerçant marié.* – Si la personne mariée est libre de faire le commerce, elle est, cependant, en raison de son mariage, astreinte à certaines publicités spéciales destinées à renseigner les tiers sur son statut matrimonial, sur son régime matrimonial :

1° La publicité du statut matrimonial est relativement récente. Ce n'est que lors de la réforme du registre du commerce en 1953 et 1954 qu'a été prévue la publicité de « la date et le lieu du mariage ». La personne mariée qui entreprend le commerce doit faire figurer cette mention dans sa déclaration aux fins d'immatriculation au registre du commerce et des sociétés, le commerçant qui se marie doit faire une déclaration modificative. A défaut d'accomplissement de ces formalités, la mariage est inopposable aux tiers.

Sont également soumis à publicité les jugements qui influent sur le mariage. Doivent être mentionnés au registre du commerce et des sociétés les jugements prononçant la nullité du mariage, les jugements de divorce ou de séparation de corps ;

2° La publicité du régime matrimonial est beaucoup plus ancienne. Les tiers ont le plus grand intérêt à connaître le régime matrimonial sous lequel est marié le commerçant. Déjà le Code de commerce de 1807 avait prévu la publicité du contrat de mariage. Actuellement le contrat de mariage est publié au registre du commerce et des sociétés, soit par une mention de la déclaration aux fins d'immatriculation de la personne mariée qui entreprend le commerce, soit par une déclaration du notaire qui a reçu le contrat du commerçant qui se marie.

Par la suite, doivent être publiés les jugements qui influent sur le régime matrimonial : jugement de séparation de biens (les demandes de séparation de biens doivent également être publiées), jugements homologuant un changement ou une modification du régime matrimonial.

La sanction est l'inopposabilité (v. n° 119).

73. *Pouvoirs des époux.* – Ils résultent directement du régime matrimonial adopté par les époux.

En cas de séparation des biens, l'époux propriétaire du fonds de commerce a les mêmes pouvoirs que s'il n'était pas marié, sous réserve du cas où son conjoint participe à son activité commerciale (v. n° 76 et suiv.).

Dans le régime de communauté, il en va de même lorsque le fonds de commerce, parce qu'il appartenait à l'un des époux dès avant le mariage ou encore parce qu'il a été acquis par lui en cours de mariage à titre gratuit (succession, donation) constitue un bien propre. Sur ce bien, l'époux propriétaire qui l'exploite a, en principe, une plénitude de pouvoirs.

Reste le cas du fonds de commerce commun (créé ou acquis à titre onéreux, sauf l'hypothèse d'un remploi de biens propres, en cours de mariage). Dans ce cas, en dépit du nouveau principe de gestion concurrente des biens communs posé par la loi du 23 décembre 1985 (art. 1421, al. 1er nouveau, C. civ.), c'est l'époux commerçant (mari ou femme) qui aura seul le pouvoir d'accomplir les actes d'administration et de disposition nécessaires à l'activité commerciale, sur la base de l'article 1421, al. 2, nouveau : donc, par exemple, des achats de matériel ou des ventes de marchandises. Continue cependant à jouer l'importante limite posée par l'article 1424 (inchangé) : le consentement du conjoint est requis, à peine de nullité, pour aliéner ou grever de droits réels le fonds de commerce ou percevoir les capitaux procédant d'une telle opération (v., pour une autre limite visant, non plus le fonds *in globo*, mais ses différents éléments, dans le cas de la participation du conjoint à l'activité commerciale, *infra*, nº 76).

74. *Dettes des époux.* – La loi du 23 décembre 1985 a pu abroger les articles 1419 et 1420 du Code civil, qui précisaient les moyens de renforcer le crédit de la femme mariée commerçante, dès lors qu'elle a unifié le régime du passif contracté par chacun des époux. Désormais, l'article 1413 nouveau du Code civil ne distingue plus : le paiement des dettes dont chaque époux (mari ou femme) est tenu, pour quelque cause que ce soit, pendant la communauté, peut toujours être poursuivi sur les biens communs, à moins qu'il n'y ait eu fraude de l'époux débiteur et mauvaise foi du créancier, et sauf la récompense due à la communauté s'il y a lieu. L'article 1414 précise, par ailleurs, que les gains et salaires d'un époux ne peuvent être saisis par les créanciers professionnels de son conjoint. Enfin, l'article 1415 indique que chacun des époux ne peut engager que ses biens propres et ses revenus, par un cautionnement ou un emprunt, à moins que ceux-ci n'aient été contractés avec le consentement exprès de l'autre conjoint qui, dans ce cas, n'engage pas ses biens propres.

§ 2. – Dispositions concernant la participation du conjoint a l'activité commerciale

75. *Participer ne fait pas acquérir la qualité de commerçant.* – Si l'on met de côté l'hypothèse particulière de la coexploitation (v. nº 80), la participation d'un époux à l'activité professionnelle de son conjoint commerçant n'est pas source de la qualité de commerçant. La règle, commune au mari et à la femme, est donnée par l'article 4 du Code de commerce : « Le conjoint d'un commerçant n'est réputé lui-même commerçant que s'il exerce une activité commerciale séparée de celle de son époux. »

Mais la législation récente a quand même voulu prendre en compte cette situation fréquente. Aussi, s'efforce-t-elle de protéger l'existence du fonds de commerce où travaille le conjoint, et offre-t-elle à ce dernier un choix entre différents statuts générateurs de droits.

76. *La protection du fonds de commerce.* – Pour éviter que le fonds de commerce dans lequel travaille le conjoint ne puisse être cédé ou transmis à un tiers sans son consentement, une loi du 10 juillet 1982 a prévu deux solutions importantes :

– d'abord, l'époux commerçant « ne peut, sans le consentement exprès de son conjoint, lorsque celui-ci participe à son activité professionnelle en qualité de conjoint travaillant dans l'entreprise, aliéner ou grever de droits réels *les éléments du fonds de commerce...* dépendant de la communauté, qui, par leur importance ou par leur nature, sont nécessaires à l'exploitation de l'entreprise, ni donner à bail ce fonds de commerce. Il ne peut, sans ce consentement exprès, percevoir les capitaux provenant de telles opérations ». Le conjoint qui n'aurait pas donné ce consentement pourrait demander l'annulation de l'acte ;

– ensuite, en cas d'apport de biens communs à une société, le conjoint de l'apporteur doit être averti et peut notifier à la société son intention d'être personnellement associé (v. n° 79).

Par ailleurs, l'article 832 du Code civil permet l'attribution préférentielle de l'entreprise commerciale au conjoint survivant qui avait participé à sa mise en valeur.

77. *Le statut de conjoint collaborateur.* – Pour améliorer la situation juridique de l'époux qui participe à l'activité commerciale de son conjoint, la loi du 10 juillet 1982 offre à cet époux un choix entre trois statuts (auxquels il peut d'ailleurs préférer l'assistance de fait, c'est-à-dire le non-droit).

Le premier statut possible, qui est celui correspondant le mieux à l'accomplissement du devoir d'assistance entre époux, est celui de conjoint collaborateur. Sous la condition d'être mentionné en tant que tel au registre du commerce et des sociétés, le conjoint recueille diverses prérogatives : inscription sur les listes électorales des chambres et tribunaux de commerce, déductibilité du bénéfice imposable de l'entreprise des cotisations volontaires de sécurité sociale (art. 154 *bis* C.G.I.), possibilité d'assurance-vieillesse ; il est, en outre, réputé avoir reçu du commerçant le mandat d'accomplir au nom de ce dernier les actes d'administration concernant les besoins de l'entreprise.

78. *Le statut de conjoint salarié.* – Consacrant la jurisprudence antérieure, la loi du 10 juillet 1982 a prévu qu'un époux pouvait être le salarié de son conjoint commerçant, à condition de participer effectivement à l'entreprise, à titre professionnel et habituel, et de percevoir un salaire égal à la rémunération normale de sa catégorie professionnelle ou, à tout le moins, au S.M.I.C. L'époux a, dans ce cas, le statut de salarié au regard du droit du travail et de la sécurité sociale. Et le droit fiscal accepte même que le salaire du conjoint soit déduit des bénéfices, en totalité si les époux sont mariés sous le régime de la séparation de biens ; dans la limite de 17 000 F par an si les époux sont mariés sous un régime de communauté ou de participation aux acquêts (cette dernière limite est portée à douze fois le S.M.I.C. mensuel en cas d'adhésion à un centre de gestion agréé).

79. *Le statut de conjoint associé.* – Depuis une ordonnance du 19 décembre 1958, brisant la jurisprudence antérieure, les époux peuvent être associés, seuls ou avec d'autres, dans une même société. La loi du 23 décembre 1985 a levé la dernière limite qui subsistait : ils peuvent l'être quand bien même ils y seraient solidairement et indéfiniment tenus du passif social (associés en nom collectif, commandités).

Non seulement, la loi valide ainsi les sociétés entre époux, mais encore, en facilite l'apparition. En effet, d'une part, deux époux peuvent être associés même si leurs apports sont uniquement constitués de biens communs (art. 1832-1 C. civ.) et, d'autre part, lorsqu'un époux emploie des biens communs pour en faire apport à une société ou acquérir des parts sociales, son conjoint, qui doit en être averti, peut, dans les sociétés à droits sociaux non négociables (S.A.R.L., sociétés en nom collectif, notamment) et jusqu'à la dissolution de la communauté, revendiquer la qualité d'associé (pour la moitié des parts souscrites ou acquises : art. 1382-2 C. civ.).

80. *Coexploitation.* – Lorsque le conjoint du commerçant ne se contente pas d'un simple concours, mais, s'immisçant dans la gestion même du fonds de commerce, le coexploite avec l'époux commerçant déclaré, la jurisprudence a tendance à considérer, en dépit des termes de l'article 4 du Code de commerce, que chacun a la qualité de commerçant. La conséquence principale en est que le conjoint qui s'immisce s'expose au déclenchement d'une procédure collective sur ses biens personnels.

CHAPITRE II

LE STATUT DES COMMERÇANTS

81. *Plan.* – La profession commerciale est soumise à des règles spéciales, soit pour l'accès même à la profession (section I), soit pour les droits et obligations des commerçants (section II). Nous ferons ensuite une étude spéciale de la comptabilité (section III), du registre du commerce et des sociétés (section IV) et de la prescription (section V).

SECTION I. – L'ACCÈS A LA PROFESSION COMMERCIALE

82. *La liberté du commerce.* – En principe, sauf à remplir les conditions de capacité que nous avons vues, toute personne peut exercer la profession commerciale qu'elle veut. Le principe a été nettement formulé par la loi des 2-17 mars 1791 (qui a mis fin au régime corporatif de l'Ancien Régime) dans son article 7 : « A compter du 1er avril prochain, il sera libre à toute personne de faire tel négoce ou d'exercer telle profession, art et métier qu'elle trouvera bon... ».

Le principe est confirmé par la loi du 27 décembre 1973, loi d'orientation du commerce et de l'artisanat, article 1er : « La liberté et la volonté d'entreprendre sont les fondements des activités commerciales et artisanales. »

A ce principe de la liberté du commerce, il a toujours existé des limites : c'est ainsi que certaines industries ont toujours été interdites aux particuliers en raison d'un monopole d'Etat : monnaies, tabacs, allumettes, poudres.

Mais, depuis quelques années, les exceptions, les restrictions à la liberté du commerce se sont multipliées, de sorte que l'accès à la profession commerciale se heurte à des obstacles qui tendent à interdire (ou à restreindre) l'accès au commerce à certaines personnes (§ 1) ou à apporter des restrictions à l'exercice de certains commerces (§ 2) et cela sous des sanctions diverses (§ 3).

§ 1. – PERSONNES POUR LESQUELLES L'ACCÈS A LA PROFESSION COMMERCIALE EST INTERDIT OU RESTREINT

83. *Incompatibilités.* – Certaines professions, certaines fonctions sont *incompatibles* avec l'exercice d'une profession commerciale.

Ainsi les fonctionnaires, les avocats, les avoués près les cours d'appel, les notaires, les conseils juridiques, les experts comptables et comptables agréés, les administrateurs judiciaires et mandataires-liquidateurs ne peuvent faire le commerce. La profession d'avocat est même incompatible avec les fonctions de directeur, de gérant ou président de sociétés (décret du 9 juin 1972, art. 57).

84. *Etrangers.* – Les étrangers sont soumis à des règles restrictives :

1° Certains commerces leur sont interdits. Ainsi ils ne peuvent être : agents de change (décret du 7 octobre 1890, art. 2, 1°, modifié par décret du 30 octobre 1961), pharmaciens (art. L. 514 C. santé publique), transporteurs routiers (décret du 14 novembre 1949, art. 45 modifié par décret du 28 juillet 1965), commissionnaires agréés près la bourse de commerce de Paris (loi du 9 août 1950, art. 4) ;

2° Les étrangers ne peuvent exercer le commerce en France que s'ils obtiennent la « carte d'identité de commerçant » (décret-loi du 12 novembre 1938). Les conditions de délivrance en sont fixées par un décret du 2 février 1939, et ont fait l'objet d'une circulaire d'application du ministre du Commerce et de l'Artisanat du 24 octobre 1985 (publiée au *J.O.* du 6 février 1986).

Les conventions internationales actuellement en vigueur, même si elles assimilent l'étranger au national, sont interprétées en ce sens qu'elles ne dispensent pas l'étranger d'avoir la carte, mais ont pour effet que la délivrance de la carte est alors le principe, et n'est essentiellement écartée que sur la base d'un motif impérieux tiré de l'ordre public. Les ordonnances du 28 août 1969 et du 29 décembre 1972 dispensent de la carte les ressortissants des Etats membres de la Communauté européenne ;

3° Les étrangers sont privés de certains droits. Ainsi, ils n'ont pas, en principe, droit au renouvellement des baux des locaux dans lesquels ils exploitent leur fonds (décret-loi du 30 septembre 1953, art. 38). (V. n° 510, 1°.)

85. *Assainissement des professions commerciales.* – Avant 1947, des textes avaient prévu que les personnes ayant subi certaines condamnations ne pouvaient exercer telle profession commerciale déterminée, par exemple la profession de banquier (loi du 19 juin 1930), ou celle d'intermédiaire en fonds de commerce (loi du 29 juin 1935). Mais ces solutions ont été généralisées par l'importante loi du

30 août 1947 relative à l'assainissement des professions commerciales et industrielles, retouchée par les ordonnances des 23 et 27 décembre 1958, et par la loi du 13 juillet 1967, dont le but a été d'interdire ces professions aux personnes ayant des antécédents les rendant peu recommandables pour le public.

La loi frappe ceux qui ont subi des condamnations à l'emprisonnement sans sursis pour crimes ou des condamnations à trois mois au moins d'emprisonnement (ou plus de trois mois dans certain cas) sans sursis, pour une série de délits : vol, escroquerie, abus de confiance, chèque sans provision, usure, infractions en matière de registre du commerce, de sociétés, en matière économique ou fiscale, etc. Elle frappe également les officiers ministériels destitués.

A toutes ces personnes, il est interdit d'entreprendre une profession commerciale, comme il leur est interdit d'exercer des fonctions de direction, de gérance, d'administration dans une entreprise commerciale, de membre de conseil de surveillance, de commissaire dans une société. Il leur est interdit de donner un fonds en location-gérance (loi du 20 mars 1956), d'être représentant de commerce ou agent commercial (ordonnance du 3 janvier 1959). Et les commerçants qui encourent les sanctions prévues doivent cesser leur activité dans le délai de trois mois.

L'interdiction n'est pas perpétuelle. D'une part, les tribunaux qui condamnent fixent la durée de l'interdiction, avec un minimum de cinq ans (art. 4, al. 2, de la loi) : il n'en faut pas déduire que l'interdiction doit être expressément prononcée ; même si le jugement ne la prononçait pas, l'interdiction n'en existerait pas moins de plein droit, sans limitation de durée. D'autre part, les personnes frappées d'interdiction peuvent demander à la juridiction qui les a condamnées de les relever de l'interdiction ou d'en fixer la durée (art. 55-1 nouveau C. pénal, dû à la loi du 29 décembre 1972, art. 46, et modifié par la loi du 11 juillet 1975, art. 703 nouveau C. proc. pén.).

L'interdiction de faire le commerce frappe également les personnes contre lesquelles est prononcée la faillite *personnelle* (v. n° 865).

86. *Infractions fiscales.* – Au cas d'infraction en matière fiscale, le tribunal peut, à titre de peine complémentaire, interdire temporairement au condamné d'exercer toute profession industrielle ou commerciale. La durée de l'interdiction ne peut excéder trois ans ; cette durée peut être doublée en cas de récidive. La contravention à cette interdiction est punie de peines correctionnelles (art. 13 de la loi n° 77-1453 du 29 décembre 1977).

§ 2. – Restrictions a l'exercice de certains commerces

87. *Diplômes et nomination par le Gouvernement.* – Pour l'exercice de certains commerces, il faut justifier de diplômes déterminés, par exemple pour être : pharmacien, opticien-lunetier détaillant, coiffeur. Dans d'autres cas, il faut faire l'objet d'une nomination par le Gouvernement, après achat d'un office, par exemple pour être : agent de change, courtier maritime.

88. *Autorisation, licences, cartes professionnelles.* – L'exercice d'un grand nombre de commerces est soumis à des autorisations, des agréments, des licences. Il en est ainsi pour : les débits de boissons, les transports routiers, la banque, l'assurance, les agences de voyage, les magasins généraux, les salles de ventes publiques, etc. Ou bien il faut obtenir une carte professionnelle : il en est ainsi pour exercer le commerce du bétail, pour être courtier en vins, dit « courtier de campagne », intermédiaire en matière d'immeubles ou de fonds de commerce (v. n° 158), etc.

L'ouverture de magasins à prix unique, la mise en service de camions-bazars sont soumises à autorisation préfectorale (loi n° 51-592 du 24 mai 1951, art. 51).

La loi d'orientation du commerce et de l'artisanat du 27 décembre 1973 prévoit que la création de magasins de commerce de détail excédant une certaine surface (3 000 m² de surface totale ou 1 500 m² de surface de vente) doit être soumise pour autorisation à la commission départementale d'urbanisme commercial qu'organise cette loi, avec recours possible auprès du ministre du Commerce.

89. *Interdiction d'exercer certains commerces. Fermeture d'établissement.* – Dans certain cas, la loi prévoit, comme sanction de certaines infractions, l'interdiction d'exercer telle profession déterminée. Ainsi, en cas d'infraction à la loi sur la police des débits de boissons, est prévue l'interdiction d'exploiter un débit de boissons (art. 56 et suiv. C. déb. boiss.).

D'autre part, dans d'assez nombreux cas, la loi prévoit, à titre de sanction, la fermeture d'établissement. Il en est ainsi, par exemple, au cas d'infractions à la législation économique (ordonnance n° 45-1484 du 30 juin 1945, modifiée par la loi du 28 novembre 1955, art. 49 et 50) ou à la législation sur les débits de boissons (art. 59 et suiv., C. déb. boiss.). Ces mesures sont rigoureuses, car elles atteignent non seulement le coupable, mais encore des innocents : les créanciers, le personnel. Certaines mesures sont parfois prévues en faveur du personnel.

§ 3. – CONTRÔLE ET SANCTIONS

90. *Contrôle.* – Lors de l'immatriculation au registre du commerce, le greffier contrôle si le requérant remplit les conditions requises pour l'activité particulière qu'il veut entreprendre : ce dernier devra produire les autorisations, licences, agréments, cartes professionnelles nécessaires. Pour le droit général de faire le commerce, l'étranger devra produire la carte de commerçant. Mais pour les Français, est seulement exigée une déclaration sur l'honneur de l'intéressé (v. *infra*, n° 114). Ce n'est que par la suite que le juge chargé de la surveillance du registre réclamera, pour contrôle, le bulletin n° 2 du casier judiciaire qui lui fera connaître, éventuellement, les condamnations pénales, la faillite personnelle.

91. *Sanctions pénales et disciplinaires.* – En cas de violation des règles légales, des sanctions pénales ou disciplinaires sont prévues par les divers textes : emprisonnement, amende, destitution, radiation, fermeture d'établissement, etc. Notamment, au cas d'infraction à la loi du 30 août 1947, est prévue une peine d'amende (actuellement de 1 200 F à 2 500 000 F) et une peine d'emprisonnement (de six mois à deux ans et même de cinq ans au cas de récidive).

Le commerçant qui cesse ses paiements peut être frappé de faillite personnelle s'il a exercé sa profession contrairement à une interdiction prévue par la loi (loi du 25 janvier 1985, art. 189-1°). (Sur la radiation au registre du commerce, v. n° 116 *in fine.*)

92. *Conséquences en droit privé.* – Au point de vue civil, il n'y a pas de conséquences, en ce sens que le contrevenant ne peut se prévaloir de l'irrégularité (v. n° 61). Si une personne, malgré l'incompatibilité ou l'interdiction, malgré le défaut d'autorisation ou de licence, exerce le commerce, elle ne peut invoquer la nullité des actes qu'elle a accomplis et, acquérant la qualité de commerçant, pourra notamment faire l'objet d'une procédure collective. Les tiers pourraient cependant invoquer le caractère illicite des actes accomplis.

SECTION II. – LES DROITS ET LES OBLIGATIONS DES COMMERÇANTS

93. *Généralités.* – Les droits des commerçants sont assez nombreux, mais ne nécessiteront pas, à cette place, de longues explications. Il suffira d'énumérer ces droits et de renvoyer à des développements postérieurs (ou à l'étude de la procédure civile).

Au contraire, les obligations des commerçants nous retiendront davantage.

Il est essentiel de noter qu'en raison des règles du registre du commerce et des sociétés, seul le commerçant immatriculé peut se prévaloir des droits attachés à la qualité de commerçant. Au contraire, même non immatriculé, le commerçant n'en est pas moins soumis aux obliations découlant de cette qualité de commerçant (v. n° 118, avant-dernier alinéa).

§ 1. – Les droits des commerçants

94. *Divers droits des commerçants.* – On peut citer, parmi les droits des commerçants :

1° Le droit d'être, à certaines conditions, électeur et éligible aux tribunaux de commerce (v. notre *Manuel de procédure civile,* 14e éd., n° 85) et aux chambres de commerce et d'industrie ;

2° Le droit d'invoquer en leur faveur leur propre comptabilité (v. n° 104) ;

3° Le droit de se prévaloir de la prescription décennale (v. n° 130) ;

4° Le droit de réclamer, à certaines conditions, le renouvellement du bail des locaux où s'exploitent leurs fonds (v. n° 510) ;

5° Le droit, à certaines conditions, de donner leur fonds en location-gérance (v. n° 186) ;

6° Le droit de réclamer, en cas de difficultés, le bénéfice d'un règlement amiable (v. n° 745) ;

7° Le droit à des prestations au titre de *l'assurance vieillesse* (C. Séc. soc., art. L. 663-1 et suiv.) ;

8° Le droit de déroger par convention aux règles de la compétence territoriale des tribunaux (v. notre *Manuel de procédure civile,* 14e éd., n° 167).

§ 2. – Les obligations des commerçants

95. *Obligations dans la gestion interne de leur entreprise.* – A l'intérieur même de leur entreprise, les commerçants ont deux obligations :

1° L'obligation de tenir une comptabilité suivant certaines règles précises (v. n° 100 et suiv.) ;

2° L'obligation d'avoir un compte en banque ou un compte de chèques postaux (v. n° 695 *in fine*).

96. *Obligations envers les organismes professionnels.* – Tant

qu'ont existé, de 1940 à 1946, les Comités d'organisation (v. n° 20), les commerçants avaient envers eux de nombreuses et lourdes obligations. La dissolution des Comités d'organisation a mis fin à ces obligations.

Cependant, certains organismes professionnels existent auxquels les commerçants sont obligés d'adhérer : il en est ainsi de l'Association professionnelle des établissements de crédit (v. n° 20).

D'autre part, les commerçants sont obligés de s'affilier à une *caisse professionnelle d'allocation vieillesse* (art. 647 et suiv. Code Sécurité sociale).

97. *Obligations envers les tiers, envers le public.* – Les commerçants ont de nombreuses obligations envers les tiers :

1° Ils ont l'obligation de renseigner le public. Déjà, le Code de commerce de 1807 avait prévu la publicité du contrat de mariage des commerçants, et d'autres publicités ont encore été prévues à la charge du commerçant marié (v. *supra*, n° 72). Depuis 1919, ils doivent s'immatriculer au registre du commerce et fournir ainsi de nombreux renseignements sur eux-mêmes et sur leur fonds (v. n° 107 et suiv.). Bien d'autres publicités d'ailleurs sont exigées (v. n° 4, 2°, *c*) ;

2° Les commerçants doivent se faire inscrire au Répertoire national des entreprises et des établissements tenus par l'I.N.S.E.E. (v. n° 111) ;

3° Les commerçants ont l'obligation, envers les autres commerçants, de respecter les règles de licite et loyale concurrence (v. n° 120 et suiv.) ;

4° Les commerçants sont soumis à des règles de plus en plus strictes tendant à protéger les consommateurs (v. n° 472) ;

5° Les commerçants sont soumis à une réglementation, plus ou moins stricte suivant les périodes, concernant les prix (v. n° 498) ;

6° Les commerçants ont l'obligation de se soumettre à une procédure collective en cas de cessation des paiements (v. n° 760 et suiv.) ;

7° Les commerçants ont, dans certains cas, l'obligation d'agir plus vite que les non-commerçants : ils sont soumis à des prescriptions plus brèves (v. n° 127 et suiv.) ;

8° Les commerçants ont l'obligation de faire certains paiements par chèque barré ou par virement (v. n° 695) ;

9° Les commerçants ont l'obligation, dans divers documents (publicité, mode d'emploi, factures, etc.), d'employer la langue française (loi du 31 décembre 1975).

98. *Obligations envers l'Etat.* – L'obligation principale du commerçant envers l'Etat est l'obligation fiscale.

Le commerçant doit, notamment, payer :

1° L'impôt sur le revenu des personnes physiques pour ses *bénéfices industriels et commerciaux.* La majorité des commerçants d'ailleurs, leur chiffre d'affaires ne dépassant pas une certaine limite, paient d'après un forfait et non sur leurs bénéfices réels ;

2° La *taxe professionnelle* que la loi du 29 juillet 1975 a substituée au vieil impôt des patentes, impôt direct au profit des collectivités locales, fondé sur la valeur locative des locaux utilisés et sur le montant des salaires payés ;

3° Les taxes sur le chiffre d'affaires très fréquemment modifiées et remaniées, mais qui ont été à partir du 1er janvier 1968 ramenées en principe à un type unique : la *taxe sur la valeur ajoutée* (T.V.A.) qui comporte plusieurs taux ;

4° Diverses taxes sur les salaires qu'ils versent à leurs salariés ; à titre exceptionnel : la *taxe sur les salaires,* actuellement supprimée pour la plupart des commerçants (sauf ceux qui ne sont pas soumis à la T.V.A.) ; mais plus généralement : la *taxe d'apprentissage* et, s'ils emploient au moins 10 salariés, la *contribution à l'effort de construction,* et la *taxe pour la participation des employeurs à la formation professionnelle continue.* Les taux varient fréquemment.

Le régime fiscal astreint le commerçant à des obligations multiples. Outre l'obligation essentielle de payer le montant des impôts, il a l'obligation de faire des déclarations périodiques, de tenir certaines comptabilités, de subir des droits de communication, les droits de contrôle du fisc (cf. n° 105).

Nous avons donné des indications sur le régime fiscal des artisans (nos 62 et 63). Nous verrons plus loin le régime fiscal qui régit les ventes de fonds de commerce (n° 156), les nantissements de fonds (n° 178), les locations-gérances de fonds (n° 187), les constitutions de sociétés (nos 236, 296, 416), les sociétés (nos 255, 256, 383, 391, 396), les valeurs mobilières (n° 353 et suiv.), la lettre de change (n° 614), le billet à ordre (n° 671), le protêt (n° 652), le chèque (n° 691).

99. *Obligations principales.* – Toutes les obligations que nous avons mentionnées ne méritent pas une étude spéciale. Certaines seront examinées plus loin, notamment celle concernant les procédures collectives (v. n° 760 et suiv.). L'étude de certaines autres sortirait du cadre du programme. Nous nous bornerons à une étude plus spéciale de la comptabilité, du registre du commerce et des sociétés, de la concurrence licite et loyale et de la prescription.

SECTION III. – LA COMPTABILITÉ

100. *Généralités.* – Les non-commerçants ne sont pas obligés de tenir une comptabilité. Au contraire, les commerçants y sont astreints par les articles 8 et suivants du Code de commerce. Cette obligation s'explique par l'intérêt même du commerçant qui ne peut gérer convenablement son entreprise sans que ses livres lui fassent connaître où il en est de ses affaires et où il va, et qui, d'autre part, pourra puiser dans ses livres, éventuellement, des preuves en sa faveur. Elle s'explique encore dans l'intérêt général : la comptabilité permet, au cas de cessation des paiements, de déterminer la situation de l'entreprise, de connaître son actif et son passif ; elle permet aussi au juge d'avoir la preuve des opérations commerciales. Enfin, plus récemment, la comptabilité s'est révélée indispensable à l'Etat, soit pour vérifier les déclarations fiscales des commerçants, soit pour puiser dans la comptabilité des éléments nécessaires à l'organisation de l'économie.

Il faut noter que la comptabilité commerciale est la comptabilité de l'entreprise et non la comptabilité personnelle du commerçant : le livre journal doit ainsi enregistrer « les mouvements affectant le patrimoine de l'entreprise » : v. *infra*, n° 101.

Le Code de commerce prévoyait un certain nombre de règles. Mais ces règles étaient, sur divers points, vieillies et ne correspondaient plus à la pratique moderne, surtout dans les entreprises importantes. Aussi, différents textes les ont-ils fortement remaniées, le dernier en date étant l'importante loi comptable du 30 avril 1983 (avec un décret du 29 novembre 1983).

On doit, d'autre part, en dehors du Code de commerce, faire état de réglementations spéciales.

§ 1. – LES RÈGLES ACTUELLES DU CODE DE COMMERCE

101. *Documents comptables obligatoires.* – Désormais, tout commerçant doit tenir trois livres comptables d'enregistrement :

1° Le *livre journal*, qui enregistre tous les mouvements affectant le patrimoine de l'entreprise, opération par opération, jour par jour (achat, vente, versement de salaires, paiement de factures, etc.) ;

2° Le *grand livre*, qui sert à l'ouverture et au suivi des comptes en concordance avec les totaux des écritures du livre journal ;

3° Le *livre d'inventaire*, qui est un relevé de tous les éléments d'actif et de passif au regard desquels sont mentionnées la qualité et la valeur de chacun d'eux à la date d'inventaire et qui, par ailleurs, reproduit également les comptes annuels.

Ces derniers sont des documents comptables de synthèse que le commerçant doit également établir chaque année. Ce sont *le bilan*, qui fait apparaître dans un même tableau les éléments actifs et passifs de l'entreprise, le *compte de résultat*, qui récapitule les produits et les charges de l'exercice, et fait ainsi apparaître le bénéfice ou la perte de l'exercice, et enfin, *l'annexe*, qui complète et éventuellement commente les informations livrées dans le bilan et le compte de résultat.

102. *Tenue des documents comptables.* – Le Code de commerce pose des règles précises quant à la tenue des livres comptables. Ceux-ci doivent être cotés, et paraphés par le greffier du tribunal de commerce. Ils doivent, par ailleurs, être tenus sans blanc ni altération.

Mais le Code fixe également des principes de tenue de la comptabilité : principes de sincérité, de régularité et de prudence. En application de ces principes généraux, on relèvera notamment que :

– les comptes annuels doivent donner une image fidèle du patrimoine, de la situation financière et du résultat de l'entreprise. Si l'application d'une prescription comptable ne suffit pas à donner cette image fidèle, des informations complémentaires doivent être fournies dans l'annexe. Et si, dans un cas exceptionnel, l'application d'une prescription se révèle impropre à donner une telle image, il doit y être dérogé (art. 9 C. com.) ;

– le bilan, le compte de résultat et l'annexe doivent comprendre autant de rubriques et de postes qu'il est nécessaire pour donner cette image (art. 10) ;

– à moins qu'un changement exceptionnel n'intervienne dans la situation du commerçant, la présentation des comptes comme les méthodes d'évaluation retenues ne doivent pas être modifiées d'un exercice sur l'autre (art. 11) ;

– il convient de procéder, même en cas d'absence ou d'insuffisance du bénéfice, aux amortissements et provisions nécessaires (art. 14, al. 2) ;

– on doit également tenir compte des risques et des pertes intervenus au cours de l'exercice ou d'un exercice antérieur, même s'ils sont connus entre la date de la clôture de l'exercice et celle de l'établissement des comptes (art. 14, al. 3).

103. *Sanctions des exigences légales.* – Elles sont diverses :

1° *Au plan civil :* les documents comptables irrégulièrement établis ne peuvent être utilisés en justice par le commerçant pour faire preuve en sa faveur (art. 17, al. 2, C. civ.). Par ailleurs, des tiers trompés par une présentation exagérément optimiste de la situation de l'entreprise pourraient agir en dommages-intérêts (par ex., le fournisseur accordant un crédit sur la base d'un bilan inexact) ;

2° *Au plan fiscal :* le défaut de sincérité ou de régularité justifiera un rejet de comptabilité de la part de l'Administration ;

3° *Au plan pénal :* le fait d'avoir tenu une comptabilité fictive, d'avoir fait disparaître des documents comptables ou de s'être abstenu de tenir toute comptabilité expose le commerçant qui cesse ses paiements à une condamnation pour banqueroute (loi du 25 janvier 1985, art. 197-4°), qui pourra d'ailleurs se doubler du prononcé de la faillite personnelle (art. 187-2° de cette même loi).

104. *La preuve par les documents comptables.* – Ces documents, ainsi que les pièces justificatives, qui doivent être conservés pendant dix ans (art. 16, al. 2, C. com.), ont une valeur probatoire précisée par l'article 17 du Code de commerce et les articles 1329 et 1330 du Code civil.

Quant à leur force probante, il faut distinguer : si le livre est invoqué *contre* celui qui l'a tenu, il fait entièrement preuve (art. 1330 C. civ.). Il contient en effet un aveu, mais celui qui l'invoque doit en accepter toutes les énonciations, même défavorables, en vertu de l'indivisibilité de l'aveu.

Si le livre est invoqué *par* celui qui l'a tenu : au cas de procès avec un *non-commerçant,* il ne fait pas preuve contre celui-ci (sauf pour le juge le droit de déférer le serment supplétoire si le commerçant réclame le paiement des fournitures) (art. 1329 C. civ.) ; au cas de procès avec un *autre commerçant,* à l'occasion d'une opération commerciale, chacun d'eux peut l'invoquer contre l'autre (art. 17). Cette dernière disposition peut paraître extraordinaire : en principe, nul ne peut se créer un titre à lui-même. Mais la règle s'explique en raison des prescriptions strictes sur la tenue des livres de commerce, en raison aussi des principes de la comptabilité qui rendent très difficile une falsification des comptes. Le faux en écritures de commerce est d'ailleurs un délit sévèrement puni (art. 150 nouv. C. pén.). Le législateur a donc admis qu'on pouvait présumer l'exactitude des livres de commerce et autoriser le commerçant à se servir de ses livres pour faire preuve en sa faveur. *A contrario,* l'article 17, al. 2, du Code de commerce prévoit logiquement qu'une comptabilité irrégulièrement tenue ne peut faire preuve au profit de son auteur ; elle pourrait, en revanche, être utilisée contre lui.

Quant à leur production en justice, la seule procédure désormais prévue par le Code de commerce (art. 17, al. 3) est la *communication,* par laquelle les livres sont mis à la disposition de la partie adverse, et que le juge ne peut ordonner que dans les affaires de succession, communauté, partage de société et en cas de procédures collectives. Bien que le Code ne la vise plus depuis la loi du 30 avril 1983, la procédure de la *représentation* des livres doit néanmoins être également possible, en application des dispositions générales du nouveau Code de procédure civile (art. 11, 138, 139 et 142). Mais, dans ce cas, seul l'extrait des livres intéressant le litige est remis par le commerçant, et seuls le tribunal ou un expert pourront en prendre connaissance, à l'exclusion de la partie adverse.

§ 2. – LES RÉGLEMENTATIONS SPÉCIALES

105. *Les règles fiscales.* – Le fisc impose une série de règles spéciales pour la comptabilité. Des documents et renseignements doivent être fournis, par exemple : tableau des résultats de l'exercice, bilan, tableau des immobilisations et amortissements, tableau des plus-values et moins-values, tableau des provisions, pour les commerçants imposés sur le bénéfice réel et pour les sociétés (art. 54 C. gén. imp. et annexe III, art. 38 *bis* et suiv.), livre spécial pour les opérations soumises aux taxes sur le chiffre d'affaires (art. 286, 3°, C. gén. imp.).

D'autre part, des peines correctionnelles sont prévues au cas d'omissions ou d'inexactitudes dans les livres de commerce (art. 1743, 1°, C. gén. imp.). L'interdiction d'exercer une profession commerciale peut être prononcée (v. n° 86).

Enfin, des droits de communication sont prévus en faveur des agents du fisc.

106. *Réglementations diverses.* – Plusieurs réglementations doivent également être signalées :

1° Le nouveau Plan comptable général, approuvé par un arrêté du ministre de l'Economie et des Finances du 27 avril 1982, et applicable aux comptes à partir du premier exercice ouvert après le 31 décembre 1983. Ce document, qui a pour objectif de normaliser la présentation des comptes, contient le plan des comptes utilisés ainsi qu'un ensemble de préceptes généraux sur la tenue de la comptabilité ;

2° Des avis et recommandations, émanant d'organismes professionnels ou administratifs : Ordre des experts-comptables, Conseil national des commissaires aux comptes (préconisant des modalités d'établissement et de révision des comptes), Commission des opérations de bourse (faisant des recommandations pour la présentation des comptes de sociétés faisant appel public à l'épargne) ;

3° Les textes régissant les professions d'expert-comptable et de comptable agréé (ordonnance du 19 septembre 1945, modifiée de façon substantielle par la loi du 31 octobre 1968, le décret du 19 février 1970 et celui du 25 septembre 1970).

SECTION IV. – LE REGISTRE DU COMMERCE ET DES SOCIÉTÉS

107. *Généralités.* – Le registre du commerce est un catalogue officiel des personnes physiques et morales, exerçant le commerce, permettant de réunir et de diffuser un certain nombre de renseignements concernant ces personnes et leurs entreprises.

Le registre du commerce, qui était en vigueur dans certains pays étrangers (notamment en Allemagne et en Suisse), n'a été institué en France que par la loi du 18 mars 1919.

Par imitation du registre du commerce, il avait été créé, en 1934, un registre des métiers réservé aux artisans. Mais ce registre a été supprimé par le décret du 1er mars 1962. Il n'existe plus qu'un répertoire des métiers tenus par les Chambres des métiers (v. nos 62 et 63).

Une loi du 9 août 1949 avait créé le *Bulletin officiel du registre du commerce,* devenu par la suite *Bulletin officiel des annonces commerciales.*

Le registre du commerce ne comportait presque aucun contrôle et ne produisait à peu près aucun effet juridique. L'institution avait été profondément modifiée par un décret-loi du 9 août 1953, inséré au Code de commerce, refondant entièrement les textes de 1919, à l'exception des dispositions pénales. Le but de la réforme avait été d'accroître l'utilité du registre de commerce en le rendant plus complet, plus exact, mieux contrôlé et en lui faisant produire d'importants effets juridiques. Le nouveau régime est entré en vigueur le 1er mars 1954. Les personnes déjà immatriculées ont été progressivement soumises à réimmatriculation (décret du 12 novembre 1956). Les réimmatriculations ont toutes été terminées le 31 octobre 1960.

Depuis lors, les principes de la réforme n'ont pas été modifiés. Mais les textes ont été entièrement et à plusieurs reprises refondus. Notamment, en 1978, l'immatriculation a été étendue aux sociétés civiles, ce qui a entraîné la modification du nom du registre en : « *Registre du commerce et des sociétés* » et du nom du bulletin en : « *Bulletin officiel des annonces civiles et commerciales* ». Actuellement, le registre du commerce et des sociétés est réglementé par le décret no 84-406 du 30 mai 1984, qui a, pour l'essentiel, repris les dispositions d'un précédent décret n° 67-237 du 23 mars 1967, et par un arrêté du 24 septembre 1984.

§ 1. – ORGANISATION DU REGISTRE DU COMMERCE ET DES SOCIÉTÉS

108. *Le registre tenu au greffe.* – Il existe un registre tenu par le greffier en chef, dans chaque tribunal de commerce (ou tribunal de grande instance en tenant lieu).

Le greffier tient (décret du 30 mai 1984, art. 3) :

1° Un fichier alphabétique des personnes immatriculées ;

2° Le dossier individuel constitué par la demande d'immatriculation, le cas échéant, complétée par les inscriptions subséquentes ;

3° La collection des dossiers annexes contenant les actes et pièces déposées par les personnes morales ;

Les greffiers ont été autorisés à procéder à l'automatisation de leur gestion, notamment pour la tenue du registre du commerce et des sociétés (arrêté du 6 novembre 1981).

Le registre du commerce et des sociétés est tenu sous la surveillance du président ou d'un juge commis par lui à cet effet. Ce président est le président du tribunal de commerce s'il s'agit d'un commerçant, d'une société commerciale, d'un loueur d'un fonds de commerce ou d'un groupement d'intérêt économique ; c'est le président du tribunal de grande instance s'il s'agit d'autres personnes morales, c'est-à-dire principalement de sociétés civiles (décret du 30 mai 1984, art. 4).

109. *Le registre national.* – Un registre national est tenu à Arcueil (Val-de-Marne) par l'Institut national de la propriété industrielle. Il est constitué par des dossiers contenant un exemplaire de toutes les déclarations reçues par les greffiers de toute la France. C'est en somme une centralisation du double de tous les registres du commerce.

Le registre national comprend en outre divers fichiers renvoyant aux dossiers individuels.

110. *Communication au public. Numéro d'immatriculation.* – Le registre du commerce est fait pour renseigner le public. Toute personne peut en obtenir communication en demandant, moyennant une certaine somme, soit aux greffes locaux, soit au registre national, des *copies*, des *extraits* ou des *certificats*.

Pour faciliter, pour les tiers, les demandes de renseignements, toute personne immatriculée est tenue d'indiquer son immatriculation sur ses factures, notes de commande, tarifs et documents publicitaires, ainsi que sur toutes correspondances et récépissés concernant son activité (décret du 30 mai 1984, art. 72). Actuellement l'indication de l'immatriculation comprend : le sigle R.C.S. (Registre du Commerce et des Sociétés), suivi du nom du tribunal, la lettre A, B, C ou D, suivant qu'il s'agit d'une personne physique, d'une société commerciale, d'un groupement d'intérêt économique, d'une société civile, enfin : le numéro attribué par l'I.N.S.E.E. (v. n° 11). Par exemple, un commerçant aura le numéro d'immatriculation : R.C.S. Marseille - A - 325 930 267, une société commerciale : R.C.S. Paris - B - 427 126 530, un groupement d'intérêt économique : R.C.S. Lille - C - 712 585 468, une société civile : R.C.S. Toulouse - D - 503 424 531.

111. *Inscription au répertoire national des entreprises.* – Il ne faut pas confondre le registre du commerce avec le *Répertoire national des entreprises et des établissements.* Ce dernier est tenu, en vertu du décret du 14 mars 1973, par l'Institut national de la Statistique et des Etudes économiques (I.N.S.E.E.), qui attribue un numéro d'identification à chaque entreprise, numéro qui constitue actuellement le numéro d'immatriculation au registre du commerce (v. numéro précédent). Mais ce répertoire n'a aucune portée juridique – sur la procédure d'attribution de ce numéro, v. *infra*, n° 114.

112. *Publication au Bulletin officiel des annonces civiles et commerciales.* – Une diffusion très grande des inscriptions au registre du commerce est assurée par la publication, par les soins du greffier, d'avis dans le *Bulletin officiel des annonces civiles et commerciales* (B.O.D.A.C.). Ce bulletin, publié par l'Administration des journaux officiels, paraît tous les jours. C'est une source d'informations précieuse pour le public, les administrations, les chambres de commerce, etc. C'est dans ce *Bulletin* que sont également publiés les ventes et apports en société de fonds de commerce (v. n°s 160, 3° et 205) et les jugements de redressement et liquidations judiciaires ainsi que diverses insertions concernant ces procédures.

§ 2. – LES DIVERSES INSCRIPTIONS

113. *Immatriculation.* – Sont tenus de s'inscrire au registre du commerce et des sociétés : 1° Les personnes physiques ayant la qualité de commerçant, même si elles sont tenues à immatriculation au répertoire des métiers ; 2° Les sociétés et groupements d'intérêt économique ayant leur siège dans un département français et jouissant de la personnalité morale conformément à l'article 1842 du

Code civil ou à l'article 3 de l'ordonnance du 23 septembre 1967 (peu important que ces sociétés ou G.I.E. soient civils ou commerciaux) ; 3° Les sociétés commerciales étrangères, ayant un établissement dans un département français ; 4° Les établissements publics français à caractère industriel ou commercial ; 5° Les autres personnes morales dont l'immatriculation est prévue par la loi ou les règlements (ainsi, par ex., les associations émettant des valeurs mobilières dans le cadre de la loi n° 85-698 du 11 juillet 1985) ; 6° Les représentations commerciales ou agences commerciales des Etats, collectivités ou établissements publics étrangers établis dans un département français.

Les commerçants (nous verrons plus loin les particularités relatives aux sociétés : v. n° 239) doivent s'immatriculer dans les quinze jours du début de leur activité commerciale (décret du 30 mai 1984, art. 7). A cet effet, ils déposent au greffe une déclaration en trois exemplaires faite sur des imprimés vendus par le greffe.

Cette déclaration comporte d'assez nombreuses mentions (décret du 30 mai 1984, art. 8). Certaines sont relatives au commerçant lui-même : nom et prénoms, domicile, date et lieu de naissance, nationalité. Les étrangers doivent donner des précisions sur leur carte de commerçant étranger (v. n° 84, 2°). Tout commerçant marié doit indiquer la date et le lieu de son mariage et le régime matrimonial adopté (v. n° 72). Sera mentionnée la collaboration du conjoint à l'activité commerciale (v. n° 77).

D'autres mentions sont relatives à l'entreprise : objet du commerce, adresse des établissements exploités, origine du fonds, précisions sur le propriétaire au cas de location-gérance, renseignements sur les personnes ayant la signature.

Une même personne, même exploitant plusieurs fonds de commerce dans plusieurs ressorts, ne peut faire l'objet que d'une seule *immatriculation à titre principal* et ne peut avoir, à titre principal, qu'un seul numéro d'immatriculation ; mais si le commerçant exploite dans d'autres ressorts, d'autres fonds ou des établissements secondaires, il doit requérir des *immatriculations secondaires* portant, notamment, référence à l'immatriculation principale. Si les fonds ou établissements sont situés dans le même ressort, ils font l'objet d'*inscriptions complémentaires*. Dans les deux cas, ces fonds ou établissements sont également mentionnés dans l'immatriculation principale.

L'établissement secondaire est défini comme « tout établissement permanent, distinct de l'établissement principal, et dirigé par l'assujetti, un préposé ou une personne ayant le pouvoir de lier des rapports juridiques avec les tiers » (décret du 30 mai 1984, art. 9).

114. *Pièces justificatives.* – A l'appui de sa demande d'immatriculation, le commerçant doit produire une série de pièces justificatives énumérées par l'arrêté du 24 septembre 1984 : actes de l'état civil, contrat de mariage, autorisations, licences, cartes professionnelles, copie certifiée conforme du titre justifiant de la jouissance du ou des locaux où il exerce son activité.

Le requérant doit aussi présenter une déclaration affirmant qu'il n'a pas été l'objet d'une condamnation pénale ni de sanction civile ou administrative de nature à lui interdire l'exercice d'une activité commerciale. Il souscrit une demande d'affiliation à une caisse d'allocation vieillesse. Il doit aussi remplir un document contenant les renseignements d'identification en vue du l'inscription au Répertoire national des entreprises.

114-1. *Lieu du dépôt de ces pièces.* – Jusqu'à présent, les pièces étaient déposées directement au greffe. Mais cette procédure tend à devenir exceptionnelle (décret du 30 mai 1984, art. 26). En effet, un décret n° 81-257 du 18 mars 1981 a créé des centres de formalités des entreprises, dont le rôle est devenu obligatoire avec un décret n° 84-405 du 30 mai 1984, et dont la mise en place sur le territoire national est progressive. Ces centres, qui peuvent être créés par les Chambres de commerce et d'industrie, les Chambres des métiers ou les greffes des tribunaux de commerce (ou de grande instance statuant commercialement), ont pour mission de faciliter la vie des entreprises, en permettant à celles-ci « de souscrire en un même lieu et sur un même document les déclarations auxquelles elles sont tenues par les lois et règlements dans les domaines juridique, administratif, social, fiscal et statistique, et afférentes à leur création, à la modification de leur situation et à la cessation de leur activité » (décret du 30 mai 1984, art. 3). Ainsi, ces centres de formalités des entreprises ont-ils désormais vocation à recueillir les demandes d'immatriculation.

114-2. *Contrôle.* – Le greffier, sous sa responsabilité, s'assure de la régularité de la demande. Il vérifie que les énonciations sont conformes aux dispositions législatives et réglementaires, et correspondent aux pièces justificatives et actes déposés en annexe (décret du 30 mai 1984, art. 30).

De plus, à tout moment, le greffier peut vérifier la permanence de la conformité des inscriptions effectuées aux dispositions législatives et réglementaires. En cas de non-conformité, invitation est faite à l'assujetti d'avoir à régulariser son dossier. Faute par lui de le faire dans le délai d'un mois, le greffier saisit le juge commis à la surveillance du registre (décret du 30 mai 1984, art. 34).

Le greffier procède à l'inscription dans les quinze jours de la réception de la demande. S'il estimait la demande non conforme aux exigences réglementaires, il devrait, dans ce même délai, remettre au demandeur une décision de refus d'inscription. Cette décision de refus comporte les motifs du rejet de la demande, et précise que le demandeur a la faculté de saisir le juge commis à la surveillance du registre (art. 31).

Le greffier attribue un numéro d'immatriculation (v. n° 110), et envoie à l'I.N.S.E.E. la demande d'identification (v. n° 111).

De façon inédite, le décret du 30 mai 1984 (art. 31, al. 2) prévoit que, pour les demandes d'immatriculation, à défaut de réponse du greffier dans les quinze jours, l'immatriculation est réputée acquise à l'expiration de ce délai : le greffier est alors tenu de procéder à l'inscription en mentionnant la date d'effet de l'immatriculation. Ainsi, de façon fort originale, la personnalité morale d'une société peut-elle naître de la négligence du greffier.

115. *Inscriptions modificatives. Radiations.* – Pour que le registre du commerce soit toujours à jour, il est prescrit, en cas de changement dans les mentions ou de survenance de certains faits intéressant le commerçant, de faire des *inscriptions modificatives*. Et, en cas de cessation d'activité, il y a lieu à *radiation*.

C'est ainsi que doivent être déclarées toutes les modifications aux mentions primitives et, de plus : le mariage du commerçant, le décès du conjoint, la demande en séparation de biens, les jugements de divorce, de séparation de corps, de séparation de biens, d'ouverture de tutelle ou de curatelle (v. n° 61), les jugements, arrêts ou décisions portant interdiction d'exercer le commerce, les jugements en matière de redressement ou de liquidation judiciaire, la mise en location-gérance (v. n° 188), la fin de la location-gérance (v. n° 193) et, enfin, la radiation. Toutes ces demandes doivent être faites dans le mois de la date de l'événement.

Les radiations sont publiées au *Bulletin officiel des annonces civiles et commerciales*. Les inscriptions modificatives ne le sont que dans la mesure où elles modifient les mentions de l'avis d'immatriculation.

Normalement, c'est l'assujetti qui requiert inscriptions et radiations, mais toute personne intéressée peut les requérir (décret du 30 mai 1984, art. 27). De plus, les notaires qui reçoivent le contrat de mariage d'un commerçant doivent, dans le délai d'un mois, souscrire une déclaration d'inscription modificative mentionnant le régime matrimonial adopté (décret du 30 mai 1984, art. 12). Et les notaires sont, de façon générale, tenus de procéder à toutes les formalités quand ils rédigent un acte ayant une incidence sur le registre du commerce (décret du 30 mai 1984, art. 27). Dans les deux cas, les notaires qui ne satisfont pas à leurs obligations sont frappés d'une amende civile par le tribunal de grande instance et encourent une responsabilité (même article).

Certaines décisions sont mentionnées d'office par le greffier, notamment les décisions en matière de redressement ou de liquidation judiciaire (décret du 30 mai 1984, art. 35 et 36).

116. *Inscriptions et radiations forcées.* – Lorsque l'assujetti ne requiert pas les inscriptions ou la radiation nécessaires (réserve faite de l'immatriculation initiale pour une personne morale, faute de délai légal imparti), le juge commis peut, soit d'office, soit à la requête du procureur de la République ou de toute personne intéressée, rendre une ordonnance lui enjoignant de régulariser sa situation (décret du 30 mai 1984, art. 58). L'assujetti peut faire appel devant la cour d'appel (art. 61). Il est déféré à l'ordonnance du juge commis à la surveillance du registre ou à l'arrêt de la cour d'appel dans les quinze jours de la date à laquelle la décision est devenue définitive (art. 62).

§ 3. – Sanctions des règles légales

117. *Sanctions pénales.* – Des peines correctionnelles sont prévues par l'ordonnance du 27 décembre 1958, restée en vigueur :

1° Toute personne qui ne défère pas, dans les quinze jours de la date où elle est devenue définitive, à une ordonnance lui enjoignant de requérir une immatriculation, mention ou radiation, est punie d'une amende de 2 500 F à 5 000 F et, en cas de récidive, d'une amende pouvant atteindre 30 000 F, d'un emprisonnement de dix jours à six mois. Le tribunal de police (le tribunal correctionnel en cas de récidive) ordonne que l'immatriculation, la mention ou la radiation seront faites dans un délai déterminé à la requête de l'intéressé (ordonnance du 27 décembre 1958, art. 1er) ;

2° Quiconque donne, de mauvaise foi, des indications incomplètes ou inexactes en vue d'une immatriculation, d'une mention, d'une radiation, est puni d'une amende de 500 à 30 000 F, d'un emprisonnement de dix jours à six mois (ordonnance du 27 décembre 1958, art. 2).

De plus, est punie de peines de police (amende de 600 à 1 200 F) la contravention à l'obligation de mentionner l'immatriculation sur les factures, notes, etc. (décret du 30 mai 1984, art. 72).

Enfin, est puni, pour travail clandestin, de peines de police et, en cas de récidive, de peines correctionnelles celui qui exerce une activité commerciale de production, de transformation, de réparation ou de prestation de services sans être immatriculé au registre du commerce (art. L. 324-10, R. 362-3, C. trav.).

118. *Sanctions civiles. Effets de l'immatriculation et du défaut d'immatriculation.* – *L'immatriculation* produit deux effets importants :

1° Toute personne physique immatriculée est présumée avoir la qualité de commerçant. Cependant, d'une part, cette présomption n'est pas opposable aux tiers et administrations qui apportent la preuve contraire ; d'autre part, les tiers et administrations ne sont pas, à l'inverse, admis à se prévaloir de cette présomption s'ils savaient que la personne immatriculée n'était pas commerçante, au sens bien évidemment de l'article 1er du Code de commerce (sur lequel, v. *supra,* n° 57 : décret du 30 mai 1984, art. 64).

2° Le commerçant inscrit qui cède son fonds ou le donne en location-gérance reste responsable, jusqu'à radiation ou mention, des obligations contractées par son successeur dans l'exploitation du fonds (décret du 30 mai 1984, art. 65, al. 2). Pour la Cour de cassation, dont la jurisprudence devrait se maintenir sous l'empire du décret de 1984, cette présomption est irréfragable, jouant même si le commerçant fait la preuve que les créanciers connaissaient la cession ou la location-gérance.

Quant au *défaut d'immatriculation,* il entraîne, pour la personne non inscrite, l'impossibilité de se prévaloir de la qualité de commerçant tant à l'égard des tiers que des administrations publiques, sans qu'il puisse pour autant se soustraire aux obligations et responsabilités que cette qualité entraîne (décret du 30 mai 1984, art. 65). Ainsi, le non-inscrit est-il notamment exclu du bénéfice de la propriété commerciale (v. n° 510), de la possibilité de prouver par ses livres de commerce, d'invoquer la prescription décennale du Code de commerce. Mais, inversement, les tiers peuvent invoquer son effective qualité de commerçant, et provoquer, par exemple, l'ouverture d'une procédure collective contre lui.

Pour les sociétés, l'immatriculation a un effet particulièrement important : la société ne jouit de la personnalité morale qu'à dater de son immatriculation au registre du commerce et des sociétés : v. n° 210.

119. *Sanctions civiles (suite). Effets de la mention et du défaut de mention.* – La *mention* d'un acte ou d'un fait au registre du commerce et des sociétés n'a pas, en règle générale, d'effet particulier. Il peut, par exception, en être autrement : par exemple, a un effet la mention de la collaboration du conjoint au commerce (n° 77).

En revanche, le *défaut de mention* a une sanction générale très grave. En effet, les personnes assujetties à immatriculation ne peuvent, dans l'exercice de leur activité, opposer ni aux tiers, ni aux administrations publiques, qui peuvent toutefois s'en prévaloir, les faits et actes sujets à mention que si ces derniers ont été publiés au registre. Il n'en serait autrement que si les assujettis prouvaient que les tiers ou les administrations publiques connaissaient, en réalité, les faits et actes non publiés (décret du 30 mai 1984, art. 66).

Ainsi, par exemple, ne pourraient, à défaut de mention, être opposés aux tiers : le mariage, le contrat de mariage, le divorce, la séparation de corps, la séparation de biens, un jugement d'ouverture de tutelle ou de curatelle d'un majeur, la cessation de pouvoir d'un gérant, etc.

SECTION V. – LA CONCURRENCE LICITE ET LOYALE

120. *Généralités.* – En principe, la concurrence est libre et les commerçants peuvent essayer d'attirer les clients, les chalands par une habile publicité, par des procédés commerciaux supérieurs. Mais encore faut-il qu'ils respectent certaines règles sur la concurrence. Comme le rappelle la loi d'orientation du commerce et de l'artisanat du 27 décembre 1973, si la liberté et la volonté d'entreprendre sont les fondements des activités commerciales, « celles-ci s'exercent dans le cadre d'une concurrence claire et loyale » (art. 1er).

Plus précisément, la concurrence doit être *licite,* c'est-à-dire conforme à la loi qui interdit certains procédés, certaines pratiques, et *loyale,* c'est-à-dire n'utilisant pas certaines manœuvres que répriment la jurisprudence et certains textes.

§ 1. – LA CONCURRENCE LICITE

121. *Procédés commerciaux prohibés.* – Spécialement, en matière de vente, est érigé en délit par la loi le refus de vente et certains procédés de vente sont illicites : ces questions seront examinées à propos de la vente (v. *infra,* n° 482 et suiv.).

De façon plus générale, sont interdits certains procédés qui faussent la concurrence. Il s'agit, d'une part, des *prix imposés.* L'article 37-4° de l'ordonnance n° 45-1483 du 30 juin 1945, relatif aux prix, modifié par le décret du 24 juin 1958, interdit en principe d'imposer un prix minimum pour les produits ou les prestations de services et cela sous des peines correctionnelles. Sont également contestables les *prix conseillés* qui peuvent être interdits par arrêté.

Il s'agit, d'autre part, des *pratiques commerciales discriminatoires*. Cependant, la loi du 30 décembre 1985 portant amélioration de la concurrence a abrogé les articles 37 et 38 de la loi du 27 décembre 1973. Désormais, aux termes de l'article 37-1°-*g* nouveau de l'ordonnance du 30 juin 1945, est sanctionné, de façon plus vague, le fait « de pratiquer à l'égard d'un partenaire économique, de lui demander ou d'obtenir de lui des prix ou des conditions de vente discriminatoires ou encore des dons en marchandises ou en espèces dans des conditions de nature à porter atteinte à la concurrence ». Cette dernière expression devrait laisser aux juges une grande marge d'appréciation. Les sanctions sont, par ailleurs, aggravées lorsque la victime se trouve « en situation de dépendance » par rapport à l'auteur du délit.

122. *La publicité commerciale.* – Une forme de concurrence très courante est la publicité commerciale (à ne pas confondre avec la publicité des faits et des actes juridiques : v. n° 4, 2°, *c*) par laquelle les commerçants s'efforcent de développer la notoriété de leurs produits et de leurs services, d'assurer la promotion de leurs ventes. Cette publicité se réalise par des enseignes, par des affiches, par des insertions dans les journaux, par la radiodiffusion, la télévision, etc. La publicité commerciale a pris un développement considérable.

La publicité commerciale est, en principe, une forme licite de la concurrence. Néanmoins, il y a certaines limites au-delà desquelles la publicité devient illicite.

C'est ainsi que la publicité est légalement interdite ou restreinte pour certains produits : médicaments, produits alcooliques, tabac.

De même, est très réglementée la publicité par panneaux, affiches et enseignes (en dernier lieu par la loi n° 79-1150 du 29 décembre 1979 et les décrets d'application, notamment les décrets n°s 80-923 et 80-924 du 21 novembre 1980 et le décret n° 82-211 du 24 février 1982).

La publicité devient encore illicite si elle constitue une atteinte à la propriété industrielle d'un concurrent.

Enfin et surtout des textes récents répriment, sous des peines correctionnelles, la *publicité mensongère* (appelée aussi, dans une formule plus large, la *publicité trompeuse*). Est ainsi réprimée, en vertu de l'article 44-1 de la loi du 27 décembre 1973, complétée par la loi du 10 janvier 1978, toute publicité comportant des allégations ou indications fausses ou de nature à induire en erreur, lorsque celles-ci portent sur la nature, la composition, les qualités, l'origine des produits, les prix, les conditions de vente, etc. La jurisprudence décide que le délit existe même si le commerçant est de bonne foi.

Il faut ajouter que la jurisprudence considère que la *publicité comparative* constitue un cas de concurrence déloyale (v. n° 125).

Il y a lieu de noter qu'en matière de publicité seule doit être employée la langue française (loi du 31 décembre 1975), mais la loi est mal respectée.

123. *Ententes et positions dominantes. Règles françaises.* – Les commerçants concluent fréquemment entre eux des *ententes*, c'est-à-dire des accords pour régler les conditions de fabrication, de vente de leurs produits. La loi distingue entre les ententes. Elle prohibe et érige en délit celles qui ont pour objet ou peuvent avoir pour effet de restreindre ou de fausser le jeu de la concurrence, notamment en faisant obstacle à l'abaissement des prix, en favorisant la hausse ou la baisse artificielle des prix, en entravant le progrès technique, en limitant l'exercice de la libre concurrence (ordonnance du 30 juin 1945 sur les prix, art. 59 *bis* refondu par la loi du 2 juillet 1963 et par l'ordonnance du 28 septembre 1967 « relative au respect de la loyauté en matière de concurrence »). Mais la loi autorise les ententes qui résultent de l'application d'une loi ou d'un règlement, et celles dont les auteurs sont en mesure de justifier qu'elles ont pour effet d'assurer le développement du progrès économique (même ordonnance, article 59 *ter*).

La loi prohibe également les activités d'une entreprise ou d'un groupe d'entreprises occupant sur le marché intérieur une *position dominante*, caractérisée par une situation de monopole ou par une concentration manifeste de la puissance économique, lorsque ces activités ont pour objet ou peuvent avoir pour effet d'entraver le fonctionnement normal du marché (ordonnance précitée du 30 juin 1945, art. 59 *bis*, dernier alinéa).

Il faut souligner le rôle très important de la *Commission de la concurrence*, organisée par les articles 1er à 3 de la loi du 17 juillet 1977, le décret n° 77-1189 du 23 octobre 1977, et enfin l'article 6 de la loi du 30 décembre 1985. Désormais consacrée comme « autorité administrative indépendante », elle est composée d'un président (membre du Conseil d'Etat ou magistrat de l'ordre administratif ou judiciaire) et de quatorze commissaires. La Commission a un rôle consultatif, donnant son avis sur les textes projetés par le Gouvernement. Elle a surtout un rôle essentiel en matière de poursuites, les infractions aux règles sur les ententes et les positions dominantes ne pouvant être constatées et poursuivies qu'après que la Commission des ententes a donné son avis, suite à l'instruction de l'affaire. Au vu de cet avis, le ministre de l'Economie a le choix entre plusieurs solutions : classer le dossier, le transmettre au parquet, infliger une sanction pécuniaire aux entreprises, ou encore leur enjoindre de modifier leur comportement dans un certain délai. La Commission a enfin un rôle également important en matière de concentration d'entreprises (v. *infra,* n° 276, *in fine*).

124. *Ententes et positions dominantes. Règles communautaires.* – Le Traité de Rome du 25 mars 1957 contient des dispositions dont se sont inspirés les auteurs, les rédacteurs des textes récents français cités au numéro précédent.

L'article 85 du Traité interdit et annule tous accords qui sont susceptibles d'affecter le commerce entre Etats membres de la Communauté économique européenne et qui ont pour objet ou pour effet d'empêcher, de restreindre ou de fausser le jeu de la concurrence à l'intérieur du marché commun. Mais ces dispositions ne sont pas applicables aux ententes qui contribuent à améliorer la production ou la distribution des produits ou à promouvoir le progrès technique ou économique. (Pour l'application de l'article 85 aux concessions exclusives, v. *infra,* n° 568, al. 3.)

L'article 86 du Traité condamne, dans la mesure où le commerce entre Etats membres est susceptible d'en être affecté, les actes d'exploitation abusive d'une position dominante dans le marché commun.

Le décret n° 72-151 du 18 février 1972 règle les mesures pour faire procéder en France aux vérifications nécessaires à l'application des articles 85 à 87 du Traité de Rome.

§ 2. – LA CONCURRENCE LOYALE

125. *La concurrence déloyale. Droit interne.* – Il n'y a pas, en droit français, de texte général sur la concurrence déloyale. Mais la jurisprudence se fonde sur l'article 1382 du Code civil pour rendre responsable le commerçant qui cause un préjudice à ses concurrents en cherchant à attirer la clientèle par des moyens constituant une faute. Il s'agit de manœuvres de confusion : confusion avec le nom commercial (v. n° 137), avec l'enseigne (v. n° 138), les produits d'un concurrent ; de manœuvres de dénigrement du concurrent ou de ses produits ; d'emploi de moyens contraires aux usages professionnels. Notamment, la jurisprudence (que certains jugent trop sévère) considère comme concurrence déloyale toute *publicité comparative :* sans doute un commerçant peut-il proclamer que son produit est le meilleur, mais il ne peut prétendre que son produit est supérieur à tel autre produit nettement désigné.

Les tribunaux condamnent le commerçant coupable à des dommages-intérêts et lui interdisent d'employer à l'avenir les procédés reprochés. La loi du 2 juillet 1963, article 2, permet, en outre, avant même qu'il soit statué au fond, d'ordonner à titre provisoire la cessation des agissements reprochés au défendeur. Le même texte permet d'ordonner la publication de la décision soit par affichage, soit par insertion dans les journaux.

126. *La concurrence déloyale. Droit international.* – Dans les rapports internationaux, la Convention d'union de Paris assure, depuis la Conférence de Bruxelles de 1900, par son article 10 *bis*, retouché à diverses reprises par la suite, une protection contre la concurrence déloyale dans tous les Etats contractants. Constitue un acte de concurrence déloyale tout acte de concurrence contraire aux usages honnêtes en matière industrielle ou commerciale. Notamment, doivent être interdits tous faits de nature à créer une confusion, toutes allégations fausses de nature à discréditer un concurrent.

SECTION VI. – LA PRESCRIPTION

127. *Généralités.* – C'est une tendance générale du droit commercial de prévoir des prescriptions plus courtes qu'en droit civil (v. *supra* n° 4, 2°, *b*). Nous en verrons de nombreux exemples en matière de fonds de commerce (v. n° 154), de sociétés (v. n°s 240, 242, 267, 365, 429), de lettre de change (v. n°s 632, 658), de chèque (v. n°s 709, 718). Mais ces prescriptions jouent même s'il ne s'agit pas de commerçants.

Au contraire, il existe deux prescriptions qui dépendent de la qualité de commerçant :

1° Le commerçant est obligé d'agir plus rapidement qu'un non-commerçant, s'il a vendu des marchandises à un non-commerçant (art. 2272 C. civ.) ;

2° Si une obligation est née à l'occasion de leur commerce entre commerçants ou entre commerçants et non-commerçants, elle se prescrit par dix ans (art. 189 *bis* C. com.).

§ 1. – PRESCRIPTION DES ACTIONS EN PAIEMENT CONTRE DES ACHETEURS NON COMMERÇANTS

128. *L'article 2272 du Code civil.* – L'article 2272 du Code civil, modifié par la loi du 26 février 1911 et refondu (sans modification de fond sur ce point) par la loi du 16 juillet 1971, prévoit, dans son

alinéa 4 nouveau, que l'action des commerçants pour les marchandises qu'ils vendent aux particuliers non commerçants se prescrit par deux ans.

Il s'agit d'une courte prescription, fondée sur une présomption de paiement. Le commerçant créancier peut déférer le serment à l'acheteur pour que celui-ci jure qu'il n'a pas payé. En cas de refus de prêter serment, le créancier triomphe. Il en est de même si l'acheteur avoue n'avoir pas payé.

Cette prescription n'est pas suspendue au profit des mineurs et des interdits.

§ 2. – PRESCRIPTION DES OBLIGATIONS NÉES A L'OCCASION DU COMMERCE

129. *Les réformes de 1948 et de 1977.* – Jusqu'en 1948, la prescription générale, en matière commerciale, était, conformément au droit commun (art. 2262 C. civ.), de trente ans. Ce délai était bien long. Il était excessif, surtout en matière commerciale, de laisser pendant trente ans en suspens une obligation. La loi du 18 août 1948 a réalisé une réforme utile en créant un nouvel article du Code de commerce, l'article 189 *bis*, qui constitue à lui seul le titre IX, de la prescription, pour ramener à dix ans la prescription entre commerçants d'une obligation née à l'occasion de leur commerce. La loi du 3 janvier 1977 a étendu cette prescription aux rapports entre commerçants et non-commerçants, ce qui paraît impliquer que le commerçant peut se prévaloir de la prescription décennale quand il est débiteur même d'un non-commerçant.

130. *Conditions de la prescription décennale.* – Pour que la prescription joue, il faut :

1° Qu'il s'agisse d'une obligation née entre commerçants ou entre commerçants et non-commerçants ;

2° Que cette obligation soit née à l'occasion de leur commerce ;

3° Que cette obligation ne soit pas soumise à une prescription spéciale plus courte : en effet, le texte nouveau n'a pas abrogé les textes antérieurs prévoyant de courtes prescriptions, par exemple en matière de lettre de change.

La prescription décennale n'est pas fondée sur une présomption de paiement. Elle est, conformément au droit commun, susceptible de suspension et d'interruption.

Titre III

LE FONDS DE COMMERCE

131. *Plan.* – Nous examinerons tout d'abord des notions générales sur le fonds de commerce, puis les trois contrats les plus importants dont le fonds de commerce peut être l'objet : la vente, le nantissement et la location-gérance.

Chapitre I. – Notions générales sur le fonds de commerce.
Chapitre II. – La vente du fonds de commerce.
Chapitre III. – Le nantissement du fonds de commerce.
Chapitre IV. – La location-gérance du fonds de commerce.

CHAPITRE PREMIER

NOTIONS GÉNÉRALES SUR LE FONDS DE COMMERCE

132. *Définition.* – Le *fonds de commerce,* c'est l'ensemble juridique des biens que le commerçant groupe et organise en vue de l'exploitation de son commerce.

A côté du fonds de commerce, il peut exister des fonds d'artisan (fonds de coiffeur, fonds de cordonnier, etc.), des fonds civils (cabinet d'architecte, portefeuille d'agent d'assurances, etc.), mais ils ne sont pas soumis aux règles que nous allons examiner. (Par exception, la location-gérance des entreprises artisanales est soumise, en vertu de la loi du 20 mars 1956, aux mêmes règles que la location-gérance des fonds de commerce : v. nº 185.) Pour qu'il y ait un fonds de commerce, il faut que l'objet de l'exploitation soit commerciale, de telle sorte que celui qui exploite ait la qualité de commerçant d'après les règles qui ont été examinées sur les actes de commerce et les commerçants.

133. *L'entreprise.* – Comme il a déjà été indiqué (v. nº 27 *in fine*), on tend à l'heure actuelle à beaucoup insister sur l'*entreprise* qui se distingue du fonds de commerce en ce que le fonds de commerce ne concerne que les biens, alors que l'entreprise concerne essentiellement les personnes. On la définit généralement comme l'ensemble de tous les éléments humains et matériels groupés et organisés par le commerçant, personne physique ou personne morale (bien qu'il soit plus exact de considérer que l'entreprise n'est constituée que par des personnes, les éléments matériels n'étant que les biens de l'entreprise et non l'entreprise elle-même). Cette notion d'entreprise est certainement essentielle pour les sciences économiques. Elle est très importante en droit social dont les textes visent le plus souvent non le fonds de commerce mais l'entreprise : il en est ainsi, par exemple, pour les contrats de travail qui subsistent en cas de modification dans la structure juridique de l'entreprise (v. nº 547), pour les comités d'entreprise (v. nº 549), pour l'intéressement des travailleurs à l'entreprise (v. nº 550), pour leur participation aux fruits de l'expansion de l'entreprise (v. nº 384). Le droit fiscal vise souvent l'entreprise. La comptabilité est la comptabilité de l'entreprise (v. nº 100, al. 2).

En droit commercial, la notion d'entreprise est ancienne, puisque certains actes, d'après le Code de commerce de 1807, nécessitent l'existence d'une entreprise (v. nºs 27, 1º ; 32, 3º et 4º ; 33, 2º, 3º et 4º ; 35, 1º). Et il est certain qu'elle innerve toujours plus notre droit positif : ainsi, en matière de procédures collectives, la législation tend nettement, depuis 1967, à distinguer l'entreprise de la personne, elle prend en considération la situation de l'entreprise, ses chances de redressement, s'efforce d'assurer sa continuation (v. nº 760 et suiv.) ; de même, en instituant l'entreprise personnelle à responsabilité limitée, la loi du 11 juillet 1985 a permis à une personne, pour la première fois, d'entreprendre une activité commerciale sans exposer la totalité de son patrimoine envers ses créanciers : seuls les biens de l'entreprise sociétaire le seront en principe (v. nº 439-1). Mais il reste que la loi ne définit toujours pas l'entreprise, et que cette notion demeure encore, à bien des égards, d'ordre essentiellement doctrinal. Elle n'a pas, en tout cas, évincé pour l'instant l'importante notion de fonds de commerce, qui est au centre de notre droit positif.

134. *Législation et plan.* – Le Code de commerce ne réglemente pas le fonds de commerce. C'est une notion récente, née de la pratique commerciale. Après une très brève loi (actuellement abrogée) de 1898, sur le nantissement des fonds de commerce, la matière est aujourd'hui régie par la loi du 17 mars 1909 sur la vente et le nantissement des fonds de commerce, retouchée à diverses reprises (souvent appelée : loi Cordelet, du nom du sénateur qui proposa le texte), par la loi du 29 juin 1935 sur le règlement du prix de vente des fonds de commerce et par la loi du 20 mars 1956 sur la location-gérance.

D'autre part, la loi du 30 juin 1926, dite loi sur la propriété commerciale, et de nombreuses lois postérieures sont venues protéger le droit au bail des locaux dans lesquels est exploité le fonds de commerce. Ces lois ont été refondues en un texte unique, le décret-loi du 30 septembre 1953, modifié et complété depuis lors à plusieurs reprises : ces textes sur les baux commerciaux seront étudiés, dans le Livre IV consacré aux Contrats commerciaux, n° 507 et suivants.

Ces diverses lois n'ayant prévu que des points particuliers, il faut, sur les matières qu'elles n'ont pas réglées, appliquer les principes généraux.

Nous examinerons : la composition et la nature du fonds de commerce (section I), l'exploitation et la gestion du fonds (section II), les opérations juridiques dont le fonds peut être l'objet (section III).

SECTION I. – COMPOSITION ET NATURE DU FONDS DE COMMERCE

135. *Les éléments du fonds.* – Le fonds de commerce n'est pas un bien homogène et stable comme un immeuble. Il est composé d'éléments disparates, les uns corporels, les autres incorporels, dont la plupart sont énumérés par la loi du 17 mars 1909. Mais tous les éléments possibles ne sont pas essentiels. Après avoir examiné les divers éléments incorporels (§ 1) et corporels (§ 2), il faudra déterminer quel est l'élément essentiel du fonds de commerce (§ 3) et quelle est la nature du fonds de commerce (§ 4).

§ 1. – LES ÉLÉMENTS INCORPORELS

136. 1° *La clientèle et l'achalandage.* – La loi du 17 mars 1909 ne dissocie jamais ces deux mots, qui sont pratiquement synonymes. La clientèle (ou achalandage) est la valeur que représentent les

relations entre le fonds et les personnes qui demandent à l'exploitant des biens ou des services. Certains auteurs distinguent : la clientèle comprendrait plutôt les personnes qui ont l'habitude de s'adresser au fonds ; l'achalandage, l'aptitude du fonds à attirer le public, notamment par son emplacement.

Le fonds comprend comme élément *le droit à la clientèle*. Cela ne signifie évidemment pas que le commerçant puisse exiger des personnes qui entrent en relation avec lui qu'elles lui restent fidèles. Mais cela signifie :

1° Que le commerçant peut défendre son droit à la clientèle contre ses concurrents. Ceux-ci peuvent, sans doute, chercher à attirer les clients, mais ils ne peuvent le faire que par une concurrence licite et loyale (v. *supra*, n°s 120 à 126).

2° Que le vendeur d'un fonds ne peut chercher à reprendre la clientèle qu'il a vendue. La jurisprudence protège le droit à la clientèle de l'acquéreur contre l'éviction par le vendeur (v. n° 168).

Il faut noter, enfin, que la clientèle, bien que n'étant fondée que sur des espoirs, est relativement stable ; si l'acquéreur d'un fonds accepte de payer cher la clientèle, c'est qu'il est probable que les clients continueront à s'adresser au fonds malgré le changement de propriétaire.

137. 2° *Le nom commercial.* – Le nom commercial est l'appellation sous laquelle le commerçant exerce le commerce. C'est, le plus souvent, son nom patronymique. Mais ce peut être un pseudonyme, un nom de fantaisie.

La jurisprudence protège le droit au nom commercial, par l'action en concurrence déloyale, contre les confusions que pourraient créer des concurrents. Elle ne peut interdire à un homonyme de faire le commerce sous son nom. Mais elle lui imposera des mesures propres à éviter la confusion, par l'emploi obligatoire d'un prénom, par exemple.

138. 3° *L'enseigne.* – L'enseigne est la dénomination, l'emblème choisi pour individualiser le fonds. Parfois, c'est le nom commercial qui sert d'enseigne. Mais, le plus souvent, c'est une dénomination de fantaisie : « Au bon marché », « Epicerie parisienne », etc.

La jurisprudence protège le droit à l'enseigne, par l'action en concurrence déloyale, en condamnant ceux qui utiliseraient, pour créer une confusion, une enseigne identique ou similaire.

139. 4° *Le droit au bail. La propriété commerciale.* – Le droit au bail est le droit, lorsque le commerçant est simplement locataire (ce

qui est très fréquent), d'occuper les locaux dans lesquels il exploite son fonds. Ce droit au bail est, pratiquement, d'importance capitale pour certains commerces et nous avons déjà indiqué qu'une étude spéciale sera faite des baux commerciaux (v. *infra*, n° 507 et suiv.).

140. 5° *Les droits de propriété industrielle.* – Les droits dits de propriété industrielle sont des monopoles protégés par des lois spéciales :

1° Les *brevets d'invention* sont des monopoles d'exploitation reconnus aux auteurs d'inventions. Les brevets n'ont d'ailleurs qu'une durée temporaire. Ils sont délivrés, sans examen préalable, par arrêtés ministériels. Les brevets sont régis par la loi du 2 janvier 1968 (qui a remplacé la vieille loi du 5 juillet 1844), elle-même modifiée et complétée sur beaucoup de points par la loi du 13 juillet 1978. Les brevets sont protégés par une action pénale et une action civile en contrefaçon. Le breveté peut user de la saisie-contrefaçon dont la procédure est réglée par le décret du 15 février 1969.

2° *Les marques de fabrique, de commerce ou de service* sont des signes qui distinguent les produits, objets ou services d'une entreprise : dénomination, emblème, vignette, forme caractéristique, etc. Les marques sont déposées au greffe du tribunal de commerce. La loi du 31 décembre 1964 (qui a remplacé la vieille loi du 23 juin 1857) les protège par une action pénale et une action civile en contrefaçon.

3° Les *dessins et modèles* sont, après dépôt au secrétariat du Conseil des prud'hommes, protégés, en vertu d'une loi du 14 juillet 1909, contre la contrefaçon.

Les droits de propriété industrielle sont soumis à une publicité spéciale au cas de cession du fonds (v. n° 167) et pour l'inscription du privilège du vendeur du fonds (n° 170) ou du privilège du créancier nanti (v. n° 178).

La propriété industrielle est, en outre, protégée, dans les rapports internationaux, par la Convention d'Union de Paris du 20 mars 1883, plusieurs fois remaniée. Cette convention assure aux ressortissants des Etats signataires dans chaque pays les mêmes droits que ceux qui sont reconnus aux nationaux. La Convention les protège également contre la concurrence déloyale (v. n° 126).

Il faut également citer, bien qu'ils ne soient pas protégés par une loi spéciale, les procédés techniques, le *« savoir-faire »* (en anglais : « Know how ») qui sont des éléments du fonds.

141. *Propriété littéraire et artistique.* – De même que les droits de propriété industrielle, les *droits de propriété littéraire et artistique*

(droits d'auteur) peuvent également, quoique moins fréquemment, constituer des éléments du fonds de commerce. Ils ont pris une grande importance avec le développement des moyens de diffusion moderne : radiodiffusion, télévision, phonogrammes, etc. Ils sont protégés par la loi du 11 mars 1957, dont le champ d'application a encore été étendu aux logiciels par une récente loi du 3 juillet 1985.

La propriété littéraire et artistique est, en outre, protégée, dans les rapports internationaux, par la Convention de Berne du 4 mai 1886, plusieurs fois révisée, et par la Convention universelle sur les droits d'auteur, de Genève, du 6 septembre 1952 révisée à Paris le 24 juillet 1971.

142. *Autres éléments incorporels.* – Bien que la loi du 17 mars 1909 ne les ait pas prévus, il existe d'autres éléments incorporels, par exemple :

1° Les licences, les autorisations prévues pour certains commerces (v. *supra,* n° 88) sont, en général, des éléments du fonds et se transmettent avec lui : il en est ainsi de la licence des débits de boissons. Les cartes professionnelles, au contraire, ont, en général, un caractère personnel ;

2° Bien qu'en principe les créances et les dettes ne soient pas des éléments du fonds (v. *infra,* n° 146), il y a des exceptions, notamment :

a) Les contrats de travail sont incorporés au fonds : l'acquéreur est lié par les contrats passés par son vendeur (v. *infra,* n° 547) ;

b) Il en est de même des contrats d'assurance relatifs au fonds (loi du 13 juillet 1930, art. 19, devenu C. assurances, art. L. 121-10) ;

c) La promesse faite par un vendeur de ne pas se rétablir peut être invoquée par un acquéreur subséquent du fonds : la créance est un élément du fonds.

§ 2. – LES ÉLÉMENTS CORPORELS

143. *Le matériel.* – Le matériel comprend tous les meubles corporels servant à l'exploitation du fonds (outillage, machines, etc.).

La jurisprudence admet que des immeubles, même par destination, ne peuvent faire partie d'un fonds de commerce. Si donc le commerçant est propriétaire de l'immeuble dans lequel il exploite le fonds et qu'un matériel est affecté, par exemple, à l'exploitation de l'usine, ce matériel, étant immeuble par destination, ne fait pas partie du fonds. Si, par exemple, l'immeuble est hypothéqué et le fonds donné en nantissement, c'est le créancier hypothécaire qui aura seul des droits sur le matériel.

144. *Les marchandises.* – Les marchandises sont les meubles corporels destinés à être vendus, constituant l'objet du commerce. Il est intéressant de distinguer les marchandises du matériel, car :

1° Pour le privilège de vendeur, des prix distincts doivent être fixés et le privilège s'exerce de façon distincte (v. n°s 170 et 171) ;

2° Au cas de vente, les marchandises neuves sont soumises à un régime fiscal spécial (v. n° 156) ;

3° Le nantissement du fonds peut porter sur le matériel, mais non sur les marchandises (v. n° 177).

§ 3. – ÉLÉMENTS ESSENTIELS

145. *Importance de la clientèle.* – Tous les éléments que nous venons de voir ne se rencontrent pas dans tous les fonds de commerce : beaucoup de fonds n'ont ni brevets, ni marques, ni licences ; certains n'ont pas de marchandises (fonds de courtiers), etc. Les éléments juridiquement les plus importants sont les éléments incorporels et plus particulièrement : la clientèle et l'achalandage, le droit au bail, le nom commercial, l'enseigne. Mais l'élément essentiel est la clientèle et l'achalandage : sans clientèle, il n'y a pas de fonds de commerce. Certains auteurs disent, ce qui n'est pas très différent, que le fonds de commerce c'est le droit à une clientèle.

C'est ainsi que, pour que la loi du 17 mars 1909 puisse s'appliquer à une vente, par exemple, il faut que la clientèle soit, expressément ou implicitement, vendue. La vente d'un élément quelconque, du droit au bail, par exemple, sans la clientèle, ne constituerait pas une vente de fonds de commerce. Mais il est possible que la clientèle soit implicitement cédée, bien que le contrat ne vise que le droit au bail : il y a alors cession du fonds.

§ 4. – NATURE DU FONDS DE COMMERCE

146. *Le fonds de commerce est une universalité.* – Malgré certaines controverses, on peut admettre que le fonds de commerce est une *universalité*. On veut signifier par là que le fonds de commerce est une entité juridique à part, ayant une nature propre, indépendante des éléments qui la composent. En conséquence, une opération portant sur l'ensemble du fonds sera valable alors qu'elle ne le serait pas portant sur un élément isolé : ainsi, un nantissement du fonds de commerce, y compris le matériel, est possible par une simple inscription (v. n° 176 et suiv.), alors que le nantissement du matériel isolé ne serait valable qu'avec dépossession du débiteur.

Mais le fonds de commerce n'est pas un patrimoine comprenant les créances et les dettes (sous réserve des exceptions signalées au numéro 142, 2°) : c'est ce qu'on exprime quand on dit que le fonds de commerce n'est pas une universalité de droit.

147. *Le fonds de commerce est un meuble incorporel.* – Le fonds de commerce est :

1° Un *meuble :* c'est ainsi, par exemple, qu'il tombait automatiquement dans la masse commune sous l'ancien régime de communauté légale (alors que, sous l'actuel régime issu de la loi du 13 juillet 1965, il restera propre s'il a été créé ou acquis par un époux avant le mariage). En ce domaine, il est fréquent qu'une clause du contrat de mariage attribue, au cas de décès d'un conjoint, le fonds de commerce au survivant contre indemnité. Cette clause, dite *clause commerciale*, a été déclarée pleinement valable, même quand elle porte sur un fonds propre, par la loi du 13 juillet 1965 (art. 1390 à 1392 nouveaux C. civ.).

2° Un meuble *incorporel :* c'est ainsi que les articles 1141 et 2279 C. civ. sont inapplicables au fonds de commerce. Si celui-ci est vendu successivement à deux personnes, c'est le premier acquéreur qui sera déclaré propriétaire, même si le second avait pris possession du fonds.

SECTION II. – EXPLOITATION ET GESTION DU FONDS

148. *Exploitation et gestion par le propriétaire ou par des gérants.* – Le plus souvent, le propriétaire du fonds de commerce l'exploite et le gère lui-même. Il a la responsabilité de l'exploitation, encaisse les bénéfices, supporte les pertes. Il assure la direction, sauf, bien entendu, à avoir des collaborateurs : employés et même fondés de pouvoir ayant « la signature » : les noms de ces derniers doivent figurer au registre du commerce et des sociétés (v. n° 113) et la cessation de leurs pouvoirs n'est opposable aux tiers qu'après mention au registre (v. n° 119).

Mais, dans certains cas, le propriétaire du fonds peut en confier la gestion à un tiers : c'est ce qu'on appelle, en pratique, la *gérance salariée*, mieux dénommée *gérance proprement dite* – ou même abandonner à la fois la gestion et l'exploitation : c'est ce qu'on appelait, en pratique, la *gérance libre* que le décret-loi du 22 septembre 1953, puis la loi du 20 mars 1956 ont réglementée sous le nom de *location-gérance*.

149. *La gérance proprement dite.* – La gérance dite salariée ou mieux : gérance proprement dite, est un contrat par lequel le

propriétaire d'un fonds, tout en conservant les risques de l'exploitation, percevant les bénéfices et supportant les pertes, charge un tiers de gérer, c'est-à-dire de diriger l'exploitation, sous son contrôle. C'est ainsi, par exemple, que les succursales ont un gérant. C'est le propriétaire qui reste commerçant. Le gérant n'est pas commerçant (mais il est soumis à la loi du 30 août 1947 sur l'assainissement des professions commerciales, puisque cette loi s'applique aux fonctions de direction, de gérance, d'administration dans une entreprise commerciale : v. n° 85). Le gérant n'est pas responsable des dettes. Il reçoit un traitement, souvent une participation aux bénéfices. Suivant son degré d'indépendance, il est lié par un contrat de mandat ou par un contrat de travail. Mais, dans les deux cas, les textes récents tendent à lui assurer le bénéfice des lois sociales.

Comme pour les fondés de pouvoir, il y a lieu de mentionner le gérant au registre du commerce et de mentionner la cessation de ses fonctions (v. numéro précédent).

Il arrive, exceptionnellement et temporairement, qu'un fonds soit géré par un *administrateur provisoire* désigné par justice : c'est le cas, légalement, s'il y a vente forcée (voir n° 174). C'est le cas, également, où le tribunal le juge nécessaire, par exemple s'il y a litige sur la propriété du fonds (v. notre *Manuel de procédure civile*, 14e éd., n° 121, 2°).

150. *La location-gérance.* – La gérance libre ou location-gérance est une *location du fonds*, analogue au bail à ferme des propriétés agricoles. Nous consacrerons à la location-gérance un chapitre spécial (v. n° 185 et suiv.).

151. *Rôle du personnel dans la gestion du fonds de commerce.* – Jusqu'en 1945, le personnel employé par l'exploitant, qu'il s'agisse des employés ou des ouvriers, ne participait légalement en aucune façon à la gestion du fonds, n'ayant aucun droit à être informé des résultats de l'exploitation ni à être consulté. Tout au plus, en fait, certains employés étaient parfois, par contrat conclu avec l'exploitant du fonds, intéressés dans les bénéfices. Sans associer proprement le personnel à la gestion (bien que certains réclament un système de « cogestion »), les textes actuels tendent à associer davantage le personnel à la marche de l'entreprise, à assurer son information, son intéressement, sa participation aux résultats. V. *infra*, n° 548 et suivants.

SECTION III. – OPÉRATIONS JURIDIQUES DONT LE FONDS PEUT ÊTRE L'OBJET

152. *Généralités.* – Le fonds de commerce peut faire l'objet d'opérations juridiques très variées. Il peut être donné, légué, vendu, échangé, apporté en société, donné en nantissement, mis en gérance, loué, soumis à un usufruit, etc.

Certaines de ces opérations ne donnent pas lieu à remarques particulières.

Les trois contrats les plus importants, spécialement réglementés par la loi, sont la vente, le nantissement et la location-gérance : nous leur consacrerons les trois chapitres suivants.

L'apport en société sera étudié plus loin, à propos des apports en société : v. nº 205.

Quant à la gérance proprement dite, nous l'avons examinée, *supra,* nº 149.

On précisera enfin que, depuis une loi du 6 janvier 1986, le fonds peut faire l'objet d'un crédit-bail (v. *infra,* nº 506).

CHAPITRE II

LA VENTE DU FONDS DE COMMERCE

153. *Généralités.* – La vente du fonds de commerce est le contrat le plus important et le plus usuel ayant le fonds de commerce pour objet. Elle est régie, en plus des principes généraux de la vente, par la loi du 17 mars 1909 et la loi du 29 juin 1935.

Nous verrons : le contrat de vente (section I), la publicité des ventes (section II), les obligations du vendeur (section III), les garanties du vendeur (section IV).

SECTION I. – LE CONTRAT DE VENTE

154. *Conditions de forme.* – La vente de fonds de commerce est, en principe, toujours un acte de commerce, étant un acte fait pour les besoins d'un commerce qui va prendre fin (pour le vendeur) ou qui commence (pour l'acheteur). Exceptionnellement, elle ne serait pas acte de commerce pour un acheteur qui n'acquerrait pas le fonds pour l'exploiter, mais à titre de placement, et le mettrait

immédiatement en location-gérance (ce qui, en raison de la loi du 20 mars 1956, ne serait possible qu'exceptionnellement, par ordonnance du président du tribunal de grande instance : v. n° 186).

Etant un acte de commerce, la vente du fonds doit donc pouvoir se prouver par tous moyens (v. n°s 49 et 470).

Néanmoins, un écrit est nécessaire en vertu de la loi du 17 mars 1909, si le vendeur veut faire inscrire son privilège (v. *infra*, n° 170).

Et l'écrit est nécessaire depuis la loi du 29 juin 1935, en ce sens qu'à défaut le vendeur serait exposé à une action en nullité de l'acheteur, pour défaut de mentions légales. En effet, la loi du 29 juin 1935, pour protéger l'acquéreur en le renseignant, prescrit que l'acte doit porter certaines mentions : prix de la vente précédente, état des inscriptions, chiffre d'affaires et bénéfices pendant les trois dernières années, précisions sur le bail. A défaut de ces mentions, l'acquéreur peut demander dans l'année, en prouvant que l'omission lui a causé un préjudice, la nullité de la vente ; mais la nullité est facultative pour le tribunal. Si les mentions sont inexactes, l'acheteur a, pendant un an, une action en garantie, comme en matière de vices cachés, c'est-à-dire qu'il peut demander, à son gré, la nullité de la vente ou seulement une réduction du prix, sans préjudice de dommages-intérêts si le vendeur connaissait l'inexactitude.

155. *Le « compromis » de vente.* – En pratique, dès que les parties se sont mises d'accord, on rédige un acte provisoire portant promesse de vente et d'achat, et qu'on appelle, par une formule d'ailleurs juridiquement inexacte, un « compromis ». On rédige ensuite l'acte définitif, beaucoup plus long et plus complet.

Une jurisprudence constante décide que ce compromis, même au cas où un dédit est prévu, doit comporter les mentions prévues par la loi du 29 juin 1935.

156. *Enregistrement.* – L'acte de vente doit être enregistré dans le délai d'un mois (art. 635-2, 5°, C.G.I.). Le droit de mutation mis en recouvrement au profit de l'Etat est de 13,80 %, mais, lorsque l'assiette de l'impôt n'excède pas 100 000 F, il est procédé à un abattement de 30 000 F (art. 719 C.G.I.). A ce droit s'ajoutent la taxe départementale au taux de 1,60 % (art. 1595 C.G.I.) et la taxe communale au taux de 1,20 % (art. 1584 C.G.I.). Les marchandises neuves ne sont, en principe, pas soumises aux droits d'enregistrement mais à la T.V.A.

S'il lui paraît qu'il y a une insuffisance du prix par rapport à la valeur réelle du fonds, l'Administration peut engager une procédure de redressement qui comportera, à défaut d'accord amiable, l'intervention de la Commission départementale de conciliation.

L'Administration peut même exercer un droit de préemption (Livre des procédures fiscales, art. L. 18), dont la mise en œuvre reste cependant exceptionnelle.

Par ailleurs, si l'Administration établit l'existence d'une dissimulation de prix, celle-ci entraîne la nullité de la convention ayant fondé cette dissimulation (art. 1840 C.G.I.), la perception des droits simples portant sur la partie dissimulée du prix de vente, ainsi qu'une amende fiscale égale au double de ces droits (art. 1827 C.G.I.) et les sanctions pénales prévues à l'article 1837 du C.G.I.

Les promesses unilatérales de vente doivent être enregistrées dans un délai de dix jours, à peine de nullité (art. 1840-A C.G.I.).

157. *Conditions de fond.* – Le contrat de vente de fonds de commerce est régi par le droit commun de la vente, c'est-à-dire par le Code civil (v. n° 473). Notamment, il peut y avoir nullité pour dol, erreur. Mais les mentions obligatoires prévues par la loi du 29 juin 1935 et leurs sanctions rendent moins utiles ces actions en nullité.

158. *Les intermédiaires.* – Il y a presque toujours des intermédiaires dans la vente des fonds de commerce. Ils rapprochent les parties et, le plus souvent, rédigent l'acte de vente, se chargent des diverses formalités (enregistrement, publicité), reçoivent les oppositions, règlent à l'amiable, s'il y a lieu, la distribution du prix, etc.

En raison de certains abus, la loi du 29 juin 1935 a posé diverses règles :

1° La profession est interdite à ceux qui ont encouru certaines condamnations et aux faillis non réhabilités ;

2° Les intermédiaires sont responsables de l'inexactitude des mentions obligatoires, s'ils ont connu la vérité ;

3° Ils ont l'obligation, s'ils ont les fonds entre les mains, de les déposer à la Caisse des dépôts et consignations ou entre les mains d'un séquestre trois mois après la vente.

Plus tard, la loi du 21 juin 1960 avait interdit aux intermédiaires de recevoir des fonds sauf dans les cas et dans les conditions qui avaient été fixés par le décret du 25 mars 1965 qui prévoyait la garantie par une société de caution mutuelle.

Enfin, toute opération d'intermédiaire pour l'achat ou la vente de fonds de commerce constitue un acte de commerce en vertu de la loi du 13 juillet 1967 (v. n° 35, 4°).

Plus récemment, la loi du 2 janvier 1970, entrée en vigueur le 1er janvier 1973, est venue abroger la loi du 21 juin 1960, prévoir de nouvelles interdictions, imposer des conditions nouvelles aux personnes se livrant habituellement ou prêtant leur concours à des achats, ventes, locations-gérances de fonds de commerce. Notamment, ces personnes doivent être titulaires d'une carte professionnelle délivrée par le préfet. Les conditions d'application de la loi ont été fixées par décret du 20 juillet 1972.

SECTION II. – LA PUBLICITÉ DES VENTES

159. *But de la publicité.* – Toute vente d'un bien par un débiteur prive les créanciers chirographaires d'une partie de leur gage : sans doute, le bien est remplacé dans le patrimoine par le prix, mais des espèces, faciles à dissimuler, sont, pratiquement, insaisissables. Mais le péril est particulièrement grand au cas de vente d'un fonds de commerce qui représente, pratiquement, presque tout l'actif du commerçant.

Aussi, pour protéger les créanciers du vendeur, la loi du 17 mars 1909 (modifiée et complétée à plusieurs reprises), s'inspirant de la pratique, a prévu une *publicité* des ventes permettant aux créanciers de faire des *oppositions* (de façon à empêcher que le prix de vente ne leur échappe) et même de pratiquer une *surenchère* (de façon à empêcher que le prix ne corresponde pas à la valeur réelle du fonds).

Les dispositions de la loi du 17 mars 1909 ne sont applicables qu'en cas de vente du fonds de commerce et non en cas de vente d'un élément isolé. Cependant, en pratique, on publie presque toujours les cessions de droit au bail, par prudence, car il pourrait être jugé que la cession de droit au bail a dissimulé une vente de fonds de commerce (v. nº 145).

(Au cas d'apport en société, une protection spéciale a été prévue : v. *infra*, nº 205.)

§ 1. – LES PUBLICATIONS

160. *Formes.* – Toute vente de fonds de commerce (de même d'ailleurs que les apports à une société, les partages avec soulte, les licitations) doit être publiée (loi du 17 mars 1909, art. 3, modifié, en dernier lieu, par la loi du 26 juillet 1955) :

1º Par une première insertion dans un journal habilité à recevoir les annonces légales (c'est-à-dire figurant sur la liste établie chaque année par arrêté préfectoral dans l'arrondissement ou le département dans lequel le fonds est situé). Cette première insertion doit paraître dans les quinze jours de la vente. L'insertion contient : la date de l'acte, la mention de son enregistrement, les noms, prénoms et domiciles des parties, la nature et le siège du fonds, le prix stipulé, le délai des oppositions, une élection de domicile dans le ressort du tribunal ;

2° Par une deuxième insertion dans le même journal d'annonces légales, du huitième au quinzième jour après la première ;

3° Par une insertion, dans les quinze jours qui suivent la première insertion (le délai est rarement respecté en pratique) au *Bulletin officiel des annonces civiles et commerciales*. A cet effet, dans les trois jours de la première insertion, la publication de l'avis doit être requise du greffier du tribunal de commerce qui transmet l'avis à la direction des journaux officiels (décret n° 67-238 du 23 mars 1967, art. 3). Lorsque l'immatriculation de l'acquéreur au registre du commerce et des sociétés sera opérée, le greffier fera paraître un second avis, l'avis de l'immatriculation.

161. *Sanction.* – Les publications prématurées, tardives, inexactes ou incomplètes sont nulles. Le délai des oppositions ne court pas et l'acquéreur ne peut valablement payer. Cependant, au cas de publication tardive, une opinion plus libérale admet que la seule sanction est qu'est retardé le point de départ du délai des oppositions.

§ 2. – Les oppositions

162. *Conditions.* – Tout créancier du vendeur, que sa créance soit ou non exigible, peut, dans le délai de dix jours suivant la dernière en date des publications prévues, faire opposition au paiement du prix, par exploit d'huissier, au domicile élu dans les insertions. L'opposition énonce le chiffre et les causes de la créance. Par exception, le bailleur ne peut faire opposition que pour les loyers échus (loi du 17 mars 1909, art. 3).

163. *Effets.* – Dès la vente, le prix est indisponible. Mais quand une opposition régulière a été faite, cette indisponibilité est confirmée et maintenue. L'acquéreur qui paie sans faire les publications, ou en les faisant irrégulièrement, ou sans attendre l'expiration du délai, ou au mépris des oppositions, s'expose à payer deux fois et à être obligé de verser le prix aux créanciers (en pratique, l'acquéreur verse immédiatement le prix, ou la partie du prix payable comptant, entre les mains de l'intermédiaire qui le conserve jusqu'à expiration du délai des oppositions ou jusqu'au règlement, s'il y a des oppositions).

Le prix, au cas d'opposition, sera distribué entre les créanciers, à l'amiable, s'il y a accord. S'il y a désaccord, il faudra provoquer, *devant le tribunal de grande instance*, une procédure de distribution par contribution (v. notre *Manuel de procédure civile*, 14e éd., n° 495 et suiv.).

Les opposants ont seuls, avec les créanciers inscrits, le droit de faire, éventuellement, surenchère. Mais ils n'ont aucun privilège sur le prix : tant que le prix n'est pas distribué, les retardataires peuvent faire une saisie-arrêt sur le prix et concourir avec les opposants.

164. *Mainlevée et cantonnement des oppositions.* – Si les oppositions ne sont pas fondées, le vendeur pourra toujours agir devant les tribunaux pour en obtenir mainlevée : mais de telles instances exigeront de longs délais. Aussi, la loi de 1909, art. 3 (mod. par la loi du 31 juillet 1913) a-t-elle prévu, dans certains cas ne prêtant pas à discussion, une procédure simple et rapide : si les oppositions sont nulles en la forme, ou faites sans titre et sans cause, le vendeur peut en obtenir mainlevée en référé par ordonnance du président du tribunal *de grande instance*, s'il n'y a pas d'instance engagée au principal.

Le vendeur peut aussi, les oppositions étant valables, obtenir en référé un *cantonnement* des oppositions, analogues au cantonnement de la saisie-arrêt (v. notre *Manuel de procédure civile*, 14e éd., n° 408) et toucher le solde du prix.

§ 3. – La surenchère du sixième

165. *Conditions.* – La surenchère a été instituée pour protéger les créanciers contre un prix dérisoire de vente. Si le prix ne suffit pas à désintéresser les créanciers opposants ou inscrits (on appelle créanciers inscrits, le vendeur et le créancier nanti qui ont régulièrement pris inscription au greffe du tribunal de commerce), ceux-ci peuvent, pendant le délai de vingt jours qui suit la dernière en date des publications prévues par l'article 3, former une surenchère, c'est-à-dire demander la mise en vente aux enchères du fonds. Ils le font par un exploit d'huissier signifié au vendeur et à l'acquéreur (loi du 17 mars 1909, modifiée, art. 5).

166. *Effets.* – La surenchère doit être validée par le tribunal de commerce. Si elle l'est, le fonds est mis en vente aux enchères, à une mise à prix égale au prix de vente majoré du sixième du prix des éléments incorporels. Par exemple, si le fonds a été vendu 225 000 F (90 000 F pour les éléments incorporels, 75 000 F pour le matériel, 60 000 F pour les marchandises), il sera mis à prix à : 225 000 + (90 000 : 6) = 240 000 F.

Si personne n'enchérit, c'est le surenchérisseur qui est déclaré adjudicataire.

SECTION III. – LES OBLIGATIONS DU VENDEUR

167. *Obligation de livraison.* – Comme tout vendeur (cf. *infra*, n° 491 et suiv.), le vendeur d'un fonds de commerce a deux obligations : livrer et garantir. La délivrance du fonds consiste à mettre tous les éléments à la disposition de l'acquéreur. Notamment, pour la clientèle, le vendeur doit faciliter son transfert à l'acquéreur en présentant l'acquéreur aux clients, par exemple. Le vendeur conserve les livres de commerce, mais doit, pendant trois ans, les tenir à la disposition de l'acquéreur (loi du 29 juin 1935, art. 15).

Pour certains éléments du fonds, des formalités spéciales sont nécessaires. Le droit au bail doit faire l'objet d'une cession de créance régulière. La cession des brevets, la cession des marques de fabrique doivent être inscrites sur des registres tenus par l'Institut national de la propriété industrielle.

168. *Obligation de garantie.* – Le vendeur doit garantir contre l'éviction et contre les vices cachés.

La garantie contre l'éviction joue rarement au cas d'éviction par des tiers, car cette éventualité sera exceptionnelle. Elle est importante, au contraire, pour la *garantie du fait personnel :* le vendeur ne doit pas évincer l'acquéreur, ce qui pourrait se produire s'il cherchait à reprendre la clientèle qu'il a cédée. Il lui est interdit de se *rétablir*, c'est-à-dire de reprendre, à proximité, un commerce similaire pour attirer à lui son ancienne clientèle. Des clauses expresses précisent le plus souvent cette interdiction : par exemple, le vendeur s'engagera, pendant dix ans, à ne pas exercer un commerce similaire dans un rayon d'un kilomètre à vol d'oiseau du siège du fonds vendu. De telles clauses sont valables si elles n'aboutissent pas à supprimer entièrement la liberté du vendeur de faire du commerce.

La *garantie des vices cachés* avait assez rarement à jouer avant 1935. Mais, depuis la loi du 29 juin 1935, elle est la sanction des inexactitudes des mentions obligatoires de l'acte de vente (v. n° 154 *in fine*).

SECTION IV. – LES GARANTIES DU VENDEUR

169. *Généralités.* – Le vendeur, en période économique normale, est rarement payé entièrement comptant. Le plus souvent, une partie

importante du prix est payable à terme, avec des versements échelonnés, par exemple sur plusieurs mois. De là l'importance, pour le vendeur, d'avoir des garanties pour le paiement de la partie du prix qui lui est encore due.

Or, avant 1909, le vendeur du fonds, comme tout vendeur de meubles, était désarmé au cas de faillite, son privilège, son action résolutoire disparaissant. La loi du 17 mars 1909 lui a donné, moyennant une inscription, un privilège et une action résolutoire opposables dans la procédure collective frappant l'acquéreur, avec droit de suite, en même temps d'ailleurs que d'autres garanties. Mais, comme nous le verrons (*infra*, n° 825 et suiv., spéc. n° 838), la récente loi du 25 janvier 1985 vient à nouveau de rendre bien fragile la situation du vendeur en cas de redressement judiciaire de l'acquéreur.

Fréquemment, pour représenter les créances échelonnées, l'acquéreur souscrit à l'ordre de son vendeur des billets à ordre, appelés en pratique « billets de fonds ». La Cour de cassation décide que le simple endossement des billets de fonds, du moins si ces billets ont été prévus dans l'acte de vente, suffit à transférer les garanties au porteur des billets.

§ 1. – LE PRIVILÈGE ET L'ACTION RÉSOLUTOIRE

170. *Conditions du privilège.* – Pour avoir un privilège, le vendeur doit :

1° Faire un acte écrit et enregistré ;

2° Indiquer dans l'acte des prix distincts pour les éléments incorporels, le matériel, les marchandises ;

3° Prendre inscription au greffe du tribunal de commerce.

Cette inscription doit être prise dans la quinzaine de l'acte, à peine de nullité. Le vendeur remet au greffier son acte de vente accompagné de deux bordereaux (v. les mentions : loi 17 mars 1909, art. 24). Depuis un décret-loi du 20 mai 1955, le greffier ne transcrit plus le contenu des bordereaux sur un registre, il se borne à conserver un des bordereaux. L'inscription se périme par dix ans, mais elle peut être renouvelée.

Le privilège ne porte sur les brevets d'invention, les marques de fabrique, les dessins et modèles, que moyennant des inscriptions supplémentaires spéciales prises sur des registres tenus par l'Institut national de la propriété industrielle.

171. *Droit de préférence.* – Le privilège donne un droit de préférence, opposable même dans la procédure collective atteignant

l'acquéreur (serait-il déclaré dans la quinzaine de l'acte), sur le prix du fonds de commerce. Le vendeur prime tous les créanciers chirographaires et tous les créanciers nantis du chef de l'acquéreur. Sur les limites cependant apportées par la loi du 25 janvier 1985 à l'*exercice* de ce privilège, v. *infra,* n° 825 et suiv.

Mais le droit de préférence ne s'exerce pas indivisiblement sur l'ensemble du prix. Le privilège s'exerce distinctement sur chacun des trois compartiments du prix (éléments incorporels, matériel, marchandises), le vendeur n'étant privilégié sur chaque compartiment du prix de vente que pour ce qui lui reste encore dû pour chacun de ces compartiments. Les paiements partiels s'imputent d'abord sur les marchandises, ensuite sur le matériel, enfin sur les éléments incorporels : cette imputation est obligatoire, du moins pour les paiements comptants.

Supposons, par exemple, un fonds vendu 225 000 F, soit 90 000 pour les éléments incorporels, 75 000 pour le matériel, 50 000 pour les marchandises. Le vendeur a touché 105 000 F imputés, conformément à la loi, d'abord sur les marchandises, entièrement payées, puis sur le matériel. Le solde du prix n'étant pas payé, le vendeur fait ordonner la vente du fonds. Le fonds est revendu 120 000 F, soit 30 000 pour les éléments incorporels, 52 500 pour le matériel, 37 500 pour les marchandises. Il reste dû 120 000 au vendeur et cependant celui-ci ne sera qu'en partie payé par préférence. En effet, sur les éléments incorporels, il lui reste dû 90 000 F, mais il ne sera colloqué que pour 30 000 F, prix de revente et, pour 60 000 F il ne sera que chirographaire. Sur le matériel, il lui reste dû 30 000 F : il sera colloqué pour ce montant puisque le matériel s'est revendu 52 500 F. Sur les marchandises, il ne lui est plus rien dû. Au total, il sera colloqué par privilège pour : 30 000 + 30 000 = 60 000 F, et il ne sera que chirographaire pour le reste de sa créance, soit 60 000 F.

172. *Droit de suite.* – Le vendeur, comme le créancier hypothécaire, a un droit de suite lui permettant d'exercer ses droits, même si le fonds est entre les mains d'un tiers acquéreur. Mais le tiers acquéreur, comme en matière immobilière, a le droit de purge, sauf au vendeur à exercer la surenchère du dixième (v., par analogie, le *Manuel de droit civil,* sur l'hypothèque). En pratique, la purge est rare, car un acquéreur n'achètera un fonds grevé d'inscriptions que si, au préalable, il a pu régler amiablement avec les créanciers inscrits la mainlevée des inscriptions.

173. *L'action résolutoire.* – Le vendeur, s'il le préfère (cela dépend

des circonstances), peut, au lieu de faire vendre le fonds pour exercer son privilège sur le prix, exercer l'action résolutoire pour reprendre le fonds en restituant les acomptes reçus. Cette action résolutoire est, toutefois, désormais paralysée dans la procédure de redressement judiciaire atteignant l'acquéreur (v. *infra*, n° 828).

Mais pour que l'action résolutoire existe, il faut :

1° Qu'elle soit expressément réservée dans l'inscription ;

2° Que le privilège existe, sinon l'action résolutoire ne serait pas opposable aux tiers.

Le vendeur qui exerce l'action résolutoire doit reprendre tout le fonds, avec tous ses éléments actuels. Et on procède, compartiment par compartiment, à un règlement de comptes : pour chaque compartiment, le vendeur reprend les éléments et rend les acomptes reçus. De plus, pour le matériel et pour les marchandises, il y a lieu à expertise, le vendeur étant indemnisé de la moins-value, étant au contraire débiteur de la plus-value prise par ces éléments.

§ 2. – Les autres garanties du vendeur

174. *Le droit de faire vendre le fonds.* – Il n'existe pas, en matière de fonds de commerce, de procédure de saisie proprement dite. Mais la loi du 17 mars 1909, art. 16, a donné au vendeur (et aussi au créancier nanti) le droit de faire ordonner, s'il n'est pas payé, la vente forcée du fonds de façon à exercer son privilège sur le prix. Ce droit est toutefois paralysé, depuis la loi du 25 janvier 1985, en cas de redressement judiciaire de l'acquéreur (v. *infra*, n° 828).

Huit jours après sommation, le vendeur assigne l'acquéreur (ou le tiers détenteur) devant le *tribunal de commerce* qui ordonne la mise en vente du fonds. Le tribunal fixe le jour de la vente, la mise à prix, commet un officier public (notaire ou commissaire-priseur suivant que sont prépondérants les éléments incorporels ou corporels). Il peut nommer un administrateur provisoire qui gérera le fonds jusqu'au jour de la vente. L'officier public dresse un cahier des charges et sommation est faite au propriétaire et aux créanciers inscrits d'en prendre communication. La vente est faite aux enchères devant l'officier public commis. En pratique, le plus souvent, on ne met aux enchères que les éléments incorporels, l'adjudicataire devant prendre le matériel et les marchandises au prix fixé par une expertise.

La distribution du prix se fait, à défaut d'accord amiable, par voie de distribution par contribution devant le *tribunal de grande instance* (v. notre *Manuel de procédure civile*, 14ᵉ éd., n° 493 et suiv.).

(Les créanciers non inscrits ne peuvent demander la mise en vente du fonds que s'ils ont une créance se rattachant à l'exploitation du fonds ; ou bien, ils peuvent faire une saisie-exécution et la faire convertir en vente globale du fonds : v. le numéro suivant, 3°.)

175. *Les droits accessoires.* – La loi du 17 mars 1909 a donné au vendeur (et ainsi au créancier nanti) certaines garanties accessoires et des textes postérieurs en ont ajouté d'autres :

1° Le droit d'être averti du déplacement du fonds pour pouvoir prendre une nouvelle inscription qui vaudra à la date de l'ancienne. A défaut, la créance devient exigible (art. 13 de la loi du 17 mars 1909) ;

2° Le droit d'être averti de toute demande de résiliation du bail : le vendeur peut ainsi s'efforcer de s'entendre avec le bailleur (art. 14 de la loi du 17 mars 1909) ;

3° Le droit d'être averti de toute saisie-exécution du matériel ou des marchandises : le vendeur pourra demander au tribunal de commerce de convertir la saisie en vente globale du fonds, ce qui est préférable (art. 20 de la loi du 17 mars 1909) ;

(Le créancier saisissant pourrait, du reste, demander aussi cette conversion, de même que le débiteur [art. 15 de la loi du 17 mars 1909]) ;

4° Le droit d'être averti du nantissement pris en vertu de la loi du 18 janvier 1951 sur le matériel d'équipement professionnel vendu au débiteur (art. 9, dernier alinéa, de la loi du 18 janvier 1951). En effet, le créancier inscrit sur le fonds sera primé par ce nantissement (art. 9, al. 2, de la loi du 18 janvier 1951). Averti, le créancier inscrit sur le fonds pourra peut-être obtenir, en invoquant la diminution des sûretés (art. 1188 C. civ.), la déchéance du terme accordé au débiteur (sur cette loi du 18 janvier 1951, v. *infra,* n° 540 et suiv.) ;

5° Le droit d'être averti de la demande du propriétaire du fonds adressée au bailleur des locaux aux fins de modifier l'activité exercée dans ces locaux. Les créanciers peuvent demander que le changement d'activité soit subordonné à des conditions sauvegardant leurs intérêts. Leurs droits s'exercent avec leur rang antérieur sur le fonds transformé (décret du 30 septembre 1953, art. 34-2 et 34-3 dus à la loi du 16 juillet 1971) ;

6° Le droit d'être averti, par la publicité prévue à l'article 7 de la loi du 17 mars 1909 (v. n° 205) de l'adhésion du propriétaire du fonds à un magasin collectif et du transfert de son fonds dans ledit magasin. Le créancier peut faire opposition dans les dix jours de la dernière publication, par voie d'inscription au greffe (loi n° 72-651 du 11 juillet 1972, art. 7).

CHAPITRE III

LE NANTISSEMENT DU FONDS DE COMMERCE

176. *Généralités.* – Le nantissement des fonds de commerce a été réglementé d'abord par la loi du 1er mars 1898, puis par la loi du 17 mars 1909, art. 8 et suiv.

Avant ces réformes, le fonds de commerce ne pouvait être donné en gage que conformément au droit commun, c'est-à-dire par la dépossession. C'était rendre impraticable le gage, le commerçant ne pouvant accepter de se déposséder de son fonds.

La réforme a consisté à permettre aux commerçants de donner leurs fonds en garantie, tout en conservant la possession et le droit de le vendre, moyennant une inscription prise au greffe du tribunal de commerce, le créancier ayant un droit de préférence et un droit de suite. Ainsi organisé, le nantissement des fonds de commerce, malgré son nom, est non pas un gage, mais une véritable *hypothèque*. En fait, cependant, il offre beaucoup moins de garantie que l'hypothèque immobilière, le fonds de commerce étant sujet à des dépréciations rapides et considérables. Aussi, le nantissement des fonds de commerce est-il une sûreté assez peu appréciée des créanciers qui ne le considèrent, en général, que comme un pis-aller. Ce sentiment ne devrait, au demeurant, que s'accentuer avec la récente loi du 25 janvier 1985 sur le redressement et la liquidation judiciaires des entreprises, qui aggrave la situation du créancier nanti : v. *infra*, n° 825 et suiv.

Normalement, le nantissement est *conventionnel :* c'est celui qui est prévu par la loi du 17 mars 1909 et qu'il convient d'étudier en premier lieu (section I).

Mais la loi du 12 novembre 1955, relative aux mesures conservatoires, a prévu, en outre, un nantissement *judiciaire* (section II).

SECTION I. – LE NANTISSEMENT CONVENTIONNEL

§ 1. – CONDITIONS DU NANTISSEMENT

177. *Eléments compris dans le nantissement.* – Tout propriétaire capable d'aliéner peut donner son fonds en nantissement. Mais le nantissement ne comprend pas tous les éléments du fonds :

1° Il ne peut jamais comprendre les *marchandises* (on a voulu laisser une valeur libre pour les créanciers chirographaires) ;

2° Il ne comprend que les éléments énumérés dans l'acte et dans l'inscription, à défaut seulement : la clientèle, le nom commercial, l'enseigne, le droit au bail.

178. *Formalités.* – Pour que le nantissement soit valable, il faut :

1° Un acte écrit et enregistré (à peine de nullité) ; mais cet acte, contrairement à l'acte constitutif d'hypothèque immobilière, peut être sous seing privé (loi du 17 mars 1909, art. 10, al. 1) ; l'enregistrement est fait au droit fixe de 410 F ;

2° Une inscription au greffe du tribunal de commerce. Cette inscription, comme celle du vendeur, doit être prise dans la quinzaine de l'acte, à peine de nullité (loi du 17 mars 1909, art. 11, al. 1). Les règles sur le mode d'inscription, la durée de l'inscription, sont communes au créancier nanti et au vendeur (art. 24 et suiv. de la loi du 17 mars 1909).

Le nantissement ne porte sur les brevets d'invention, les marques de fabrique, les dessins et modèles, que moyennant des inscriptions supplémentaires spéciales prises sur des registres tenus par l'Institut national de la propriété industrielle.

§ 2. – Effets du nantissement

179. *Droit de préférence et droit de suite.* – Comme un créancier hypothécaire, le créancier nanti n'a pas la possession du fonds que conserve le débiteur avec le droit d'aliéner.

Mais le créancier nanti a un droit de préférence et un droit de suite.

Son droit de préférence est semblable à celui du vendeur inscrit, mais il est primé par ce dernier. Entre créanciers inscrits, le rang est déterminé par la date des inscriptions. Dans l'exercice du droit de préférence, une différence est à noter : le droit du créancier nanti est indivisible et porte, sans distinction, sur le prix global des éléments incorporels et du matériel (sur le matériel, le créancier nanti sur le fonds est primé par le privilège du créancier nanti en vertu de la loi du 18 janvier 1951 : v. n°s 175, 4° et 542). Par ailleurs, contrairement au droit commun du gage (art. 2078 C. civ.), le créancier nanti sur le fonds n'a pas le droit d'en demander l'attribution judiciaire en paiement (loi du 17 mars 1909, art. 8, al. 2).

Le droit de préférence est opposable dans la procédure collective de l'acquéreur, si l'inscription est antérieure au jugement déclaratif (v. cependant, sur la situation du créancier nanti dans cette hypothèse, *infra,* n° 842 et suiv.).

Le droit de suite est identique à celui du vendeur inscrit (art. 22 et 23 de la loi du 17 mars 1909).

180. *Autres droits du créancier nanti.* – Les droits examinés *supra,* nos 174 et 175, sont communs aux deux catégories de créanciers inscrits : vendeur et créancier nanti ; les textes visent ces deux catégories de créanciers.

Les créanciers inscrits (et ceci intéresse plus spécialement les créanciers nantis) doivent, de plus, être informés, par une notification, de l'action résolutoire exercée par le vendeur. Le jugement ne peut intervenir qu'un mois après la notification (loi du 17 mars 1909, art. 2, al. 4).

SECTION II. – LE NANTISSEMENT JUDICIAIRE

§ 1. – CONDITIONS DU NANTISSEMENT

181. *Conditions de fond.* – La loi du 12 novembre 1955 (art. 53 de l'ancien Code de procédure civile) permet aux créanciers d'un commerçant de requérir un nantissement conservatoire dans les cas prévus à l'article 48 de l'ancien Code de procédure civile, c'est-à-dire « en cas d'urgence et si le recouvrement de la créance semble en péril ». Peu importe que la créance ne soit ni liquide ni exigible. L'opportunité de la mesure est appréciée par le juge. La jurisprudence paraît défavorable à l'autorisation d'un nantissement judiciaire si le créancier a déjà obtenu un jugement de condamnation.

182. *Procédure.* – Le juge compétent est le président du tribunal de commerce, si la créance est commerciale, le président du tribunal de grande instance ou le juge du tribunal d'instance, si la créance est civile. Le juge est saisi par voie de requête. L'ordonnance désigne le fonds de commerce sur lequel l'inscription sera prise pour sûreté des condamnations susceptibles d'être prononcées contre le débiteur et dont l'ordonnance détermine le montant (art. 53 de l'ancien C. proc. civ., al. 2). Le débiteur peut obtenir en référé retrait de l'ordonnance. Dans la quinzaine de la date de l'ordonnance, à peine de nullité, inscription provisoire est prise au greffe du tribunal de commerce, sur remise de l'ordonnance du juge et de deux bordereaux. Si, par la suite, le droit du créancier est reconnu en justice, il devra être pris dans les deux mois une inscription complémentaire qui se substituera rétroactivement à l'inscription provisoire (art. 53 de l'ancien C. proc. civ., al. 3).

Cette inscription, prise pendant la période suspecte, sera nulle de droit dans la procédure de redressement judiciaire frappant le débiteur, à moins cependant que l'inscription provisoire ait été prise avant la date de cessation des paiements (loi du 25 janvier 1985, art. 107-7° : v. *infra*, n° 784).

§ 2. – EFFETS DU NANTISSEMENT

183. *Effets de l'inscription provisoire.* – A partir de l'inscription provisoire, le débiteur ne peut plus consentir une location-gérance, ni constituer de droits réels opposables au créancier poursuivant : il ne peut plus vendre.

184. *Effets de l'inscription complémentaire.* – L'inscription complémentaire transforme l'inscription provisoire en inscription définitive qui donne au créancier les mêmes droits qu'un nantissement conventionnel : droit de faire vendre le fonds, droit de préférence, droit de suite.

CHAPITRE IV

LA LOCATION-GÉRANCE DU FONDS DE COMMERCE

185. *Généralités.* – La *location-gérance,* appelée souvent, en pratique, gérance libre, est un contrat par lequel le propriétaire ou l'exploitant d'un fonds de commerce « en concède totalement ou partiellement la location à un gérant qui l'exploite à ses risques et périls » (loi du 20 mars 1956, art. 1er) et qui paie au propriétaire un loyer, appelé en pratique redevance.

Nous avons déjà distingué ce contrat du contrat de gérance proprement dite (v. nos 148 à 150).

Dans bien des cas, la location-gérance répond à des besoins tout à fait respectables (maladie du commerçant, par exemple, ou minorité du propriétaire du fonds). Mais on lui avait reproché de servir à des spéculations, notamment, à des achats de fonds par des non-professionnels. Aussi avait-elle été très sévèrement réglementée par un décret-loi du 22 septembre 1953. Mais la réglementation était défectueuse et le décret-loi du 22 septembre 1953 a été abrogé par une loi du 20 mars 1956 qui réglemente d'une façon plus satisfaisante la location-gérance. (La loi du 20 mars 1956 s'applique non seulement aux fonds de commerce, mais encore aux entreprises artisanales, les inscriptions et mentions au registre du commerce et des sociétés étant, dans ce dernier cas, remplacées par des inscriptions et mentions au répertoire des métiers : nous laissons ce cas de côté.)

Le locataire-gérant, qui exploite le fonds à ses risques et périls, a la qualité de commerçant. Mais le propriétaire du fonds, qui ne fait pas d'actes de commerce, n'est pas commerçant, bien qu'il soit soumis à la loi du 30 août 1947 (en revanche, il n'est plus assujetti à l'immatriculation au registre du commerce et des sociétés : v. *infra*, n° 188).

SECTION I. – CONDITIONS DE LA LOCATION-GÉRANCE

186. *Conditions de fond.* – La location-gérance ne peut être consentie que par des personnes physiques ou morales ayant pendant plus de sept ans exploité une entreprise commerciale (ou, du moins pour les personnes physiques, ayant exercé les fonctions de gérant ou de directeur technique ou commercial). Il faut, en second lieu, avoir exploité, pendant deux années, le fond mis en gérance (art. 4 de la loi du 20 mars 1956). Sont dispensés de ces conditions : l'Etat, les collectivités publiques, les commerçants en tutelle ou en curatelle, les mandataires de justice, les héritiers et légataires (art. 6 de la loi du 20 mars 1956) : cette dernière disposition permet, notamment, au mineur, héritier de son père commerçant, de donner son fonds en location-gérance, jusqu'à ce qu'il ait dix-huit ans et puisse être lui-même commerçant. Dans l'hypothèse d'une procédure collective, v. aussi nos 806 et 818.

Les délais peuvent d'ailleurs être réduits ou même supprimés par ordonnance du président du tribunal de grande instance si le propriétaire du fonds justifie qu'il est dans l'impossibilité d'exploiter personnellement : ce sera le cas, par exemple, d'un commerçant malade (art. 5 de la loi du 20 mars 1956).

Il est de plus interdit à ceux qui tombent sous le coup de la loi du 30 août 1947 de donner un fonds en location-gérance (v. n° 85).

Le contrat qui contreviendrait à ces règles serait nul ; mais les contractants ne peuvent opposer la nullité aux tiers (art. 11 de la loi du 20 mars 1956).

187. *Conditions de forme.* – Le contrat de location-gérance n'est soumis à aucune formalité particulière. Il peut être conclu par acte sous seing privé ou par acte notarié. La location-gérance échappe au droit proportionnel d'enregistrement et est soumise à la taxe sur la valeur ajoutée (T.V.A.).

188. *Mesures de publicité.* – Un décret nº 86-465 du 14 mars 1986 a considérablement simplifié les mesures de publicité auxquelles donnait lieu, jusque-là, le contrat de location-gérance. En effet, d'une part, le loueur n'est plus tenu de s'immatriculer au registre du commerce et des sociétés, et, d'autre part, le locataire-gérant n'est plus tenu d'indiquer sur toutes ses factures, lettres, tarifs, sa qualité de locataire-gérant ainsi que le nom, la qualité et le numéro d'immatriculation au registre du propriétaire du fonds.

Seules subsistent donc :

– l'obligation pour le locataire-gérant, dans sa propre immatriculation au registre, de mentionner le nom et le domicile du propriétaire, ainsi que l'origine du fonds mis en location-gérance (décret du 30 mai 1984, art. 8) ;

– et celle de publier le contrat de location-gérance dans la quinzaine de sa date sous forme d'extraits ou d'avis dans un journal d'annonces légales (décret du 14 mars 1986, art. 2).

SECTION II. – EFFETS DE LA LOCATION-GÉRANCE

189. *Effets entre les parties.* – Le propriétaire du fonds doit mettre le fonds à la disposition du locataire, garantir le locataire contre l'éviction et les vices cachés.

Le locataire doit exploiter le fonds « en bon père de famille » et conformément à sa destination (art. 1728, 1°, C. civ.). Il est tenu de payer les redevances périodiques stipulées.

Si le contrat comporte une clause d'échelle mobile, la révision peut être demandée si, par le jeu de la clause, le loyer est augmenté ou diminué de plus du quart (loi du 20 mars 1956, art. 12, 13 et 14).

Pour garantir les obligations du locataire, il est d'usage que celui-ci verse au propriétaire un « cautionnement » (dépôt de garantie).

On admet que le contrat étant fait en considération de la personne du locataire, ce dernier ne peut céder à un tiers le bénéfice de son contrat sans autorisation du propriétaire du fonds.

190. *Effets à l'égard des créanciers du propriétaire.* – Lors de la mise en location-gérance, les créanciers du propriétaire du fonds, en justifiant que ce contrat met en péril le recouvrement de leurs créances, peuvent demander au tribunal de commerce de déclarer immédiatement exigibles leurs créances. L'action doit être introduite dans les trois mois de la publication du contrat dans un journal d'annonces légales (art. 7 de la loi du 20 mars 1956).

191. *Effets à l'égard des créanciers du locataire-gérant.* – Jusqu'à la mention de la location-gérance au registre du commerce et des sociétés (v. n° 118, 2°) et jusqu'à publication du contrat dans un journal d'annonces légales et pendant un délai de six mois à compter de cette publication (art. 8 de la loi du 20 mars 1956), le loueur du fonds reste responsable des dettes contractées par le locataire-gérant dans l'exploitation du fonds. Les mandataires de justice ne sont pas soumis à cette obligation (art. 9 de la loi du 20 mars 1956).

SECTION III. – FIN DE LA LOCATION-GÉRANCE

192. *Défaut de droit au renouvellement.* – Le locataire-gérant, à l'expiration du contrat, n'a pas droit au renouvellement de la location du fonds : le décret-loi du 30 septembre 1953 sur les baux commerciaux (v. *infra,* n° 508 et suiv.) ne prévoit le droit au renouvellement que pour les baux d'immeubles, non pour le bail du fonds.

(Le locataire-gérant n'a pas non plus le droit de demander le renouvellement du bail des locaux au propriétaire de l'immeuble, car il n'est pas propriétaire du fonds. Mais le propriétaire du fonds, si la location-gérance est régulière, conserve le droit de demander le renouvellement du bail des locaux.)

193. *Publicité de la fin de la location-gérance.* – Depuis le décret n° 86-645 du 14 mars 1986, la fin de la location-gérance fait simplement l'objet d'une publication dans la quinzaine de sa date sous forme d'extraits ou d'avis dans un journal d'annonces légales. Toutefois, le locataire-gérant (personne physique) qui tirait sa qualité de commerçant de cette seule exploitation devra, parallèlement, se faire radier du registre du commerce et des sociétés.

194. *Exigibilité des créances.* – La fin de la location-gérance rend immédiatement exigibles les dettes contractées par le locataire-gérant pendant la durée de la gérance (art. 10 de la loi du 20 mars 1956).

LIVRE II

LES SOCIÉTÉS COMMERCIALES ET LES GROUPEMENTS D'INTÉRÊT ÉCONOMIQUE

Généralités.

195. *Sens du mot « société ».* – Nous avons indiqué que le commerce était souvent exercé par des personnes morales de droit privé, sociétés et groupements d'intérêt économique (v. nº 54, 2º). C'est l'étude de ces personnes morales, principalement celle des sociétés, que nous devons maintenant aborder.

A dire vrai, le mot « société » est susceptible de deux sens. On peut désigner par ce mot :

1º Le *contrat de société*. C'est ainsi que l'article 1832 du Code civil nous dit que : « La société est instituée par deux ou plusieurs personnes qui conviennent par un contrat, etc. » (v. nº 201) ;

2º L'organisme né de ce contrat, la *personne morale*. C'est ainsi qu'on dira qu'une société a acheté un immeuble ou qu'elle doit être assignée devant le tribunal du lieu où elle est établie.

Actuellement, c'est à peu près toujours en ce second sens qu'on prend le mot « société ». Quand il s'agit du contrat, on précise généralement : « le contrat de société ».

On doit, au demeurant, ajouter que, depuis une loi du 11 juillet 1985, la société peut exceptionnellement ne pas avoir une base contractuelle. En instituant l'entreprise unipersonnelle à responsabilité limitée (l'E.U.R.L., ainsi qu'au plan civil, l'entreprise agricole à responsabilité limitée), cette loi a été, en effet, conduite à préciser que la société pouvait désormais être aussi instituée par « l'acte de volonté d'une seule personne » (art. 1832, al. 2 nouveau, C. civ.). Cependant, l'E.U.R.L., qui se présente juridiquement comme une variété de société à responsabilité limitée, demeure une hypothèse exceptionnelle. L'hypothèse de principe est la société d'origine contractuelle (v. nº 200 et suiv.).

196. *Importance du droit des sociétés et des groupements d'intérêt économique.* – L'étude du droit des sociétés est très importante.

D'une part, une grande partie du commerce est faite par les sociétés. Notamment, toutes les grandes entreprises (banques, transports, mines, textiles, produits chimiques, grands magasins, etc.) sont sous forme de sociétés par actions ; sans doute, beaucoup de grandes sociétés ont-elles été nationalisées, mais la législation des sociétés continue, en principe, à leur être applicable. Et beaucoup d'entreprises moyennes et petites sont sous forme de sociétés par intérêts ou, surtout, de sociétés à responsabilité limitée. Les commerçants sont donc obligés de connaître les règles applicables à ces sociétés avec lesquelles ils sont constamment en rapport.

D'autre part (et ceci concerne plus spécialement les sociétés par actions), la diffusion dans la masse des épargnants des titres émis par ces sociétés (actions, parts de fondateur, obligations), intéresse à la vie des sociétés des millions de porteurs de titres.

Les *groupements d'intérêt économique* sont loin d'avoir l'importance des sociétés commerciales. Ils sont cependant assez nombreux, et les commerçants ont intérêt à connaître les règles qui les régissent. Mais ces groupements n'intéressent pas les épargnants.

197. *Législation.* – Les *sociétés civiles* sont régies par le Code civil dans les articles 1832 et suivants qui ont été entièrement refondus par la loi nº 78-9 du 4 janvier 1978. Les dispositions générales contenues dans les articles 1832 à 1844-17 leur sont applicables et, plus spécialement, les articles 1845 à 1870-1 consacrés aux sociétés civiles. Le décret d'application est le décret nº 78-704 du 3 juillet 1978.

Les sociétés commerciales sont également soumises aux dispositions générales précitées du Code civil. Mais elles sont, en outre, régies par des textes spéciaux, dont le plus important est la loi nº 66-537 du 24 juillet 1966 et son décret d'application nº 67-536 du 23 mars 1967. Ces textes ont d'ailleurs été très souvent remaniés par des réformes ultérieures ponctuelles, destinées notamment à tenir compte des impératifs d'harmonisation communautaire (par ex. l'ordonnance du 20 décembre 1969 renforçant les pouvoirs des dirigeants des S.A.R.L. et des sociétés anonymes dans leurs rapports avec les tiers : v. n°s 361 et 426 ; ou la loi du 3 janvier 1985 sur les comptes consolidés : v. n° 399) ou d'évolution économique (par ex. la loi du 11 juillet 1985 instituant l'E.U.R.L. ou celle du 23 décembre 1985 généralisant la validité des sociétés entre époux).

A côté de cette grande loi sur les sociétés commerciales, existent d'autres textes particuliers qui les intéressent : ainsi, l'ordonnance du 28 septembre 1967 instituant la Commission des opérations de bourse ou le décret du 30 mai 1984 sur le registre du commerce et des sociétés.

Quant aux groupements d'intérêt économique, ils sont régis par l'ordonnance n° 67-821 du 23 septembre 1967.

198. *Plan.* – Nous examinerons :

Titre I. – Notions générales sur les sociétés et les groupements d'intérêt économique.

Titre II. – Les sociétés par intérêts.

Titre III. – Les sociétés par actions.

Titre IV. – La société à responsabilité limitée.

Titre V. – Les groupements d'intérêt économique.

Titre Ier

NOTIONS GÉNÉRALES SUR LES SOCIÉTÉS ET LES GROUPEMENTS D'INTÉRÊT ÉCONOMIQUE

199. *Division.* – Ce titre comprendra quatre chapitres :
Chapitre Ier. – Les caractères distinctifs du contrat de société.
Chapitre II. – La personnalité des sociétés.
Chapitre III. – La classification des sociétés.
Chapitre IV. – Les caractères distinctifs du groupement d'intérêt économique.

CHAPITRE PREMIER

LES CARACTÈRES DISTINCTIFS DU CONTRAT DE SOCIÉTÉ

200. *Précision liminaire.* – Depuis la loi du 11 juillet 1985 instituant l'E.U.R.L. (v. n°195, et pour son régime, *infra,* n° 439-1 et suiv.), la société peut exceptionnellement résulter d'un acte juridique unilatéral. Cependant, elle découle dans l'immense majorité des cas d'un contrat, et c'est ce dernier qui va être envisagé dans le présent chapitre. Au demeurant, il est admis tant en jurisprudence qu'en doctrine qu'un acte juridique unilatéral (et donc, celui instituant l'E.U.R.L.) doit se voir transposer, en principe, le régime des contrats, qui représente le droit commun de l'acte juridique, sauf à en éliminer évidemment les règles qui supposent nécessairement l'existence de deux parties. C'est dire que les dispositions qui vont être évoquées concernent généralement l'E.U.R.L., sauf exception (par ex., pour l'*affectio societatis* – v. n° 208 – qui n'a pas de sens à son égard).

201. *Définition du contrat de société.* – L'article 1832 du Code civil, modifié par la loi du 11 juillet 1985 instituant l'E.U.R.L., définit ainsi le contrat de société : « La société est instituée par deux ou plusieurs personnes qui conviennent par un contrat d'affecter à une entreprise commune des biens ou leur industrie en vue de partager le bénéfice ou de profiter de l'économie qui pourra en résulter. »

Même s'il met désormais fortement l'accent sur l'aspect institutionnel de la société (v. n° 212-1), ce texte souligne la base contractuelle de la société. Etant un contrat, la société doit donc satisfaire aux conditions de l'article 1108 du Code civil : existence, intégrité du consentement et capacité de chacun des associés, existence et licéité de l'objet donné à la société (c'est-à-dire de l'activité qu'elle se propose de faire, d'après les statuts), existence et licéité de la cause (d'où nullité des sociétés constituées, par exemple, pour frauder les droits de créanciers).

Mais, en outre, ce texte précise les éléments spécifiques du contrat de société.

202. *Intérêt de ces éléments spécifiques.* – De l'article 1832 du Code civil, il résulte que les éléments caractéristiques du contrat de société sont les apports et la recherche d'un bénéfice ou d'une économie. La jurisprudence ajoute cependant traditionnellement une troisième exigence : l'*affectio societatis*, c'est-à-dire une volonté d'union, de collaboration égalitaire.

Il est important de bien préciser ces éléments, notamment pour pouvoir qualifier certaines situations de *sociétés de fait*, alors que les personnes qui y participaient n'avaient pas eu conscience de s'associer : v. *infra*, n° 214-1.

203. *Rôle variable du contrat.* – Avant d'envisager chacun des éléments spécifiques du contrat de société, il faut cependant préciser que la notion de contrat n'a pas autant de poids dans chacun des types sociétaires.

Elle est particulièrement importante dans les sociétés par intérêts : il y a un contrat signé par tous les associés, et ce contrat obéit à la règle générale qu'une convention ne peut être modifiée que par le consentement unanime des contractants (art. 1134 C. civ.), sous réserve de la possibilité d'une clause plus libérale en ce qui concerne les commanditaires.

En matière de sociétés par actions, la notion de contrat est moins nette. Ce n'est qu'au cas de constitution sans appel public à l'épargne que les futurs actionnaires signent les statuts ; au cas d'appel public à l'épargne, il suffit qu'un seul fondateur signe les statuts. Et les statuts peuvent être modifiés par la volonté de la majorité, malgré les absents et les dissidents. On s'éloigne donc de la notion classique du contrat. Néanmoins, il y a bien un accord de volontés, des volontés concordantes pour fonder la société.

SECTION I. – LES APPORTS

204. *Diverses catégories d'apports.* – Chaque associé doit faire un apport. La réunion de ces apports constitue le fonds social, le *capital social.*

C'est notamment parce qu'ils ne comportent pas d'apports que les groupements d'obligataires, de porteurs de parts ne constituent pas des sociétés : les obligations, les parts restent la propriété de chacun, ne sont pas « apportées ».

On peut distinguer les apports :

1° Suivant la nature des biens apportés. On a : les *apports en numéraire* et les *apports en nature,* ces derniers comportant tous les apports autres qu'en espèces. La distinction est surtout intéressante dans les sociétés par actions et les sociétés à responsabilité limitée. Une variété d'apports en nature consiste dans les *apports en industrie :* ce sont des apports en travail, l'associé mettant son activité au service de la société : de tels apports sont rares, ils ne sont admissibles, d'ailleurs, que dans les sociétés par intérêts, encore ne sont-ils pas possibles pour les commanditaires (loi du 24 juillet 1966, art. 23, al. 2). Dans les sociétés par actions, les actions ne peuvent représenter des apports en industrie (loi du 24 juillet 1966, art. 75, alinéa ajouté par la loi du 30 décembre 1981) ;

2° Suivant la manière dont l'apport est fait. On distingue : l'apport en *propriété,* qui est le mode normal, et l'apport en *jouissance,* qui est exceptionnel. Dans ce second cas, l'apporteur conserve la propriété de l'apport, il conserve, en conséquence, les risques (sauf si l'apport porte sur des choses de genre), tandis qu'au premier cas les risques sont pour la société.

L'article 1843-3 nouveau du Code civil, dû à la loi du 4 janvier 1978, précise que, lorsque l'apport est en propriété, l'apporteur est garant envers la société comme un vendeur envers son acheteur. Lorsque l'apport est en jouissance, l'apporteur est garant envers la société comme un bailleur envers son preneur : toutefois lorsque l'apport en jouissance porte sur des choses de genre, la société devient propriétaire des biens apportés, à charge d'en rendre de pareils, de sorte que l'apporteur est garant comme un vendeur.

205. *Apport d'un fonds de commerce.* – Lorsqu'un fonds de commerce est apporté en société, la loi du 17 mars 1909 a pris des précautions pour garantir les intérêts des créanciers de l'apporteur, qui risquent d'être privés d'une valeur très importante du patrimoine de leur débiteur.

L'article 7 de la loi du 17 mars 1909, qui régit cette matière, a été modifié par la loi du 11 mars 1949, par la loi du 26 juillet 1955 et par la loi n° 66-538 du 24 juillet 1966. Il faut également tenir compte du décret n° 67-238 du 23 mars 1967.

Tout apport de fonds de commerce en société doit être publié, qu'il s'agisse d'un apport à une société en formation ou à une société déjà existante. Les formalités sont les mêmes que pour la vente d'un fonds (v. n° 160 : deux insertions dans un journal d'annonces légales, une insertion au *Bulletin officiel des annonces civiles et commerciales*). Dans les insertions, l'élection de domicile est remplacée par l'indication du greffe du tribunal de commerce où les créanciers doivent faire leurs déclarations.

Dans le délai de dix jours de la dernière en date des insertions prévues par la loi, tout créancier de l'apporteur peut faire au greffe du tribunal de commerce une déclaration de créance. A la suite de ces déclarations, les associés ou l'un d'eux peuvent former dans la quinzaine une action en annulation de la société (s'il s'agit d'une société en formation) ou de l'apport (s'il s'agit d'un fonds apporté, en augmentation de capital, à une société déjà existante). A défaut, la société est tenue solidairement du passif avec le débiteur principal.

SECTION II. – RECHERCHE DE BÉNÉFICES OU D'UNE ÉCONOMIE

206. *Société et association.* – Avant la loi du 4 janvier 1978, la distinction entre la société et l'association était très nette. La société avait uniquement comme objet de faire des bénéfices et de les partager. Au contraire, le contrat d'association, d'après l'article 1er de la loi du 1er juillet 1901, devait être fondé « dans un but autre que de partager des bénéfices ». Si donc il y avait recherche de bénéfices, il y avait société ; au cas contraire, il y avait association. La jurisprudence, d'ailleurs, avait une conception restrictive de la notion de bénéfices. Ceux-ci devaient s'entendre, d'après un arrêt célèbre des chambres réunies de la Cour de cassation du 11 mars 1914, « des gains pécuniaires ou des gains matériels qui ajouteraient à la fortune des associés ». En conséquence, si le but du groupement était seulement de faire une économie, d'éviter une perte, il n'y avait pas société, mais association.

Mais, dans la rédaction nouvelle de l'article 1832 du Code civil, le contrat de société peut avoir en vue non seulement de partager un bénéfice, mais encore de profiter d'une économie. La distinction de la société et de l'association est donc maintenant beaucoup moins nette.

Sans doute, presque toutes les sociétés et notamment toutes les sociétés commerciales ont pour but la recherche et le partage de bénéfices : elles se distinguent ainsi nettement des associations. En revanche, si un groupement non seulement ne recherche pas de bénéfices, mais n'a qu'un but désintéressé, n'ayant que des activités artistiques, culturelles, charitables, c'est une association. Mais si un groupement a pour but de faire réaliser une économie à ses membres, par exemple, par des achats en commun à moindre prix, par une organisation plus économique de voyages, etc., il peut se constituer valablement soit en association, soit en société.

207. *Prohibition des pactes léonins.* – Tous les associés doivent avoir vocation à participer au bénéfice ou à l'économie recherché. Ils doivent tous contribuer aux pertes : l'article 1832 nouveau du Code civil décide dans son alinéa 2 : « Les associés s'engagent à contribuer aux pertes. »

Sont donc illicites les conventions en vertu desquelles certains associés seulement profiteraient de tous les bénéfices ou de toutes les économies ou seraient dispensés de contribuer aux pertes. C'est l'interdiction des *pactes léonins,* c'est-à-dire des pactes par lesquels, comme dans la fable, certains prennent la part du lion, mais la nullité de telles clauses n'entraîne pas la nullité de la société, elles sont seulement réputées non écrites. C'est ce qu'exprime très bien, dans sa nouvelle rédaction, l'article 1844-1, alinéa 2, du Code civil : « La stipulation attribuant à un associé la totalité du profit procuré par la société ou l'exonérant de la totalité des pertes, celle excluant un associé totalement du profit ou mettant à sa charge la totalité des pertes, sont réputées non écrites. » Mais les parties sont libres de répartir inégalement la participation au profit ou aux pertes. Notamment, elles sont libres de convenir que des associés ne seront tenus des dettes que jusqu'à concurrence de leurs apports : telle est la situation des commanditaires, des actionnaires, des membres des sociétés à responsabilité limitée.

SECTION III. – « AFFECTIO SOCIETATIS »

208. *Volonté d'union.* – Dans beaucoup de contrats, les contractants ont des intérêts opposés, ce sont des adversaires. Dans le

contrat de société, ils ont, au contraire, des intérêts communs. Il faut donc, pour qu'il y ait réellement contrat de société, que les contractants aient cet état d'esprit spécial, cette volonté d'*union* qu'exprime la vieille formule *affectio societatis* (que l'on peut traduire par : esprit sociétaire). Et cette union implique que chaque associé puisse avoir un rôle dans la société, même si ce rôle n'est pas égal pour tous les associés. L'article 1844 nouveau, alinéa 1, du Code civil le précise bien en édictant que « tout associé a le droit de participer aux décisions collectives ». Et cette union implique aussi l'acceptation des aléas de l'entreprise puisque l'article 1832 nouveau, alinéa 2, précité prévoit que « les associés s'engagent à contribuer aux pertes ».

C'est cet esprit d'union qui distingue la société d'autres contrats, tel le contrat de travail avec participation aux bénéfices, dans lequel l'employé conserve une situation subordonnée, tel le prêt avec participation aux bénéfices dans lequel le prêteur reste un créancier étranger à la gestion de l'affaire, employé et prêteur ne participant d'ailleurs pas aux aléas de l'entreprise puisqu'ils ne prennent pas part aux pertes.

CHAPITRE II

PERSONNALITÉ DES SOCIÉTÉS

209. *Généralités.* – Il est indiscutable que les sociétés ont la *personnalité morale (ou civile),* c'est-à-dire qu'elles forment des êtres de raison qui sont *distincts* de la personne même des associés qui composent la société (v., sur la personnalité morale, *Manuel de droit civil*).

Nous exposerons l'existence de la personnalité morale (section I), puis en verrons les conséquences (section II). Nous verrons enfin le cas des sociétés qui, exceptionnellement, n'ont pas cette personnalité : les sociétés en participation et les sociétés créées de fait (section III).

SECTION I. – EXISTENCE DE LA PERSONNALITÉ MORALE

210. *Le principe.* – En principe, toutes les sociétés ont la personnalité morale. L'existence de cette personnalité des sociétés résultait déjà de divers textes. Mais, pour les sociétés commerciales, elle n'est plus discutable depuis la loi du 24 juillet 1966 dont

l'article 5 décide expressément que les sociétés commerciales jouissent de la personnalité morale.

La Cour de cassation avait d'ailleurs toujours reconnu la personnalité morale des sociétés commerciales et, depuis 1891, celle des sociétés civiles.

Mais la loi du 24 juillet 1966 décide que les sociétés commerciales ne jouissent de la personnalité morale qu' « à dater de leur immatriculation au registre du commerce ».

La solution est maintenant généralisée par l'article 1842 nouveau du Code civil, applicable à toutes les sociétés, donc aux sociétés civiles, qui pose en principe que « les sociétés... jouissent de la personnalité morale à compter de leur immatriculation ».

Avant cette immatriculation, il est cependant possible à des personnes d'agir pour le compte de la société en formation (par ex., de louer un local, d'emprunter). Ces personnes sont alors solidairement tenues de ces actes (donc, débitrices des obligations qui en découlent), à moins que la société, une fois immatriculée, ne les reprenne à son compte (avec, alors, un effet rétroactif : art. 1843 C. civ.).

SECTION II. – CONSÉQUENCES DE LA PERSONNALITÉ

211. *La société a les principaux attributs de la personne physique.* – La personnalité des sociétés produit d'importantes conséquences. Et, tout d'abord, la société a les principaux attributs de la personne physique :

1° La société a un *nom.* Ce nom peut être soit une *raison sociale* (Pierre, Paul et Cie), soit une dénomination de fantaisie (Société des Galeries Lafayette). V. n°s 229, 3°, 273, 408. La Cour de cassation a précisé en 1985 (arrêt *Bordas*) que si l'associé dont le nom patronymique a été inclus dans la dénomination sociale quitte la société, il ne peut pas, sauf convention contraire, exiger que la dénomination sociale soit modifiée, car son nom est devenu un signe distinctif de la personne morale ;

2° La société a un *domicile :* ce domicile, c'est le *siège social,* fixé, en principe, librement, par le contrat. C'est au siège social que la société sera assignée, et c'est le tribunal de ce siège social qui sera territorialement compétent ; c'est également au siège que se font les formalités de publicité. Pour faciliter la création des entreprises, une loi n° 84-1149 du 21 décembre 1984 a prévu que, lors de la constitution de la société, et pendant un délai maximal de deux ans à compter de l'immatriculation au registre, le siège pouvait être provisoirement fixé dans le local d'habitation du représentant légal (gérant, président) ;

3° La société a une *nationalité.* En principe, une société est française lorsque son siège social est en France, étrangère lorsque son siège social est à l'étranger. Mais il y a une tendance à ne pas s'en tenir à ce critère et à rechercher, en certaines matières, pour déclarer une société française, si ses dirigeants sont français, si elle n'est pas, en fait, sous contrôle étranger, etc. (par ex., dans le domaine de la réglementation des changes) ;

4° La société a un *patrimoine.* Cela est un point capital, car, du fait que la société a un patrimoine distinct du patrimoine des associés, il résulte notamment que les *créanciers de la société* seront payés sur le patrimoine social avant que les *créanciers des associés* puissent y prétendre. Ils ont un droit de préférence sur les biens sociaux. Il résulte, d'autre part, du principe, que le droit des associés n'est pas un droit de copropriété, mais bien un droit de créance contre la société, seule propriétaire du fonds social ;

5° La société peut être déclarée en redressement judiciaire, et cette procédure est distincte de celle qui peut éventuellement frapper les associés eux-mêmes (v. *infra,* n° 857).

212. *La société a une activité propre.* – La société, étant une personne, a une activité propre distincte de l'activité des associés. Elle conclut des contrats, elle este en justice, elle exerce des droits, elle encourt des responsabilités. Sans doute ne peut-elle agir par elle-même, mais elle agit par des personnes physiques qui sont ses organes : gérants, administrateurs, directeurs.

Parfois la société n'a que partiellement l'activité d'un commerçant personne physique. C'est ainsi que les sociétés de personnes ne sont ni électeurs ni éligibles aux tribunaux de commerce ou aux chambres de commerce, mais les sociétés anonymes et les sociétés à responsabilité limitée sont inscrites sur les listes électorales et désignent trois représentants (décret du 3 août 1961, art. 1er, 1° et 2°). C'est ainsi qu'une société ne peut, sauf exception, avoir de responsabilité pénale, mais elle peut être responsable civilement. C'est ainsi qu'elle ne peut être président d'un conseil d'administration, mais elle peut être administrateur d'une société anonyme ; elle peut, à plus forte raison, être associé d'une société.

Il faut noter qu'il y a, en certaines matières, une tendance à limiter les conséquences de la personnalité morale, parfois même à les écarter pour faire apparaître les personnes physiques des associés. Nous verrons des exemples de cette tendance en droit fiscal (v. n° 255) pour l'obligation au passif social des administrateurs de sociétés anonymes (v. n° 363) et des gérants des sociétés à responsabilité limitée (v. n° 427) et en matière de redressement judiciaire de la société (v. n° 859 et suiv.).

212-1. *La société a un intérêt propre.* – En constituant une société, les associés donnent naissance à une personne morale autonome, distincte d'eux. Cette société a ensuite une vie propre, elle embauche des salariés, joue un rôle économique. Elle a, dès lors, un intérêt propre qui mérite protection lorsqu'il vient éventuellement en conflit avec l'intérêt personnel de tel ou tel associé. *Dans cette conception institutionnelle* de la société, c'est généralement au juge qu'il revient de protéger l'intérêt social, un juge qui n'hésite pas à le faire, même sans le secours de textes précis. Ainsi, s'expliquent notamment :

– les décisions annulant les délibérations des associés entachées d'abus de majorité : c'est-à-dire les délibérations conformes à l'intérêt des associés majoritaires qui les ont votées, mais contraires à l'intérêt de la société (et donc, des associés minoritaires) ;

– celles nommant un administrateur provisoire, qui se substitue aux dirigeants en place pour résoudre une crise affectant le fonctionnement de la société ;

– celles qui ont parfois accueilli la proposition de rachat des parts sociales d'un associé demandeur en dissolution, formulée par les associés défendeurs et permettant d'assurer la pérennité de la société.

Section III. – LES SOCIÉTÉS SANS PERSONNALITÉ MORALE

213. *La société en participation.* – Elle est actuellement régie par des texte insérés dans le Code civil (art. 1871 et suiv.) par la loi du 4 janvier 1978.

Elle est définie comme la société que les associés décident de ne pas immatriculer et qui, dès lors, n'est ni dotée de la personnalité morale, ni soumise à publicité (art. 1871 nouveau C. civ.). C'est une société qui est fréquemment utilisée pour mener à bien, sans se faire connaître du public, une entreprise déterminée, par exemple l'achat en commun d'un lot de marchandises, la participation en commun à une émission de titres. Elle est, généralement, d'assez brève durée.

Jusqu'à 1978, une autre caractéristique de la société en participation était son caractère occulte. La société ne se révélait pas aux tiers. Sans doute, la société n'était pas nécessairement secrète, mais elle ne révélait pas officiellement son existence aux tiers, elle ne se présentait pas à eux comme une société. Bien qu'en fait il continue d'en être presque toujours ainsi, en droit il semble que les nouveaux textes n'ont pas maintenu cette condition de non-révélation aux tiers.

La société en participation peut être prouvée par tous moyens. Les associés conviennent librement de l'objet (qui peut être soit civil soit commercial) de la société, de son fonctionnement.

214. *Fonctionnement de la société en participation.* – Entre associés, sauf clause contraire de la convention, les rapports sont régis soit par les dispositions applicables aux sociétés civiles, si la société a un caractère civil, soit par les dispositions applicables aux sociétés en nom collectif, si la société a un caractère commercial (art. 1871-1 nouveau C. civ.).

A l'égard des tiers, chaque associé reste propriétaire des biens qu'il met à la disposition de la société (art. 1872 nouveau C. civ.). Il contracte en son nom personnel et est seul engagé à l'égard des tiers. Toutefois, si les participants agissent en qualité d'associés au vu et au su des tiers (ce qui est devenu possible si l'on admet que la société n'est plus nécessairement occulte), chacun d'eux est tenu à l'égard des tiers des obligations nées des actes accomplis en cette qualité par l'un des autres, et ce avec solidarité si la société est commerciale (art. 1872-1 nouveau C. civ.).

214-1. *La société créée de fait.* – C'est une société qui a existé sans que les parties aient eu l'intention formelle (et, bien souvent, la conscience même) de lui donner naissance. Reconnaître l'existence d'une société créée de fait, c'est donc constater, après coup, une situation de fait : un groupement a fonctionné, qui mérite la qualification de société en application de l'article 1832 du Code civil. Ainsi, une société créée de fait aura pu exister entre des concubins, lorsqu'une concubine aura apporté sa collaboration à l'entreprise de son amant, ou entre des entreprises qui ont œuvré momentanément dans un but commun. Aux termes de l'article 1873 du Code civil, de telles sociétés sont soumises aux dispositions concernant les sociétés en participation (v. donc *supra,* n° 213 et suiv.).

La société créée de fait doit bien être distinguée de la société de fait *stricto sensu.* Dans ce dernier cas, la société a bien été voulue par les associés, mais ceux-ci l'ont mal constituée, et elle vient donc à être annulée. La société a fonctionné, aura eu la personnalité (si, tout au moins, elle a été immatriculée), et son annulation n'aura effet que pour l'avenir.

CHAPITRE III

CLASSIFICATION DES SOCIÉTÉS

215. *Généralités.* – La distinction fondamentale entre les sociétés est la distinction des sociétés civiles et commerciales. Il y a lieu, ensuite, à classer les sociétés commerciales entre les divers types reconnus par la loi.

SECTION I. – SOCIÉTÉS CIVILES ET SOCIÉTÉS COMMERCIALES

216. *Critérium de la distinction.* – Le principe, c'est qu'une société doit être réputée commerciale quand, d'après ses statuts, elle se livre à des opérations commerciales. La nature de la société dépend donc de son *objet*.

Mais le principe est réduit à peu de chose par une exception extrêmement importante : sont commerciales par leur *forme* et quel que soit leur objet, les sociétés qui adoptent les formes prévues par la loi commerciale, c'est-à-dire celles de société en nom collectif, de société en commandite simple, de société à responsabilité limitée ou de société par actions (loi du 24 juillet 1966, art. 1er, al. 2). Le domaine du droit commercial est, par là, considérablement étendu.

Ainsi une société immobilière, une société exploitant un domaine agricole, une carrière, sont civiles par leur objet. Elles ne seront cependant civiles que si elles adoptent exclusivement les règles de la société civile prévues par le Code civil.

Malgré ces règles restreignant le nombre des sociétés civiles, celles-ci restent assez nombreuses et assez importantes et ont même, depuis quelques années, connu de nouvelles applications.

Il existe des sociétés civiles, souvent de caractère familial, exploitant des domaines agricoles. Figurent aussi parmi les sociétés civiles certaines coopératives (v. n° 222) et certaines *sociétés agricoles* prévues par des textes récents, par exemple : les groupements agricoles d'exploitation en commun (G.A.E.C.), les sociétés d'intérêt collectif agricole (S.I.C.A.), les sociétés d'aménagement foncier et d'établissement rural (S.A.F.E.R.), les groupements fonciers agricoles (G.F.A.).

Il faut faire état aussi des *sociétés civiles dont l'objet est de construire des immeubles* en vue de leur vente ou de leur attribution aux associés, actuellement réglementées par la loi du 16 juillet 1971, articles 1er à 17, modifiés par la loi du 11 juillet 1972.

Se sont, d'autre part, multipliées dans ces dernières années les *sociétés civiles immobilières faisant appel à l'épargne*. Ces sociétés sont propriétaires d'immeubles qu'elles louent et offrent à l'épargne des placements sous forme de parts civiles. Elles ont donné lieu à de graves abus. Aussi ont-elles été réglementées par la loi du 31 décembre 1970 et le décret du 1er juillet 1971.

Il faut encore citer les *sociétés civiles professionnelles* prévues par la loi du 29 novembre 1966 et qui permettent à des membres de professions libérales (par exemple aux commissaires aux comptes : v. nº 371) de se grouper pour exercer leurs professions.

217. *Intérêt de la distinction.* – Plusieurs intérêts de la distinction entre les sociétés civiles et les sociétés commerciales ont disparu depuis quelques années, le régime applicable étant devenu le même. C'est ainsi que :

1º Les sociétés commerciales étaient soumises à publicité, les sociétés civiles ne l'étaient pas. Depuis la loi du 4 janvier 1978, les unes et les autres sont soumises à immatriculation, au registre du commerce et des sociétés ;

2º Les sociétés commerciales étaient soumises aux procédures commerciales en cas de défaillance, les sociétés civiles ne l'étaient pas. Depuis la loi du 13 juillet 1967, toutes les personnes morales de droit privé, donc les sociétés civiles, sont, comme les sociétés commerciales, susceptibles de faire l'objet d'une procédure collective (v. nº 764).

3º Les dispositions générales du Code civil sur les sociétés (art. 1832 et suiv.) sont applicables aussi bien aux sociétés civiles qu'aux sociétés commerciales.

Il persiste cependant des différences :

1º En dehors des dispositions générales du Code civil qui sont communes à toutes les sociétés, les sociétés civiles sont régies plus spécialement par les articles 1845 et suivants du Code civil, les sociétés commerciales par les textes qui ont été indiqués au numéro 197. Ces réglementations respectives sont souvent très différentes ;

2º Les sociétés civiles échappent aux règles de comptabilité imposées aux commerçants et aux sociétés commerciales.

SECTION II. – CLASSIFICATION DES SOCIÉTÉS COMMERCIALES

§ 1. – LES TYPES PRINCIPAUX

218. *Les divers types de sociétés commerciales.* – La loi du 24 juillet 1966 prévoit *cinq* types principaux de sociétés commercia-

les : la société en nom collectif, la société en commandite simple, la société à responsabilité limitée, la société anonyme, la société en commandite par actions.

A l'heure actuelle, le type le plus fréquent dans les constitutions de sociétés est la société à responsabilité limitée (196 044 S.A.R.L., d'après les dernières statistiques publiées, en 1979). Vient ensuite la société anonyme (101 249). La société en nom collectif est beaucoup moins utilisée (20 217). On ne voit guère plus des sociétés en commandite simple (736), ni de sociétés en commandite par actions (240).

219. *Sociétés par intérêts et sociétés par actions.* – On classe les sociétés commerciales en deux catégories :

1° *Sociétés de personnes ou par intérêts.* – Ce sont des sociétés de *personnes,* parce qu'elles sont constituées en considération de la personne des associés. On les appelle sociétés par *intérêts,* parce que la part de chaque associé, la part sociale, constitue un *intérêt,* en principe incessible.

Appartiennent à cette première catégorie : *a)* La *société en nom collectif* composée d'un seul groupe d'associés tenus *indéfiniment* et *solidairement* du passif social ;

b) La société *en commandite simple* ou *par intérêts,* composée de deux catégories d'associés : les uns (les *commandités*), qui sont de véritables associés en nom collectif, les autres (les *commanditaires*), qui ne sont tenus du passif social que jusqu'à concurrence de leurs apports.

2° *Sociétés de capitaux* ou *par actions.* – Ce sont des sociétés de *capitaux* parce qu'elles sont constituées principalement en vue des capitaux qui doivent être mis en commun par les associés et non pas en considération de la personne des associés. On les appelle sociétés par *actions* parce que les parts sociales sont des *actions* qui sont, en principe, librement transmissibles.

Appartiennent à cette seconde catégorie : *a)* La société *en commandite par actions* composée de deux catégories d'associés : les *commandités* qui sont (comme dans la commandite simple) responsables indéfiniment et solidairement du passif social, et les *commanditaires,* dont la part est une *action,* tandis que, dans la commandite simple, elle est un intérêt ;

b) La société *anonyme* composée d'un seul groupe d'associés : les *actionnaires,* qui ne sont responsables des dettes que jusqu'à concurrence de leur apport.

Quant à la *société à responsabilité limitée,* sa nature est discutée. On peut la rapprocher des sociétés par intérêts, les parts de cette société étant non des actions, mais des intérêts qui sont, sinon incessibles, du moins très difficilement cessibles. Mais la réglementation, sur bien des points, se rapproche de celle des sociétés anonymes, et la loi du 24 juillet 1966 a accentué ce rapprochement.

§ 2. – LES TYPES SECONDAIRES

220. *Sociétés de type exceptionnel.* – En dehors de ces cinq types principaux de sociétés (les seuls que nous étudierons en détail dans les titres suivants), il existe certains types particuliers qui, souvent, ne sont que des variantes.

Nous avons déjà vu la société en participation (*supra,* n°s 213 et 214). Nous verrons, en étudiant les entreprises publiques, les sociétés nationalisées (*infra,* n° 461 et suiv.) et les sociétés d'économie mixte (*infra,* n°s 461, 465 et 466).

Nous nous bornerons à donner quelques indications sur les sociétés à capital variable, les sociétés coopératives, les sociétés d'investissement (et les fonds communs de placement).

221. *Les sociétés à capital variable.* – Les sociétés à capital variable sont réglementées par les articles 48 à 54 de la loi du 24 juillet 1867, restés en vigueur alors que les autres articles de cette loi ont été abrogés par la loi du 24 juillet 1966. Cette réglementation avait été faite surtout pour favoriser la création des coopératives. Mais il y a des sociétés à capital variable qui ne sont pas des sociétés coopératives. Les sociétés à capital variable ne sont pas, à proprement parler, un type spécial de société, mais une *modalité* des autres types.

Cette modalité pouvait s'appliquer à tous les types de sociétés jusqu'à la loi n° 81-1162 du 30 décembre 1981. Mais cette loi, dans son article 30, modifie l'article 48 de la loi du 24 juillet 1867 et décide que la variation du capital n'est plus possible dans les sociétés anonymes ; la modalité reste possible s'il s'agit de sociétés coopératives.

Les sociétés à capital variable sont soumises aux règles ordinaires de chaque type de société, avec, de plus, une clause de variabilité du capital. A chaque instant, le capital peut être accru par l'adhésion de nouveaux associés ou diminué par la retraite (ou même l'exclusion, si les statuts la prévoient) de certains associés, et cela sans qu'il soit nécessaire de remplir les conditions habituelles d'augmentation de capital. Notamment, il n'y a lieu ni à dépôt au greffe ni à avis dans un journal d'annonces légales (loi du 24 juillet 1867, art. 49 rétabli par la loi du 12 juillet 1967). Mais l'adoption de la clause de variabilité du capital entraîne l'application de certaines règles particulières : c'est ainsi que les parts ou actions doivent être nominatives, qu'un associé peut toujours se retirer de la société, qu'il peut être stipulé que l'assemblée générale peut exclure un associé. Si la société est par actions, la valeur nominale des actions doit être au moins, depuis le 1er janvier 1985, de 100 F.

222. *Les sociétés coopératives.* – Les sociétés coopératives ont pour but, en principe, la suppression des intermédiaires, elles tendent à faire directement des opérations avec leurs propres membres. La *coopérative de consommation* tend à supprimer le commerçant détaillant en achetant en gros des denrées et objets pour ses membres. La *coopérative de production* supprime le capitaliste en groupant des ouvriers qui produisent eux-mêmes. La *coopérative de crédit* supprime le banquier en faisant du crédit à ses propres membres. La *coopérative agricole* achète pour ses membres ou vend leur production après transformation, assure la culture de leurs terres, le battage de leur récolte, la conservation de leurs grains, etc.

Les sociétés coopératives prennent, le plus souvent, la forme de sociétés à capital variable. Certaines sociétés coopératives sont des sociétés civiles, d'autres sont commerciales soit par leur forme, soit par l'objet de leur activité ; les coopératives agricoles forment une catégorie spéciale, distincte des sociétés civiles et des sociétés commerciales (ordonnance du 26 septembre 1967, art. 1er, mod. par loi du 27 juin 1972, art. 3).

Les sociétés coopératives sont régies :

1° Par une loi générale : la loi du 10 septembre 1947, portant statut de la coopération. Cette loi pose les principes généraux. C'est ainsi que les coopératives ne doivent admettre comme participants à leurs services que leurs sociétaires, qu'elles ne doivent pas distribuer de dividendes, mais seulement un intérêt aux parts, que les répartitions ne peuvent se faire qu'au prorata de l'activité coopérative de chaque associé, que les parts doivent être nominatives et leur cession soumise à agrément, que chaque associé ne peut avoir qu'une voix ;

2° Par des lois très nombreuses et très complexes relatives à chaque type particulier de coopératives. C'est ainsi, par exemple, que les coopératives de consommation sont régies par la loi du 7 mai 1917, souvent modifiée et complétée ; les coopératives ouvrières de production, par la loi du 19 juillet 1978 ; les coopératives de crédit agricole, par les articles 614 à 789 du Code rural ; les sociétés coopératives de banque, par la loi du 17 mai 1982 ; les coopératives agricoles, par les articles 549 à 553 du Code rural, le décret du 4 février 1959, l'ordonnance du 26 septembre 1967, modifiée par la loi du 27 juin 1972 ; les sociétés coopératives de construction, par la loi du 16 juillet 1971, modifiée par la loi du 11 juillet 1972 ; les sociétés coopératives artisanales, maritimes ou encore de transports publics routiers, par la loi du 20 juillet 1983.

223. *Sociétés d'investissement.* – Certaines sociétés ont pour objet la gestion d'un portefeuille de valeurs mobilières. Les plus importantes d'entre elles, auxquelles sont consenties des faveurs fiscales (en particulier, l'exonération de l'impôt sur les sociétés dès lors qu'elles prennent l'engagement de distribuer, au titre de chaque exercice, l'intégralité des sommes distribuables), sont constituées sous forme de sociétés d'investissement à capital variable.

Ces SICAV, aujourd'hui très importantes (plus de 200 milliards de francs d'actif à l'heure actuelle), sont régies par la loi n° 79-10 du 3 janvier 1979 et les décrets n°s 79-323 et 79-324 du 24 avril 1979. On notera essentiellement que :

– leur constitution est soumise à une autorisation préalable du ministre de l'Economie, après avis de la C.O.B. ;

– leur capital minimum initial est de 50 millions de francs, et varie chaque jour en fonction de la cotation des valeurs possédées par la société et de l'émission ou du rachat d'actions ;

– la loi réglemente strictement la composition du portefeuille détenu par la société afin d'assurer la sécurité des épargnants qui y sont entrés et la division des risques qu'ils acceptent d'y prendre.

Depuis la loi du 15 mars 1963, article 33, et les décrets d'application qui l'ont suivie, ont pu être créées, en outre, des sociétés d'investissement en valeurs mobilières, des *sociétés immobilières d'investissement*. Assez proches de ces dernières sont les *sociétés immobilières pour le commerce et l'industrie (SICOMI)* prévues par l'ordonnance du 28 septembre 1967 pour pratiquer le crédit-bail immobilier (sur le crédit-bail, v. n° 506).

224. *Les fonds communs de placement.* – Les fonds communs de placement ont été prévus par la loi n° 79-594 du 13 juillet 1979 et le décret n° 79-835 du 27 septembre 1979. Ils ressemblent aux SICAV en ce que leur objet est de gérer un portefeuille de valeurs mobilières et en ce que, de façon continue, ils mettent en souscription et rachètent des parts. Mais ils en diffèrent en ce qu'ils constituent non pas des sociétés mais des copropriétés et n'ont pas la personnalité morale ; et leur réglementation est différente.

224-1. *Sociétés de capital-risque.* – Ces sociétés, régies par une loi n° 85-695 du 11 juillet 1985 et un décret n° 85-1102 du 9 octobre

1985, sont des sociétés par actions, dont l'objet est de prendre des *participations* dans d'autres sociétés, si possible, de création récente (dont elles facilitent ainsi l'essor), mais sans devenir pour autant des sociétés holding (d'où des limitations légales apportées à l'ampleur de ces prises de participation : d'une part, la société de capital-risque ne peut procéder à des acquisitions de titres qui lui confèreraient, directement ou indirectement, ou qui confèreraient à l'un de ses actionnaires, la détention de plus de 40 % des droits de vote d'une société ; d'autre part, elle ne peut employer plus de 25 % de son capital en titres de la même société). En contrepartie des risques qu'elle prend, cette société bénéficie d'*un régime fiscal privilégié :* elle est exonérée de l'impôt sur les sociétés, sur les produits et plus-values nets provenant des titres de sociétés non cotées qu'elle détient, et ceci sans limitation de durée.

CHAPITRE IV

LES CARACTÈRES DISTINCTIFS DU GROUPEMENT D'INTÉRÊT ÉCONOMIQUE

225. *Généralités.* – Les groupements d'intérêt économique (G.I.E.) ont été créés par une ordonnance du 23 septembre 1967. Groupements intermédiaires entre les sociétés et les associations, ils ont le plus souvent pour but de permettre la collaboration entre des entreprises. Le groupement d'intérêt économique diffère essentiellement de la société en ce qu'il peut se créer sans apports, sans capital, qu'il peut ne pas rechercher de bénéfices. Mais il diffère de l'association en ce qu'il a la pleine personnalité et la pleine capacité, en ce que la recherche des bénéfices ne lui est pas interdite (bien qu'elle ne doive pas être son objet essentiel).

Les groupements d'intérêt économique peuvent, suivant leur objet, être commerciaux ou civils, bien qu'ils soient, dans tous les cas, assujettis à l'immatriculation au registre du commerce et des sociétés.

226. *La personnalité morale des groupements d'intérêt économique.* – Comme les sociétés, les groupements d'intérêt économique ont la personnalité morale. Mais, comme les sociétés, ils ne jouissent de la personnalité morale qu'à dater de leur immatriculation au registre du commerce et des sociétés (ordonnance du 23 septembre 1967, art. 3).

Titre II

LES SOCIÉTÉS PAR INTÉRÊTS

Généralités.

227. *Historique.* – Les sociétés par intérêts sont les sociétés les plus anciennement connues. Elles existaient dès le Moyen Age sous leurs deux formes actuelles : la *société en nom collectif* groupant des commerçants faisant le commerce avec des risques illimités, la *société en commandite* qui fut, dès le début, une société entre le commerçant courant des risques illimités et le bourgeois bailleur de fonds qui entendait limiter sa perte au montant du capital apporté.

La société en nom collectif était, autrefois, la société la plus couramment constituée. Mais elle a été, actuellement, détrônée par la société à responsabilité limitée (v. n° 218), qui fait courir aux associés moins de risques et leur procure (malgré certaines réformes) des avantages fiscaux et sociaux. Les sociétés en nom collectif restent, cependant, assez nombreuses : il en existait 20 217 en 1979.

Quant à la société en commandite simple, on n'en constitue presque plus (v. n° 218) et il n'en existait plus que 736 en 1979.

228. *Législation.* – Les sociétés par intérêts sont régies par les dispositions générales du Code civil, article 1832 et suivants, dues à la loi du 4 janvier 1978, et par les dispositions spéciales des articles 10 à 33 de la loi du 24 juillet 1966 et des articles 6 à 19 du décret du 23 mars 1967.

229. *Trait commun : l'intuitus personae.* – La société en nom collectif et la société en commandite sont des sociétés de personnes, dominées par ce qu'on appelle traditionnellement l'*intuitus personae* (c'est-à-dire : la considération de la personne).

De là, les deux importantes conséquences suivantes :

1° Les parts sociales, appelées *intérêts*, sont en principe intransmissibles. Aucun associé ne peut, en règle générale, céder sa part, si ce n'est avec le consentement unanime des associés (v. n° 251, 1°) ;

2° La société est en principe dissoute par une mesure d'interdiction d'exercer une profession commerciale ou une mesure d'incapacité prononcée à l'encontre de l'un des associés (loi du 24 juillet 1966, art. 22 et 33). Par ailleurs, il en va de même, dans les sociétés en nom collectif, pour un jugement de liquidation judiciaire ou arrêtant un plan de cession totale, et dans les commandites simples, pour un jugement de redressement judiciaire (mêmes articles, dans la rédaction que leur a donnée la loi du 25 janvier 1985 ; sur ces hypothèses, v. *infra*, n° 857).

Jusqu'en 1985, une troisième conséquence en découlait : la société faisait le commerce sous *une raison sociale*. La raison sociale est un mode de désignation d'une société consistant dans la réunion des noms des associés ou de certains d'entre eux : « Pierre, Paul et Jacques ». Si tous les noms ne sont pas indiqués, on ajoute : « et Cie » : « Pierre, Paul et Cie ». Les engagements sociaux sont pris sous la raison sociale. Mais cette règle ne vaut plus désormais que pour les commandites (loi du 24 juillet 1966, art. 25). Dans les sociétés en nom collectif, une loi du 11 juillet 1985 a modifié l'article 11 de la loi de 1966 pour préciser que cette société est désignée par une dénomination sociale, à laquelle peut cependant être incorporé le nom d'un ou plusieurs associés, et qui doit être précédée ou suivie immédiatement des mots « société en nom collectif ».

230. *Différences*. – La société en nom collectif et la société en commandite simple présentent cependant une différence essentielle : tous les associés de la première sont responsables indéfiniment du passif social. Au contraire, la société en commandite comprend deux catégories d'associés : un ou plusieurs *commandités*, responsables indéfiniment ; un ou plusieurs *commanditaires* qui ne sont responsables que du montant de leurs apports.

Il faut noter, en outre, les points suivants qui découlent de cette différence essentielle :

1° Tout associé en nom collectif, assumant pleinement les risques du commerce, est considéré comme commerçant (loi du 24 juillet 1966, art. 10) : il en résulte, notamment, qu'il doit avoir la capacité de faire le commerce. Il en est de même, dans la société en commandite, pour les commandités. Mais les commanditaires n'ont pas la qualité de commerçants ;

2° Le redressement judiciaire de la société en nom collectif entraîne celui de tous les associés ; le redressement judiciaire de la société en commandite entraîne celui des commandités, mais non celui des commanditaires (v. n° 857) ;

3° Tout associé de la société en nom collectif peut être gérant ; mais seuls les commandités de la société en commandite peuvent gérer, il est interdit aux commanditaires de s'immiscer dans la gestion (v. n° 245).

231. *Plan.* – Nous verrons :

Chapitre Ier. – La constitution des sociétés par intérêts.

Chapitre II. – Le fonctionnement des sociétés par intérêts.

Chapitre III. – La dissolution des sociétés par intérêts.

CHAPITRE PREMIER

LA CONSTITUTION DES SOCIÉTÉS PAR INTÉRÊTS

232. *Division.* – Nous examinerons successivement : les règles de constitution (section I) qui se subdivisent en conditions de fond (§ 1) et conditions de forme (§ 2) et les sanctions des règles de constitution (section II).

Plusieurs des développements que nous fournissons constituent des règles générales applicables à toutes les sociétés, et il nous suffira, en étudiant les autres types de sociétés, d'y renvoyer.

SECTION I. – LES RÈGLES DE CONSTITUTION

§ 1. – CONDITIONS DE FOND

233. *Application du droit commun.* – Les conditions de fond n'étant pas réglées par des dispositions particulières aux sociétés, il suffit d'appliquer le droit commun des contrats. Il faudra donc :

1° Un consentement exempt de vices ;

2° Des associés capables (on exigera, comme nous l'avons indiqué au n° 230, 2°, la capacité de faire le commerce chez les associés en nom collectif et chez les commandités) ;

3° Un objet et une cause licites.

Depuis la loi du 23 décembre 1985, qui a supprimé la dernière limite à la validité des sociétés entre époux (v. n° 79), deux époux peuvent être associés d'une même société en nom collectif ou en commandite simple.

§ 2. – Conditions de forme

234. *Trois catégories de formalités.* – La loi exige essentiellement la rédaction par écrit du contrat (qu'on appelle les *statuts* de la société) et des formalités de publicité, mais ces dernières comprennent d'une part une publicité par avis publié dans les journaux d'annonces légales, d'autre part des formalités à accomplir au registre du commerce et des sociétés. La publicité des sociétés est indispensable pour que les tiers connaissent l'existence, la forme de la société, son capital, le nom des associés responsables, etc.

I. – *Statuts écrits et enregistrés.*

235. *Nécessité d'un écrit.* – Confirmant une solution traditionnelle, l'article 1835 nouveau du Code civil, dû à la loi du 4 janvier 1978, pose en règle générale que « les statuts doivent être établis par écrit ».

Cet écrit peut être soit authentique, soit sous seing privé. Dans ce dernier cas, on doit dresser autant d'originaux qu'il y a d'associés, plus trois : il faut, en effet, un original pour l'Enregistrement, deux pour le dépôt au greffe.

L'écrit doit au moins contenir les diverses mentions dont la publicité est requise (v. n° 237).

236. *Enregistrement.* – Le droit d'enregistrement s'élève en principe à 1 % du montant des apports, qu'il s'agisse de meubles ou d'immeubles. Les actes de constitution des sociétés sont provisoirement enregistrés gratuitement (art. 1717 *bis* C.G.I.), les droits et taxes normalement dus étant exigibles au plus tard trois mois après la date de ces actes.

II. – *Publicité par insertions.*

237. *Insertion dans un journal d'annonces légales.* – Lorsque la société est constituée, un avis doit être publié dans un journal habilité à recevoir les annonces légales dans le département du siège social (décret du 23 mars 1967, art. 281). L'avis ainsi publié doit contenir une série de mentions précisées par l'article 285 du décret du 23 mars 1967 : raison sociale, forme de la société, montant du capital, adresse, objet social, durée (qui ne peut excéder 99 ans), précisions sur les apports, noms des associés tenus indéfiniment, noms des gérants, greffe où sera immatriculée la société.

III. – *Formalités au registre du commerce et des sociétés.*

238. *Dépôt et déclaration au greffe.* – Outre la publicité par avis dans les journaux, les textes prévoient une publicité par dépôt au greffe du tribunal de commerce, en annexe au registre du commerce et des sociétés, de deux expéditions (s'ils sont notariés) ou de deux originaux (s'ils sont sous seing privé) des statuts, de deux copies, s'il y a lieu, de l'acte de nomination du ou des gérants, de deux exemplaires de la déclaration prévue ci-après, alinéa 3 (décret n° 84-406 du 30 mai 1984 sur le registre du commerce, art. 48). Le dépôt doit être fait, au plus tard, en même temps que la demande d'immatriculation. L'un des deux exemplaires est conservé au greffe, en annexe au registre du commerce et des sociétés, l'autre est transmis au registre national du commerce et des sociétés (décret n° 84-406 du 30 mai 1984 sur le registre du commerce, art. 5).

Le greffier du tribunal de commerce et, pour le registre national du commerce et des sociétés, l'Institut national de la propriété industrielle délivrent à tout requérant expédition ou extrait certifié conforme des pièces déposées.

A peine d'irrecevabilité de la demande d'immatriculation au registre du commerce et des sociétés, les associés doivent signer une déclaration en deux exemplaires qu'ils déposent au greffe et dans laquelle ils relatent toutes les opérations effectuées en vue de constituer régulièrement la société et par laquelle ils affirment que cette constitution a été réalisée en conformité de la loi et des règlements (loi du 24 juillet 1966, art. 6, al. 1 ; décret du 23 mars 1967, art. 7).

239. *Immatriculation au registre du commerce et des sociétés.* – Aucun délai n'est fixé pour *l'immatriculation* des sociétés au registre du commerce et des sociétés, mais les associés ont intérêt à le faire le plus rapidement possible puisque la société ne jouit de la personnalité morale qu'à dater de cette immatriculation.

Comme pour les personnes physiques (v. n°s 113 et suiv.), l'immatriculation se fait sur dépôt d'une déclaration en triple exemplaire. Les mentions sont énumérées à l'article 15 du décret n° 84-406 du 30 mai 1984 : sur le registre, ces mentions sont assez semblables à celles de l'avis publié dans le journal d'annonces légales (v. n° 238) avec, en sus, des renseignements détaillés sur les associés. Des pièces doivent être présentées : notamment, le récépissé du dépôt des actes au greffe, l'exemplaire du journal d'annonces légales qui a publié l'avis, des documents concernant les gérants, l'identification de l'entreprise, la réalité de son établissement, le fonds exploité (arrêté du 24 septembre 1984).

Comme pour les personnes physiques (v. n° 114-2), le greffier contrôle si toutes les mentions prévues par le texte sont portées dans la déclaration, si toutes les pièces justificatives sont produites, contrôle la concordance entre les mentions et les pièces justificatives. Comme le précise, en effet, l'article 2 du décret du 30 mai 1984 sur le registre du commerce, la société ne peut être inscrite que s'il est justifié que les formalités prescrites par la législation et la réglementation en vigueur la concernant ont été accomplies et qu'elle remplit les conditions nécessaires à l'exercice de son activité. C'est de cette manière qu'est satisfait le contrôle préventif qu'avait prescrit la Directive du 9 mars 1968 du Conseil des communautés européennes (v. n° 9, al. 3).

Le greffier doit procéder à l'inscription dans les quinze jours de la réception de la demande. S'il n'y procédait pas et n'indiquait pas, par ailleurs, les motifs d'un rejet, l'immatriculation serait réputée acquise à l'expiration du délai de quinze jours, et le greffier serait tenu de procéder à l'inscription en mentionnant la date d'effet de celle-ci (décret du 30 mai 1984, art. 31).

De même, comme pour les personnes physiques, doivent être faites, pour les établissements dépendant de la société, des *immatriculations secondaires ou inscriptions complémentaires* (v. n° 113). Et, par la suite, s'il y a lieu, doivent être faites des déclarations *modificatives* (v. n° 115).

Les immatriculations font l'objet de publication par extrait *au Bulletin officiel des annonces civiles et commerciales.*

Section II. – SANCTIONS DES RÈGLES DE CONSTITUTION

§ 1. – Nullités

240. *Cas de nullité.* – La nullité d'une société est un événement très grave et très dommageable, aussi bien pour les associés que pour les tiers. Aussi la loi s'efforce-t-elle de réduire le plus possible les cas de nullité et, s'il y a nullité, d'en atténuer les conséquences.

L'article 360 de la loi du 24 juillet 1966 pose en principe que la nullité d'une société ne peut résulter que d'une disposition expresse de la présente loi ou de celles qui régissent la nullité des contrats.

La seule disposition expresse est celle de l'article 361 qui prévoit que dans les sociétés en nom collectif ou en commandite simple l'accomplissement des formalités de publicité est requis à peine de nullité de la société. Mais diverses atténuations sont prévues. D'une part le tribunal a la faculté de ne pas prononcer la nullité si une fraude n'est pas constatée. D'autre part l'action en nullité est éteinte si la publicité a été faite avant que le tribunal statue ou même avant la fin du délai que fixe le tribunal. Enfin les associés et la société ne peuvent se prévaloir de la nullité. L'action en nullité se prescrit par trois ans.

Quant aux causes générales de nullité de contrat, elles peuvent tenir soit à l'illicéité de l'objet social, soit à un vice du consentement ou à une incapacité d'un associé. Dans ces deux derniers cas, toute personne peut mettre l'associé en demeure soit de régulariser soit d'agir en nullité dans un délai de six mois à peine de forclusion (loi du 24 juillet 1966, art. 365).

241. *Conséquences de la nullité.* – Lorsque la société est annulée, il est procédé à sa liquidation, conformément aux statuts (loi du 24 juillet 1966, art. 368). Cela signifie que conformément à la jurisprudence antérieure, il y a *société de fait,* liquidée comme au cas de dissolution, conformément au pacte social, et sans rétroactivité. Mais cela n'est pleinement exact que pour l'annulation pour défaut de publicité. Au cas d'annulation pour vice du consentement ou incapacité, la nullité agira rétroactivement en faveur de l'associé intéressé qui obtiendra la reprise intégrale de son apport ; ce n'est qu'à l'égard des autres associés qu'il y aura société de fait liquidée comme au cas de dissolution. Et au cas d'illicéité, la jurisprudence refuse d'appliquer les statuts pour régler la liquidation.

La tierce opposition contre les décisions prononçant la nullité d'une société n'est recevable que pendant un délai de six mois à compter de la publicité de la décision au *Bulletin officiel des annonces civiles et commerciales* (art. 253.1 ajouté au décret du 23 mars 1967 par le décret du 24 décembre 1969).

§ 2. – Responsabilités

242. *Responsabilité pénale et civile.* – *Pénalement,* les associés sont passibles de peines correctionnelles si, dans leur déclaration au greffe, ils affirment sciemment des faits faux ou omettent de relater la totalité des opérations de constitution (loi du 24 juillet 1966, art. 480).

Civilement, au cas de nullité de la société, les associés sont responsables du dommage causé par cette nullité. L'action en responsabilité se prescrit par trois ans à compter du jour où la décision d'annulation est passée en force jugée. L'action peut être intentée même si la cause de nullité a disparu, et se prescrit alors par trois ans à compter du jour où la nullité a été couverte (loi du 24 juillet 1966, art. 370).

D'autre part, les associés sont solidairement responsables du préjudice causé par le défaut d'une mention obligatoire dans les statuts ou par l'omission ou l'accomplissement irrégulier d'une formalité prescrite pour la constitution de la société (loi du 24 juillet 1966, art. 7).

CHAPITRE II

LE FONCTIONNEMENT DES SOCIÉTÉS PAR INTÉRÊTS

243. *Plan.* – Nous examinerons : la gestion des sociétés par intérêts (section I), les droits et les obligations des associés (section II), le régime fiscal (section III).

SECTION I. – LA GESTION DES SOCIÉTÉS PAR INTÉRÊTS

§ 1. – DÉSIGNATION ET RÉVOCATION DES GÉRANTS

244. *La gérance.* – Tous les associés (responsables indéfiniment) sont gérants, sauf stipulation contraire des statuts (loi du 24 juillet 1966, art. 12). Mais, le plus souvent, un ou plusieurs gérants sont désignés par les statuts ou par un acte ultérieur. Les associés peuvent choisir comme gérant une personne étrangère à la société, mais beaucoup plus fréquemment ils le choisissent parmi eux.

Les règles de la révocation sont fixées par l'article 18 de la loi du 24 juillet 1966, modifié par la loi du 12 juillet 1967. Si le ou les gérants sont désignés par les statuts parmi les associés (ce qui est le cas le plus courant), leur révocation ne peut être décidée qu'à l'unanimité des autres associés. Elle entraîne, en principe, dissolution de la société. Si le ou les gérants pris parmi les associés ne sont pas désignés par les statuts, ceux-ci peuvent prévoir d'autres conditions de révocation que l'unanimité des autres associés. Le gérant non associé peut être révoqué dans les conditions prévues par les statuts, ou, à défaut, par une décision des associés prise à l'unanimité. Dans tous les cas, si la révocation est décidée sans juste motif, elle peut donner lieu à dommages-intérêts.

245. *La défense d'immixtion des commanditaires.* – Dans une société en commandite, l'associé commanditaire ne peut s'immiscer dans la gestion : c'est ce qu'on appelle traditionnellement la *défense d'immixtion.* Cette interdiction a été établie dans l'intérêt des tiers qui auraient pu être entraînés à traiter avec une société gérée par un commanditaire, en comptant sur la reponsabilité de celui-ci. Mais, en raison de ce fondement de l'interdiction, ce que la loi défend au commanditaire, ce sont les actes de *gestion externe* (loi du 24 juillet 1966, art. 28, al. 1) qui le mettraient en rapport avec les tiers. En cas de contravention à cette prohibition, l'associé commanditaire est tenu solidairement des engagements résultant des actes prohibés et pourrait même être solidairement responsable pour tout ou partie des engagements de la société (loi du 24 juillet 1966, art. 28, al. 2).

Mais le commanditaire pourrait valablement être chargé d'actes de *gestion interne*. Le commanditaire pourrait, par exemple, être employé comme comptable. Les avis et conseils, les actes de contrôle et de surveillance lui sont permis (décret du 23 mars 1967, art. 18).

§ 2. – POUVOIRS DES GÉRANTS

246. *Rapports entre associés.* – Dans les rapports entre associés, les statuts déterminent librement les pouvoirs du ou des gérants : ils peuvent, par exemple, décider qu'au-delà d'un certain chiffre le gérant ne peut engager la société par sa seule signature et qu'il doit avoir le concours des associés. A défaut de clauses des statuts, le gérant peut faire tous actes de gestion dans l'intérêt de la société (loi du 24 juillet 1966, art. 13, al. 1).

En cas de pluralité de gérants, les statuts pourraient régler leurs pouvoirs respectifs. A défaut, chacun a les mêmes pouvoirs mais chacun peut s'opposer à toute opération projetée par un autre.

247. *Rapports avec les tiers.* – Pour donner toute sécurité aux tiers traitant avec la société, la loi du 24 juillet 1966 décide que, dans les rapports avec les tiers, le gérant a des pouvoirs très étendus : il engage la société par tous ses actes à la seule condition que ces actes entrent dans l'objet social (loi du 24 juillet 1966, art. 14, al. 1). La société est donc engagée par les contrats qu'il conclut, par les engagements qu'il prend ; elle est également engagée par les délits et quasi-délits qu'il commet dans l'exercice de ses fonctions. Et les clauses statutaires limitant les pouvoirs des gérants sont inopposables aux tiers (loi du 24 juillet 1966, art. 14, al. 3). Si donc le gérant a fait un acte que ne lui permettaient pas les statuts, il sera responsable de

sa faute à l'égard de la société, mais son acte sera valable à l'égard des tiers et la société sera engagée envers ceux-ci.

§ 3. – Responsabilité des gérants

248. *Responsabilité envers les associés et envers les tiers.* – Le gérant est mandataire de ses coassociés, il doit leur rendre ses comptes et il est reponsable de ses fautes commises dans la gestion. Elles sont appréciées plus rigoureusement si son mandat n'est pas gratuit, ce qui est le cas général.

Au cas de pluralité des gérants, chacun n'est responsable en principe que de ses fautes personnelles, sauf au cas de faute commune où, alors, chacun pourrait être condamné à la réparation totale du préjudice causé, sauf recours contre les autres.

A l'égard des tiers, en principe, c'est la société qui répond des engagements pris par le gérant, mais si le gérant cause un dommage aux tiers, il encourt une responsabilité personnelle.

Section II. – DROITS ET OBLIGATIONS DES ASSOCIÉS

§ 1. – Droits des associés

249. *Droit de collaborer à la gestion.* – Il n'y a pas de difficulté pour les associés gérants. Mais les associés non gérants ne sont pas exclus de la vie sociale, puisque le contrat de société implique que tout associé ait un rôle dans la société (v. *supra*, n° 208). Les associés non gérants, les commanditaires ont le droit, deux fois par an, d'obtenir communication des livres et documents sociaux ; ils peuvent poser par écrit des questions sur la gestion sociale auxquelles il doit être répondu également par écrit (loi du 24 juillet 1966, art. 17 et 29). Les associés sont aussi appelés à prendre les décisions qui excèdent les pouvoirs reconnus aux gérants (loi du 24 juillet 1966, art. 15). Les statuts peuvent prévoir la consultation par écrit, mais la réunion d'une assemblée est obligatoire si elle est demandée par un associé responsable indéfiniment ou par le quart en nombre et en capital des commanditaires (loi du 24 juillet 1966, art. 15, al. 2, et art. 27). Mais il doit obligatoirement y avoir une assemblée annuelle pour l'approbation des comptes (loi du 24 juillet 1966, art. 16).

250. *Droit à des prestations pécuniaires.* – La plus importante application du droit à des prestations pécuniaires est le droit à une

part des *bénéfices*, droit essentiel de tout associé (v. n° 207). La distribution des bénéfices sera, s'il y a lieu, décidée par l'assemblée annuelle statuant sur les comptes. Les associés peuvent avoir droit, en plus, à des intérêts pour les sommes qu'ils prêtent à la société (avances dites : comptes courants). Ils ont droit, à la dissolution de la société, à une quote-part de l'actif.

Le ou les gérants reçoivent presque toujours un traitement fixe et souvent une part spéciale sur les bénéfices.

251. *Droit au respect du contrat.* – Dans les sociétés par intérêts, les statuts sont, en règle générale, intangibles, sauf unanimité. C'est l'application du principe de l'article 1134 du Code civil sur l'effet obligatoire des contrats (v. n° 203). Il résulte de ce principe :

1° Que les parts d'associé sont incessibles en ce sens qu'un associé ne pourrait céder sa part sans l'assentiment unanime des autres associés (loi du 24 juillet 1966, art. 19 et 30) ; des clauses contraires sont cependant possibles pour les parts de commanditaires. Les parts sociales ne peuvent d'ailleurs être représentées par des titres négociables et la cession ne peut être faite que dans les formes prévues par l'article 1690 du Code civil et doit être publiée au registre du commerce et des sociétés ;

2° Que les statuts ne peuvent être modifiés qu'à l'unanimité. Cela est vrai pour tous les associés s'il s'agit de modifier la nationalité de la société. Mais s'il s'agit d'autres modifications, l'unanimité des associés tenus indéfiniment est nécessaire mais il suffit de la majorité des commanditaires (loi du 24 juillet 1966, art. 31). Au cas de modification des statuts, il faut constater par écrit cette modification, la publier dans un journal d'annonces légales si elle a trait aux mentions qui doivent être publiées, faire au registre du commerce et des sociétés le dépôt de l'acte modificatif et, s'il y a lieu, la déclaration modificative.

§ 2. – Obligations des associés

252. *Distinction.* – L'obligation essentielle des associés est de contribuer aux pertes. Dans leurs rapports entre eux, ils sont tenus dans la proportion de leurs apports, à moins que les statuts ne fixent une autre répartition. Mais, dans leurs rapports avec les créanciers sociaux, la situation est différente et il faut distinguer entre les associés en nom collectif ou les commandités, d'une part, et les commanditaires d'autre part.

253. *Associés en nom collectif ou commandités.* – Les associés en nom collectif sont tenus indéfiniment et solidairement pour tous les engagements de la société (loi du 24 juillet 1966, art. 10, al. 1). Il en est de même des commandités (loi du 24 juillet 1966, art. 23, al. 1). Un créancier peut donc s'adresser à n'importe lequel de ces associés pour lui réclamer le montant total de la dette sociale, et l'associé est tenu sur tous ses biens. Mais le créancier doit d'abord mettre la société en demeure de payer (loi du 24 juillet 1966, art. 10, al. 2). Il résulte de cette obligation des associés qu'au cas de redressement judiciaire de la société, tous les associés tenus solidairement sont automatiquement en redressement judiciaire (v. *infra*, n° 857).

254. *Commanditaires.* – L'associé commanditaire n'est tenu des dettes sociales que jusqu'à concurrence de son apport (loi du 24 juillet 1966, art. 23, al. 2). Si donc il a intégralement réalisé son apport, il ne peut rien lui être réclamé. S'il ne l'a pas réalisé, les créanciers peuvent lui réclamer le versement de son apport et ce, d'après la jurisprudence, par une action directe qui leur permet d'échapper aux exceptions que le commanditaire aurait pu opposer à la société. Le redressement judiciaire de la société en commandite entraîne le redressement judiciaire des commandités, mais non celui des commanditaires (v. *infra*, n° 857).

SECTION III. – RÉGIME FISCAL

255. *Principe.* – Dans les sociétés par intérêts, il est fiscalement fait abstraction de la personne morale : ce sont les associés qui sont individuellement imposés à l'impôt sur le revenu à raison de leur quote-part des bénéfices, même s'ils n'ont pu en disposer (bénéfices mis en réserve, notamment).

256. *Exceptions.* – Par exception au principe précédent :

1° Les sociétés par intérêts peuvent opter pour le régime fiscal des sociétés de capitaux (art. 206-3 et 239 C.G.I.). Dans ce cas, la société paie sur ses bénéfices l'impôt sur les sociétés et les associés ne paient alors l'impôt sur le revenu (dans la catégorie « Revenus mobiliers ») que sur les bénéfices distribués.

2° Même à défaut d'option, est assujettie à l'impôt sur les sociétés la part des bénéfices des sociétés en commandite simple correspondant aux droits des commanditaires. Les commanditaires ne paient donc l'impôt sur le revenu que sur les sommes distribuées.

CHAPITRE III

LA DISSOLUTION DES SOCIÉTÉS PAR INTÉRÊTS

257. *Plan.* – Nous examinerons : les causes de dissolution (section I) et les conséquences de la dissolution (section II). Les principes que nous verrons sont, pour la plupart, applicables à toutes les sociétés.

SECTION I. – CAUSES DE DISSOLUTION

258. *Deux catégories de causes de dissolution.* – On peut distinguer deux catégories de causes de dissolution :

1° Les unes sont communes à toutes les sociétés : et nous les appliquerons à tous les autres types de sociétés ;

2° Les autres sont spéciales aux sociétés par intérêts.

§ 1. – CAUSES DE DISSOLUTION COMMUNES À TOUTES LES SOCIÉTÉS

259. *Causes normales.* – Certaines causes de dissolution sont normales. La dissolution se produit conformément aux prévisions des statuts :

1° Par l'*expiration du temps* pour lequel la société avait été faite : cette durée ne peut excéder quatre-vingt-dix-neuf ans (loi du 24 juillet 1966, art. 2). Le principe est confirmé par l'article 1838 nouveau du Code civil : « La durée de la société ne peut excéder quatre-vingt-dix-neuf ans. » Mais la société peut être *prorogée,* une ou plusieurs fois, sans que chaque prorogation puisse excéder quatre-vingt-dix-neuf ans (décret du 23 mars 1967, art. 2, al. 2) ;

2° Par la *réalisation ou l'extinction de son objet* (art. 1844-7, nouveau, C. civ.).

260. *Causes accidentelles.* – La dissolution peut être *accidentelle,* elle provient de certains événements qui se produisent au cours de l'existence de la société. On peut distinguer :

1° La *dissolution volontaire.* Elle se produit par la volonté de tous les associés, et c'est l'application des principes généraux des contrats ;

2° La *dissolution judiciaire,* qui peut avoir lieu dans divers cas :

a) La dissolution *pour justes motifs.* Cette dissolution est prévue actuellement par l'article 1844-7, 5°, nouveau du Code civil. Elle peut être prononcée par le tribunal, à la demande d'un associé, notamment en cas d'inexécution de ses obligations par un associé ou de mésentente entre associés paralysant le fonctionnement de la société. C'est, surtout dans cette dernière hypothèse, un cas fréquent de dissolution, la situation révélant que les associés n'ont plus cet esprit d'union qui caractérise la société ;

b) La dissolution résultant d'un jugement prononçant la nullité de la société (art. 1844-7, 3°, nouveau, C. civ.) ;

c) La dissolution à la suite de la réunion de toutes les parts en une seule main. Cependant, on doit noter que, aux termes de l'article 1844-5 du Code civil, une telle réunion n'entraîne pas la dissolution de plein droit. L'associé unique a un délai d'un an pour régulariser la situation (c'est-à-dire pour trouver un autre associé). Au terme de ce délai, s'il ne l'a pas fait, tout intéressé peut demander au tribunal de prononcer la dissolution, mais le tribunal peut encore accorder à l'associé unique un délai maximal de six mois aux fins de régularisation.

3° La dissolution statutaire : la société prend fin pour toute cause particulière prévue dans les statuts (art. 1844-7, 7°, nouveau, C. civ.).

Depuis la loi du 25 janvier 1985, qui a modifié sur ce point l'article 1844-7 du Code civil, la liquidation judiciaire d'une société n'entraîne plus automatiquement sa dissolution.

§ 2. – CAUSES DE DISSOLUTION SPÉCIALES AUX SOCIÉTÉS PAR INTÉRÊTS

261. *Causes fondées sur la considération de la personne.* – Comme nous l'avons indiqué (v. n° 229), les sociétés par intérêts sont dominées par l'*intuitus personae,* la considération de la personne. Il est donc logique qu'elles soient dissoutes lorsque certains événements se produisent dans la personne des associés. Il en est ainsi au cas de :

1° *Mort d'un associé.* – La société continue malgré le décès d'un commanditaire (loi du 24 juillet 1966, art. 32, al. 1). Au contraire, le décès d'un associé en nom collectif ou d'un commandité entraîne, en principe, la dissolution de la société (loi du 24 juillet 1966, art. 21 et 32, al. 2). Mais les associés peuvent (et, en fait, ils le font très souvent) insérer dans les statuts de la société des clauses de continuation de la société. Toutes ces clauses, même si elles constituent des pactes sur succession future, sont licites parce qu'elles sont autorisées par les textes récents (actuellement l'article 21 de la loi du 24 juillet 1966, modifié par le décret n° 78-704 du 3 juillet 1978). Les associés peuvent convenir :

a) Ou bien que la société continuera entre les survivants, à l'exclusion des héritiers du défunt. La clause prévoit que les associés verseront à ces héritiers une somme d'argent équivalente à la part de leur auteur dans la société. La détermination de la valeur de cette part avait donné lieu à des difficultés, mais, actuellement, il est prévu par les textes que la détermination de la valeur aura lieu par expertise (art. 1843-4 nouveau C. civ.) ;

b) Ou bien que la société continuera entre les survivants et les héritiers du défunt. Mais la clause précise souvent, au cas de mort d'un associé en nom collectif ou d'un commandité, que les héritiers ne seront que commanditaires. La loi du 24 juillet 1966, article 21, alinéa 2, prévoit qu'en cas de continuation, si l'un ou plusieurs des héritiers de l'associé sont mineurs, ceux-ci ne répondent des dettes sociales qu'à concurrence des forces de la succession de leur auteur. En outre, la société doit être transformée, dans le délai d'un an à compter du décès, en société en commandite dont le mineur devient commanditaire ; à défaut, elle est dissoute. Par exception, une société en commandite est dissoute si l'associé commandité était le seul commandité et que ses héritiers sont tous mineurs, à moins qu'il ne soit pourvu à son remplacement par un nouvel associé commandité ou que la société ne soit transformée (loi du 24 juillet 1966, art. 32, modifié par la loi du 12 juillet 1967).

Il est licite de convenir que la société se continuera soit avec le conjoint survivant, soit avec un ou plusieurs seulement des héritiers, soit avec toute autre personne désignée par les statuts ou, si ceux-ci l'autorisent, par dispositions testamentaires (loi du 24 juillet 1966, art. 21 modifié, al. 3).

Mais, dans tous ces cas, l'héritier doit être agréé par la société ; à défaut, cet héritier aurait droit à la valeur des droits sociaux, déterminée par expertise ;

2° *Liquidation judiciaire d'un associé en nom, redressement judiciaire d'un commandité, interdiction d'exercer une profession commerciale ou incapacité d'un associé en nom ou d'un commandité.* – En pareil cas, la société est dissoute, à moins que la continuation ne soit prévue par les statuts ou décidée par l'unanimité des autres associés et, s'il s'agit d'une commandite, à la condition qu'il existe encore un ou plusieurs commandités (art. 22 et 33 de la loi du 24 juillet 1966, modifiés par la loi du 12 juillet 1967, et celle du 25 janvier 1985).

3° *Révocation du gérant associé désigné par les statuts.* – Nous avons vu que cette révocation entraîne, en principe, dissolution de la société (v. n° 244). Il n'en serait autrement que si la continuation de la société était prévue par les statuts ou si les autres associés la décidaient à l'unanimité (loi du 24 juillet 1966, art. 18, modifié par la loi du 12 juillet 1967).

SECTION II. – CONSÉQUENCES DE LA DISSOLUTION

262. *Publicité.* – La dissolution doit être publiée dans un journal d'annonces légales. Si elle résulte d'un acte ou d'une délibération, cet acte ou cette délibération doivent être déposés en double exemplaire au greffe, en annexe au registre du commerce et des sociétés. La dissolution doit être déclarée, dans le délai d'un mois, à compter de la décision qui l'a prononcée, au greffe du tribunal de commerce en vue d'être mentionnée au registre du commerce et des sociétés (décret du 30 mai 1984, art. 49).

La dissolution d'une société ne produit ses effets à l'égard des tiers qu'à compter de la date à laquelle elle est publiée au registre du commerce et des sociétés (loi du 24 juillet 1966, art. 391, al. 3).

263. *Distinction.* – La dissolution n'est parfois que le prélude à une *fusion* ou à une *scission*. La liquidation n'est alors pas nécessaire bien qu'une société même en liquidation puisse fusionner. D'autres fois la dissolution conduit à la *liquidation* ou au *partage* de la société.

Sur ces divers points, la législation était à peu près entièrement muette. Comblant de graves lacunes, la loi du 24 juillet 1966 a donné des règles assez étendues sur la fusion et la scission (art. 371 et suiv.) et sur la liquidation (art. 390 et suiv.).

§ 1. – FUSION ET SCISSION

264. *Définitions.* – La *fusion* est l'opération par laquelle une société apporte son actif et son passif à une autre société déjà existante qui l'absorbe – ou l'apporte à une société nouvelle qui se constitue. Les associés de la société qui a fusionné sont rémunérés par des parts sociales de la société absorbante ou de la société nouvelle.

Il y a *scission* lorsque la société partage son patrimoine et l'apporte à plusieurs sociétés qui absorbent ces parties du patrimoine (il y a alors *fusion-scission*) ou apporte ces parties de son patrimoine à plusieurs sociétés qui se constituent *(scission)*. V. loi du 24 juillet 1966, art. 371. Les associés de la société qui se scinde reçoivent également des parts sociales des sociétés absorbantes ou des sociétés nouvelles.

Bien que fusion et scission soient possibles pour des sociétés par intérêts, elles sont assez rares. Elles sont beaucoup plus fréquentes dans les sociétés par actions (de là des règles spéciales dans la loi : v. n° 404) et dans les sociétés à responsabilité limitée (de là des règles spéciales dans la loi : v. n° 439). La fusion et la scission dans les sociétés par intérêts ne sont soumises qu'aux dispositions générales succinctes portées aux articles 371 à 374 de la loi du 24 juillet 1966.

265. *Conditions de la fusion et de la scission.* – Pour chacune des sociétés intéressées, fusion ou scission sont décidées par des assemblées dans les conditions requises pour la modification des statuts (loi du 24 juillet 1966, art. 372, al. 2). Si l'opération projetée a pour effet d'augmenter les engagements d'associés, l'unanimité des associés est nécessaire (loi du 24 juillet 1966, art. 373).

Le projet de contrat entre les sociétés est déposé au greffe du tribunal de commerce des sociétés absorbantes et absorbées (loi du 24 juill. 1966, art. 374). Il fait l'objet d'une publicité réglée par le décret du 23 mars 1967, art. 255.

§ 2. – Liquidation et partage

266. *Généralités.* – La liquidation, c'est l'ensemble des opérations ayant pour but de terminer les affaires dans lesquelles la société était engagée, de réunir les éléments de son actif, de payer ses dettes, pour dégager finalement l'actif net que l'on pourra répartir entre les associés.

Le partage ne pouvant, en général, avoir lieu en nature, la liquidation aboutit à réaliser tout l'actif pour n'avoir, en définitive, à distribuer que du numéraire.

La dissolution mettant fin à l'existence de la société, logiquement on devrait admettre que la personnalité morale de la société n'existe plus. Ce serait une conséquence pleine d'inconvénients. Aussi la loi du 24 juillet 1966, confirmant une jurisprudence ancienne et constante, proclame-t-elle, dans l'article 391, alinéa 2, que la personnalité de la société subsiste pour les besoins de la liquidation, jusqu'à la clôture de celle-ci. Cette survivance de la personnalité morale a pour effet : que la société conserve son siège social et son patrimoine social, qu'elle peut conserver une activité propre, ester en justice, etc., représentée par son liquidateur, sa raison sociale étant seulement, dans les actes, suivie de la mention « société en liquidation » ; qu'elle peut, pendant la liquidation, être mise en procédure collective.

Les nouveaux textes distinguent la liquidation conventionnelle et la liquidation judiciaire.

267. *Liquidation conventionnelle.* – S'il y a des clauses statutaires sur la liquidation ou une convention expresse entre les parties, la liquidation est régie par ces clauses ou cette convention.

Fréquemment les statuts désignent comme liquidateur le gérant qui sera en fonction lors de la liquidation. A défaut, les associés nomment un liquidateur. L'acte de nomination est publié. Ne peuvent être nommées liquidateurs les personnes auxquelles les fonctions d'administrateur et gérant sont interdites (loi du 24 juillet 1966, art. 498).

Les associés règlent les pouvoirs du liquidateur. Mais certaines règles sont impératives : la cession de tout ou partie de l'actif au liquidateur, à ses employés, conjoint, ascendants ou descendants est interdite (loi du 24 juillet 1966, art. 395) ; elle est également interdite, sauf consentement unanime des associés ou l'autorisation du tribunal de commerce, à un associé (loi du 24 juillet 1966, art. 394). La cession globale de l'actif n'est autorisée qu'à l'unanimité des associés en nom collectif ou commandités, à la majorité des commanditaires (loi du 24 juillet 1966, art. 396).

Le liquidateur est responsable, tant à l'égard de la société qu'à l'égard des tiers, des conséquences dommageables des fautes commises par lui-même dans l'exercice de ses fonctions (loi du 24 juillet 1966, art. 400).

En fin de liquidation, les associés sont convoqués pour statuer sur les comptes du liquidateur (loi du 24 juillet 1966, art. 397).

Le liquidateur doit payer les créanciers sociaux sur l'actif qu'il aurait encore entre les mains, pendant trente ans. Mais, confirmant une solution qui était déjà dans les textes anciens, la loi du 24 juillet 1966, article 401, fixe à cinq ans, à dater de la publication de la dissolution de la société au registre du commerce et des sociétés, la prescription des actions contre les associés non liquidateurs.

268. *Liquidation judiciaire.* – A défaut de clauses statutaires ou de convention expresse des associés, la liquidation est réglée par décision du tribunal. En sus des règles exposées au numéro précédent, les principes essentiels sont les suivants : Si les associés n'ont pu se mettre d'accord pour nommer un liquidateur, celui-ci est désigné par le tribunal. La durée du mandat du liquidateur ne peut excéder trois ans, sauf renouvellement (loi du 24 juillet 1966, art. 409).

Le liquidateur a les pouvoirs les plus étendus pour réaliser l'actif, même à l'amiable. Les restrictions à ses pouvoirs résultant des statuts ou de l'acte de nomination ne sont pas opposables aux tiers (loi du 24 juillet 1966, art. 412).

Le liquidateur convoque, au moins une fois par an, l'assemblée des associés qui statue sur les comptes, donne les autorisations nécessaires (loi du 24 juillet 1966, art. 413).

269. *Règles applicables au partage.* – D'après l'article 1844-9, alinéa 2 nouveau, du Code civil, les règles du partage des successions s'appliquent aux partages entre associés. Il en résulte, notamment, que le partage peut être amiable ou judiciaire ; que chaque associé peut réclamer sa part en nature dans les biens sociaux ; que l'attribution préférentielle est possible (l'article 1844-9, al. 2 nouveau, C. civ., le dit expressément) ; que les associés se doivent réciproquement garantie ; que l'effet du partage est déclaratif.

De plus, l'article 1844-9 nouveau du Code civil, alinéa 3, décide que, sauf décision différente des associés, tout bien qui se retrouve en nature dans la masse partagée est attribué, sur sa demande, et à charge de soulte, s'il y a lieu, à l'associé qui en avait fait l'apport.

En fait, le plus souvent, le liquidateur a réalisé l'actif social et *il y a lieu à une simple répartition de deniers.*

Si l'actif est suffisant, on commence par rembourser aux associés la valeur de leur apport. L'excédent d'actif *(boni de liquidation),* qui représente des bénéfices accumulés, est réparti entre les associés conformément aux statuts ou, à défaut, dans la même proportion que la participation des associés au capital (loi du 24 juillet 1966, art. 417).

C'est le liquidateur qui décide qu'il y a lieu de distribuer les fonds devenus disponibles en cours de liquidation, mais, à défaut, tout intéressé peut, après mise en demeure infructueuse du liquidateur, demander en justice qu'il soit statué sur l'opportunité d'une répartition en cours de liquidation (loi du 24 juillet 1966, art. 418).

270. *Radiation de la société au registre du commerce et des sociétés.* – La radiation de la société au registre du commerce et des sociétés doit être demandée par le liquidateur dans le délai d'un mois à compter de la publication de la clôture des opérations de liquidation (décret n° 84-406 du 30 mais 1984, art. 24).

Toutefois, la radiation est opérée d'office par le greffier du tribunal de commerce trois ans après la date de la mention de la dissolution au registre (décret du 30 mai 1984, art. 43, al. 1er).

Antérieurement, devra avoir été mentionnée, s'il y a lieu, dans le délai d'un mois, la cessation totale ou partielle de l'activité (décret précité, art. 23).

Titre III

LES SOCIÉTÉS PAR ACTIONS

Généralités.

271. *Les sociétés par actions.* – Aux sociétés par intérêts fondées sur la considération de la personne, s'opposent les sociétés par actions ou sociétés de capitaux. Dans ces sociétés, qui ne se sont véritablement développées qu'au XIXe siècle, la considération de la personne ne joue pas. Ce qui compte, ce sont les capitaux apportés, non la personne de l'apporteur. Les parts, appelées actions, sont facilement et librement transmissibles entre vifs et à cause de mort. Les événements qui atteignent un actionnaire (décès, faillite personnelle, interdiction de faire le commerce, incapacité) ne mettent pas fin à la société. Les actionnaires ne sont tenus du passif social que jusqu'à concurrence de leurs apports.

272. *Deux types de sociétés par actions.* – Le législateur a prévu deux espèces de sociétés par actions : *la société anonyme,* dans laquelle tous les associés sont de simples actionnaires tenus des dettes jusqu'à concurrence de leurs apports, et *la société en commandite par actions,* composée d'une part d'actionnaires commanditaires, d'autre part d'un ou de plusieurs commandités qui sont responsables indéfiniment et solidairement du passif social.

Pendant une grande partie du XIXe siècle, jusqu'à la loi de 1867, les sociétés en commandite par actions étaient de beaucoup les plus nombreuses. Elles se constituaient, en effet, librement, tandis que les sociétés anonymes devaient être autorisées par décret. La loi du 24 juillet 1867 a supprimé la nécessité d'une autorisation, se bornant à assujettir les deux types de sociétés par actions à une stricte réglementation. Les sociétés anonymes ont pris alors un grand développement.

A l'heure actuelle, on ne constitue que rarement des sociétés en commandite par actions (v. n° 218), et beaucoup de sociétés en commandite par actions se sont transformées en sociétés anonymes.

273. *Dénomination sociale.* – *La société anonyme* n'a pas de raison sociale mais bien une *dénomination sociale*. Celle-ci consiste, le plus souvent en la désignation de son objet, du lieu de son activité ou d'une appellation de fantaisie quelconque. Exemples : Financière de Paris et des Pays-Bas, Salins du Midi et Salines de l'Est, Galeries Lafayette, etc. Cependant il est permis de faire figurer dans la dénomination sociale le nom d'un ou plusieurs associés ou anciens associés. Exemple : société « Lafarge », société « Peugeot ». La dénomination sociale doit toujours être précédée ou suivie de la mention « société anonyme » et du montant social (loi du 24 juillet 1966, art. 70). Les initiales « S.A. » sont suffisantes (décret du 23 mars 1967, art. 56).

La *société en commandite par actions* avait, jusqu'au 1er avril 1967, une raison sociale composée du nom du ou des commandités suivi des mots « et Cie ». Mais les textes nouveaux ne parlent plus que de dénomination sociale dans laquelle le nom des commanditaires ne peut figurer. En fait, cependant, on constate, et cette façon de procéder ne paraît pas irrégulière, que des sociétés en commandite par actions ont continué à utiliser une raison sociale. Exemple : Michelin et Cie (Compagnie générale des établissements Michelin). Dénomination sociale ou raison sociale doivent toujours être suivies ou précédées des mots « société en commandite par actions » avec le montant du capital social.

274. *Critérium de l'action.* – L'action, part sociale représentant une fraction du capital social, caractérise la société de capitaux.

Comment peut-on distinguer l'action de l'intérêt qui est la part sociale des sociétés de personnes ? La question est importante pour pouvoir distinguer, par exemple, la société anonyme de la société à responsabilité limitée, la société en commandite par actions de la société en commandite simple : les règles applicables à ces sociétés sont très différentes.

Il ne suffit évidemment pas, pour résoudre la question, de se reporter à la qualification donnée par les statuts. Si les rédacteurs des statuts déclarent constituer une société en commandite simple, mais si les parts sociales ont, en réalité, le caractère d'actions, les tribunaux jugeront qu'il y a une société en commandite par actions.

On a proposé plusieurs critères de l'action : égalité des parts, remise d'un certificat. Mais généralement on admet que c'est la *cessibilité* qui est le caractère essentiel de l'action. La liberté reconnue aux associés de céder leurs parts et de modifier ainsi le personnel de la société démontre qu'il s'agit d'une société de capitaux, étrangère à toute considération de personnes. Sans doute des restrictions par des clauses d'agrément (v. n° 315, 4°) peuvent-elles être apportées à la liberté de cession, mais le caractère d'action persiste dès lors que, d'après les statuts, on envisage la cession comme normale. En règle générale, l'action est non seulement cessible, mais *négociable,* c'est-à-dire qu'elle peut être transmise par les modes commerciaux (v. n° 314).

275. *Utilité et dangers des sociétés par actions.* – En régime capitaliste, les sociétés par actions sont *indispensables*. En effet, les entreprises commerciales et industrielles modernes exigent des capitaux si considérables que des individus isolés ou des sociétés de personnes ne réunissant qu'un petit nombre d'associés ne peuvent les fournir. Il est nécessaire de faire appel à des milliers d'épargnants et ceux-ci n'accepteront d'apporter les fonds qu'à une société dans laquelle leur responsabilité sera limitée et dont les titres seront d'une transmission, d'une réalisation très aisées, c'est-à-dire à une société par actions.

De là le développement prodigieux, au XIXe et au XXe siècle, des sociétés par actions qui, sous réserve des nationalisations, exploitent toutes les grandes entreprises.

Les sociétés par actions ne sont cependant pas sans inconvénients, ce qui explique la législation très touffue qui s'efforce de les réglementer. Elles offrent, en effet, dit-on, des *dangers :*

1° Pour les *tiers* qui, du moins pour les sociétés anonymes, ne trouvent en face d'eux, aucune personne responsable. Le législateur s'est efforcé de parer à ce danger par une minutieuse réglementation de la souscription du capital, par la publicité, par la responsabilité des administrateurs, etc. ;

2° Pour l'*épargne,* dont les capitaux ont été souvent engloutis dans le passé par des hommes d'affaires peu scrupuleux ou incapables. Toute une législation a été consacrée à la « protection de l'épargne », notamment par les décrets-lois de 1935. La tendance actuelle est d'obliger les sociétés à mieux renseigner les actionnaires et le public : les textes récents ont beaucoup fait à cet égard ;

3° Pour les *salariés,* dont on craint que les intérêts ne soient sacrifiés. De là, notamment, le rôle assez important que jouent, dans les sociétés par actions, les comités d'entreprises (v. n°s 359, 374), de là la tentative en faveur des *sociétés anonymes à participation ouvrière* (loi du 20 avril 1917, modifiée par la loi du 8 juillet 1977) qui n'ont eu, d'ailleurs, que peu de succès, de là les textes récents (qui ne sont d'ailleurs pas propres aux sociétés par actions mais, en fait, s'appliquent surtout à celles-ci) sur l'*intéressement* du personnel, la *participation des travailleurs* aux fruits de l'expansion de l'entreprise (v. *supra,* n° 151, et *infra,* n° 384) ;

4° Pour l'*intérêt général :* on peut, prétend-on, redouter la formation d'une ploutocratie parmi les administrateurs de sociétés, craindre une influence trop considérable des grandes sociétés, etc. Sous l'influence de ces critiques, le législateur s'est efforcé de réglementer plus sévèrement l'administration des sociétés anonymes : il a limité le nombre de sociétés qu'une même personne peut administrer ou diriger (v. n°s 360 et 361), il avait limité, puis a supprimé les tantièmes perçus par les administrateurs (v. n° 383). Il a soumis certaines sociétés à un contrôle (v. n° 467). Il est même allé, dans certains cas, jusqu'à la nationalisation (v. n°s 451, 461 et suiv.).

276. *Concentration et intégration.* – Le développement économique, les nécessités de la concurrence, notamment entre les pays de la Communauté économique européenne, amènent les entreprises à des concentrations, des intégrations, des ententes. Mais cela est surtout vrai pour les sociétés par actions qui, pratiquement, exploitent toutes les entreprises importantes.

Ces concentrations, ces ententes se réalisent soit par la *fusion* complète de deux sociétés, soit par une fragmentation des sociétés *(scission),* soit par la création de sociétés distinctes mais dans lesquelles la société ancienne a la majorité *(filiales)* ou seulement des intérêts minoritaires *(participations),* soit par des accords entre sociétés *(groupes de sociétés).*

La législation ancienne était muette sur ces questions. La loi du 24 juillet 1966 contient des dispositions assez complètes sur la *fusion* et la *scission* (v. *supra,* n°s 264-265, et *infra,* n° 404), quelques dispositions sur les *filiales* (v. n° 399) et les *participations* (v. n° 400), mais elle ne contient rien sur les groupes de sociétés. Tout au plus ont été, par la suite, réglementées les offres publiques d'achat ou d'échange (v. n° 348) et les négociations de blocs de contrôle (v. n° 349). Ont été, de plus, prévus, par une ordonnance du 23 septembre 1967, les *groupements d'intérêt économique* (v. n° 440 et suiv.) permettant aux sociétés, tout en conservant leur autonomie, de créer en commun des comptoirs de vente, des bureaux d'importation et d'exportation, des organismes de recherche. Enfin, et surtout, la loi n° 77-806 du 19 juillet 1977 prévoit que les *concentrations* peuvent être soumises à *contrôle* si elles sont de nature à porter atteinte à une concurrence suffisante sur un marché. Sur notification du projet de concentration et sur avis de la Commission de la concurrence, le ministre chargé de l'Economie peut, s'il y a lieu, enjoindre à une entreprise de prendre certaines mesures. La loi n° 85-1408 du 30 décembre 1985 a d'ailleurs abaissé le seuil de ce contrôle. Il est, en effet, prévu dès lors que les entreprises qui sont parties à l'opération de concentration ou qui en sont l'objet ou celles qui leur sont économiquement liées ont réalisé au total, durant l'année civile qui l'a précédé, plus de 25 % (et non plus, comme avant, 40 %) des ventes ou des achats sur le marché considéré.

277. *Législation.* – Jusqu'en 1966, la réglementation des sociétés résultait de textes multiples : le Code de commerce, la grande loi du 24 juillet 1867, à bien des reprises modifiée et complétée et des textes spéciaux (lois, décrets-lois, décrets) extrêmement nombreux.

Désormais, les sociétés par actions sont régies par la loi n° 66-537 du 24 juillet 1966, qui a d'ailleurs fait l'objet de plusieurs réformes, et par le décret n° 67-236 du 23 mars 1967, lui-même plusieurs fois remanié.

Les sociétés par actions sont en outre soumises, comme toutes les sociétés, aux dispositions générales insérées dans le Code civil (art. 1832 à 1844-17) par la loi du 4 janvier 1978. Elles sont encore soumises à un certain nombre de textes secondaires spéciaux.

La société en commandite par actions étant la plus répandue en 1867, la loi du 24 juillet 1867 la réglementait en premier lieu et ne donnait qu'ensuite les règles spéciales à la société anonyme, renvoyant, pour le surplus, aux règles de la société en commandite par actions. La société anonyme étant, au contraire, devenue de beaucoup la plus répandue en 1966, la loi du 24 juillet 1966 consacre tous ses premiers et plus importants développements à la société anonyme (art. 70 à 250), se bornant, pour les sociétés en commandite par actions, à renvoyer aux règles de la société en commandite et à celles de la société anonyme, et à poser quelques règles spéciales (art. 251 à 262).

278. *Plan.* – Les règles légales étant en principe communes aux sociétés anonymes et aux sociétés en commandite par actions, nous étudierons ces règles communes, sauf à signaler, lorsqu'il y aura lieu, les règles propres à l'un ou à l'autre de ces types de sociétés par actions.

Nous verrons :
Chapitre I. – La constitution des sociétés par actions.
Chapitre II. – Les titres émis par les sociétés par actions.
Chapitre III. – Le fonctionnement des sociétés par actions.
Chapitre IV. – La dissolution des sociétés par actions.

Nous ne consacrerons pas de chapitre spécial au droit fiscal des sociétés par actions. Mais des indications seront données sur l'enregistrement des actes (v. n°s 283, 296, 391, 396), l'imposition des bénéfices (v. n°s 383 et 384), le régime fiscal des valeurs mobilières (v. n°s 353 à 355).

CHAPITRE PREMIER

LA CONSTITUTION DES SOCIÉTÉS PAR ACTIONS

279. *Généralités.* – La constitution des sociétés par actions est plus complexe que celle des sociétés par intérêts.

Cette constitution est d'abord soumise aux conditions générales de fond étudiées à propos des sociétés par intérêts (v. n° 233). Il suffira de remarquer que les actionnaires n'étant pas commerçants, il n'y a pas lieu d'exiger pour eux la capacité de faire le commerce mais qu'il faut l'exiger pour les commandités de la société en commandite par actions, car ils sont commerçants.

Mais, de plus, la constitution implique, surtout au cas d'appel public à l'épargne, une série de formalités complexes.

Nous verrons tout d'abord les règles de constitution (section I), puis les sanctions de ces règles (section II).

SECTION I. – RÈGLES DE LA CONSTITUTION

280. *Distinction.* – Jusqu'au 1er avril 1967, toutes les sociétés par actions étaient soumises au même régime de constitution. Ce n'est que depuis l'entrée en vigueur de la loi du 24 juillet 1966 qu'il faut distinguer suivant que la société fait ou non *appel public à l'épargne,* la constitution étant très simplifiée dans la négative. La société est réputée faire appel public à l'épargne si ses titres sont inscrits à la cote officielle ou à celle du second marché d'une bourse de valeurs ou si, pour le placement de ses titres, quels qu'ils soient, elle a recours soit

à des établissements de crédit, soit à des établissements gestionnaires de portefeuilles de valeurs mobilières, ou agents de change, soit à des procédés de publicité quelconque, soit au démarchage (loi du 24 juillet 1966, art. 72, réd. loi nº 85-1321 du 14 décembre 1985).

En fait, à l'heure actuelle, presque toutes les sociétés par actions se constituent sans faire appel public à l'épargne. Ce n'est que par la suite que les actions sont diffusées dans le public.

§ 1. – Constitution avec appel public à l'épargne

281. *Plan.* – On peut distinguer :

I. – Les formalités préalables à la souscription.

II. – La réunion du capital social.

III. – L'assemblée constitutive.

IV. – La publicité par insertion et les formalités au registre du commerce et des sociétés.

I. – *Les formalités préalables à la souscription*

282. *Autorisation ministérielle.* – En vertu de l'article 82 de la loi du 23 septembre 1946, toute émission de titres d'un montant supérieur à 250 000 F doit être soumise à autorisation du ministre des Finances. Mais, en fait, l'autorisation n'est plus requise.

283. *Les statuts.* – Comme pour toute société, il est nécessaire de rédiger par écrit les statuts. Mais les statuts de la société par actions diffèrent de ceux de la société par intérêts (v. nº 203). Alors que les statuts de la société par intérêts sont signés par tous les associés, le projet de statuts de la société par actions n'est signé que par un ou plusieurs fondateurs (loi du 24 juillet 1966, art. 74, al. 1). (Dans la société en commandite par actions, ce sont le ou les futurs gérants, obligatoirement désignés par les statuts, qui les signent.) D'autre part, les statuts de la société par intérêts constituent le contrat même qui crée la société ; les statuts de la société par actions ne sont encore qu'un projet de statuts auquel adhèrent les souscripteurs et qui devra être adopté par l'assemblée constitutive.

Les statuts doivent contenir un certain nombre de mentions prévues par l'article 55 du décret du 23 mars 1967 : nombre d'actions et valeur nominale, forme des actions, précisions sur les apports en nature, règles concernant les organes de la société et la répartition des bénéfices, etc.

Les statuts peuvent être notariés ou sous seing privé. En pratique, ils sont presque toujours notariés. S'ils sont sous seing privé, il suffit d'établir un exemplaire qui sera déposé au siège social et les exemplaires pour les formalités : 1 pour l'enregistrement, 2 pour le dépôt au greffe (décret du 23 mars 1967, art. 54). L'enregistrement n'a lieu qu'après constitution définitive de la société.

284. *Publicité préalable à la souscription.* – Quatre sortes de publicité sont prévues :

1° Un exemplaire du projet de statuts sur papier libre doit être déposé au greffe du tribunal de commerce du siège social et est communiqué à tout requérant (loi du 24 juillet 1966, art. 74, al. 1 ; décret du 23 mars 1967, art. 58) ;

2° Une notice doit être publiée au *Bulletin des annonces légales obligatoires* (couramment appelé le B.A.L.O.) (loi du 24 juillet 1966, art. 74, al. 2), donnant une série d'indications sur la société à constituer (décret du 23 mars 1967, art. 59) ;

3° Les prospectus, circulaires, annonces, s'il en est distribué ou publié, doivent reproduire la notice et porter une signature (décret du 23 mars 1967, art. 60) ;

4° Les fondateurs doivent faire imprimer un document destiné à l'information du public, document qui doit obtenir le visa de la Commission des opérations de bourse et qui est remis à tout souscripteur (ordonnance n° 67-833 du 28 septembre 1967, art. 6).

Le *démarchage,* c'est-à-dire la sollicitation de souscriptions à domicile, est interdit (v. n° 352).

II. – *La réunion du capital social*

285. *Nombre minimal d'associés.* – Pour le nombre d'associés, la loi ne fixe pas de maximum, mais il y a des minima. Pour la société anonyme, il faut au minimum *sept* actionnaires (loi du 24 juillet 1966, art. 73). Pour la société en commandite par actions, il faut au minimum *trois* commanditaires, mais il peut n'y avoir qu'un seul commandité (loi du 24 juillet 1966, art. 251).

286. *Montant du capital.* – Il n'y a pas, dans les sociétés par actions, de maximum de capital. Mais il y a, en vertu de la législation nouvelle, un minimum : il était de 500 000 F pour les sociétés faisant appel public à l'épargne (loi du 24 juillet 1966, art. 71) ; il a été porté à 1 500 000 F par la loi n° 81-1162 du 30 décembre 1981 pour les sociétés constituées après la promulgation de cette loi.

Pour certaines sociétés, il existe des montants minimaux particuliers, par exemple pour les banques, les établissements financiers, les assurances, les sociétés d'investissement (v. n° 223).

287. *Montant des actions.* – Le taux des actions composant le capital a toujours été soumis à un minimum. Il était de 100 francs anciens depuis un décret-loi du 31 août 1937 et avait été élevé à 1 000 francs anciens par un décret du 30 octobre 1948, puis à 10 000 francs anciens (soit 100 F) par décret du 4 août 1949. Le décret du 23 mars 1967 (art. 206) a maintenu ce chiffre de 100 F. Mais les textes successifs ne s'appliquent qu'aux sociétés futures, les sociétés antérieures ayant pu conserver des actions de valeur nominale moindre. Cependant, pour tâcher de faire disparaître les actions d'une valeur nominale devenue infime avec la dépréciation du franc, le décret du 30 octobre 1948 a permis aux sociétés dont les titres sont cotés en Bourse de décider le regroupement de leurs actions : par exemple, une société dont les actions étaient de 500 francs anciens (chiffre courant autrefois) a pu imposer le regroupement de 5 actions en 1 nouvelle de 2 500 francs anciens, soit 25 F. A l'occasion d'augmentations de capital par incorporation de réserves, beaucoup de sociétés ont également relevé la valeur nominale de leurs actions, de sorte qu'il n'y a plus guère en Bourse de sociétés dont les actions aient une valeur nominale inférieure à 50 F. Pour les actions non cotées en Bourse, le regroupement obligatoire n'a été autorisé que par la loi du 10 juillet 1964.

Pour certaines sociétés dont les actions sont cotées en Bourse, les cours avaient atteint des niveaux tels que l'acquisition devenait difficile pour des épargnants modestes. Aussi le décret du 18 octobre 1973 a-t-il autorisé les sociétés dont les titres sont cotés en Bourse à diviser leur capital en actions dont la valeur ne doit pas être inférieure à 10 F.

Par exception, les sociétés qui, au titre de la participation des salariés aux fruits de l'expansion de l'entreprise, attribuent une partie de leurs propres actions, peuvent diviser ces actions en coupures de valeur nominale inférieure à 100 F (loi du 24 juillet 1966, art. 268, modifié par l'ordonnance n° 67-695 du 17 août 1967).

Certaines législations étrangères admettent les *actions sans valeur nominale*. Cette pratique, qui peut d'ailleurs donner lieu à des abus, serait illégale en France : la négociation de pareilles actions est un délit (loi du 24 juillet 1966, art. 434, 1°).

288. *La souscription.* – Il ne faut pas confondre souscription et libération : la souscription est un engagement, la libération est l'exécution de la souscription par la réalisation de l'apport promis.

Le principe est que le capital doit être *intégralement souscrit* (loi du 24 juillet 1966, art. 75, al. 1). Il faut donc que les actionnaires, par leur souscription, s'engagent de façon ferme à verser la totalité du capital social. Cette souscription doit être sincère, sérieuse et irrévocable. Mais, en réalité, on ne souscrit que la part du capital en numéraire, la partie du capital représentant des apports en nature étant attribuée aux intéressés par les statuts eux-mêmes.

Il résulte de la règle de la souscription intégrale qu'on ne peut émettre des actions *au-dessous du pair,* c'est-à-dire en ne demandant qu'un versement inférieur au montant nominal de l'action. Au contraire, il paraît possible d'exiger du souscripteur qu'il s'engage à payer une *prime d'émission* en plus du montant nominal de l'action. Cependant la loi ne prévoit pas cette prime lors de la constitution de la société, elle ne la prévoit que pour les augmentations du capital dans lesquelles, en effet, la prime est très fréquente en pratique.

Si le capital n'est pas entièrement souscrit, il faut renoncer à constituer la société, à moins que la modification aux statuts résultant de cette diminution du capital ne soit approuvée par l'unanimité des souscripteurs.

289. *Les bulletins de souscription.* – Les souscripteurs s'engagent en signant des bulletins de souscription qui constatent leur engagement et sont datés et signés par eux. Ces bulletins doivent contenir un certain nombre de mentions prévues par le décret du 23 mars 1967, article 61. Une copie sur papier libre du bulletin est remise au souscripteur.

290. *La libération des actions de numéraire.* – Les *actions de numéraire* sont celles dont le montant doit être libéré en espèces. Afin de ne pas favoriser la spéculation, la loi exige un minimum de versement au moment de la souscription. Les souscripteurs doivent verser, à ce moment, un quart au moins de la valeur nominale des actions, le surplus pouvant n'être réclamé que plus tard, au cours de la vie sociale, mais dans un délai maximal de cinq ans à compter de l'immatriculation de la société au registre du commerce et des sociétés (loi du 24 juillet 1966, art. 75, al. 2). Bien entendu, les fondateurs peuvent stipuler le versement total immédiat.

Les fonds versés doivent obligatoirement être déposés dans les huit jours, avec la liste des souscripteurs (loi du 24 juillet 1966, art. 77). Le dépôt peut être fait soit à la Caisse des dépôts et consignations, soit chez un notaire, soit dans une banque (décret du 23 mars 1967, art. 62). Et ces fonds ne peuvent être retirés par un mandataire de la société qu'après l'immatriculation de la société au registre du commerce et des sociétés (loi du 24 juillet 1966, art. 83, al. 1).

Si la société n'était pas constituée dans le délai de six mois à compter du dépôt du projet de statuts au greffe, tout souscripteur pourrait demander en justice la nomination d'un mandataire chargé de retirer les fonds pour les restituer aux souscripteurs (loi du 24 juillet 1966, art. 83, al. 2).

291. *Libération des actions d'apport.* – Les actions d'apport sont celles qui représentent des apports en nature, c'est-à-dire des apports faits autrement qu'en espèces. La loi exige que les actions d'apport soient intégralement libérées dès leur émission (loi du 24 juillet 1966, art. 75, al. 3).

292. *Certificat du dépositaire.* – Les souscriptions et les versements sont constatés par un certificat du dépositaire (Caisse des dépôts, notaire ou banque) établi, au moment du dépôt des fonds, sur présentation des bulletins de souscription (loi du 24 juillet 1966, art. 78, modifié par la loi du 3 janvier 1983, qui a ainsi supprimé l'ancienne exigence d'une déclaration notariée). Sont punies de peines correctionnelles les personnes qui, sciemment, auront, en vue d'obtenir le certificat du dépositaire, soit affirmé sincères et véritables des souscriptions qu'elles savaient fictives, soit déclaré que des fonds qui n'avaient pas été mis définitivement à la disposition de la société avaient été effectivement versés (loi du 24 juillet 1966, art. 433-1°).

III. – *L'assemblée constitutive*

293. *Règles de délibération.* – L'assemblée constitutive réunit les futurs actionnaires, apporteurs en nature et souscripteurs en numéraire, en vue de prendre les délibérations nécessaires à la constitution définitive de la société. L'assemblée est convoquée par les fondateurs (ou par le gérant dans la société en commandite par action). La convocation est insérée au *Bulletin* des *annonces légales obligatoires* et dans un journal d'annonces légales huit jours au moins avant la date de l'assemblée (décret du 23 mars 1967, art. 66).

Tout actionnaire a accès à l'assemblée. Il dispose d'un nombre de voix égal à celui de ses actions. L'assemblée est régie quant au quorum (de moitié sur première convocation, à défaut, du quart, sur deuxième convocation) et quant à la majorité (des deux tiers) par les règles des assemblées générales extraordinaires (v. n° 387).

294. *Ordre du jour de l'assemblée* – L'assemblée examine les actes accomplis pour le compte de la société en formation et, si elle le juge à propos, autorise la société à les reprendre à son compte. A défaut, les personnes qui ont agi au nom de la société seraient tenues

solidairement et indéfiniment (loi du 24 juillet 1966, art. 5, alinéa 2 ; décret du 23 mars 1967, art. 67).

L'assemblée constate que le capital est entièrement souscrit et que les actions sont libérées du montant exigible.

L'assemblée approuve les statuts. Elle pourrait les modifier, mais seulement à l'unanimité des souscripteurs.

L'assemblée nomme, dans la société anonyme, les premiers administrateurs (ou les premiers membres du conseil de surveillance dans les sociétés ayant adopté le régime de gestion par un directoire [v. n° 368 et 375] et les commissaires aux comptes). Le procès-verbal de la séance doit constater l'acceptation de leurs fonctions. Dans la société en commandite par actions, le gérant est obligatoirement désigné par les statuts, l'assemblée n'a donc pas à le nommer, mais elle nomme les membres du conseil de surveillance et les commissaires aux comptes.

Enfin l'assemblée, s'il y a des apports en nature ou des avantages particuliers, doit statuer à ce sujet : v. le numéro suivant.

295. *Approbation des apports en nature et des avantages particuliers* – Le législateur craint que les apports en nature ne soient surestimés par les apporteurs. Il se défie également des avantages particuliers (rétributions, indemnités, contrats de direction, etc.) que des actionnaires ou des tiers se sont fait attribuer par les statuts.

Pour éviter les abus, la loi prévoit qu'avant l'assemblée constitutive, les fondateurs (le gérant dans la société en commandite par actions) devront faire désigner par le président du tribunal de commerce un ou plusieurs *commissaires aux apports*. Ceux-ci sont choisis parmi les commissaires aux comptes inscrits sur la liste officielle (v. n° 371) ou parmi les experts près les tribunaux (décret du 23 mars 1967, art. 64). Ils vont apprécier la valeur des apports en nature et des avantages particuliers et déposer, huit jours au moins avant l'assemblée constitutive, leur rapport au greffe du tribunal de commerce et au siège social où il est tenu à la disposition des souscripteurs.

L'assemblée générale constitutive, après avoir pris connaissance du rapport, statue sur l'évaluation des apports en nature et sur l'octroi des avantages particuliers. L'apporteur en nature ou le bénéficiaire de l'avantage particulier, à propos desquels l'assemblée statue, ne prend pas part au vote et ses actions ne sont pas comptées dans le calcul de la majorité.

Si l'assemblée refuse d'approuver, la société ne peut se constituer. L'assemblée pourrait réduire l'évaluation ou diminuer l'avantage mais il faudrait réunir l'unanimité. Le procès-verbal doit constater l'approbation expresse des apporteurs et des bénéficiaires d'avantages particuliers.

296. *Enregistrement.* – Les pièces constitutives de la société (statuts, procès-verbal de l'assemblée, etc.) doivent être enregistrées, et le sont provisoirement de façon gratuite. Le droit d'apport est, comme dans les sociétés par intérêts (v. n° 236), en principe de 1 p. 100, mais s'élève à 8,60 p. 100 pour les apports d'immeubles, de fonds de commerce, de droit au bail (art. 810 C. gén. imp.) avec, en sus, les taxes locales additionnelles (2,80 p. 100).

IV. – *Publicité par insertions et formalités au registre du commerce et des sociétés*

297. *Publicité par insertions.* – La publicité dans un journal d'annonces légales est faite conformément aux règles exposées pour les sociétés par intérêts (v. n° 237). Mais des indications complémentaires à porter dans l'avis sont détaillées à l'article 285 du décret du 23 mars 1967 : précisions sur les actions souscrites, les actions d'apport, les avantages particuliers, les réserves, etc.

298. *Formalités au registre du commerce et des sociétés.* – Les règles générales sur le dépôt des pièces au greffe, la déclaration à faire au registre du commerce, l'immatriculation, l'avis au *Bulletin officiel des annonces civiles et commerciales* (couramment appelé le B.O.D.A.C.), sont celles qui ont été déjà données à propos des sociétés par intérêts (v. n°s 238 et 239). Mais le dépôt au greffe, en annexe au registre du commerce, est plus complexe, car il comprend, outre les statuts : deux exemplaires de la déclaration notariée, deux exemplaires du certificat du dépositaire des fonds auquel est jointe la liste des souscripteurs, deux procès-verbaux de l'assemblée constitutive, deux exemplaires du rapport du commissaire aux apports (décret n° 84-406 du 30 mai 1984 sur le registre du commerce, art. 48).

Ce n'est qu'après immatriculation de la société au registre du commerce et des sociétés que les actions peuvent être émises (v. n° 304, al. 2).

§ 2. – CONSTITUTION SANS APPEL PUBLIC A L'ÉPARGNE

299. *Simplification des formalités.* – Lorsqu'il n'y a pas appel à l'épargne, ce qui est la modalité de beaucoup la plus fréquente à

l'heure actuelle, la procédure de constitution est simplifiée (loi du 24 juillet 1966, art. 71 et 84) :

1° Il n'y a pas lieu aux publicités préalables à la souscription : dépôt au greffe du projet de statuts, notice au *Bulletin des annonces légales obligatoires* ;

2° Il n'y a pas lieu à bulletin de souscription ;

3° Il n'y a pas d'assemblée constitutive ;

4° Le capital minimal était de 100 000 F, il a été élevé à 250 000 F par la loi n° 81-1162 du 30 décembre 1981 pour les sociétés constituées après la promulgation de la loi.

300. *Procédure à suivre.* – Les souscriptions étant faites et les libérations effectuées, il y a lieu à les faire constater par un certificat du dépositaire (Caisse des dépôts, notaire ou banque), qui est établi, au moment du dépôt des fonds, sur présentation de la liste des actionnaires (loi du 24 juillet 1966, art. 85, réd. loi du 3 janvier 1983). Après quoi, tous les actionnaires signent les statuts. S'il y a des apports en nature ou des avantages particuliers, les statuts les évaluent, au vu d'un rapport annexé aux statuts, établi par un commissaire aux apports et tenu à la disposition des actionnaires trois jours au moins avant la date de la signature des statuts (loi du 24 juillet 1966, art. 86 et 87 ; décret du 23 mars 1967, art. 73). Les statuts désignent les premiers administrateurs (ou les premiers membres du conseil de surveillance dans les sociétés anonymes gérées par un directoire) et les premiers commissaires aux comptes ; dans les sociétés en commandite par actions, ils désignent les premiers membres du conseil de surveillance et les commissaires aux comptes.

Les règles de publicité et les formalités au registre du commerce et des sociétés sont les mêmes qu'au cas de constitution avec appel public à l'épargne, sauf que le nombre de pièces à déposer au greffe est réduit.

Section II. – Sanctions des règles constitutives

§ 1. – Nullité de la société

301. *Caractère exceptionnel.* – Il est exceptionnel, depuis la mise en vigueur de la loi du 24 juillet 1966, et plus encore depuis celle de l'ordonnance du 20 décembre 1969, que la nullité atteigne la constitution de la société. En effet, conformément au principe posé par la première phrase de l'article 360 de la loi (v. n° 240), la nullité

ne peut résulter que d'une disposition expresse de la présente loi ou de celles qui régissent la nullité des contrats. Or, aucune disposition de la loi du 24 juillet 1966 ne sanctionne par la nullité les règles de constitution de la société par actions.

D'autre part, en exécution de la directive du 9 mars 1968 du Conseil des Communautés européennes (v. n° 9, al. 3), l'ordonnance du 20 décembre 1969, ajoutant une deuxième phrase au premier alinéa de l'article 360, a décidé, par une nouvelle règle propre aux sociétés par actions et aux sociétés à responsabilité limitée (v. n° 420) que la nullité de la société ne peut résulter ni d'un vice du consentement, ni de l'incapacité à moins que celle-ci n'atteigne tous les associés fondateurs ; la nullité de la société ne peut non plus résulter de la nullité d'une clause léonine (solution confirmée, de façon générale, par le nouvel article 1844-1, al. 2, du Code civil : v. n° 207).

§ 2. – Responsabilités

302. *Responsabilité civile pour nullité.* – Comme dans les sociétés par intérêts (v. n° 242), il peut y avoir une action en dommages-intérêts pour le préjudice causé par l'annulation de la société. Sont responsables les fondateurs de la société anonyme auxquels la nullité est imputable et les administrateurs en fonction au moment où elle a été encourue (loi du 24 juillet 1966, art. 242, al. 1). Dans la société en commandite par actions, seront responsables le ou les gérants et les membres du conseil de surveillance (loi du 24 juillet 1966, art. 260, al. 1). Peuvent être déclarés solidairement responsables ceux des actionnaires dont les apports ou les avantages particuliers n'ont pas été vérifiés et approuvés (loi du 24 juillet 1966, art. 242, al. 2).

303. *Autre cas de responsabilité civile.* – Comme dans les sociétés par intérêts (v. n° 242), les fondateurs de la société et les premiers administrateurs ainsi que les premiers commissaires aux comptes sont solidairement responsables du préjudice causé par le défaut d'une mention obligatoire dans les statuts de même que par l'omission ou l'accomplissement irrégulier d'une formalité prescrite pour la constitution de la société (loi du 24 juillet 1966, art. 7, al. 1).

304. *Délits divers.* – De très nombreuses infractions pénales sont prévues par la loi du 24 juillet 1966.

D'une part, l'article 432 de la loi punit de peines correctionnelles les fondateurs qui auraient émis des actions avant l'immatriculation de la société au registre du commerce et des sociétés ou sans que les formalités de constitution aient été régulièrement accomplies.

D'autre part sont punis, par l'article 433, de peines correctionnelles pouvant aller jusqu'à cinq années d'emprisonnement : les fausses déclarations pour obtenir l'établissement du certificat du dépositaire ; la simulation de souscriptions ou de versements, la publication de faits faux, la publication inexacte de noms de personnes devant être attachées à la société, pour obtenir ou tenter d'obtenir souscriptions ou versements ; l'attribution frauduleuse à un apport en nature d'une évaluation supérieure à sa valeur réelle.

Enfin, l'article 434 punit de peines correctionnelles la négociation d'actions irrégulières, soit qu'elles soient sans valeur nominale, soit qu'elles soient non encore négociables ou irrégulièrement libérées ; est également punie la négociation de promesses d'actions d'une société en voie de constitution (cette négociation est interdite par l'article 271, al. 2, de la loi du 24 juillet 1966, sauf au cas d'actions à émettre en augmentation de capital).

CHAPITRE II

LES TITRES ÉMIS PAR LES SOCIÉTÉS PAR ACTIONS

305. *Division.* – Les sociétés par actions émettent des titres, de nature variable. Elles émettent nécessairement des actions (section I). Elles émettent, très fréquemment, des obligations (section II), et si elles ne peuvent plus, depuis le 1er avril 1967, émettre des parts de fondateurs (parts qui ne faisaient pas partie du capital social, mais donnaient un droit sur les bénéfices de la société), elles peuvent, en revanche, recourir à de nouveaux titres, de nature mixte, récemment créés par la loi (section III). Les règles sur la forme sont d'ailleurs en grande partie communes à tous ces titres (section IV). Ces titres, généralement négociables, constituent des *valeurs mobilières,* des valeurs de placement, qui sont, pour les sociétés importantes, négociées dans les *bourses des valeurs* (section V). Nous examinerons enfin le régime fiscal des valeurs mobilières (section VI).

Sur les *sociétés d'investissement* et les *fonds communs de placement* gérant un portefeuille de valeurs mobilières, v. *supra,* nos 223 et 224.

Les valeurs mobilières émises par les sociétés par actions font l'objet du chapitre V de la loi du 24 juillet 1966 (art. 263 à 339-7) et également du chapitre V du décret du 23 mars 1967 (art. 204 à 242-7).

Section I. – LES ACTIONS

306. *Généralités.* – Nous avons déjà indiqué quel était le critère de l'action (v. *supra,* n° 274), leur souscription (v. n° 288), leur libération (v. n°s 273, 274), leur émission (v. n°s 298, al. 2, et 304).

Dans ces dernières années, le public avait manifesté un certain recul d'intérêt pour les placements en actions. Pour tenter de réagir contre cette tendance, la loi n° 78-741 du 11 juillet 1978 relative à l'orientation de l'épargne vers le financement des entreprises a pris diverses mesures : v. *infra,* n°s 327 et 334 *in fine.* Son effort a été heureusement complété par deux récentes lois du 3 janvier 1983 et du 14 décembre 1985 qui ont sensiblement élargi la palette des valeurs mobilières que peuvent émettre les sociétés anonymes : v. *infra,* n° 326 et suiv.

Dans cette section, nous examinerons : les obligations des actionnaires (§ 1er), les droits des actionnaires (§ 2), l'achat par une société de ses propres actions (§ 3).

§ 1. – Obligations des actionnaires

307. *Principe.* – Les actionnaires ne sont tenus du passif que jusqu'à concurrence de leurs apports. Il en résulte que l'actionnaire n'a comme le commanditaire (v. n° 254) qu'une seule obligation : réaliser intégralement son apport, libérer ses actions. S'il l'a fait, on ne peut plus rien lui réclamer. Comme le commanditaire, l'actionnaire n'est pas commerçant, et le redressement judiciaire de la société ne peut entraîner le sien propre.

Les actions d'apport devant être intégralement libérées avant la constitution de la société, l'actionnaire qui a fait des apports en nature n'a plus d'obligations par la suite.

Au contraire, la libération intégrale n'étant pas obligatoire pour les actions de numéraire, l'actionnaire qui a apporté des espèces reste fréquemment soumis à une obligation : obéir aux appels de fonds qui lui sont adressés au cours de la vie sociale.

308. *Appel du non-versé.* – La société, si les actions n'ont été libérées que partiellement, appellera le non-versé, quand elle le jugera à propos, sauf à se conformer aux statuts. Mais sa liberté n'est pas entière :

1° La libération doit intervenir dans un délai maximum de cinq ans à dater de la constitution définitive de la société (loi du 24 juillet 1966, art. 75, 2).

2° Aucune augmentation du capital en numéraire (loi du 24 juillet 1966, art. 182, al. 1), aucune émission d'obligations (loi du 24 juillet 1966, art. 285, al. 3) ne sont permises avant la libération du capital.

La société peut réclamer le non-versé non seulement au titulaire actuel de l'action mais encore au souscripteur primitif et aux titulaires successifs : ceux-ci restent tenus pendant deux ans après la transmission de leur titre (loi du 24 juillet 1966, art. 282). Les titulaires successifs sont connus, puisque les actions doivent être nominatives jusqu'à leur entière libération (loi du 24 juillet 1966, art. 270).

En pratique, le plus souvent, la société n'exerce pas de poursuites judiciaires. Elle préfère user de la procédure dite *d'exécution en bourse* que prévoyaient presque toujours les statuts et qui résulte, actuellement, de la loi elle-même (loi du 24 juillet 1966, art. 281). Après mise en demeure du titulaire actuel, la société fait vendre en bourse les actions du titulaire défaillant. Si le prix de vente est inférieur aux sommes dues, la société conserve son action pour le surplus ; s'il est supérieur, la société rend la différence à l'actionnaire dépossédé. A l'expiration du délai de trente jours à dater de la mise en demeure (décret du 23 mars 1967, art. 210), les droits d'accès à l'assemblée, le droit de vote, le droit aux dividendes et le droit préférentiel de souscription de l'actionnaire défaillant sont suspendus (loi du 24 juillet 1966, art. 283).

§ 2. – Droits des actionnaires

309. *Divers droits des actionnaires.* – Les actionnaires ont des droits analogues à ceux des associés par intérêts :

1° Droit de collaborer à la gestion, droit de contrôle, droit à l'information (v. n° 370 et suiv.) ;

2° Droit à des prestations pécuniaires ;

3° Droit au respect du contrat, sauf décision régulière de l'assemblée générale extraordinaire qui s'imposera aux absents et aux dissidents (v. n° 386 et suiv.).

Ils ont, de plus, des droits spéciaux :

4° Droit de négocier leur titre ;

5° Droit de souscription (v. n° 392) ;

6° Droit d'attribution (v. n° 397).

Plusieurs de ces droits devant être examinés ultérieurement, nous n'envisagerons ici que les 2° et 4°.

I. – *Droit à des prestations pécuniaires*

310. *Droit aux bénéfices.* – Comme tout associé dans une société quelconque, l'actionnaire a droit à une part des bénéfices. Il est d'usage de les distribuer chaque année, par décision de l'assemblée générale annuelle, légalement obligatoire, qui statue sur les comptes de l'exercice écoulé (v. n° 382 et suiv.). La part de bénéfices distribués, *divisée* entre les actionnaires, s'appelle le *dividende*.

L'article 347 de la loi du 24 juillet 1966 autorise le versement d'acomptes par la société, avant approbation des comptes, si un bilan établi au cours ou à la fin de l'exercice et certifié par un commissaire aux comptes fait apparaître que la société, depuis la clôture de l'exercice précédent, après constitution des amortissements et provisions nécessaires et déduction faite s'il y a lieu des pertes antérieures ainsi que des sommes à porter en réserve d'après la loi ou les statuts, et compte tenu du report bénéficiaire, *a réalisé un bénéfice*. Pour les sociétés dont les titres sont cotés en bourse, cet acompte ne peut être inférieur à 5 F (décret du 23 mars 1967, art. 245-1).

Les dividendes se prescrivent par cinq ans, les dividendes prescrits sont acquis à l'Etat (Code du domaine de l'Etat, art. L. 27).

311. *Droit à une quote-part du capital.* – Les actionnaires ont également un droit éventuel sur une quote-part de l'actif, droit qui, normalement, ne s'exercera qu'à la dissolution de la société. Ils auront droit, alors, de se partager l'actif net et de percevoir ainsi, éventuellement : 1° le montant de leur apport ; 2° une part du *boni de liquidation*.

Mais, même avant la dissolution de la société, les actionnaires peuvent avoir droit à des distributions de réserves. Ces distributions ont lieu parfois en espèces, beaucoup plus fréquemment sous forme d'incorporations de réserves au capital se traduisant pour les actionnaires soit par une distribution d'actions gratuites, soit par une élévation du nominal des actions (v. *infra,* n° 396).

312. *Actions de capital et actions de jouissance.* – En principe, les actionnaires ont tous des droits égaux. Il y a cependant des actions donnant des droits inégaux. Telles sont les *actions de capital* et les *actions de jouissance*.

Les actions de jouissance sont des actions dont les titulaires ont reçu une somme égale au montant nominal de leur action. Certaines sociétés organisaient, en effet, l'*amortissement* graduel du capital social en remboursant chaque année le montant nominal d'un certain nombre d'actions grâce à un prélèvement sur les bénéfices (le capital restant intact). Ces actionnaires ainsi remboursés ne sont pas exclus de la société ; en échange des actions remboursées, ils avaient reçu des actions de jouissance qui comportent les mêmes avantages que les actions de capital, mais donnent, en moins, dans le dividende annuel, l'intérêt correspondant au capital remboursé et, lors de la liquidation, ne donnent pas droit au remboursement du montant de l'action : la loi du 24 juillet 1966, article 210, a adopté ces solutions qu'avait admises la pratique.

Les actions à amortir étaient, le plus souvent, désignées, chaque année, par tirage au sort. Mais l'amortissement des actions par voie de tirage au sort a été interdit par la loi du 18 juin 1941, article 6, puis par la loi du 27 octobre 1943, article 1er. L'interdiction a été confirmée par l'article 3 du décret du 4 août 1949. En conséquence, l'amortissement des actions ne peut donc plus se réaliser que par voie de remboursement égal sur chaque action (loi du 24 juillet 1966, art. 209, al. 1), et ce n'est qu'après remboursement intégral que les actions deviennent actions de jouissance (loi du 24 juillet 1966, art. 209, al. 2).

L'amortissement des actions n'est plus à l'heure actuelle, envisagé favorablement par les sociétés. Leur but serait plutôt de faire disparaître les actions de jouissance : elles peuvent le faire, l'assemblée générale ayant le pouvoir de décider la conversion des actions de jouissance en actions de capital, par prélèvement obligatoire, pendant un ou plusieurs exercices, sur les dividendes revenant à ces actions de jouissance (loi du 24 juillet 1966, art. 211).

313. *Actions de priorité et actions ordinaires.* – Les sociétés peuvent, allant plus loin dans l'inégalité, créer, dès la constitution de la société, ou lors d'une augmentation de capital, deux catégories d'actions dont les unes, dites *actions de priorité,* bénéficient de certains avantages, par exemple, d'un intérêt fixe prélevé sur les bénéfices avant toute distribution aux actions ordinaires, ou encore bénéficient, au terme de la société, d'un remboursement par priorité. Ces actions sont licites depuis les lois des 9 juillet 1902 et 16 novembre 1903, modifiant l'article 34 du Code de commerce. La loi du 24 juillet 1966 a confirmé cette licéité (art. 269). Pour les modifications aux droits des actions de priorité, v. *infra,* n° 389, 2°.

La loi du 13 juillet 1978 (v. *supra,* n° 306) a créé une nouvelle catégorie d'actions de priorité : les *actions à dividende prioritaire sans droit de vote :* v. *infra,* n° 327.

II. – *Droit de négocier son titre*

314. *Le principe.* – Nous avons vu (v. nº 274) que la caractéristique de l'action, c'est sa cessibilité et même sa *négociabilité,* c'est-à-dire sa cessibilité par les modes commerciaux, sous forme de titre nominatif ou de titre au porteur (v. *infra,* nº 340). Un actionnaire peut donc négocier, en principe, ses actions à volonté. Pour les titres cotés en bourse (les plus répandus), il lui suffit pratiquement, de passer un ordre de vente à un agent de change : quelques heures après, ses titres sont vendus.

315. *Les restrictions.* – Il y a cependant, à cette négociation, quelques restrictions légales et conventionnelles :

1º Les actions ne peuvent être négociées qu'après l'immatriculation de la société au registre du commerce (loi du 24 juillet 1966, art. 271) ; ce n'est d'ailleurs qu'à partir de cette date que les titres peuvent être délivrés aux actionnaires. Les certificats provisoires que la société pourrait, antérieurement, remettre ne sont pas négociables. Mais on peut *céder* (c'est-à-dire transmettre par les modes de l'article 1690 du Code civil : signification de la cession à la société par exploit d'huissier) les droits résultant de la souscription. Nous avons indiqué déjà *(supra,* nº 304) qu'il est interdit de négocier les promesses d'actions, sauf au cas d'augmentation de capital ;

2º Les actions d'apport (c'est-à-dire celles qui sont remises au cas d'apport en nature) ne peuvent être mises sous forme *négociable* que deux ans après l'immatriculation de la société au registre du commerce (loi du 24 juillet 1966, art. 278). Mais elles peuvent être cédées par les modes civils ;

3º Les actions attribuées au personnel au titre de l'intéressement ne sont négociables qu'au bout de cinq ans (v. nº 384). Il en est de même des actions souscrites par des salariés à la suite d'une émission qui leur est réservée (v. nº 394) ;

4º Les statuts peuvent contenir des *clauses d'agrément* en vertu desquelles la négociation de l'action est subordonnée à l'agrément du nouveau titulaire par le conseil d'administration. La loi reconnaît la validité de ces clauses, mais, pour éviter que des refus systématiques d'agrément ne paralysent le droit de négocier l'action, elle exige qu'à défaut d'agrément, la société soit tenue de faire acquérir les actions soit par un actionnaire soit par un tiers. En cas de négociation en bourse ce prix d'acquisition est celui de la négociation initiale, dans les autres cas, à défaut d'accord, le prix est déterminé par expertise. Les actions sont obligatoirement nominatives (v. loi du 24 juillet 1966, art. 274 et suiv.).

§ 3. – Souscription et achat de ses propres actions par la société

316. *Principe et exceptions.* – Il est interdit, en principe, à une société de souscrire à ses propres actions, de les acheter, d'accorder des prêts en vue de la souscription ou de l'achat par un tiers. Les textes sur la matière (loi du 24 juillet 1966, art. 217 à 217-9) ont été refondus par la loi n° 81-1162 du 30 décembre 1981, et la réglementation est devenue très minutieuse.

Cet achat d'actions est, par exception, permis dans trois cas :

1° En cas de réduction du capital, non motivée par des pertes, en vue d'annuler les actions achetées (v. n° 398, 1°) ;

2° En vue d'assurer la participation des salariés aux bénéfices (v. 384 *in fine),* de leur accorder des options d'achat (v. n° 393 *in fine),* ou d'acquérir en Bourse des actions pour leur compte (v. n° 394 *in fine)* ;

3° Avec l'autorisation de l'assemblée, pour acheter en Bourse leurs propres actions, en vue de régulariser leur marché. L'autorisation ne peut être donnée pour une durée supérieure à dix-huit mois, elle fixe les modalités de l'opération. La société ne peut ainsi acquérir plus de 10 % du total des actions. Elle doit déclarer les opérations de Bourse qu'elle envisage à la Commission des opérations de Bourse puis lui rendre compte des acquisitions qu'elle a effectuées.

La société ne peut voter avec les actions souscrites ou achetées par elle, et il n'est pas tenu compte de ces actions pour le calcul du quorum (loi du 24 juillet 1966, art. 164 modifié par la loi du 30 décembre 1981).

Ces actions sont obligatoirement nominatives.

Section II. – LES OBLIGATIONS

317. *Généralités.* – Quand une société a besoin d'argent, elle peut emprunter et donner à ses créanciers des titres négociables qu'on appelle des *obligations* et qui, dans une même émission, confèrent les mêmes droits pour une même valeur nominale (loi du 24 juillet 1966, art. 284). Le souscripteur s'engage à verser, pour chaque obligation, une somme fixée qui est le taux d'émission. La société s'engage à lui rembourser une somme correspondant au montant nominal du titre dans un certain délai ; en attendant, elle lui sert un intérêt déterminé.

Longtemps, les obligations n'ont pas été réglementées. Elles l'avaient été seulement en 1934 et 1935, notamment par un important décret-loi du 30 octobre 1935 relatif à la protection des obligataires.

Elles le sont, actuellement, par les articles 284 et suivants de la loi du 24 juillet 1966.

Les nationalisations de 1945 et 1946 avaient donné lieu à émission d'un nombre considérable d'obligations destinées à indemniser les actionnaires expropriés : obligations « Banque de France », obligations « Banque de l'Algérie », parts bénéficiaires des quatre grands établissements de crédit, parts bénéficiaires des grandes sociétés d'assurances, obligations « Charbonnages de France », obligations « Caisse nationale de l'Energie » (entreprises de gaz et d'électricité).

De même, les nationalisations de 1982, décidées par la loi du 11 février 1982 (v. *infra*, n°s 451 et 461), ont donné lieu à émission d'un nombre considérable d'obligations indemnitaires (environ 40 milliards de francs) remises aux actionnaires en échange de leurs actions (ou de leurs obligations convertibles). Ces obligations ont été émises et sont gérées par deux caisses créées par la même loi : la Caisse nationale de l'industrie (C.N.I.) et la Caisse nationale des banques (C.N.B.).

En dehors de ces obligations indemnitaires, les collectivités publiques, les organismes publics émettent beaucoup d'obligations : les émissions du secteur public sont très supérieures à celles du secteur privé.

Mais toutes ces obligations du secteur public ne sont pas soumises à la réglementation des obligations émises par les sociétés commerciales ; cependant toutes les obligations présentent des points communs.

Actuellement les émissions annuelles d'obligations représentent un chiffre très supérieur à celui des émissions d'actions.

§ 1. – NATURE DES OBLIGATIONS

318. *Comparaison avec les actions.* – La nature de l'obligation apparaît clairement si on la rapproche de l'action.

Les obligations et les actions peuvent se ressembler par leur forme : le droit du titulaire de ces valeurs mobilières est généralement incorporé dans un titre négociable soit nominatif, soit au porteur.

Mais une différence essentielle les sépare : l'action, c'est une *part sociale* au *profit d'un associé ;* l'obligation, c'est une *créance* existant contre la société au profit de l'obligataire qui est un *prêteur*, un créancier. De là un certain nombre de conséquences qui opposent nettement les actions et les obligations, même si certaines pratiques récentes tendent à atténuer quelque peu ces différences.

1° *L'obligataire* a droit à un *intérêt fixe*, à tout événement, tandis que *l'actionnaire* n'a droit qu'à un *dividende variable et aléatoire* puisqu'il dépend de l'existence des bénéfices. Mais cette stabilité du revenu des obligataires, exacte avant 1914, n'est plus que nominale depuis les baisses successives de la valeur du franc. L'obligataire touche toujours un nombre constant de francs, mais ces francs sont dépréciés, tandis que l'actionnaire peut espérer voir ses dividendes augmenter. La pratique, il y a quelques années, des obligations indexées ou participantes, la pratique, plus récente, des obligations à taux variable tendent, d'ailleurs, à un certain rapprochement.

2° L'obligataire a droit au remboursement de son obligation, tandis que l'actionnaire n'a qu'un droit éventuel sur l'actif net, après paiement de tous les créanciers, y compris les obligataires. Ici encore, cette sécurité n'est plus qu'un trompe-l'œil, avec les dépréciations du franc. Certaines clauses tendraient à faire varier le montant du remboursement, ce qui rapprocherait l'obligation de l'action, mais de pareilles clauses sont exceptionnelles.

3° L'action comporte un droit de souscription (v. n° 392-1). Ce n'est pas le cas de l'obligation. Cependant, à une époque récente, on a vu des émissions d'obligations comportant un droit à souscrire à une émission postérieure.

4° L'obligataire ne participe pas à la gestion des affaires sociales, tandis que l'actionnaire collabore à cette gestion. Il faut cependant noter que, depuis 1935, l'obligataire a, dans quelques cas, une certaine influence sur les décisions prises par la société, que, depuis le 1er avril 1967, il a des droits de communication.

Le rapprochement entre les actions et les obligations est encore accentué par la pratique récente des *obligations transformables en actions* et des *obligations échangeables* (v. n° 322).

§ 2. – L'ÉMISSION DES OBLIGATIONS

319. *Conditions de fond.* – L'émission des obligations n'est permise qu'aux sociétés par actions et aux groupements d'intérêt économique constitués uniquement de sociétés par actions. Encore faut-il que ces sociétés aient deux ans d'existence, et aient établi deux bilans approuvés par les actionnaires à moins que l'émission ne soit garantie, notamment, par des collectivités publiques (loi du 24 juillet 1966, art. 285, al. 2 et 3). Et il faut que leur capital soit intégralement libéré (loi du 24 juillet 1966, art. 285, al. 3). Par exception, l'émission d'obligations est interdite aux sociétés d'investissement (v. n° 223).

L'assemblée générale des actionnaires a seule qualité pour décider ou autoriser l'émission d'obligations (loi du 24 juillet 1966, art. 286).

(Les particuliers, les sociétés par intérêts peuvent cependant, à certaines conditions, émettre des *bons de caisse,* bons négociables émis à cinq ans au maximum, ne comportant pas de coupons d'intérêts car les intérêts sont payables d'avance [v. décret-loi du 25 août 1937]. Ce sont surtout les banques qui émettent des bons de caisse.)

Par la suite, la société peut racheter en bourse des obligations qu'elle a émises. Mais elle doit les annuler et ne peut les remettre en circulation (loi du 24 juillet 1966, art. 322).

320. *Conditions de forme.* – Les obligations doivent porter un certain nombre de mentions destinées à renseigner le porteur : sur la valeur nominale des titres, le taux de l'intérêt, l'époque du remboursement ; sur le montant de l'émission et des émissions antérieures ; sur la société émettrice, etc. (décret du 23 mars 1967, art. 214).

L'émission d'obligations offerte au public doit, comme l'émission d'actions, être précédée d'une *notice* publiée au B.A.L.O. (décret du 23 mars 1967, art. 211 et 212) et d'un document imprimé destiné à l'information du public (ordonnance n° 67-833 du 28 septembre 1967, art. 6).

Les obligations doivent avoir une valeur nominale minimale qui, fixée à 5 000 francs anciens par le décret du 30 octobre 1948, a été élevée à 10 000 francs anciens, soit actuellement 100 F, pour les émissions postérieures au 30 juin 1954, par un décret du 23 février 1954. Pour les émissions antérieures, les sociétés ont été autorisées à décider le *regroupement :* elles ont pu, par exemple, échanger 10 obligations anciennes de 1 000 francs anciens contre une obligation nouvelle de 100 F. Le ministre des Finances peut également imposer le regroupement.

En fait, les obligations émises en 1979 et 1980 étaient généralement au nominal de 1 000 F ou de 2 000 F ; depuis 1981, elles sont le plus souvent au nominal de 5 000 F.

§ 3. – DROITS DES OBLIGATAIRES

321. *Divers droits de l'obligataire.* – L'obligataire a droit :

1° Au paiement des *intérêts* stipulés. Le taux des intérêts est fixé par la société émettrice en raison de l'état du marché. En fait, depuis quelques années, le taux n'avait cessé de s'élever jusqu'à atteindre 18 % en 1980. Il a diminué par la suite. Les intérêts sont, en principe, fixes. Mais, du moins jusqu'en 1958, où le gouvernement s'est déclaré défavorable à cette pratique, était souvent prévu, dans les années antérieures, un intérêt complémentaire variable en fonction des bénéfices ou indexé sur certains prix. Plus récemment, à partir de 1980, s'est instaurée la pratique des *obligations à taux variable*. Ces obligations comportent généralement un taux minimal auquel s'ajoute un taux variant suivant diverses modalités. Les modalités les plus courantes consistent à fixer le taux de l'intérêt, lors de chaque échéance, suivant les taux pratiqués à cette époque soit sur le marché monétaire, soit pour les émissions d'obligations, soit pour les émissions d'emprunt d'Etat (c'est cette dernière formule qui a été retenue pour les obligations indemnitaires remises aux actionnaires à la suite des nationalisations décidées par la loi du 11 février 1982).

L'intérêt doit être payé à une échéance unique annuelle (décret du 30 octobre 1948, art. 8). Les règles sur la prescription sont les mêmes que pour les dividendes des actions (v. n° 310, dernier alinéa) ;

2° Au remboursement de son obligation à l'époque fixée. Le plus souvent, la convention prévoit le remboursement chaque année d'un certain nombre de titres, les titres ainsi amortis étant désignés par le sort. Mais la société ne peut modifier unilatéralement l'époque du remboursement. Par exception, un décret-loi du 16 juillet 1935 avait autorisé les sociétés à rembourser par anticipation les obligations qu'elles avaient émises avant le décret-loi. (Il faut bien éviter de confondre l'amortissement des obligations avec l'amortissement des actions : une action amortie est une action de jouissance, l'actionnaire, sauf quelques restrictions, conservant tous ses droits dans la société : v. n° 312. Au contraire, l'obligataire dont l'obligation est amortie n'a plus aucun droit contre la société, sa créance étant remboursée.)

La somme à rembourser est, en principe, la valeur nominale de l'obligation. Mais le porteur peut bénéficier d'une *prime :* par exemple, l'obligation de 500 F est émise à 480 F et remboursable à 500 F (il faut éviter de confondre la prime en matière d'obligation avec la prime en matière d'action : la première est ce que le souscripteur *touche* en plus de ce qu'il a versé, la seconde est ce que le souscripteur *verse* en plus de la valeur nominale : v. n° 288). Exceptionnellement, il a été fait des émissions avec remboursement à des taux variables.

La société se réserve parfois la faculté de procéder par rachat en bourse de tout ou partie des obligations à rembourser.

Il existe des obligations à *lots* qui peuvent, par voie de tirage au sort, être remboursées par un lot parfois considérable. Les loteries étant prohibées, une loi est nécessaire pour autoriser l'émission d'obligations à lots (loi du 24 juillet 1966, art. 292). Très rares sont les sociétés qui obtiennent cette autorisation : le Crédit national, le Crédit foncier de France ;

3° Exceptionnellement, un droit de souscription : certaines émissions récentes comportent, attaché à l'obligation émise, un bon de souscription (en anglais : *warrant*) permettant de souscrire par préférence à une émission ultérieure ;

4° A certaines *garanties* qui peuvent être stipulées. La loi du 24 juillet 1966 prévoit que les sûretés sont constituées par la société par un acte spécial avant l'émission des obligations et pour le compte de la masse des obligataires. L'acceptation résulte du seul fait des souscriptions (art. 325). Certaines obligations sont garanties par l'Etat ou par certaines collectivités publiques. Ou encore la clause *pari passu* promet aux souscripteurs que la société ne fera pas de conditions meilleures à une émission postérieure sans en faire profiter les obligations qu'elle émet actuellement ;

5° A certains droits dans les assemblées, que nous verrons dans le prochain paragraphe ;

6° Dans certains cas, l'obligataire a droit à la conversion de ses obligations en actions : v. le numéro suivant.

322. *Les obligations convertibles en actions et les obligations échangeables.* – Les *obligations convertibles en actions* sont actuellement régies par les articles 195 et suivants de la loi du 24 juillet 1966, modifiés par la loi du 6 janvier 1969, et par les articles 170 à 174-7 du décret du 23 mars 1967, modifiés par le décret du 24 décembre 1969 et l'article 174 *bis* ajouté par le décret du 22 février 1973, article 2. L'émission est décidée par l'assemblée générale extraordinaire, l'autorisation des actionnaires comportant renonciation à leur droit préférentiel de souscription aux actions qui seront émises en échange des obligations. Est nécessaire un rapport spécial du conseil d'administration, ainsi qu'un rapport spécial des commissaires aux comptes. On peut fixer les délais d'options des porteurs, dire, par exemple, que les obligations émises en octobre 1982 pourront être échangées du 1er octobre au 31 décembre 1985. Mais il est possible de préciser que la conversion aura lieu à tout moment. Doivent être indiquées les bases de la conversion.

Les *obligations échangeables* sont une variété des obligations convertibles, régies par les articles 200 et suivants de la loi du 24 juillet 1966, modifiés par la loi du 6 janvier 1969 et par l'article 174 *bis* du décret du 23 mars 1967 ajouté par le décret du 22 février 1973. Elles sont, à tout moment échangeables soit contre des actions émises en même temps que les obligations et souscrites par une banque, soit contre des actions déjà émises et détenues par des tiers. Les actions nécessaires pour assurer l'échange des obligations sont, jusqu'à réalisation de cette opération, nominatives, inaliénables et insaisissables (loi de 1966, art. 205, réd. loi du 3 janvier 1983).

Les actionnaires ont un droit de souscription aux obligations convertibles et aux obligations échangeables (loi du 24 juillet 1966, art. 195, al. 1, et art. 201, al. 3), mais ils peuvent y renoncer, après rapport spécial du conseil d'administration et des commissaires aux comptes. Certaines sociétés, au cas de renonciation, donnent du moins à leurs actionnaires un droit de priorité pour souscrire pendant un certain délai.

§ 4. – La masse des obligataires

323. *La réforme de 1935.* – En présence d'obligataires isolés, il est difficile à une société d'arriver à un accord, si elle veut leur proposer une modification au contrat. La pratique avait imaginé des *sociétés d'obligataires* dont la validité était douteuse (v. n° 204). Le décret-loi du 30 octobre 1935 avait groupé légalement en une *masse* tous les obligataires d'une même émission, ce qui permet des rapports faciles avec la société émettrice, la décision de la majorité s'imposant aux dissidents et aux absents. Il ne faut pas se dissimuler que l'institution de la masse est surtout utile aux sociétés émettrices. Mais des précautions ont été prises pour éviter les abus : c'est en ce sens que le décret-loi tendait à la protection des obligataires. La loi du 24 juillet 1966 a maintenu l'institution (art. 293 et suiv.).

324. *L'assemblée de la masse.* – La masse se réunit en assemblée sur convocation de la société émettrice ou du représentant de la masse. La convocation se fait par insertions dans les journaux et au *Bulletin des annonces légales obligatoires*.

Les obligataires ont des droits de communication : ils peuvent, d'une part, obtenir, dans les quinze jours qui précèdent l'assemblée, communication ou copie des résolutions qui seront projetées et des rapports qui seront présentés à l'assemblée ; ils peuvent, d'autre part, prendre connaissance des procès-verbaux et feuilles de présence des assemblées générales antérieures (loi du 24 juillet 1966, art. 318 ; décret du 23 mars 1967, art. 231).

Certaines délibérations sont interdites : les assemblées ne peuvent ni accroître les charges des obligataires ni établir un traitement inégal entre les obligataires d'une même masse. Elles ne peuvent décider la conversion des obligations en actions (loi du 24 juillet 1966, art. 317). Il ne faut pas confondre cette dernière délibération interdite avec le cas des obligations convertibles en actions ou échangeables (v. n° 322), car, pour celles-ci, la transformation ou l'échange sont prévus dès l'émission et sont toujours facultatifs.

La loi distingue deux catégories d'assemblées :

1° *Les assemblées ordinaires :* ce sont elles qui délibèrent sur la nomination des représentants de la masse, les mesures à prendre pour la défense des obligataires, les dépenses de gestion. Le quorum et la majorité sont les mêmes que dans les assemblées générales ordinaires d'actionnaires (v. n° 380) ;

2° *Les assemblées extraordinaires* délibèrent sur toute proposition tendant à la modification du contrat, notamment sur la modification de l'objet ou de la forme de la société, sur les propositions de compromis ou de transaction, sur les propositions relatives, à l'abandon de garanties, au report du paiement des intérêts, à la modification des modalités d'amortissement ou du taux des intérêts. Le quorum et la majorité sont les mêmes que dans les assemblées générales extraordinaires d'actionnaires (v. n° 387). Les décisions de l'assemblée générale extraordinaire sont soumises à homologation par le tribunal de grande instance dont le jugement n'est pas susceptible d'opposition mais peut faire l'objet d'un appel (loi du 24 juillet 1966, art. 316 ; décret du 23 mars 1867, art. 230).

Cependant, seules s'imposent à la société les décisions de refus des obligataires concernant des modifications directes des conditions de l'emprunt. Pour les autres, qui ne concernent l'emprunt qu'indirectement en modifiant la situation de la société débitrice, celle-ci peut passer outre, mais les droits des obligataires sont alors protégés par un remboursement immédiat ou la constitution à leur profit de garanties.

325. *Les représentants de la masse.* – La masse élit un, deux ou trois représentants qui agissent au nom de la masse, exercent les actions en justice, peuvent convoquer l'assemblée. Ils exercent les droits des obligataires en cas de redressement judiciaire de la société, produisent au nom de tous les obligataires.

SECTION III. – LES NOUVEAUX TITRES MIXTES

326. *Une volonté législative.* – Si l'on met de côté les formules, déjà classiques, d'obligations convertibles ou échangeables en actions (déjà envisagées au n° 322), de nombreuses formes nouvelles de valeurs mobilières ont vu le jour ces dernières années, avec les lois du 13 juillet 1978, du 3 janvier 1983 et du 14 décembre 1985. Dans tous

ces cas, la volonté du législateur a été la même : réconcilier les épargnants avec le financement des entreprises. A cette fin, le législateur a choisi de mettre sur pied des titres qui participent à la fois de la nature des actions et de celle des obligations. Il a, en effet, pris conscience du souci de l'épargnant de souscrire un titre qui lui offre tout à la fois un revenu garanti élevé, à la manière d'une obligation, et une protection contre l'érosion monétaire par un renforcement de la valeur du titre découlant de celle de l'actif sociétaire, à la manière d'une action.

327. *Actions à dividende prioritaire sans droit de vote.* – Créées par la loi du 13 juillet 1978 (art. 269-1 nouveau et suiv. de la loi du 24 juillet 1966), ces actions ne peuvent être émises qu'à une triple condition : la société doit avoir réalisé des bénéfices distribuables au cours des deux derniers exercices ; ces actions ne peuvent représenter plus du quart du montant du capital social ; enfin, elles ne peuvent être détenues par les dirigeants, leurs conjoints et leurs enfants mineurs.

Privés du droit de vote dans les assemblées, leurs titulaires reçoivent, en contrepartie, un droit à un dividende prioritaire prélevé sur le bénéfice distribuable de l'exercice, un droit qui ne peut être inférieur ni au premier dividende alloué aux actions ordinaires par les statuts s'il en est prévu un, ni à 7,5 % du montant libéré du capital représenté par ces actions à dividende prioritaire (loi du 24 juillet 1966, art. 269-2, al. 1er, réd. loi du 3 janvier 1983).

Ainsi, le législateur espère-t-il que les sociétés pourront attirer des épargnants beaucoup plus préoccupés du rendement de leurs titres que d'une participation aux assemblées générales. Au demeurant, le droit de vote n'est pas définitivement écarté. En effet, si les dividendes prioritaires dus au titre de trois exercices n'ont pas été intégralement versés, les titulaires de ces actions acquièrent, proportionnellement à la quotité du capital représentée par ces actions, un droit de vote égal à celui des autres actionnaires (loi du 24 juillet 1966, art. 269-3). La privation du droit de vote ne se justifie plus dans un tel cas.

328. *Certificats d'investissement et de droit de vote. Présentation.* – Créés par la loi du 3 janvier 1983 (art. 283-1 nouveau et suiv. de la loi du 24 juillet 1966), les certificats d'investissement résultent d'un fractionnement des droits normalement attachés aux actions, et correspondent aux seuls droits pécuniaires (droit aux dividendes, aux réserves et au boni de liquidation). L'ensemble des autres droits, et notamment le droit de vote, sont, de leur côté, représentés par les certificats de droit de vote. Par ce nouveau produit financier, qui se situe entre l'action et l'obligation, le législateur a voulu permettre aux

entreprises, principalement du secteur public, de développer leurs fonds propres en faisant appel à des capitaux extérieurs sans que ces opérations financières puissent exercer une influence sur le contrôle de la société.

329. *Régime des certificats d'investissement.* – Sous réserve de ne pas représenter plus du quart du capital social, ces certificats peuvent être émis par décision de l'assemblée générale extraordinaire, par toute société par actions, soit à l'occasion d'une augmentation de capital, soit par fractionnement d'actions existantes. Ils ne peuvent donc pas l'être lors de la constitution même de la société.

Ce sont des titres négociables, procurant les droits pécuniaires attachés à l'action, mais définitivement privés du droit de vote. Leurs porteurs peuvent obtenir communication des documents sociaux dans les mêmes conditions que les actionnaires, et voient, par ailleurs, leurs droits sauvegardés en cas de distribution gratuite d'actions, d'augmentation de capital en numéraire ou d'émission d'obligations convertibles en actions (art. 283-3 à 283-5 de la loi du 24 juillet 1966).

310. *Régime des certificats de droit de vote.* – Ces certificats permettent essentiellement à leurs titulaires de voter aux assemblées générales. Ils sont en principe inaliénables sauf en cas de succession, donation-partage ou de liquidation de communauté de biens entre époux (art. 283-1, al. 6). Ils ne peuvent, au demeurant, être cédés qu'accompagnés du certificat d'investissement et, en ce cas, l'action est définitivement reconstituée.

331. *Titres participatifs.* – Egalement créés par la loi du 3 janvier 1983 (art. 283-6 nouveau et suiv. de la loi du 24 juillet 1966), ces titres ne peuvent être émis que par les sociétés par actions appartenant au secteur public et les sociétés anonymes coopératives. Alors que les certificats d'investissement se rapprochent plutôt de l'action, les titres participatifs s'apparentent plutôt à l'obligation dans la mesure où ils ouvrent droit, au profit de leurs titulaires, à une rémunération composée d'une partie fixe et d'une partie variable calculée par référence à des éléments relatifs à l'activité ou aux résultats de la société, et assise sur le nominal du titre. L'émission de ces titres, négociables, est décidée par l'assemblée générale ordinaire des actionnaires ; leur remboursement intervient à l'échéance ou après dissolution de la société.

332. *Valeurs mobilières composées.* – Parachevant les efforts

antérieurs, la loi n° 85-1321 du 14 décembre 1985 enrichit encore la palette des valeurs mobilières. Tout en se refusant à instituer une liberté totale de création des valeurs mobilières, le législateur a voulu réglementer des agrégations de valeurs mobilières existantes, dans le cadre le plus large qui puisse être, afin qu'aucune hypothèse ne soit exclue. Ainsi, l'article 339-1 nouveau de la loi du 24 juillet 1966 dispose-t-il qu'une société par actions peut émettre des valeurs mobilières donnant droit par conversion, échange, remboursement, présentation d'un bon ou de toute autre manière, à l'attribution à tout moment ou à date fixe de titres qui, à cet effet, sont ou seront émis en représentation d'une quotité de capital de la société émettrice. Cette dernière formule révèle clairement que l'émission de ces valeurs mobilières, décidée par l'assemblée générale extraordinaire (art. 339-2 nouveau), conduira donc inéluctablement à une augmentation de capital.

L'objectif de la loi du 14 décembre 1985, qui est de renforcer les fonds propres des sociétés, s'est également traduit par la création des bons de souscription autonomes et des obligations subordonnées.

333. *Bons de souscription autonomes.* – A travers l'article 339-5 nouveau de la loi du 24 juillet 1966, la loi nouvelle autorise, en effet, les sociétés par actions à émettre directement, et indépendamment de toute autre émission, des bons de souscription d'actions ou de certificats d'investissement qui seront négociables et donneront le droit de souscrire à une future augmentation de capital. Ainsi, est reconnue une nouvelle formule d'augmentation de capital différée sans endettement immédiat, et même avec rentrée d'argent immédiate.

334. *Obligations subordonnées.* – Aux termes de l'article 339-7 nouveau de la loi du 24 juillet 1966, lors de l'émission de valeurs mobilières représentatives de créances sur la société émettrice ou donnant droit de souscrire ou d'acquérir une valeur mobilière représentative de créances, il peut être stipulé que ces valeurs mobilières ne seront remboursées qu'après désintéressement des autres créanciers, à l'exclusion des titulaires de titres participatifs (sur lesquels v. *supra,* n° 331) et de prêts participatifs (créés par la loi n° 78-741 du 13 juillet 1978, ces prêts, qui peuvent être accordés aux entreprises par l'Etat, les établissements de crédit, les sociétés commerciales et les sociétés et mutuelles d'assurances, se caractérisent précisément par le fait que le prêteur accepte, en cas de liquidation de la société débitrice, de n'être remboursé qu'après désintéressement complet de tous les autres créanciers privilégiés ou chirographaires).

SECTION IV. – LA FORME DES TITRES

335. *Régime antérieur.* – Jusqu'à la dématérialisation des titres opérée par la loi du 30 décembre 1981, existait une opposition essentielle entre :

– les *titres nominatifs,* qui résultaient de l'inscription de leur titulaire sur un registre tenu par la société émettrice, et qui avaient donc déjà une nature incorporelle,

– et les *titres au porteur,* représentés par un titre matériel dans lequel s'incorporaient les droits de l'actionnaire ou de l'obligataire. La société émettrice ignorait leur titulaire, dans la mesure où le transfert matériel du titre faisait présumer la transmission de sa propriété.

Simplement, depuis un décret du 4 août 1949, les titres au porteur pouvaient-ils eux-mêmes, si leurs titulaires le souhaitaient, être inscrits à un compte, tenu par la SICOVAM (Société interprofessionnelle pour la compensation des valeurs mobilières), et perdre donc, tout au moins aussi longtemps qu'ils restaient ainsi déposés, leur matérialité (sur le rôle actuel de la SICOVAM, v. *infra,* n° 345 et suiv.).

336. *La dématérialisation des valeurs mobilières.* – Pour permettre à l'Administration fiscale de connaître aisément, à tout moment, les noms de tous les actionnaires d'une société, la loi de finances pour 1982 du 30 décembre 1981 (art. 94) et son décret d'application n° 83-359 du 2 mai 1983 ont organisé la dématérialisation des valeurs mobilières émises en territoire français et soumises à la législation française. Désormais, les titres n'ont plus d'existence matérielle, et résultent uniquement de l'inscription à un compte, tenu par la personne morale émettrice ou un intermédiaire habilité.

337. *Le seul intérêt actuel de la distinction titres nominatifs - titres au porteur.* – En dépit de cette dématérialisation généralisée des valeurs mobilières, cette distinction conserve un intérêt. Le compte des titres, aujourd'hui improprement appelés au porteur, est tenu par un intermédiaire financier, qui conserve l'anonymat de leurs titulaires à l'égard de la société. Celui des titres nominatifs l'est, au contraire, par la société émettrice, qui en connaît donc les titulaires. Cependant, ces derniers peuvent charger un intermédiaire de gérer leur compte ouvert chez la société émettrice (d'où la distinction entre *nominatifs purs et nominatifs administrés :* v. *infra,* n° 344).

338. *Cas où la forme nominative est obligatoire.* – Le titre nominatif, qui est donc celui découlant de l'inscription à un compte

tenu par la société émettrice elle-même (décret du 2 mai 1983, art. 1er), est le plus souvent imposé par la loi. Il l'est d'abord, dans le cadre des sociétés non cotées en bourse, pour toutes les actions (mais pas pour les obligations, qui peuvent être émises au porteur). Il l'est également parfois dans le cadre des sociétés cotées. Certes, celles-ci ont, en principe, le choix entre la forme nominative et celle au porteur. Mais la première est imposée, notamment, pour les actions en numéraire jusqu'à leur entière libération (art. 270 de la loi du 24 juillet 1966), pour les actions à remettre en contrepartie d'obligations échangeables (art. 205), pour les actions souscrites ou achetées par les salariés jusqu'à l'expiration d'un délai de cinq ans (art. 208-16 et 208-19), et pour les actions des sociétés de presse et celles des sociétés qui détiennent directement ou indirectement 20 % au moins du capital d'une entreprise de presse ou des droits de vote dans cette entreprise (loi n° 84-937 du 23 octobre 1984, art. 4).

Comme, par ailleurs, les statuts peuvent également imposer la forme nominative, on mesure le déclin contemporain de la forme au porteur.

339. *Preuve de la qualité de titulaire.* – Quel que soit désormais le titre, cette preuve résulte uniquement de l'inscription sur le compte. Les attestations d'inscription que pourrait remettre celui qui tient ce compte n'ont pas de valeur juridique, et leur transmission matérielle n'emporterait nullement transfert de la propriété du titre.

340. *Cession de valeurs mobilières.* – Ici encore, que les titres soient nominatifs ou au porteur, la cession se fera de la même façon, par simple virement de compte à compte (décret du 2 mai 1983, art. 2). Le cédant, ou son représentant, signe un ordre de mouvement, au vu duquel la société émettrice constate sur un registre l'opération intervenue et procède au virement des titres du compte du cédant à celui du ou des cessionnaires. La transmission de ces titres devient opposable à la société et aux tiers à compter de leur inscription au compte du cessionnaire ; en revanche, dans les rapports des parties entre elles, la transmission de la propriété s'opère par le seul effet de la convention.

341. *Cas particulier d'une négociation en bourse.* – Cette négociation obéit à deux règles particulières :

– les valeurs mobilières dont la forme est obligatoirement nominative (v. *supra,* n° 338) doivent avoir été préalablement placées en compte d'administration chez un intermédiaire habilité (décret du 2 mai 1983, art. 5, al. 1er) ;

– celles qui ne revêtent pas obligatoirement cette forme ne peuvent être négociées en bourse qu'après avoir été préalablement converties au porteur, c'est-à-dire virées à un compte au porteur chez un intermédiaire habilité (art. 5, al. 2).

342. *Nantissement des valeurs mobilières.* – Quelle que soit la forme du titre, la mise en gage résulte :

– de l'établissement d'une déclaration émanant du titulaire des valeurs, et précisant la somme due et les titres donnés en gage ;
– de l'inscription de ce gage dans un registre de la société ;
– du virement des titres à un compte spécial ouvert au nom du titulaire et précisant l'identité du créancier gagiste ;
– de la délivrance à ce dernier d'une attestation de mise en gage.

343. *Saisie des valeurs mobilières.* – Elle peut être pratiquée entre les mains des organismes teneurs de comptes, et notamment de la société émettrice. Elle entraîne un blocage des droits du débiteur, qui ne peut donc plus toucher ses intérêts ou ses dividendes, ni négocier ses titres.

344. *Paiement des produits des valeurs mobilières.* – Il est effectué directement par la société émettrice aux titulaires des comptes tenus par elle (nominatifs purs). S'il s'agit de titres nominatifs administrés ou de titres au porteur, la société règle globalement les intermédiaires, à charge pour eux de répartir les sommes reçues entre les titulaires des comptes dont ils ont la charge.

345. *Rôle particulier de la SICOVAM.* – La société interprofessionnelle pour la compensation des valeurs mobilières facilite, par des opérations de virement de compte à compte, la circulation des valeurs mobilières entre ses divers affiliés (décret n° 49-1105 du 4 août 1949, art. 5). Dans ce but, pour toutes les valeurs admises à ses opérations (v. n° 346), elle ouvre des comptes courants au nom de ses affiliés, et effectue les compensations des opérations passées entre eux (décret du 2 mai 1983, art. 6).

346. *Valeurs admises en SICOVAM.* – Aux termes de son règlement général, la SICOVAM admet à ses opérations les valeurs mobilières inscrites à la cote officielle ou à celle du second marché (v. *infra,* n° 347), les actions des sociétés d'investissement à capital variable (v. *supra,* n° 223), et les valeurs traitées sur le marché hors cote et qui ouvrent droit à la détaxation du revenu investi en actions (actions visées par l'art. 163 *octies* C. gén. imp.).

En outre, son conseil d'administration peut décider d'y admettre toutes autres valeurs mobilières.

SECTION V. – LES BOURSES DES VALEURS

347. *Organisation des bourses.* – Les bourses des valeurs sont des marchés sur lesquels se négocient les valeurs mobilières. Il n'existe que sept bourses en France : Paris, Lyon, Marseille, Bordeaux, Lille, Nantes, Nancy. La Bourse de Paris est, de beaucoup, la plus importante. Les bourses fonctionnent sous l'autorité et le contrôle de la Commission des opérations de bourse, instituée par l'ordonnance nº 67-833 du 28 septembre 1967 et qui a, en vertu du décret du 3 janvier 1968, remplacé le Comité des bourses de valeurs (sur le rôle de la Commission des opérations de bourse, v. aussi nºˢ 284, 4º, 348, 351). La composition de la Commission a été modifiée par l'article 30 de la loi de finances rectificative du 31 décembre 1970. Ses attributions ont été accrues par la loi du 23 décembre 1970. Son rôle devient de plus en plus important pour la surveillance du marché et le contrôle en vue d'une exacte et complète information des actionnaires et du public.

Les textes essentiels sur les bourses des valeurs sont les articles 71 et suivants du Code de commerce, la loi du 14 février 1942, le décret du 7 octobre 1890, plusieurs fois modifié.

Dans les bourses des valeurs, ne peuvent faire des négociations que des intermédiaires officiels, en nombre limité, appelés *agents de change,* propriétaires de leurs charges et nommés par arrêtés ministériels. Tous les agents de change de toutes les bourses de France ont été, en vertu de la loi du 28 décembre 1966 et du décret du 30 mars 1967, groupés, à dater du 1ᵉʳ mai 1967, en une Compagnie nationale placée sous l'autorité d'une chambre syndicale unique dont le siège est à Paris.

Les parties ont le droit de faire un *marché direct* sans intermédiaire : il n'y a exception que pour les cessions entre personnes morales ou entre personnes morales et personnes physiques et portant sur des valeurs cotées (loi du 23 décembre 1964, art. 16). Cependant cette exception n'était pas applicable aux cessions par acte notarié : elle l'est depuis la loi de finances du 23 décembre 1970, article 95. Mais si la cession directe est, en principe, possible, les agents de change ont le monopole de *l'entremise, de la négociation,* non seulement pour les titres admis à leur cote (l'admission est décidée par la Commission des opérations de bourse : depuis le 1ᵉʳ janvier 1983, existe, à côté du marché officiel, un *second marché,* destiné aux sociétés moins importantes mais en pleine croissance), mais encore pour les titres figurant sur la liste qu'on appelle le « *hors cote* » (marché ouvert et libre, sans procédure officielle d'introduction).

Les agents de change, pour le compte de leurs clients (dont ils ne doivent jamais révéler les noms), et conformément à leurs ordres, achètent et vendent les titres en qualité de commissionnaires et sont responsables de la bonne exécution des opérations. La Compagnie nationale des agents de change garantit, dans une certaine limite d'ailleurs très élevée, l'exécution des obligations de ses membres.

Les agents de change peuvent assurer la gestion de portefeuilles de valeurs mobilières et se porter contrepartistes des opérations qui leur sont confiées (art. 85 C. com., complété par loi du 11 juillet 1972). La contrepartie a été réglementée par l'arrêté du 6 mars 1973 (art. 97 à 105 du règlement général de la Compagnie des agents de change). Ils peuvent également, depuis une loi du 11 juillet 1985, constituer des sociétés ayant pour objet principal de vendre ou d'acheter des titres en contrepartie, y compris dans les transactions où ils sont mandataires, et diriger ou administrer ces sociétés.

348. *Offres publiques d'achat ou d'échange.* – Il arrive parfois que, désireuse d'acquérir le contrôle d'une autre société, une société offre aux actionnaires de cette autre société de leur acheter une certaine quantité (toujours très importante) d'actions à un prix généralement largement supérieur aux cours pratiqués. Ce sont les offres publiques d'achat (O.P.A.). Parfois c'est une offre publique d'échange (O.P.E.) qui est faite.

Ces O.P.A. et O.P.E. ont été réglementées par des arrêtés, en dernier lieu par l'arrêté du 13 mars 1986, qui modifie et complète les dispositions du règlement général de la Compagnie des agents de change (art. 178 à 200 et 209-1 à 209-9). Un autre arrêté du 7 août 1978 institue un comité de surveillance des offres publiques.

Le projet d'O.P.A. ou d'O.P.E. est notifié par une ou plusieurs banques représentant l'acquéreur, à la Chambre syndicale des agents de change. Celle-ci rend publiques les offres et surveille, avec la Commission des opérations de bourse, le déroulement de l'opération, veillant notamment à une exacte et complète information des intéressés tant par la société qui fait l'offre que par la société visée par l'offre. Le projet n'aboutit, et ne donne donc lieu à la transaction envisagée, que si les réponses positives à l'offre sont supérieures au minimum de titres demandé par la société ayant pris l'initiative de l'O.P.A. ou de l'O.P.E.

349. *La négociation des blocs de contrôle.* – L'arrêté du 6 mars 1973 réglemente aussi la négociation des « blocs de contrôle », c'est-à-dire les achats de titres donnant à l'acheteur le contrôle de la société émettrice. L'opération est rendue publique et l'acheteur doit s'engager à acheter en bourse, pendant quinze séances, toutes les actions qui lui seraient présentées, au cas de cession du bloc (Règlement général de la Compagnie des agents de change, art. 201 à 206, homologué par l'arrêté du 7 août 1978).

350. *Marché au comptant.* – Le marché au comptant est le marché le plus large sur lequel sont échangées, sans minimum de nombre, toutes les valeurs cotées. Livraison des titres et paiement sont immédiats, l'agent de change pouvant exiger que les titres ou l'argent lui soient remis en même temps que l'ordre est passé. Les ordres sont passés aux agents de change soit « à des cours limités » (par exemple : vendez 3 Air liquide à 460, achetez 8 Schneider à 135) soit « au mieux ». De la confrontation des ordres d'achat et des ordres de vente, les agents de change ou leurs commis dégagent les cours qui sont publiés dans une cote officielle et auxquels s'exécutent les ordres « au mieux ». Dans le détail, la réglementation est complexe.

351. *Marché à terme.* – Le marché à terme ne porte que sur un certain nombre de valeurs. Les ordres ne peuvent porter que sur des quantités minima (le plus souvent 25 actions) ou leurs multiples. Livraison des titres et paiement sont à terme (à la liquidation de fin de mois), le vendeur espérant, entre-temps, racheter les titres en baisse et l'acheteur les revendre en hausse. Le vendeur n'a pas, en passant son ordre, à remettre les titres, ni l'acheteur à remettre les fonds. Il suffit qu'ils aient chez l'agent de change une couverture dont le montant et la composition sont déterminés par la Commission des opérations de bourse.

Bien que le marché à terme soit essentiellement un marché de spéculation (vendeurs et acheteurs ne recherchant que des « différences »), ce marché est assez fréquemment utilisé pour des opérations non spéculatives par des capitalistes désireux, surtout pour des ordres importants, de profiter d'un marché beaucoup plus largement alimenté que le marché au comptant.

Dans le détail de sa réglementation (marchés fermes, marchés à primes, options, reports), le marché à terme est très complexe.

352. *Placement des titres. Le démarchage.* – Le colportage et le démarchage des valeurs mobilières avaient été réglementés par un

décret-loi du 8 août 1935. Ils l'ont été de nouveau par une loi du 3 janvier 1972 et un décret du 22 août 1972.

Le *colportage*, qui consiste à vendre des valeurs mobilières en les présentant matériellement à domicile, est interdit. Le *démarchage*, qui consiste à solliciter des offres à domicile, est réglementé. Seuls peuvent avoir des démarcheurs les banques, les établissements financiers, les agents de change et remisiers, les caisses d'épargne. La liste des démarcheurs doit être communiquée au parquet. Les démarcheurs doivent être porteurs d'une carte. Le démarchage est interdit pour certaines opérations, notamment pour les opérations à terme (à moins qu'il n'y ait effectivement livraison des titres). Il est interdit pour les souscriptions à des valeurs émises par des sociétés n'ayant pas encore deux ans d'existence : il est, par là même, interdit pour les souscriptions d'actions d'une société en formation. Une note d'information doit être remise pour chacune des valeurs proposées.

SECTION VI. – LE RÉGIME FISCAL DES VALEURS MOBILIÈRES

353. *Revenus d'actions.* – Les dividendes d'actions et les intérêts d'obligations sont soumis à l'impôt sur le revenu, dans la catégorie « Revenus mobiliers ».

Les revenus d'actions sont assortis d'un avoir fiscal égal à la moitié de leur montant ; cette somme est ajoutée au dividende imposable, mais vient ensuite en déduction de l'impôt exigible. Les dividendes d'actions de sociétés françaises ne sont soumises à impôt qu'après abattement de 3 000 F par an et par foyer pour les contribuables domiciliés en France dont le revenu net global n'excède pas une certaine somme (320 000 F en 1985).

354. *Revenus d'obligations.* – Ces revenus font l'objet d'une retenue à la source de 10 % effectuée par l'organisme émetteur. Cette somme s'ajoute au revenu perçu, mais un crédit d'impôt de même montant vient en diminution de l'impôt exigible.

Le porteur peut, par ailleurs, opter pour un prélèvement libératoire (au taux de 26 %) qui exonère les intérêts reçus de tout impôt sur le revenu. S'il n'exerce pas cette option, le porteur soumet ses revenus d'obligations à l'impôt mais avec un abattement annuel forfaitaire de 5 000 F par foyer.

355. *Impôt sur les opérations de bourse.* – Les achats ou les ventes d'obligations et d'actions effectués par l'entremise d'un intermédiaire professionnel (agent de change, établissement bancaire

ou financier) donnent lieu à l'impôt sur les opérations de bourse de valeurs dont le taux est de 3 ‰ pour la fraction de chaque opération inférieure ou égale à 1 million de francs, et de 1,5 ‰ pour la fraction excédant ce montant. Certaines transactions sont toutefois exonérées de cet impôt.

CHAPITRE III

LE FONCTIONNEMENT DES SOCIÉTÉS PAR ACTIONS

356. *Les divers organes. Les filiales et les participations.* – Trois catégories d'organes jouent un rôle dans le fonctionnement des sociétés par actions :

1° Des *organes de gestion* (section I) ;

2° Des *organes de surveillance et de contrôle* (section II) ;

3° Des *organes qui délibèrent :* les assemblées d'actionnaires (section III).

Les attributions des divers organes des sociétés par actions sont fixées par la loi, et les statuts ne peuvent les modifier que dans de très étroites limites.

Nous consacrerons enfin quelques développements aux particularités de fonctionnement qui tiennent à ce que la société possède une part du capital d'une autre société, que cette part soit majoritaire *(filiales)* ou minoritaire *(participations)* (section IV).

SECTION I. – ORGANES DE GESTION

357. *Distinction.* – La gestion des sociétés par actions peut être réalisée suivant trois modalités différentes suivant qu'il s'agit de :

1° La société anonyme avec *conseil d'administration ;*

2° La société anonyme avec *directoire et conseil de surveillance ;*

3° La société *en commandite par actions.*

§ 1. – SOCIÉTÉ ANONYME AVEC CONSEIL D'ADMINISTRATION

358. *Modalité traditionnelle.* – Traditionnellement, la société anonyme est gérée par un conseil d'administration. C'était la seule

modalité possible jusqu'au 1er avril 1967 et elle est encore le type le plus courant de gestion, bien que le nouveau régime avec directoire et conseil de surveillance paraisse avoir un certain succès.

La gestion de la société amonyme est plus complexe que celle des sociétés par intérêts : dans ces dernières, le gérant assure seul la marche de la société. Dans la société anonyme, il existe un collège, le *conseil d'administration.* Ce conseil, qui ne se réunit, par exemple, qu'une fois par mois, peut contrôler la marche de la société, prendre les décisions importantes, mais non assurer la gestion journalière. Il faut que quelqu'un soit chargé de *diriger* la société.

I. – *Administration*

359. *Le conseil d'administration.* – La société anonyme, de type classique, est administrée par un *conseil d'administration* composé de trois administrateurs au moins et de douze au plus (loi du 24 juillet 1966, art. 89). Les administrateurs ne peuvent agir isolément, les décisions relatives aux affaires sociales doivent être prises quand ils sont réunis en conseil. Les statuts déterminent les règles de convocation et de délibération du conseil (décret du 23 mars 1967, art. 83). Le conseil ne délibère valablement que si la moitié au moins de ses membres sont présents ; les décisions sont prises à la majorité des membres présents ou représentés (loi du 24 juillet 1966, art. 100, modifié par la loi du 12 juillet 1967).

Dans les sociétés anonymes comportant un comité d'entreprise (v. *infra,* n° 549), deux membres du comité (quatre, s'il y a plus de 25 « cadres ») assistent à toutes les séances du conseil d'administration avec voix consultative (art. L. 432-6 C. trav.). V. *infra,* n° 374.

Le conseil d'administration est investi des pouvoirs les plus étendus pour agir en toute circonstance au nom de la société. La société est engagée même par les actes du conseil d'administration qui ne relèvent pas de l'objet social, à moins qu'elle ne prouve que le tiers savait que l'acte dépassait cet objet ou qu'il ne pouvait l'ignorer compte tenu des circonstances : cette règle, due à l'ordonnance du 20 décembre 1969, modifiant l'article 98 de la loi du 24 juillet 1966, a été adoptée pour mettre la législation en harmonie avec la Directive du 9 mars 1968 du Conseil des communautés européennes (v. n° 9, al. 3). La seule restriction est que le conseil ne peut empiéter sur les pouvoirs expressément attribués par la loi aux assemblées d'actionnaires.

Pour donner toute sécurité aux tiers traitant avec le conseil, la loi décide (et c'est là une règle que l'on retrouve, depuis 1966, pour toutes les sociétés : v. *supra,* n° 247, et *infra,* nos 361, 368, 426) que les dispositions des statuts limitant les pouvoirs du conseil d'administration sont inopposables aux tiers (même article).

360. *Les administrateurs.* – Les administrateurs doivent être pris parmi les actionnaires, et chacun doit être propriétaire d'un nombre d'actions de la société déterminé par les statuts. Ces actions, affectées à la garantie de la gestion, sont nominatives et inaliénables (loi du 24 juillet 1966, art. 95).

Un décret-loi du 8 août 1935 et la loi du 30 août 1947 (v. nº 85) interdisent aux personnes ayant subi certaines condamnations d'être administrateurs. Il en est de même des personnes déchues par le tribunal de commerce du droit d'administrer ou gérer une société, en cas de faute lourde, après la procédure collective ayant atteint la société qu'ils administraient. Enfin, les commerçants et les dirigeants d'une personne morale ne peuvent être administrateur s'il est prononcé contre eux la faillite personnelle ou l'interdiction de diriger, gérer ou administrer une entreprise (v. nºs 865 et 867).

Une loi du 31 décembre 1970, créant un article 90-1 nouveau de la loi du 24 juillet 1966, prévoit que les statuts doivent fixer une limite d'âge pour les administrateurs et que, à défaut, le nombre des administrateurs ayant dépassé l'âge de soixante-dix ans ne peut être supérieur au tiers des administrateurs.

Les personnes morales (une société, notamment) peuvent être administrateurs, elles désignent un représentant permanent (loi du 24 juillet 1966, art. 91).

Les fonctions de l'administrateur peuvent être bénévoles. Plus fréquemment, les administrateurs sont rémunérés. Ils le sont par des *jetons de présence* fixes déterminés par l'assemblée générale. Ils l'étaient aussi par des *tantièmes,* mais cette pratique est, désormais, interdite : v. nº 383.

Le mandat des administrateurs est temporaire, sa durée est fixée par les statuts sans pouvoir excéder six ans en cas de nomination par les assemblées générales et trois ans en cas de nomination dans les statuts. Les administrateurs sont rééligibles. Ils peuvent être révoqués à tout moment par l'assemblée générale ordinaire (loi du 24 juillet 1966, art. 90).

Nul ne peut faire partie de plus de huit conseils d'administration, à moins qu'il ne s'agisse de fonctions non rémunérées (loi du 24 juillet 1966, art. 92).

(Notons que dans les sociétés anonymes, comme d'ailleurs dans toutes les sociétés, il peut y avoir, exceptionnellement, en cas, par exemple, de conflit entre administrateurs, nomination, par les tribunaux, d'un *administrateur provisoire.* Celui-ci aura, généralement, mandat de gérer temporairement la société et, souvent, de convoquer une assemblée générale susceptible de mettre fin au conflit.

II. – *Direction*

361. *Le président-directeur général.* – Nous avons dit que quelqu'un doit être chargé de diriger la société.

C'est, en principe, obligatoirement le président du conseil d'administration, élu par le conseil, qui assure la direction générale de la société (loi du 24 juillet 1966, art. 113, modifié par la loi du 12 juillet 1967). C'est obligatoirement une personne physique. Le conseil d'administration le nomme pour une durée qui ne peut excéder celle de son mandat d'administrateur (mais il est rééligible) et peut le révoquer à tout moment. Il détermine sa rémunération (loi du 24 juillet 1966, art. 110). Nul ne peut exercer simultanément plus de deux mandats de président (loi du 24 juillet 1966, art. 111).

Sauf disposition différente des statuts, la limite d'âge est fixée à soixante-cinq ans (art. 110-2 de la loi du 24 juillet 1966, dû à la loi du 31 décembre 1970).

Le président-directeur général représente la société dans ses rapports avec les tiers. La société est engagée même par les actes du président qui ne relèvent pas de l'objet social, à moins qu'elle ne prouve que le tiers savait que l'acte dépassait cet objet ou qu'il ne pouvait l'ignorer compte tenu des circonstances. La seule limite à ses pouvoirs résulte des pouvoirs reconnus aux assemblées d'actionnaires. Sous cette réserve, le président est investi des pouvoirs les plus étendus pour agir en toute circonstance au nom de la société, et les dispositions des statuts ou les décisions du conseil limitant ces pouvoirs sont inopposables aux tiers (loi du 24 juillet 1966, art. 113, modifié par la loi du 12 juillet 1967 et par l'ordonnance du 20 décembre 1969).

Au principe que la direction générale est assurée par le président du conseil d'administration, il y a certaines atténuations :

1° Sur la proposition du président et pour l'assister, le conseil peut nommer un directeur général et même, si le capital est au moins égal à 500 000 F, deux directeurs généraux (loi du 24 juillet 1966, art. 115). Sauf disposition différente des statuts, la limite d'âge est de soixante-cinq ans.

Ces directeurs généraux sont révocables à tout moment par le conseil sur proposition du président. Le conseil, en accord avec le président, détermine leurs pouvoirs. Mais, à l'égard des tiers, ils ont les mêmes pouvoirs que le président (loi du 24 juillet 1966, art. 117) ;

2° En cas d'empêchement temporaire ou de décès du président, le conseil d'administration peut déléguer un administrateur dans les fonctions de président (loi du 24 juillet 1966, art. 112).

362. *Les directeurs techniques.* – Des directeurs généraux, mandataires du conseil, il faut soigneusement distinguer ceux qu'on appelle aussi des directeurs, mais qui sont des *directeurs techniques*. Ce sont des employés supérieurs liés à la société non par un mandat, mais par un contrat de travail : directeur commercial, directeur du personnel, directeur des fabrications, etc.

Un directeur technique, comme tout autre salarié de la société, peut être nommé administrateur tout en conservant le bénéfice de son contrat de travail, à condition toutefois d'être salarié depuis au moins deux ans (loi du 24 juillet 1966, art. 93). Mais un administrateur ne peut pas devenir salarié.

III. – *Obligation au passif social et responsabilités des administrateurs*

363. *Obligation au passif social.* – En principe, les administrateurs étant des mandataires, ne doivent pas être tenus du passif de la société. Mais, lorsque la société fait l'objet d'une procédure collective, la loi permet au tribunal de commerce de décider que les dettes sociales seront supportées, en tout ou en partie, avec ou sans solidarité, par tous les dirigeants sociaux ou par certains d'entre eux. Sous l'empire de la loi du 13 juillet 1967 (art. 99), il appartenait même au dirigeant poursuivi, pour échapper à cette condamnation en comblement de passif social, de faire la preuve qu'il avait apporté à la gestion des affaires sociales toute l'activité et la diligence nécessaires. Depuis la loi du 25 janvier 1985 (art. 180), la preuve doit être apportée que le dirigeant a commis une faute de gestion ayant contribué à l'insuffisance d'actif de la société.

364. *Responsabilité pénale des administrateurs.* – La loi prévoit, notamment, des délits punis de peines correctionnelles pouvant aller jusqu'à cinq années d'emprisonnement (loi du 24 juillet 1966, art. 437) :

Le délit de distribution de dividendes fictifs ;

Le délit de présentation de bilan inexact ;

Le délit d'usage à des fins personnelles des biens ou du crédit de la société ;

Le délit d'usage à des fins personnelles de leurs pouvoirs et des voix dont ils disposaient.

365. *Responsabilité civile des administrateurs.* – Fréquemment, des procès en responsabilité sont engagés contre les administrateurs.

Leur responsabilité est, en principe, régie par le droit commun. Elle peut être engagée vis-à-vis des associés ou des tiers, soit en raison d'infractions aux lois et règlements, soit en raison de fautes commises dans leur gestion (loi du 24 juillet 1966, art. 244 modifié par la loi du 12 juillet 1967).

En principe, leur responsabilité est individuelle, sauf au cas de faute collective où il y a responsabilité *in solidum :* ce dernier cas sera d'ailleurs, pratiquement, le plus fréquent, les décisions étant prises par le conseil d'administration et pouvant, dès lors, être imputées à tous les administrateurs, fussent-ils non présents (sauf vote contraire de leur part, suivi de démission).

Les actions en responsabilité se prescrivent par trois ans, sauf au cas de crime où la prescription est de dix ans

366. *Actions sociales et actions individuelles.* – Les actions en reponsabilité dirigées contre les administrateurs donnent lieu à une distinction fameuse, mais qui a perdu une grande partie de son intérêt : celle des actions sociales et des actions individuelles.

Les actions exercées par des tiers lésés, des créanciers sont toujours individuelles. Mais les actions intentées dans l'intérêt des actionnaires sont tantôt sociales, tantôt individuelles.

Malgré certaines controverses, il faut considérer, avec la jurisprudence, comme individuelles, les actions fondées sur un préjudice particulier à l'actionnaire demandeur, à certains actionnaires seulement, préjudice distinct de celui éprouvé par la collectivité sociale : ainsi est individuelle l'action intentée par un actionnaire qui, à la suite de faux renseignements donnés par le conseil d'administration sur une prétendue prospérité de la société, a acheté des actions de la société.

Au contraire, est sociale l'action fondée sur un préjudice qui touche la société elle-même, qui est commun et égal pour tous les actionnaires, l'action qui tend au maintien ou à la reconstitution du patrimoine social : par exemple, l'action intentée contre des administrateurs qui, par une gestion maladroite, ont conduit la société à la ruine.

L'actionnaire isolé peut évidemment exercer l'action individuelle. Mais la loi lui permet également d'exercer individuellement l'action sociale : on dit que les actionnaires exercent cette action « ut singuli ». Ils pourraient aussi se grouper pour l'exercer. Les demandeurs peuvent demander la réparation de l'entier préjudice subi par la société, mais les dommages-intérêts obtenus sont alloués à la société (loi du 24 juillet 1966, art. 245).

367. *Intérêts de la distinction.* – Depuis un décret-loi du 31 août 1937 dont la loi du 24 juillet 1966 a repris les dispositions, la distinction a perdu beaucoup de son intérêt.

On admettait, en effet :

1° Que l'action sociale était éteinte par l'approbation des comptes, le quitus donné aux administrateurs par l'assemblée, tandis que l'action individuelle subsistait : actuellement aucune décision de l'assemblée ne peut éteindre une action en responsabilité (loi du 24 juillet 1966, art. 246, al. 2) ;

2° Que l'action sociale pouvait être entravée, mais non l'action individuelle, par des clauses des statuts subordonnant les actions à des délibérations de l'assemblée générale : actuellement, ces clauses sont nulles (loi du 24 juillet 1966, art. 246, al. 1).

En définitive, l'intérêt essentiel de la distinction concerne la question de l'attribution des dommages-intérêts au demandeur ou à la société (v. n° 366, *in fine*).

§ 2. – SOCIÉTÉ ANONYME AVEC DIRECTOIRE ET CONSEIL DE SURVEILLANCE

368. *Le directoire.* – La loi du 24 juillet 1966 permet aux fondateurs de société anonyme de stipuler dans les statuts un nouveau régime de gestion, inspiré du droit allemand. Dans ce régime, la direction est beaucoup plus indépendante.

La direction est assurée par un *directoire* composé de cinq membres au plus, nommés par le conseil de surveillance qui confère à l'un des membres la qualité de président. Les membres du directoire peuvent être révoqués par l'assemblée générale sur proposition du conseil de surveillance ; une révocation sans juste motif peut donner lieu à dommages-intérêts (loi du 24 juillet 1966, art. 121). Le directoire est nommé pour quatre ans.

Sauf disposition différente des statuts, la limite d'âge des membres du directoire est de soixante-cinq ans (loi du 24 juillet 1966, art. 126-1 dû à la loi du 31 décembre 1970).

Dans les sociétés dont le capital social est inférieur à 600 000 F, le directoire peut ne comporter qu'un seul membre qui prend le titre de *directeur général unique* (loi du 24 juillet 1966, art. 119, modifié par la loi du 30 décembre 1981).

Sous réserve des pouvoirs du conseil de surveillance et des assemblées et dans la limite de l'objet social, le directoire est investi des pouvoirs les plus étendus pour agir en toutes circonstances au nom de la société (loi du 24 juillet 1966, art. 124, al. 1).

Dans les rapports avec les tiers, la société est engagée même par les actes du directoire qui ne relèvent pas de l'objet social, à moins qu'elle ne prouve que le tiers savait que l'acte dépassait cet objet ou qu'il ne pouvait l'ignorer compte tenu des circonstances (loi du 24 juillet 1966, art. 124, al. 2, ajouté par ordonnance du 20 décembre 1969).

Les dispositions des statuts limitant les pouvoirs du directoire sont inopposables aux tiers (loi du 24 juillet 1966, art. 124, al. 3).

Nul ne peut appartenir simultanément à plus de deux directoires ni exercer les fonctions de directeur général unique dans plus de deux sociétés anonymes (sous réserve de quelques exceptions introduites par la loi n° 85-1321 du 14 décembre 1985 : mandats exclusifs de toute rémunération, ou exercés dans des sociétés d'études ou de recherches, ou encore dans des sociétés dont le capital est détenu à concurrence de 20 % par une autre société dont le membre du directoire concerné est déjà dirigeant).

Le directoire est contrôlé par le *conseil de surveillance* (v. *infra*, n° 375) dont les premiers membres sont nommés par l'assemblée constitutive. Les limites d'âge, pour les membres du conseil de surveillance sont les mêmes que pour les administrateurs (art. 129-1 de la loi du 24 juillet 1966, dû à la loi du 31 décembre 1970, v. n° 360).

Les responsabilités pénales des membres du directoire ou du conseil de surveillance sont, suivant leurs attributions, les mêmes que celles des présidents-directeurs généraux et administrateurs (loi du 24 juillet 1966, art. 464, 479, 489).

Les responsabilités civiles sont semblables.

§ 3. – SOCIÉTÉ EN COMMANDITE PAR ACTIONS

369. *Les gérants*. – Dans la société en commandite par actions, la gestion est confiée à un ou plusieurs gérants, obligatoirement pris parmi les commandités et responsables indéfiniment.

Le ou les premiers gérants sont désignés par les statuts. Au cours de l'existence de la société, ils sont désignés par l'assemblée générale ordinaire avec l'accord de tous les commandités. Ils sont révoqués dans les conditions prévues par les statuts mais peuvent l'être, en outre, par le tribunal de commerce, pour cause légitime, à la requête de tout associé ou de la société (loi du 24 juillet 1966, art. 52).

Le gérant est investi des pouvoirs les plus étendus pour agir en toute circonstance au nom de la société (loi du 24 juillet 1966, art. 255). Les formules sont les mêmes que pour le président-directeur général (v. n° 361).

Le gérant encourt les mêmes responsabilités pénales que les administrateurs ou directeurs généraux des sociétés anonymes.

SECTION II. – ORGANES DE SURVEILLANCE ET DE CONTROLE

370. *Distinction.* – Comme pour la gestion de la société, il y a lieu, pour les organes de surveillance et de contrôle, de distinguer suivant qu'il s'agit de :

1° La société anonyme avec conseil d'administration ;

2° La société anonyme avec directoire ;

3° La société en commandite par actions.

La loi du 24 juillet 1966 consacre au contrôle des sociétés anonymes les articles 218 à 235, le décret du 23 mars 1967, les articles 186 à 195.

§ 1. – SOCIÉTÉ ANONYME AVEC CONSEIL D'ADMINISTRATION

371. *Les commissaires aux comptes.* – Les actionnaires ont, comme tous les associés, un droit de surveillance, de contrôle sur la gestion de la société. Mais ils exercent ce droit, à titre permanent, par des mandataires, les *commissaires aux comptes*. L'institution avait été réformée, pour offrir plus de garanties, par un décret-loi du 8 août 1935. Elle l'a été, à nouveau, par la loi du 24 juillet 1966, le décret du 23 mars 1967 et le décret du 12 août 1969, modifié par le décret du 3 juillet 1985 relatif à l'organisation de la profession et au statut professionnel des commissaires aux comptes de sociétés.

Il doit y avoir au moins deux commissaires aux comptes dans les sociétés anonymes qui ont des filiales ou des participations et sont astreintes à publier des comptes consolidés (loi du 24 juillet 1966, art. 223, al. 3, réd. loi du 1er mars 1984 : v. *infra,* n° 399). Un certain nombre de personnes (parents et alliés des fondateurs ou administrateurs, employés de la société, etc.) énumérées par l'article 220 de la loi du 24 juillet 1966, ne peuvent être commissaires aux comptes d'une société déterminée. De façon générale, nul ne peut exercer les fonctions de commissaire aux comptes s'il n'est préalablement inscrit sur une liste. Le décret du 12 août 1969 a précisé que, pour être inscrit sur la liste des commissaires aux comptes, il faut être français, âgé de plus de vingt-cinq ans, présenter des garanties de moralité et d'aptitude professionnelle jugées suffisantes par une commission, avoir passé avec succès un examen d'aptitude, avoir fait un stage professionnel. Depuis la loi n° 84-148 du 1er mars 1984 relative à la prévention des difficultés des entreprises, qui les a d'ailleurs considérablement étendues (v. *infra*, n° 729 et suiv.), les fonctions de commissaire aux comptes peuvent être exercées par des sociétés, sous quelque forme que ce soit (et non plus, comme jusque-là, sous la seule forme d'une société civile professionnelle).

Il existe une compagnie nationale des commissaires aux comptes et des compagnies régionales. La discipline des commissaires aux comptes est réglementée par le décret du 12 août 1969.

Les commissaires aux comptes sont nommés par l'assemblée constitutive puis par l'assemblée ordinaire annuelle. Ils sont nommés pour six exercices. Ils peuvent être relevés de leurs fonctions avant terme, pour cas de faute ou d'empêchement, mais uniquement par décision de justice, à la demande du conseil d'administration, du directoire, du comité d'entreprise, d'un ou plusieurs actionnaires représentant au moins un dixième du capital social ou de l'assemblée générale (loi du 24 juillet 1966, art. 227, réd. loi du 1er mars 1984).

Les commissaires aux comptes ont pour mission permanente de vérifier les livres et valeurs de la société, de contrôler la régularité et la sincérité des comptes sociaux, de vérifier la sincérité des informations données par le conseil d'administration aux actionnaires (loi du 24 juillet 1966, art. 228). A toute époque de l'année, ils peuvent opérer toutes vérifications et tous contrôles qu'ils jugent opportuns. Ils font connaître aux administrateurs le résultat de leurs contrôles, les irrégularités découvertes, leurs observations et conclusions.

Les commissaires aux comptes présentent un rapport à l'assemblée générale annuelle. Ils ont, en outre, certains rapports spéciaux à présenter (v. nos 385, 392, 404). Ils peuvent convoquer l'assemblée générale (v. n° 378).

Les commissaires aux comptes doivent révéler au procureur de la République les faits délictueux dont ils ont connaissance (loi du 24 juillet 1966, art. 223, al. 2). Ils doivent également déclencher une procédure d'alerte si se révèlent des difficultés sociétaires (v. *infra*, n° 737).

Ils sont responsables des conséquences dommageables des fautes et négligences qu'ils commettent dans l'exercice de leurs fonctions (loi du 24 juillet 1966, art. 234, al. 1).

Les honoraires des commissaires aux comptes, qui sont à la charge de la société, sont fixés par les articles 119 et suivants du décret du 12 août 1969, modifiés par le décret du 3 juillet 1985.

372. *Contrôle direct par les actionnaires.* – Outre le contrôle permanent par leurs mandataires, les actionnaires ont directement :

1° Un droit de contrôle individuel appelé *droit de communication.* A toute époque, ils peuvent obtenir communication des documents présentés aux assemblées des trois derniers exercices, ainsi que des procès-verbaux et feuilles de présence des assemblées tenues pendant ces trois exercices (loi du 24 juillet 1966, art. 170). Ce droit de prendre connaissance emporte celui de prendre copie (décret du 23 mars 1967, art. 142). En second lieu, dans les quinze jours qui précèdent la date des assemblées générales, tout actionnaire a le droit de prendre connaissance (et copie) de la liste des administrateurs, des comptes, des rapports, des résolutions proposées, du montant global des rémunérations versées aux 5 personnes (ou 10 personnes si l'effectif du personnel dépasse 200 salariés) les mieux rémunérées (loi du 24 juillet 1966, art. 168 ; décret du 23 mars 1967, art. 139 et suivants) ;

2° Un droit de contrôle par les assemblées générales (v. *infra,* n° 377 et suiv.). Seuls n'ont pas le droit de participer aux assemblées générales les porteurs d'actions à dividende prioritaire sans droit de vote : v. n° 377 *in fine ;*

3° Un *droit à l'information.* Toute société par actions doit, dans le mois qui suit son assemblée générale, déposer, en double exemplaire, au greffe du tribunal de commerce, les comptes annuels, le rapport de gestion, le rapport des commissaires aux comptes, la proposition d'affectation du résultat soumise à l'assemblée et la résolution d'affectation votée (décret du 23 mars 1967, art. 293, mod. décret du 1er mars 1985). Les sociétés dont les actions sont inscrites à la cote officielle des valeurs mobilières sont tenues de publicités supplémentaires : dépôt au greffe de l'inventaire des valeurs mobilières détenues en portefeuille à la clôture de l'exercice, et, dans les quatre mois de la clôture de l'exercice et quinze jours au moins avant la réunion de l'assemblée générale ordinaire, publication au *Bulletin des annonces légales obligatoires* de divers documents : comptes annuels, inventaire des valeurs mobilières détenues, projet d'affectation de résultat, comptes consolidés s'il sont disponibles (décret du 23 mars 1967, art. 293 et 295). La violation de ces dispositions n'est cependant plus, depuis la loi du 1er mars 1984, constitutive d'infractions pénales (abrogation des art. 483 à 485 de la loi du 24 juillet 1966).

Voir également, pour un renforcement de l'information des actionnaires dans le cadre de la prévention des difficultés des entreprises, *infra,* n° 733 et suiv.

373. *Droits des actionnaires minoritaires.* – Des garanties très

importantes sont données par la loi aux actionnaires minoritaires pour leur permettre de lutter contre les abus de la majorité : un ou plusieurs actionnaires, à la condition de représenter au moins le dixième du capital, peuvent :

1° Demander en justice la récusation d'un ou plusieurs commissaires aux comptes désignés par l'assemblée générale et la nomination d'autres commissaires aux comptes pour les remplacer (loi du 24 juillet 1966, art. 227) ;

2° Demander en justice la nomination d'un expert chargé de présenter un rapport sur une ou plusieurs opérations de gestion (loi 24 juillet 1966, art. 226) ;

3° Faire désigner par justice un mandataire chargé de convoquer l'assemblée générale (loi du 24 juillet 1966, art. 158, al. 2, 2°) ;

4° Requérir l'inscription de projets de résolution à l'ordre du jour d'une assemblée : il suffit alors que les actionnaires représentent 5 % du capital (v. n° 378, 2°) ;

374. *Contrôle par les comités d'entreprise.* – Les comités d'entreprise (v. n° 549) ont un certain droit de contrôle. Deux (ou quatre) membres du comité assistent aux séances du conseil d'administration (v. *supra,* n° 359), et les membres du comité ont les mêmes droits de communication que les actionnaires. En outre, avant l'assemblée annuelle, le comité d'entreprise, qui peut se faire assister d'un expert comptable rémunéré par la société, se voit communiquer les documents annuels, peut convoquer pour les entendre les commissaires aux comptes et formuler des observations qui seront transmises à l'assemblée générale.

Le comité d'enreprise peut, par ailleurs, en cas de difficultés, déclencher une procédure d'alerte : v. *infra,* n° 727 et suiv.

§ 2. – Société avec directoire

375. *Commissaires aux comptes et conseil de surveillance.* – Dans la société anonyme gérée par un directoire, il existe, comme dans la société anonyme avec conseil d'administration, des *commissaires aux comptes :* les règles sont identiques.

De même sont identiques les règles sur le contrôle direct par les actionnaires et sur le comité d'entreprise : ce dernier a deux (ou quatre) délégués qui assistent aux séances du conseil de surveillance avec voix consultative.

Mais il y a en outre le *conseil de surveillance* (v. n° 368 *in fine*). Celui-ci, nommé par l'assemblée générale, est composé de trois membres au moins et de douze membres au plus. Le statut des membres, leur mode de nomination et de révocation, leur rémunération sont à peu près les mêmes que ceux des membres du conseil d'administration.

Le conseil de surveillance exerce le contrôle permament de la gestion de la société par le directoire (loi du 24 juillet 1966, art. 128, al. 1). Il élit un président et un vice-président qui sont chargés de convoquer le conseil et d'en diriger les débats (loi du 24 juillet 1966, art. 138, al. 1).

§ 3. – Société en commandite par actions

376. *Commissaires aux comptes et conseil de surveillance.* – Dans la société en commandite par actions, il existe, en vertu de la nouvelle législation, des *commissaires aux comptes* comme dans la société anonyme. Les règles sont identiques.

Mais il y a en outre un *conseil de surveillance* (qui ne doit pas être confondu avec le conseil de surveillance de la société anonyme avec directoire). L'assemblée générale nomme le conseil de surveillance qui est composé de trois actionnaires au moins (loi du 24 juillet 1966, art. 253, al. 1). En fait, sont généralement désignés comme membres des actionnaires ayant un nombre très important d'actions. On applique, à défaut de dispositions statutaires, les règles concernant la désignation et la durée du mandat des administrateurs de société anonyme (loi du 24 juillet 1966, art. 253, al. 3). Les membres du conseil de surveillance sont soumis aux mêmes limites d'âge que les administrateurs (v. n° 360).

Le conseil de surveillance assure le contrôle permanent de la gestion de la société. Il dispose, à cet effet, des mêmes pouvoirs que les commissaires aux comptes (loi du 24 juillet 1966, art. 257, al. 1). Il fait à l'assemblée ordinaire annuelle un rapport. Il peut convoquer l'assemblée générale des actionnaires.

Le contrôle par les actionnaires est, en outre, le même que dans les sociétés anonymes.

Quant au comité d'entreprise, il a également un rôle : il a deux (ou quatre) délégués qui assistent aux séances du conseil de surveillance avec voix consultative.

Section III. – LES ASSEMBLÉES D'ACTIONNAIRES

§ 1. – Généralités

377. *Diverses espèces d'assemblées.* – Les actionnaires se réunissent pour délibérer en des assemblées générales. On distingue quatre sortes d'assemblées générales :

1° Les *assemblées constitutives ;*

2° Les *assemblées ordinaires ;*

3° Les *assemblées extraordinaires ;*

4° Les *assemblées spéciales.*

Les assemblées constitutives ayant déjà été étudiées (v. n° 293 et suiv.), nous les laisserons de côté. Bornons-nous à signaler qu'il y aura lieu d'en tenir, au cours de la société, au cas d'augmentation de capital par apports en nature (v. n° 391), notamment au cas de fusion (v. n° 404). Les assemblées spéciales seront examinées, *infra,* n° 389, 2°.

Les porteurs d'actions à dividende prioritaire sans droit de vote (v. n° 313, al. 2) n'ont pas le droit de participer et de voter aux assemblées générales, mais ils peuvent être réunis en assemblée spéciale (v. n° 389, 2°).

378. *Règles communes à toutes les assemblées.* – Signalons d'abord quelques règles qui s'appliquent à toutes les assemblées :

1° *Convocation.* – Le droit de convocation, dans les sociétés anonymes, appartient, en principe, au conseil d'administration (ou au directoire) et, exceptionnellement, aux commissaires aux comptes (et au conseil de surveillance). Dans la société en commandite par actions, il appartient au gérant et au conseil de surveillance.

Rappelons que des actionnaires de la *minorité* peuvent obtenir la convocation d'une assemblée (v. n° 373, 3°) et qu'un *administrateur provisoire* peut également convoquer l'assemblée (v. n° 360 *in fine*). Tout intéressé, en cas d'urgence, peut faire désigner en justice un mandataire chargé de convoquer l'assemblée. Le liquidateur peut également convoquer une assemblée (loi du 24 juillet 1966, art. 158).

2° *Régime des assemblées.* – L'assemblée est présidée, dans les sociétés anonymes, par le président du conseil d'administration (ou du conseil de surveillance) assisté de deux scrutateurs (les deux actionnaires disposant du plus grand nombre de voix) et d'un secrétaire (décret du 23 mars 1967, art. 146 et 147). Dans la société en commandite par actions, c'est le gérant qui préside.

Un procès-verbal est tenu (décret du 23 mars 1967, art. 149), une feuille de présence est dressée contenant le nom des actionnaires avec le nombre d'actions et de voix de chacun d'eux (loi du 24 juillet 1966, art. 167 ; décret du 23 mars 1967, art. 145).

Un actionnaire peut *se faire représenter* par un autre actionnaire ou par son conjoint (loi du 24 juillet 1966, art. 161, al. 1). Les administrateurs usent largement de cette possibilité en invitant les actionnaires à leur adresser des « pouvoirs en blanc », c'est-à-dire dans lesquels le nom du mandataire n'est pas indiqué. Ils remplissent le blanc à leur nom et réunissent ainsi un grand nombre de voix. On a critiqué cette pratique, mais elle est indispensable pour réunir le quorum, fort peu d'actionnaires assistant effectivement aux assemblées. Du moins, il est prévu qu'à toute formule de procuration adressée aux actionnaires doivent être joints des documents donnant les renseignements nécessaires sur les projets de résolutions, la situation de la société pendant les cinq années écoulées, et précisant à l'intéressé que s'il renvoie à la société cette procuration sans indication d'un mandataire, il sera émis en son nom un vote favorable à l'adoption des projets de résolution présentés ou agréés par le conseil d'administration (décret du 23 mars 1967, art. 133 et 134).

Par ailleurs, une loi du 3 janvier 1983 avait prévu la possibilité pour un actionnaire de *voter par correspondance*, mais son entrée en vigueur était subordonnée à la parution d'un décret d'application. Ce décret n° 86-584 du 14 mars 1986 précise que le formulaire de vote par correspondance, auquel doivent être annexées différentes informations destinées à éclairer l'actionnaire, doit permettre à celui-ci, pour chaque résolution présentée à l'assemblée, d'exprimer un vote favorable ou défavorable ou de s'abstenir. Il doit indiquer à l'actionnaire que toute abstention exprimée dans le formulaire ou résultant de l'absence d'indication de vote sera assimilée à un vote défavorable (loi du 24 juillet 1966, art. 161-1 nouveau et décret du 23 mars 1967, art. 131-2 nouveau).

L'ordre du jour de l'assemblée est arrêté par l'auteur de la convocation, mais les actionnaires représentant 5 % du capital peuvent requérir l'inscription de projets de résolutions à l'ordre du jour. L'assemblée ne peut délibérer sur une question qui n'est pas à l'ordre du jour ; par exception, elle peut toujours révoquer des administrateurs (ou des membres du conseil de surveillance) et procéder à leur remplacement (loi du 24 juillet 1966, art. 160).

3° *Interdiction des actions à vote plural.* – Avant 1933, beaucoup des sociétés avaient créé des *actions à vote plural :* certaines actions avaient, par exemple, dix voix, les autres n'en avaient qu'une. Ces actions ont été interdites par la loi du 13 novembre 1933. Le droit de vote est en principe proportionnel à la quotité de capital que représente chaque action (loi du 24 juillet 1966, art. 174). Sont seulement autorisées les *actions à droit de vote double* au profit des actions nominatives immatriculées depuis deux ans au moins au nom du même titulaire : c'est une prime à la fidélité (loi du 24 juillet 1966, art. 175 et 176).

4° *Limitation possible du nombre des voix.* – Les statuts peuvent limiter le nombre des voix dont chaque actionnaire dispose dans les assemblées, sous la condition que cette limitation soit imposée à toutes les actions sans distinction de catégorie (loi du 24 juillet 1966, art. 177).

§ 2. – ASSEMBLÉES ORDINAIRES

379. *Généralités.* – Les assemblées générales ordinaires sont *toutes les assemblées* réunies au cours de la vie sociale *pour un but autre que la modification des statuts* (ce sont alors des assemblées extraordinaires : v. n° 386 et suiv.) ou la *vérification et l'approbation des apports en nature* au cas d'augmentation de capital (ce sont alors des assemblées constitutives : v. n° 377).

Il doit obligatoirement y avoir une assemblée générale par an pour la présentation des comptes : c'est *l'assemblée générale annuelle.* Elle est réunie dans les six mois de la clôture de l'exercice (loi du 24 juillet 1966, art. 157) ; l'exercice coïncidant le plus souvent avec l'année civile, l'assemblée doit donc se tenir avant le 1er juillet, sauf prolongation du délai par décision de justice.

Mais, en dehors de l'assemblée générale ordinaire annuelle, il peut y avoir (mais c'est exceptionnel) d'autres assemblées ordinaires en cours d'année, par exemple pour autoriser un emprunt obligataire ou pour faire part aux actionnaires d'un événement très important pour la vie de la société. On appelle parfois ces assemblées : *assemblées ordinaires réunies extraordinairement.* Il faut bien éviter de les confondre avec des assemblées *extraordinaires.*

I. – *Conditions de validité des délibérations*

380. *Accès à l'assemblée, quorum et majorité.* – En principe, tous les actionnaires ont droit d'entrée dans ces assemblées. Mais les statuts peuvent réserver l'accès de celles-ci aux actionnaires qui possèdent un nombre d'actions déterminé, sans pouvoir exiger plus de dix actions (loi du 24 juillet 1966, art. 165, al. 1). Pour éviter que les petits actionnaires ne soient écartés, la loi leur permet de se grouper et de se faire représenter par l'un d'eux ou par le conjoint de l'un d'eux (loi du 24 juillet 1966, art. 165, al. 2).

Le quorum est, sur première convocation, du quart des actions ; sur deuxième convocation, aucun quorum n'est requis. La majorité est la majorité simple, c'est-à-dire la moitié plus une des voix dont disposent les actionnaires présents ou représentés (loi du 24 juillet 1966, art. 155, dernier alinéa modifié par l'article 7 de la loi n° 81-162 du 30 décembre 1981).

II. – *Attributions des assemblées ordinaires*

381. *Diverses attributions.* – Les assemblées ordinaires peuvent avoir à délibérer sur les ordres du jour les plus divers. Mais elles ont notamment pour but :

1° De réélire ou de remplacer les administrateurs (ou les membres du conseil de surveillance) et les commissaires aux comptes et, dans la commandite par actions, les membres du conseil de surveillance ; de fixer leur rémunération ;

2° D'autoriser les actes du conseil d'administration (ou du directoire) ou du gérant qui excèdent leurs pouvoirs, par exemple : les émissions d'emprunts obligataires ;

3° De recevoir les comptes et, s'il y a lieu, de les approuver ;

4° De régler l'emploi des bénéfices ;

5° D'approuver les conventions passées entre les administrateurs et la société.

Les trois derniers points méritent des développements.

382. *Les comptes annuels.* – Le conseil d'administration (ou le gérant) doit présenter aux actionnaires, annuellement, avec son rapport, l'inventaire et les comptes (bilan, compte de résultat et annexe : v. *supra*, n° 101), ainsi qu'en annexe au bilan, un état des garanties et sûretés données par la société (loi du 24 juillet 1966, art. 340). Le rapport doit exposer la gestion de la société durant l'exercice écoulé, son évolution prévisible, les événements importants survenus entre la date de la clôture de l'exercice et celle à laquelle il est établi, ses activités en matière de recherche et de développement.

L'assemblée entend le rapport du conseil d'administration (ou du directoire) et celui des commissaires aux comptes ; dans les sociétés en commandite par actions : celui du gérant et celui du conseil de surveillance. Elle entend également, s'il en a été formulé, les observations du comité d'entreprise. Des questions peuvent être posées au président de l'assemblée qui, généralement, donne quelques indications sur l'exercice en cours. Puis l'assemblée vote sur l'approbation des comptes.

Rappelons que les grandes sociétés doivent, dans les quarante-cinq jours qui suivent l'assemblée, publier au B.A.L.O. une série de documents (v. n° 372, 3°).

383. *Emploi des bénéfices.* – S'il y a lieu, l'assemblée statue sur l'emploi des bénéfices, sur la proposition du conseil d'administration (ou du directoire) et, dans la société en commandite par actions, du gérant. Il s'agit des *bénéfices distribuables*, c'est-à-dire du bénéfice de

l'exercice (consistant dans la différence entre les produits et les charges de l'exercice, après déduction des amortissements et provisions), diminué des pertes antérieures ainsi que des sommes à porter en réserve en application de la loi ou des statuts, et augmenté du report bénéficiaire (loi du 24 juillet 1966, art. 346, réd. loi du 30 avril 1983). Ces bénéfices, au point de vue fiscal, sont soumis, qu'ils soient ou non distribués, à l'impôt sur les sociétés, dont le taux est normalement de 50 %, mais se trouve ramené, à partir de 1986, à 45 % pour la partie affectée à une réserve spéciale.

Un prélèvement d'un vingtième doit être fait annuellement pour former la *réserve légale,* jusqu'à ce que celle-ci atteigne un dixième du capital social (loi du 24 juillet 1966, art. 345). Un autre prélèvement peut être fait, même, on tend à l'admettre, dans le silence des statuts, pour constituer une *réserve extraordinaire.* Il faut également prélever une *réserve spéciale de participation des travailleurs ;* les sommes portées à cette réserve sont déductibles pour l'assiette de l'impôt sur les sociétés (v. le numéro suivant).

En dehors des réserves, le bénéfice est, en principe, distribué sous forme de *dividende* aux actionnaires, mais il peut y avoir constitution d'*un report à nouveau :* l'assemblée décide, dans un tel cas, de laisser une somme en instance d'affectation (dividende ou réserve) jusqu'à la prochaine assemblée annuelle.

Une part des bénéfices était attribuée aux administrateurs (ou aux membres du conseil de surveillance), qu'on appelait *tantièmes.* Mais la suppression des tantièmes dans les sociétés anonymes a été décidée par une loi du 31 décembre 1975 à partir de l'exercice clos en 1978.

Si on distribuait des dividendes ne correspondant pas à des bénéfices réels, effectivement réalisés et distribuables, il y aurait *dividendes fictifs.* Cette distribution entraînerait la responsabilité pénale des administrateurs (ou du directoire) (voir n° 364) et du gérant dans la société en commandite par actions. Mais les actionnaires conservent les dividendes ainsi distribués hors le cas (exceptionnel) où les dividendes auraient été distribués sans que l'assemblée ait approuvé les comptes et constaté l'existence de sommes distribuables et où il est établi que les actionnaires avaient connaissance du caractère irrégulier de cette distribution (loi du 24 juillet 1966, art. 350 modifié par la loi du 30 décembre 1981).

La mise en paiement des dividendes doit avoir lieu dans un délai maximal de neuf mois après la clôture de l'exercice (loi du 24 juillet 1966, modifiée par la loi du 6 janvier 1969, art. 347-1).

Il est interdit de stipuler un intérêt fixe ou intercalaire au profit des actionnaires (loi du 24 juillet 1966, art. 348). Si de tels intérêts étaient distribués, les actionnaires devraient les restituer.

Sur le régime fiscal des dividendes, pour l'actionnaire, voir *supra*, nº 354.

384. *La réserve spéciale de participation des travailleurs.* – L'ordonnance nº 67-693 du 17 août 1967, modifiée par la loi nº 73-1197 du 27 décembre 1973, a eu pour but de faire participer les travailleurs aux fruits de l'expansion des entreprises. Le texte a été incorporé au Code du travail où il figure sous les nouveaux articles L. 442-1 et suivants, R. 442-1 et suivants.

Ce régime d'intéressement du personnel est obligatoire pour toute entreprise employant régulièrement plus de cent salariés, quelle que soit la nature de son activité et sa forme juridique. Mais pratiquement il est exceptionnel qu'une entreprise employant cent salariés ne soit pas sous forme de société et, presque toujours, sous forme de société par actions. Le nouveau régime est entré en vigueur le 1er janvier 1968. Pour les entreprises publiques, v. nº 459.

Il est obligatoirement constitué une *réserve spéciale de participation des travailleurs* prélevée sur le bénéfice net fiscal après déduction de 5 % du montant des capitaux propres (c'est-à-dire du capital social et des réserves) représentant la rémunération de ces capitaux. Le décret du 19 décembre 1967 précise les règles de calcul de la réserve spéciale et de sa répartition proportionnelle au salaire. Les sommes portées à cette réserve sont déductibles pour l'assiette de l'impôt sur les sociétés (art. L. 442-8 C. trav.).

Quant à l'application des droits reconnus aux salariés, elle est déterminée par des accords entre les intéressés qui peuvent prévoir diverses modalités d'intéressement (ordonnance précité, art. 4) :

1º L'attribution d'actions qui peuvent provenir soit d'une incorporation des réserves, soit d'un rachat préalable (v. ci-après dernier alinéa) ; il peut être attribué des coupures d'actions de valeur nominale inférieure à 100 F (v. nº 287) ;

2º L'affectation de la réserve spéciale de participation à un fonds consacré à des investissements, la créance des salariés pouvant prendre la forme d'obligations, d'obligations participantes ou de comptes courants bloqués ;

3º Le versement soit à des organismes de placement étrangers à l'entreprise, soit à des comptes ouverts aux intéressés en application d'un *plan d'épargne entreprise* (portefeuille collectif composé, en principe, d'actions de sociétés d'investissement). Le plan d'épargne d'entreprise est réglementé par l'ordonnance nº 67-694 du 17 août 1967 modifiée par la loi nº 73-1197 du 27 décembre 1973 (art. L. 443-1 et suiv. C. trav.).

A défaut d'accord, c'est la deuxième modalité qui est applicable.

Des accords peuvent prévoir des modalités différentes des trois modalités envisagées par l'ordonnance, à la condition de comporter pour les salariés des avantages au moins équivalents et d'être homologués par arrêté ministériel (art. L. 442-6 et 442-17 C. trav.).

Les droits conférés aux salariés ne sont négociables ou exigibles qu'à l'expiration d'un délai de cinq ans (art. L. 442-7 C. trav.), sauf circonstances exceptionnelles (mariage, licenciement, mise à la retraite, invalidité, décès) prévues par l'article R. 442-15.

Les sociétés soumises aux dispositions du présent numéro peuvent acquérir en Bourse leurs propres actions, sans pouvoir en détenir plus de 10 %. Ces actions doivent être nominatives ; les sociétés ne peuvent voter avec ces actions et il n'est pas tenu compte de ces actions pour le calcul du quorum (loi du 24 juillet 1966, art. 217-1 ajouté par l'ordonnance nº 67-695 du 17 août 1969 et modifié par la loi nº 81-1162 du 30 décembre 1981, et art. 164, modifié par la même ordonnance et par la même loi).

385. *Conventions passées entre les administrateurs et la société.* – Les conventions entre les administrateurs (ou les membres du directoire) et la société anonyme, entre un gérant ou un membre du conseil de surveillance et la société en commandite par actions, sont en principe licites. Sont seulement interdits les emprunts auprès de la société, le cautionnement par la société. Mais ces conventions (à l'exception des conventions portant sur des opérations courantes et conclues à des conditions normales) sont soumises à une procédure spéciale pour éviter que les dirigeants ne sacrifient les intérêts de la société aux leurs propres (loi du 24 juillet 1966, art. 101 à 106, 143 à 148, 258).

Ces conventions doivent être portées à la connaissance du conseil d'administration (du directoire, du conseil de surveillance), pour être autorisées par lui. Il en est donné avis aux commissaires aux comptes. Sur rapport des commissaires aux comptes, les conventions sont ensuite soumises à l'approbation de l'assemblée générale. Lorsqu'elles ont été conclues sans avoir été autorisées par cette dernière, les conventions produisent leurs effets à l'égard des tiers (sauf annulation dans le cas de fraude), mais leurs conséquences préjudiciables pour la société peuvent être mises à la charge des administrateurs, directeurs ou gérants intéressés.

§ 3. – ASSEMBLÉES EXTRAORDINAIRES

386. *Généralités.* – Les assemblées extraordinaires sont *celles qui sont réunies pour statuer sur les modifications aux statuts.* Ce sont les

mêmes règles qui régissent ces assemblées dans les sociétés anonymes et dans les sociétés en commandite par actions : toutefois, dans ces dernières, la modification des statuts exige, sauf clause contraire des statuts, l'accord de tous les commandités (loi du 24 juillet 1966, art. 259).

Une délibération de l'assemblée générale extraordinaire est, en principe, nécessaire pour modifier les statuts. Par exception, le transfert du siège social dans le même département ou dans un département limitrophe peut être décidé par le conseil d'administration (ou le directoire) sous réserve de l'approbation par la prochaine assemblée ordinaire (loi du 24 juillet 1966, art. 99). Par une autre exception, l'augmentation de capital par incorporation des réserves peut être votée par une assemblée délibérant aux conditions de quorum et de majorité des assemblées ordinaires (loi du 24 juillet 1966, art. 180, al. 2).

I. – *Conditions de validité des délibérations*

387. *Droit d'entrée. Quorum et majorité.* – Tout actionnaire, quel que soit le nombre de ses actions, peut participer aux assemblées extraordinaires ; toute clause contraire est réputée non écrite (loi du 24 juillet 1966, art. 166).

Le quorum est, sur première convocation, de moitié, sur deuxième convocation, du quart. A défaut, la deuxième assemblée peut être prorogée à une date postérieure de deux mois au plus à celle à laquelle elle avait été convoquée, le quorum restant fixé au quart (loi du 24 juillet 1966, art. 153, al. 2).

Quant à la majorité, elle est des deux tiers des voix dont disposent les actionnaires présents ou représentés (loi du 24 juillet 1966, art. 153, al. 3, modifié par la loi n° 81-1162 du 30 décembre 1981).

II. – *Attributions des assemblées extraordinaires*

388. *Principe et exceptions.* – Aux termes de l'article 153, alinéa 1, de la loi du 24 juillet 1966, l'assemblée générale extraordinaire est habilitée à modifier les statuts dans toutes leurs dispositions : toute clause contraire est réputée non écrite. Le principe est donc *l'omnipotence de l'assemblée.*

Les articles 153 et 154 apportent cependant deux exceptions :

1° L'assemblée ne peut (sauf s'il était possible de réunir l'unanimité des actionnaires) modifier la nationalité de la société, sauf au cas d'acquisition de la nationalité d'un pays d'accueil ayant conclu une convention spéciale avec la France ;

2° Elle ne peut (sauf s'il était possible de réunir l'unanimité des actionnaires) augmenter les engagements des actionnaires. Cela signifie qu'elle ne peut aggraver leur dette, leur imposer de faire des versements non prévus aux statuts, de souscrire ou d'acheter de nouvelles actions. (La loi réserve cependant le cas de regroupement d'actions que la société peut imposer [v. n° 287] bien que ce regroupement puisse obliger les actionnaires à acheter des actions pour en avoir le nombre voulu.) C'est pour cette raison que la transformation de la société anonyme en société en nom collectif, transformation qui augmente les engagements des actionnaires, nécessite l'accord de tous les associés, que la transformation en société en commandite simple ou par actions nécessite l'accord de tous les associés qui acceptent d'être associés commandités (loi du 24 juillet 1966, art. 238).

389. *Autres tempéraments.* – Il faut encore apporter au principe de l'omnipotence de l'assemblée d'autres tempéraments non prévus par les articles 153 et 154.

1° La jurisprudence décide que l'assemblée ne peut priver un actionnaire de certains droits considérés comme essentiels : droit de vote, droit aux bénéfices, ni à plus forte raison, exclure un actionnaire ;

2° L'assemblée ne peut modifier les droits d'une catégorie d'actions (par exemple, des actions de priorité) si la délibération n'est pas ratifiée par une *assemblée spéciale* des actionnaires de cette catégorie ; cette assemblée spéciale est soumise, pour sa composition, ses délibérations, aux mêmes règles que l'assemblée générale extraordinaire (loi du 24 juillet 1966, art. 156). Les assemblées spéciales des porteurs d'actions à dividende prioritaire sans droit de vote sont régis par le décret n° 79-641 du 27 juillet 1979 ;

3° L'assemblée ne peut *abuser de ses pouvoirs, détourner ses pouvoirs* pour brimer la minorité, lui imposer des décisions qui ne seraient pas dictées par l'intérêt général de la société : la jurisprudence, en pareil cas, annule la délibération pour abus de droit ;

4° L'assemblée doit respecter les droits des obligataires, qu'il y a lieu de consulter en cas de propositions affectant, directement ou indirectement, les conditions du remboursement de l'emprunt (v. *supra*, n° 324).

III. – *Principales modifications aux statuts*

390. *Modifications diverses.* – Les modifications sont très variées. Elles peuvent porter sur *l'objet* ou la *forme* de la société. Sur ce

dernier point, il faut noter que la *transformation* n'est, en principe, possible que si la société anonyme a deux ans d'existence (loi du 24 juillet 1966, art. 236) ; sur le cas de transformation en société en nom collectif ou en société en commandite, v. *supra,* n° 388, *in fine.* Les modifications peuvent encore porter sur la durée de la société, soit qu'il y ait *prorogation,* soit qu'il y ait *dissolution anticipée.* Il peut y avoir encore *fusion* entre deux sociétés ou *scission* (v. n° 404). Dans ces dernières années, beaucoup de sociétés ont décidé le *regroupement* de leurs actions. A titre transitoire, l'entrée en vigueur de la loi du 24 juillet 1966 a obligé toutes les sociétés par actions à modifier leurs statuts pour *les mettre en harmonie avec la loi nouvelle* et ce, au plus tard, avant le 1er octobre 1970 (v. *supra,* n° 197).

Mais les modifications les plus fréquentes touchent au capital social : *l'amortissement* a déjà été signalé (v. n° 312), il reste à envisager *l'augmentation du capital* et la *réduction du capital.*

391. *Augmentation de capital par apports nouveaux,* – Le plus souvent, l'augmentation de capital traduit l'augmentation de l'actif qui reçoit de nouveaux apports.

Il peut y avoir apports en nature (pour le cas de fonds de commerce, v. n° 205) : c'est notamment le cas de fusion, dans lequel une société en absorbe une autre (v. n° 404). Il peut, fréquemment, y avoir émission d'actions nouvelles à souscrire en numéraire, la société ayant besoin de nouveaux fonds : de telles augmentations sont devenues très courantes, les dépréciations successives du franc nécessitant des fonds de roulement plus importants.

Dans tous les cas, l'augmentation de capital doit être décidée ou autorisée par une assemblée générale extraordinaire. Mais l'assemblée générale extraordinaire, après cette décision, peut déléguer au conseil d'administration (ou au directoire) les pouvoirs nécessaires à l'effet de réaliser, dans un délai maximum, en principe, de cinq ans, l'augmentation de capital en une ou plusieurs fois, d'en fixer les modalités, d'en constater la réalisation et de procéder à la modification corrélative des statuts (loi du 24 juillet 1966, art. 180 et 181).

Le capital doit être intégralement libéré avant toute émission d'actions nouvelles à souscrire en numéraire (loi du 24 juillet 1966, art. 182). Il n'en est autrement que pour les émissions réservées aux salariés (v. n° 394).

Il faut suivre, pour l'augmentation de capital, les règles de la constitution de la société. Ainsi, au cas d'apports en nature, il faut réunir une assemblée constitutive qui, sur rapport de commissaires aux apports, approuvera ces apports (v. pour le cas de fusion :

n° 404). Au cas d'émission d'actions de numéraire, il faut suivre les règles de la constitution concernant la souscription, la libération des actions.

Les apports en augmentation de capital sont soumis aux mêmes droits d'enregistrement que les apports faits lors de la constitution de la société.

392. *Prime d'émission.* – L'assemblée générale extraordinaire fixe le montant de l'émission et, en conséquence, le nombre d'actions nouvelles qui devront être émises. Supposons qu'une société veuille augmenter son capital de 200 000 F, et que la valeur nominale de ses actions soit fixée à 100 F. Théoriquement, l'assemblée devrait donc décider l'émission de 2 000 actions nouvelles. Seulement, une telle émission d'actions nouvelles au montant nominal n'est admissible que si la valeur vénale actuelle des actions est égale à leur valeur nominale ; sinon, dès lors que, par suite de bénéfices déjà réalisés, cette valeur vénale est supérieure, les anciens actionnaires seraient lésés au bénéfice des nouveaux si on émettait les actions nouvelles à la valeur nominale. Aussi, très généralement, l'assemblée générale prévoira-t-elle que les actions nouvelles seront émises au montant nominal majoré d'une *prime d'émission* qui se présente comme un droit d'entrée, à payer intégralement dès la souscription (loi du 24 juillet 1966, art. 191) et compensant la différence entre la valeur nominale et la valeur vénale des actions anciennes.

392-1. *Droit préférentiel de souscription.* – Pour protéger également les anciens actionnaires, l'article 183 de la loi du 24 juillet 1966 leur reconnaît aussi un droit de préférence à la souscription des actions de numéraire émises pour réaliser une augmentation de capital, et cela proportionnellement au montant de leurs actions présentes.

Le délai accordé aux actionnaires pour l'exercice de ce droit ne peut être inférieur à vingt jours à dater de l'ouverture de la souscription (loi du 24 juillet 1966, art. 188, réd. loi du 14 décembre 1985).

Ce droit de souscription n'est cependant pas intangible. Si les statuts ne peuvent lui porter atteinte, sa suppression peut, en revanche, être décidée par l'assemblée générale extraordinaire. Celle-ci dispose, à cet égard, d'une certaine liberté de manœuvre. Statuant ici à peine de nullité, sur le rapport du conseil d'administration ou du directoire et sur celui du ou des commissaires aux comptes (loi du 24 juillet 1966, art. 186 nouveau), elle peut supprimer le droit préférentiel de souscription pour la totalité de l'augmentation de capital ou simplement pour une ou plusieurs tranches de celle-ci (ce qui permet de concilier l'entrée de nouveaux actionnaires et un apport de fonds propres par les actionnaires existants). Par ailleurs, si le droit préférentiel ne peut, en principe, être supprimé qu'en faveur d'une ou plusieurs personnes dénommées (loi du 24 juillet 1966, art. 186-3), les articles 186-1 et 186-2 de la loi, dans la rédaction issue de la loi du 14 décembre 1985, fixent les conditions de la suppression du droit préférentiel de souscription, *en cas d'appel public à l'épargne,* sans indication du nom des bénéficiaires.

Enfin, l'actionnaire peut également renoncer à titre individuel à son droit préférentiel de souscription (loi du 24 juillet 1966, art. 183, al. 3, réd. loi du 3 janvier 1983).

393. *Options de souscription pour le personnel.* – La loi n° 70-1322 du 31 décembre 1970 (art. 208-1 à 208-8 nouveaux de la loi du 24 juillet 1966), complétée par le décret du 7 juin 1971 (art. 174-8 à 174-21 nouveaux du décret du 23 mars 1967), a permis aux assemblées générales extraordinaires de consentir, au profit du personnel de la société, à des options de souscription d'actions pendant un délai qui ne peut être supérieur à cinq ans. Cette décision comporte renonciation des actionnaires à leur droit de souscription. Si les actions sont cotées en Bourse, le prix de souscription ne peut être inférieur à 90 % de la moyenne des cours cotés dans les vingt séances de Bourse précédant le jour où l'option est consentie. Il peut être interdit de revendre les actions pendant un délai maximal de trois ans. A la clôture de chaque exercice, le conseil d'administration constate le nombre d'actions souscrites et modifie en conséquence les statuts.

La société peut également accorder des options d'achat portant sur des actions qu'elle a rachetées.

394. *Emissions d'actions réservées aux salariés.* – La loi n° 73-1196 du 27 décembre 1973 (art. 208-9 à 208-17 nouveaux de la loi du 24 juillet 1966), complétée par le décret du 23 avril 1974 (art. 174-22 à 174-41 nouveaux du décret du 23 mars 1967), et partiellement modifiée par l'article 13 de la loi n° 85-1321 du 14 décembre 1985, permet aux sociétés, lorsqu'elles ont distribué au moins deux dividendes au cours des trois derniers exercices, de procéder à des augmentations de capital par émission d'actions destinées à être souscrites exclusivement :

– soit par leurs salariés ;

– soit par les salariés des sociétés ou des groupements d'intérêt économique dont le dixième au moins du capital ou des droits est détenu, directement ou indirectement, par la société émettrice ;

– soit par les salariés des sociétés ou des G.I.E. détenant, directement ou indirectement, au moins le dixième du capital de la société émettrice ;

– soit par les salariés des sociétés ou des G.I.E. dont 50 % au moins du capital ou des droits sont détenus, directement ou indirectement, par une société détenant elle-même, directement ou indirectement, 50 % au moins du capital de la société émettrice.

L'émission peut être faite même si le capital n'est pas entièrement libéré. La décision de l'assemblée générale extraordinaire fixe le montant maximal de l'augmentation de capital (qui ne peut dépasser 20 % du capital) et le prix de souscription (qui ne peut être supérieur à la moyenne des cours cotés dans les vingt dernières séances de Bourse ni inférieur de plus de 10 % à cette moyenne).

Les salariés peuvent souscrire à l'augmentation de capital, soit individuellement, soit par l'intermédiaire du fonds commun de placement propre à la société. L'assemblée générale extraordinaire peut, dans certaines limites fixées par le décret (6 mois à 3 ans), fixer des conditions d'ancienneté pour que les salariés bénéficient de l'émission. Un salarié ne peut souscrire que dans la limite d'une somme égale à la moitié du plafond retenu pour les cotisations à la sécurité sociale. Le délai de souscription doit être de trente jours à trois mois. Le délai de libération des titres ne peut être supérieur à trois ans, les libérations se faisant par prélèvement sur les salaires. Les actions souscrites sont obligatoirement nominatives et incessibles pendant cinq ans.

La société peut également proposer à ses salariés (individuellement ou à un fonds commun de placement) d'acquérir en Bourse des actions de la société, par le moyen d'un compte spécial ouvert à leur nom et alimenté partie par des prélèvements sur les salaires, partie par des versements complémentaires de la société (loi du 24 juillet 1966, art. 208-18 et 208-19 nouveaux).

395. *Distribution d'actions en faveur des salariés.* – Loi n° 80-834 du 24 octobre 1980 a prévu que les sociétés pouvaient distribuer à titre gratuit des actions à leurs salariés. Un décret n° 80-935 du 26 novembre 1980 a fixé les modalités de cette distribution. L'augmentation de capital nécessitée par cette distribution ne peut dépasser 3 % du capital. L'opération est facilitée par une intervention de l'Etat, la société ayant sur l'Etat une créance égale à 65 % de la valeur des actions. Les actions distribuées sont indisponibles pendant un délai fixé par l'assemblée extraordinaire qui décide la distribution, entre trois et cinq ans. Les applications de ces nouvelles dispositions ont été assez nombreuses.

396. *Augmentation de capital par incorporation de réserves.* – Le capital social peut encore être augmenté sans que de nouveaux apports viennent s'ajouter à l'actif. Les sociétés qui ont des réserves facultatives importantes peuvent augmenter leur capital par un simple jeu d'écriture en virant les réserves au capital. La simplicité de cette forme a d'ailleurs conduit le législateur, tout en maintenant la compétence exclusive de l'assemblée générale extraordinaire pour le décider, à prévoir que cette assemblée statuerait aux conditions de quorum et de majorité des assemblées ordinaires (loi du 24 juillet 1966, art. 180, al. 2).

Ces incorporations ont été très fréquentes dans ces dernières années, car beaucoup de sociétés avaient d'importantes réserves provenant, le plus souvent, du fait qu'ayant réévalué leur bilan elles avaient, à leur passif, des réserves de réévaluation.

L'incorporation des réserves au capital peut se traduire soit par une élévation du nominal des actions, soit par une distribution d'actions gratuites. Par exemple, une société au capital de 2 millions de F, en 20 000 actions de 100 F, augmente son capital en y incorporant 1 million de F de réserves. Elle peut, soit élever le nominal des 20 000 actions de 100 à 150 F, soit distribuer une action gratuite de 100 F pour 2 actions anciennes dont le nominal reste inchangé.

Au point de vue fiscal, le taux normal de l'impôt est de 12 %, mais est réduit à 3 % dans la limite d'une augmentation de capital annuelle de 1 million de francs par société.

397. *Le droit d'attribution.* – Au cas de distribution d'actions gratuites, le droit attaché à l'action ancienne s'appelle : *droit d'attribution*. Dans l'exemple que nous avons pris, il faut deux droits pour avoir une action gratuite. Ce droit est négocié et coté en Bourse, pour permettre la régularisation des « rompus » : celui qui, dans notre exemple, a trois actions anciennes, vendra un droit et recevra une action gratuite, grâce aux deux droits qui lui restent ; ou bien il achètera un droit qui, joint aux trois qu'il possède, lui permettra d'avoir deux actions nouvelles. Cependant, depuis une loi du 14 décembre 1985, l'assemblée générale peut décider que les droits formant rompus, eux-mêmes en principe négociables, ne le seront pas et que les actions correspondantes seront vendues. Les sommes provenant de la vente sont alors allouées aux titulaires des droits dans les trente jours suivant la date d'inscription à leur compte du nombre entier d'actions attribuées (loi du 24 juillet 1966, art. 180, al. 2 nouveau).

398. *Réduction du capital social.* – La réduction du capital social peut intervenir dans des circonstances très différentes :

1° Quelquefois (très rarement) la réduction se fait en l'absence de perte. Le capital de la société est trop important pour les besoins de celle-ci et la société rembourse une partie des apports. Elle peut aussi procéder par achats en Bourse d'actions qu'elle annule (loi du 24 juillet 1966, art. 217, alinéa 2). Il faut bien éviter de confondre cette réduction de capital avec l'amortissement du capital (v. n° 312) : l'amortissement est fait avec des bénéfices et le chiffre du capital reste intact ;

2° Beaucoup plus fréquemment, la réduction du capital n'est qu'une opération comptable, la constatation des pertes subies par la société : on ramène le capital à un chiffre en rapport avec l'actif réel. Les procédés sont divers : ou bien on réduit le taux des actions (dans la mesure où on ne tombe pas au-dessous de la valeur nominale minimale légale), ou bien on échange les actions anciennes contre un plus petit nombre d'actions nouvelles. Cette réduction de capital est souvent suivie d'une augmentation de capital ; la situation étant assainie, on fait appel à de l'argent frais : c'est ce qu'on appelle couramment un « coup d'accordéon ».

De toute façon, une décision de l'assemblée générale extraordinaire est nécessaire, après un rapport des commissaires aux comptes. Et les créanciers dont la créance est antérieure au dépôt au greffe du procès-verbal de la délibération peuvent, dans les trente jours, former une opposition sur laquelle statue le tribunal (loi du 24 juillet 1966, art. 216 ; décret du 23 mars 1967, art. 180). Les opérations de réduction du capital ne peuvent commencer pendant le délai d'opposition ni, le cas échéant, avant qu'il ait été statué en première instance sur cette opposition. Si le juge de première instance accueille l'opposition, la procédure de réduction du capital est immédiatement interrompue jusqu'à la constitution de garanties suffisantes ou jusqu'au remboursement des créances ; s'il la rejette, la procédure peut commencer.

SECTION IV. – FILIALES ET PARTICIPATIONS

399. *Information des actionnaires.* – Lorsqu'une société possède une fraction du capital d'une autre, la seconde société est une *filiale* lorsque la première société possède plus de la moitié de son capital ; il

y a *participation* de la première société dans la seconde si la fraction du capital possédé par la première société est comprise entre 10 et 50 % (loi du 24 juillet 1966, art. 354 et 355, précisant tous deux qu'il n'y a pas lieu de tenir compte ici de la fraction du capital correspondant à des actions à dividende prioritaire sans droit de vote).

Le législateur a estimé nécessaire que les actionnaires soient informés de ces situations. A cet effet, il prévoit notamment que le rapport présenté à l'assemblée annuelle par le conseil d'administration ou le directoire sur les opérations de l'exercice écoulé doit faire état des prises de participation intervenues au cours dudit exercice (loi du 24 juillet 1966, art. 356, al. 1er, mod. loi n° 85-705 du 12 juillet 1985), et qu'il doit également rendre compte de l'activité et des résultats des filiales de la société et des sociétés contrôlées par elle (art. 356, al. 2).

D'autre part, lorsqu'une société a des filiales ou des participations, doit être annexé au bilan un tableau faisant apparaître la situation de ces filiales ou participations (loi du 24 juillet 1966, art. 247). Enfin, depuis une loi n° 85-11 du 3 janvier 1985, la société ainsi placée à la tête d'un groupe doit, indépendamment de ses comptes annuels, publier des comptes consolidés, qui tiennent compte de la situation active et passive et des résultats des diverses sociétés contrôlées (loi du 24 juillet 1966, art. 357-1 et suiv., et décret du 23 mars 1967, art. 248 à 248-13, réd. décret n° 86-221 du 17 février 1986).

400. *Interdiction des participations croisées.* – La loi interdit qu'une société par actions possède des actions d'une autre société si celle-ci détient une fraction de son capital supérieur à 10 % (loi du 24 juillet 1966, art. 358, al. 1) : c'est ce qu'on appelle l'interdiction des *participations croisées.* A défaut d'accord entre les sociétés pour régulariser la situation, celle qui détient la fraction la plus faible du capital de l'autre, doit aliéner son investissement dans le délai d'un an (loi du 24 juillet 1966, art. 358, al. 2 et 3 ; décret du 23 mars 1967, art. 250).

Pour éviter que cette interdiction des participations croisées ne soit tournée par des participations circulaires faisant intervenir des sociétés interposées, une loi du 12 juillet 1985 a prévu que *le droit de vote attaché aux actions d'autocontrôle* (par lesquelles une société assure son propre contrôle par l'intermédiaire d'une ou plusieurs sociétés dont elle détient elle-même le contrôle) *serait limité à 10 % des voix* dont disposent les actionnaires présents ou représentés (loi du 24 juillet 1966, art. 359-1 nouveau).

CHAPITRE IV

LA DISSOLUTION DES SOCIÉTÉS PAR ACTIONS

401. *Généralités.* – Les règles générales de la dissolution ayant été exposées à propos des sociétés par intérêts (n°s 257 à 270), il n'y aura lieu qu'à noter certaines particularités propres aux sociétés par actions soit pour les causes de dissolution (section I), soit pour les conséquences de la dissolution (section II).

SECTION I. – CAUSES DE DISSOLUTION

402. *Dissolution de la société anonyme.* – La société anonyme n'est, naturellement, pas soumise aux causes de dissolution spéciales aux sociétés par intérêts. Elle est soumise :

1° Aux causes de dissolution applicables à toutes les sociétés (v. n°s 259 et 260) ;

2° A des causes spéciales qui sont :

a) Les pertes amenant l'actif net de la société à être inférieur à la moitié du capital (loi du 24 juillet 1966, art. 241 et 459, modifiés par la loi du 6 janvier 1969 et par la loi n° 81-1162 du 30 décembre 1981 ; décret du 23 mars 1967, art. 197, modifié par le décret du 24 décembre 1969). Les administrateurs (ou le directoire), dans ce cas, doivent, dans les quatre mois qui suivent l'approbation des comptes ayant fait apparaître la perte, convoquer une assemblée générale qui décidera s'il y a lieu à dissolution ou bien à une réduction du capital égale à la perte constatée. S'il n'y avait pas de réunion de l'assemblée générale ou si elle ne pouvait délibérer valablement, tout intéressé pourrait demander en justice la dissolution de la société et des administrateurs qui, sciemment, n'auraient pas fait la convocation encourraient des peines correctionnelles ;

b) La réduction du nombre des actionnaires à moins de sept (loi du 24 juillet 1966, art. 240). Si cette réduction se prolonge plus d'un an, tout intéressé peut demander la dissolution au tribunal de commerce. Le tribunal peut accorder à la société un délai maximal de 6 mois pour régulariser la situation ;

c) La dissolution anticipée votée par l'assemblée générale extraordinaire (loi du 24 juillet 1966, art. 239). Cette dissolution anticipée sera souvent le prélude à une fusion ou à une scission (v. *infra,* n° 404).

403. *Dissolution de la société en commandite par actions.* – Comme dans la société en commandite par actions, on prend en considération la personne du gérant commandité, la société peut se dissoudre :

1° Par les causes de dissolution applicables à toutes les sociétés (v. n°s 259 et 260) ;

2° Par la mort, l'incapacité, la liquidation des biens, l'interdiction d'exercer une profession commerciale d'un *commandité,* la révocation du gérant désigné par les statuts : on applique les règles des sociétés en commandite simple (v. n° 261, où sont aussi exposées les possibilités de continuation de la société) ;

3° Par la *dissolution anticipée* votée par l'assemblée générale extraordinaire.

SECTION II. – CONSÉQUENCES DE LA DISSOLUTION

404. *Fusion et scission.* – La dissolution est souvent le prélude d'une fusion ou d'une scission. Les règles générales de la fusion et de la scission ont été exposées à propos des sociétés par intérêts (*supra,* n°s 264 et 265). Mais la loi du 24 juillet 1966 contient certaines dispositions spéciales aux sociétés anonymes (art. 375 à 387). Ces dispositions sont applicables aux fusions et scissions réalisées uniquement entre sociétés anonymes (art. 375).

La *fusion* est décidée par les assemblées générales extraordinaires des sociétés absorbantes et absorbées, sauf ratification, le cas échéant, par les assemblées spéciales (loi du 24 juillet 1966, art. 376). Les commissaires aux comptes de chaque société présentent un rapport sur les modalités de la fusion. L'assemblée générale de la société absorbante statue sur l'approbation des apports en nature conformément aux règles de l'assemblée constitutive (loi du 24 juillet 1966, art. 377 et 378). Les créanciers de la société absorbée deviennent créanciers de la société absorbante, mais ils peuvent faire opposition à la fusion. En ce cas, le tribunal peut soit rejeter l'opposition, soit ordonner le remboursement des créances, soit ordonner la constitution de garanties (loi du 24 juillet 1966, art. 381).

Le projet de fusion est soumis aux assemblées d'obligataires de la société absorbée, à moins que la société n'offre le remboursement (loi du 24 juillet 1966, art. 381). Il n'est pas soumis aux assemblées d'obligataires de la société absorbante, mais celles-ci peuvent décider de faire former opposition par leurs représentants (loi du 24 juillet 1966, art. 381 *bis,* ajouté par la loi du 12 juillet 1967).

En cas de *scission,* il y a lieu également à décisions des assemblées générales extraordinaires des sociétés intéressées. Il y a lieu également à approbation par les assemblées d'obligataires de la société scindée (loi du 24 juillet 1966, art. 384). Les sociétés bénéficiaires des apports résultant de la scission sont, en principe, débitrices solidaires des créanciers de la société scindée (loi du 24 juillet 1966, art. 385).

Le législateur tend à encourager les sociétés à opérer les fusions, les regroupements nécessaires. Pour cela il accorde, notamment, des faveurs fiscales par des exonérations ou, du moins, des réductions très importantes de droits en cas de fusion (v. art. 210 et suiv. C. gén. imp.).

405. *Liquidation et partage.* – Dans d'autres cas, la dissolution entraîne liquidation de la société et partage de l'actif. Les règles sont celles qui ont été exposées, *supra,* sous les numéros 266 à 270.

Titre IV

LA SOCIÉTÉ A RESPONSABILITÉ LIMITÉE

Généralités.

406. *Législation.* – La société à responsabilité limitée est un nouveau type de société qui a été institué en France par la loi du 7 mars 1925. Les sociétés à responsabilité limitée étant prévues par le droit allemand, un grand nombre de ces sociétés existaient dans les départements du Haut-Rhin, du Bas-Rhin et de la Moselle. On les avait laissées provisoirement subsister. Pour unifier la législation, la loi du 7 mars 1925 a admis, pour toute la France, ce type de sociétés.

La loi du 7 mars 1925 (dont la rédaction était d'ailleurs claire et précise) avait été retouchée, notamment, par des décrets-lois du 30 octobre 1935, par un décret-loi du 14 juin 1938 et par un décret-loi du 9 août 1953. Elle a été abrogée par la loi du 24 juillet 1966. La société à responsabilité limitée est actuellement régie, outre les dispositions générales applicables à toutes les sociétés, par les articles 34 à 69, 423 à 431, de la loi du 24 juillet 1966, les articles 20 à 53 du 23 mars 1967, et la loi du 25 janvier 1985 sur le redressement et la liquidation judiciaire.

Ce type de société a eu un très grand succès parce qu'il permet, sans les complications de la société anonyme, de faire le commerce avec une responsabilité limitée au montant du capital et qu'il offre, dans certains cas, des avantages au point de vue fiscal et surtout au point de vue des lois sociales. A l'heure actuelle, la majorité des sociétés qui se constituent annuellement sont des sociétés à responsabilité limitée (v. n° 218). Et, en 1979, il existait 196 044 sociétés à responsabilité limitée.

Ce nouveau type de société ne jouit d'ailleurs que d'une réputation assez médiocre. Sans doute existe-t-il des sociétés à responsabilité limitée très sérieusement gérées et jouissant d'un excellent crédit. Mais il faut reconnaître que bon nombre de ces sociétés n'offrent que des garanties dérisoires, ne sont guère que des sociétés de façade. Le pourcentage des faillites et, depuis 1968, des liquidations des biens des sociétés à responsabilité limitée, trop souvent terminées par une clôture pour insuffisance d'actif, a été, dans ces dernières années, particulièrement élevé. Le Gouvernement, par décrets-lois, puis le législateur, par les lois du 24 juillet 1966 et du 1er mars 1984, se sont efforcés de réagir par des règles plus strictes, notamment par l'exigence d'un capital assez élevé et une aggravation de la responsabilité des gérants.

406-1. *La loi du 11 juillet 1985 instituant l'E.U.R.L.* – Pour permettre à une personne d'entreprendre seule une activité commerciale sans engager envers ses créanciers la totalité de ses biens, le législateur avait le choix entre deux formules : la technique du patrimoine d'affectation ou celle de la société unipersonnelle. C'est cette dernière qu'il a finalement retenue dans la loi n° 85-697 du 11 juillet 1985 instituant l'entreprise unipersonnelle à responsabilité limitée. L'E.U.R.L. se présente comme une variété de S.A.R.L., obéissant à ce titre aux règles de droit commun de la S.A.R.L., sauf sur certains points particuliers où l'unicité d'associé a justifié une adaptation des règles générales (v. *infra,* n° 439-1 et suiv.).

*407. *Caractère de la société à responsabilité limitée.* – La société à responsabilité limitée ressemble à la société anonyme en ce que la responsabilité de tous les associés est limitée au montant de leurs parts et en ce que la société n'est pas dissoute par la mort, l'incapacité, la faillite personnelle d'un associé. Elle se rapproche, au contraire, des sociétés par intérêts en ce que les parts ne sont pas négociables comme les actions et, sans être incessibles, ne sont cessibles qu'à des conditions rigoureuses. Ce dernier caractère étant essentiel, on peut ranger ces sociétés parmi les sociétés par intérêts. Cependant, il faut noter que la loi du 24 juillet 1966 a accentué, dans la réglementation, le rapprochement avec la société anonyme, appliquant à la société à responsabilité limitée bien des règles semblables à celles qui régissent la société anonyme.

408. *Dénomination sociale.* – Sous l'empire de la loi du 7 mars 1925, la société à responsabilité limitée pouvait, comme les sociétés par intérêts, avoir une raison sociale, ce qui pouvait créer une confusion dans l'esprit des tiers. Dans la réglementation nouvelle, la société à responsabilité ne peut avoir, comme la société anonyme, qu'une *dénomination sociale* à laquelle peut être incorporé le nom d'un ou de plusieurs associés (loi du 24 juillet 1966, art. 34, al. 2). La

dénomination sociale doit toujours être précédée ou suivie des mots « société à responsabilité limitée » ou des initiales « S.A.R.L. » et de l'énonciation du capital social (loi du 24 juillet 1966, art. 34, al. 2 ; décret du 23 mars 1967, art. 28). En cas d'infraction à cette règle, le gérant encourt une amende de 2 000 à 15 000 F (loi du 24 juillet 1966, art. 429).

409. *Plan.* – Nous examinerons :

Chapitre Ier. – La constitution de la société à responsabilité limitée.

Chapitre II. – Le fonctionnement de la société à responsabilité limitée.

Chapitre III. – La dissolution de la société à responsabilité limitée.

Chapitre IV. – Le régime particulier de la société à responsabilité limitée unipersonnelle.

CHAPITRE PREMIER

LA CONSTITUTION DE LA SOCIÉTÉ À RESPONSABILITÉ LIMITÉE

410. *Plan.* – Nous verrons : les règles de constitution (section I), leurs sanctions (section II) et le régime des parts (section III).

SECTION I. – RÈGLES DE CONSTITUTION

411. *Généralités.* – La constitution des sociétés à responsabilité limitée est beaucoup plus simple que celle des sociétés par actions, du moins de celles qui se constituent avec appel public à l'épargne. L'ouverture d'une souscription publique est interdite. Il n'existe pas d'assemblée constitutive ni de déclaration notariée. Il suffit, les règles de fond étant observées, de faire, comme dans les sociétés par intérêts, un acte constitutif auquel interviennent tous les associés, de le publier, puis de faire au greffe du tribunal de commerce les formalités ordinaires.

§ 1. – CONDITIONS DE FOND

412. *Objet.* – Il faut, bien entendu, remplir, pour faire une société à responsabilité limitée, les conditions générales de validité que nous

avons vues à propos des sociétés par intérêts (v. n° 233). Il faut noter, de plus, quant à l'objet de la société, que la forme de société à responsabilité limitée est interdite pour certaines entreprises : assurance, capitalisation et épargne (loi du 24 juillet 1966, art. 490), entreprises de spectacles (ordonnance du 13 octobre 1945, art. 6, al. 3). Cependant, une loi du 8 juillet 1948 est venue autoriser, à certaines conditions, les sociétés à responsabilité limitée entre pharmaciens qui étaient auparavant, interdites (actuellement, art. 575 du Code de la santé publique).

413. *Associés.* – Le nombre des associés peut être de deux seulement. Mais, par une innovation marquante, la loi du 24 juillet 1966 a limité leur nombre à 50. En fait, il est vrai, la grande majorité des sociétés à responsabilité limitée n'ont qu'un très petit nombre d'associés.

Les associés ne supportent les pertes qu'à concurrence de leurs apports (loi du 24 juillet 1966, art. 34, al. 1).

Les associés ne sont pas commerçants : il n'est donc pas nécessaire qu'ils aient la capacité de faire le commerce.

Il avait été jugé par une cour d'appel qu'en raison de la responsabilité légale qui pèse sur les associés en cas d'apports en nature (v. n° 415), un mineur ne pouvait entrer dans une société à responsabilité limitée, mais on peut estimer que les règles actuelles du Code civil sur l'administration légale et la tutelle (loi du 14 décembre 1964) permettent cette souscription de parts.

414. *Capital.* – Depuis la loi du 1er mars 1984, le capital social doit être de 50 000 F au moins (loi du 24 juillet 1966, art. 35 nouveau). La réduction du capital social à un montant inférieur ne peut être décidée que sous la condition suspensive d'une augmentation de capital destinée à amener celui-ci à un montant au moins égal à 50 000 F, à moins que la société ne se transforme en société d'une autre forme (art. 35, al. 2).

Le capital est divisé en parts sociales de valeur nominale égale à 100 F au moins (décret du 23 mars 1967, art. 21).

415. *Apports.* – La loi n'a pas prévu, comme dans les sociétés par actions, de procédure d'approbations des *apports en nature.* Le système est plus simple et plus efficace. Les associés évaluent dans les statuts chaque apport en nature au vu d'un rapport établi par un commissaire aux apports désigné à l'unanimité par les futurs associés ou, à défaut, par une décision de justice (loi du 24 juillet 1966, art. 40, al. 1er). Cependant, les futurs associés pourraient décider à

l'unanimité que le recours à un commissaire aux apports ne sera pas obligatoire si la valeur d'aucun apport en nature n'excède 50 000 F et si la valeur totale de l'ensemble des apports en nature non soumis à l'évaluation d'un commissaire aux apports n'excède pas la moitié du capital (art. 40, al. 2, réd. loi du 1er mars 1984).

Les associés sont *solidairement responsables* pendant cinq ans, à l'égard des tiers, de la valeur ainsi attribuée aux apports en nature (loi du 24 juillet 1966, art. 40, al. 2). En fait, cette responsabilité a très rarement été mise en jeu.

Les parts doivent être intégralement libérées dès la constitution de la société, qu'elles représentent des apports en nature ou en numéraire (loi du 24 juillet 1966, art. 38, al. 1er).

Les fonds provenant de la libération des *parts de numéraire* sont, comme dans les sociétés par actions, déposés dans les huit jours à la Caisse des dépôts et consignations, chez un notaire ou dans une banque et ne peuvent être retirés par le mandataire de la société qu'après immatriculation de la société au registre du commerce et des sociétés (loi du 24 juillet 1966, art. 39 ; décret du 23 mars 1967, art. 22 et 23).

§ 2. – STATUTS

416. *Statuts écrits et enregistrés.* – Conformément aux règles ordinaires, les statuts doivent être établis par écrit mais ils peuvent être soit notariés soit sous seing privé. Dans ce dernier cas, il suffit de faire quatre originaux : un qui sera déposé au siège social, un pour l'Enregistrement, deux pour le dépôt au greffe. En outre, un exemplaire sur papier libre doit être remis à chaque associé (décret du 23 mars 1967, art. 20).

L'*enregistrement* est soumis à des règles semblables à celles des sociétés par actions : v. n° 296.

417. *Mentions des statuts.* – En outre de l'indication nécessaire dans les statuts des diverses mentions qu'il faut publier par avis dans un journal d'annonces légales, la loi précise que :

1° Tous les associés doivent intervenir à l'acte constitutif de la société (loi du 24 juillet 1966, art. 37) ;

2° Les statuts doivent indiquer comment les parts sont réparties entre les associés (loi du 24 juillet 1966, art. 38) et contenir l'évaluation de chaque apport en nature (loi du 24 juillet 1966, art. 40) ;

3° Mention doit être faite de la libération des parts et du dépôt des fonds (décret du 23 mars 1967, art. 22, al. 2) ;

4° L'état des actes accomplis pour le compte de la société en formation, avec l'indication de l'engagement qui en résulte pour la société, est annexé aux statuts dont la signature implique reprise des engagements par la société lorsque celle-ci aura été immatriculée au registre du commerce et des sociétés (décret du 23 mars 1967, art. 26).

§ 3. – Publicité par insertions et formalités au registre du commerce et des sociétés

418. *Publicité par insertions.* – Comme pour les autres sociétés, est requise une publicité par insertion dans un journal d'annonces légales.

419. *Formalités au registre du commerce et des sociétés.* – Comme pour les autres sociétés, il y a lieu :

1° Au dépôt au greffe du tribunal de commerce, en annexe au registre du commerce et des sociétés, de deux exemplaires des statuts et de deux exemplaires du rapport du commissaire aux apports sur l'évaluation des apports en nature (décret du 30 mai 1984, art. 48) ;

2° A la déclaration prévue par l'article 6 de la loi du 24 juillet 1966 par laquelle les fondateurs et les premiers membres des organes de gestion et de surveillance relatent les opérations effectuées en vue de constituer la société et affirment que cette constitution a été réalisée en conformité de la loi et des règlements ;

3° A la demande d'immatriculation de la société au registre du commerce et des sociétés ;

4° A la publicité par insertion au *Bulletin officiel des annonces civiles et commerciales*.

Section II. – SANCTIONS DES RÈGLES DE CONSTITUTION

420. *Caractère exceptionnel de la nullité.* – Comme dans la société anonyme (v. *supra,* n° 301), la nullité sera exceptionnelle. En effet, aucune disposition de la loi ne prévoit la nullité pour infraction aux règles de constitution. Et l'ordonnance du 20 décembre 1969, complétant l'article 360 de la loi du 24 juillet 1966, prévoit que la nullité de la société ne peut résulter ni d'un vice de consentement, ni de l'incapacité, à moins que celle-ci n'atteigne tous les associés fondateurs ; la nullité de la société ne peut non plus résulter de la nullité d'une clause léonine (cf. n° 301).

421. *Responsabilité civile et pénale.* – *Civilement,* les premiers gérants et les associés auxquels la nullité de la société est imputable sont solidairement responsables, envers les autres associés et les tiers, du dommage résultant de l'annulation (loi du 24 juillet 1966, art. 41). Et, en vertu du principe général posé par l'article 7 de la loi, les fondateurs, les premiers gérants et commissaires aux comptes, sont solidairement responsables du préjudice causé par le défaut d'une mention obligatoire dans les statuts ainsi que par l'omission ou l'accomplissement irrégulier d'une formalité prescrite pour la constitution de la société.

Pénalement, les articles 423 et 424 de la loi du 24 juillet 1966 punissent de peines correctionnelles les associés d'une société à responsabilité limitée qui ont fait dans l'acte de société une déclaration fausse concernant la répartition des parts, leur libération, le dépôt des fonds ou qui auront émis des valeurs mobilières. Et l'article 425, 1°, punit de peines correctionnelles ceux qui frauduleusement, auront fait attribuer à un apport en nature une évaluation supérieure à sa valeur réelle.

SECTION III. – RÉGIME DES PARTS

422. *Interdiction des titres négociables.* – Les parts sociales ne peuvent être représentées par des titres négociables (loi du 24 juillet 1966, art. 43), sous forme de titres nominatifs, de titres au porteur, de titres à ordre. Et même, de façon plus générale, il est interdit à une société à responsabilité limitée, à peine de nullité de l'émission, d'émettre des valeurs mobilières et même, à peine de nullité de la garantie, de garantir une émission de valeurs mobilières (loi du 24 juillet 1966, art. 42, complété par la loi du 12 juillet 1967). Une société à responsabilité limitée ne pouvait donc avoir de *parts de fondateur* négociables et elle ne peut émettre d'*obligations négociables.*

Il en résulte qu'une société par actions ayant de tels titres ne peut se transformer en société à responsabilité limitée qu'après avoir remboursé ses obligations, racheté ou échangé contre des actions ses parts de fondateur.

423. *Cession de parts.* – Les parts ne peuvent donc être cédées que par les modes civils, c'est-à-dire ceux de l'article 1690 du Code civil : rédaction d'un acte écrit et signification à la société ou acceptation par elle dans un acte notarié. La cession n'est opposable aux tiers qu'après accomplissement de ces formalités et, en outre,

après mention au registre du commerce et des sociétés (loi du 24 juillet 1966, art. 20 et 48).

Les parts sociales sont librement cessibles entre les associés, sauf clause limitative dans les statuts (loi du 24 juillet 1966, art. 47). Mais elles ne peuvent être cédées à des tiers étrangers à la société qu'avec le consentement de la majorité des associés représentant au moins les trois quarts du capital social. Le projet de cession est notifié à la société et à chacun des associés. La société doit répondre dans un délai de trois mois : à défaut, le consentement à la cession est réputé acquis. Si la société refuse de consentir à la cession, les associés sont tenus, dans les trois mois de ce refus, d'acquérir les parts à un prix fixé conformément à l'article 1843-4 nouveau du Code civil, c'est-à-dire par expertise (v. n° 261) ou de réduire le capital du montant des parts que l'associé veut céder en en remboursant la valeur à cet associé. Si aucune de ces solutions n'intervient dans les délais, l'associé peut réaliser la cession projetée (loi du 24 juillet 1966, art. 45).

Toute clause contraire des statuts est réputée non écrite (même texte, dernier alinéa).

La cession des parts est assujettie à un droit d'enregistrement de 4,80 %. Elle peut, en outre, donner lieu, dans certains cas, à une imposition des plus-values de cession.

Au cas de décès d'une associé, la transmission aux héritiers a lieu de plein droit, sans l'avis des associés. Mais, fréquemment, les statuts prévoient que l'héritier devra être agréé par les survivants ; en cas de refus d'agrément, sont applicables les dispositions exposées à l'alinéa 2, ci-dessus (loi du 24 juillet 1966, art. 44 et 45).

L'achat de ses propres parts par une société est interdit (loi du 24 juillet 1966, art. 63, dernier alinéa). Il n'y a exception qu'au cas de réduction du capital (v. n° 434, *in fine*).

CHAPITRE II

LE FONCTIONNEMENT DE LA SOCIÉTÉ A RESPONSABILITÉ LIMITÉE

424. *Plan.* – On rencontre dans la société à responsabilité limitée, comme dans les sociétés par actions, des organes chargés de la gestion (section I), du contrôle (section II) et des décisions collectives prises par les associés (section III). Nous donnerons ensuite quelques indications sur le régime fiscal (section IV).

SECTION I. – GESTION

425. *Désignation et révocation des gérants.* – La société est administrée par un ou plusieurs *gérants* associés ou étrangers à la société et qui sont désignés par l'acte constitutif ou un acte postérieur.

Les textes antérieurs sur la révocation des gérants avaient donné lieu à des difficultés d'interprétation. Les dispositions nouvelles de la loi du 24 juillet 1966 facilitent cette révocation.

En vertu de ces dispositions nouvelles, le gérant est révocable par décision des associés représentant plus de la moitié du capital social. Toute clause contraire est réputée non écrite. Si la révocation est décidée sans juste motif, elle peut donner lieu à dommages-intérêts (loi du 24 juillet 1966, art. 55, al. 1).

En outre, tout associé peut demander aux tribunaux, pour cause légitime, la révocation du gérant (loi du 24 juillet 1966, art. 55, al. 2).

La loi du 30 août 1947 sur l'assainissement des professions commerciales est, bien entendu, applicable aux gérants des sociétés à responsabilité limitée, comme à tous les gérants (v. n° 85). Déjà le décret-loi du 8 août 1935 sur l'interdiction et la déchéance de gérer prononcées contre certaines personnes (v. n° 360) était applicable (voir aussi, pour les répercussions de la procédure collective de la société, les numéros 859 et suiv.).

Il pourrait, exceptionnellement, y avoir lieu à nomination d'un *administrateur provisoire* (cf. n° 360, *in fine*).

426. *Pouvoirs des gérants.* – Dans les rapports entre les associés, les pouvoirs des gérants sont déterminés par les statuts, à défaut par les règles applicables aux gérants des sociétés en nom collectif. Dans les rapports avec les tiers, les gérants ont les pouvoirs les plus étendus, sous réserve des pouvoirs que la loi attribue expressément aux associés et cela même pour les actes qui ne relèvent pas de l'objet social, à moins que la société ne prouve que le tiers savait que l'acte dépassait cet objet ou ne pouvait l'ignorer compte tenu des circonstances. Les clauses statutaires limitant les pouvoirs légaux des gérants sont inopposables aux tiers (loi du 24 juillet 1966, art. 49, al.4 à 6, modifiés par ordonnance du 20 décembre 1969).

En cas de pluralité de gérants, chacun d'eux a les pouvoirs ci-dessus indiqués. L'opposition formée par un gérant aux actes d'un autre gérant est sans effet à l'égard des tiers, à moins qu'il ne soit établi qu'ils en ont eu connaissance (même article, al. 7).

427. *Obligation au passif social.* – Comme l'avait déjà décidé le décret-loi du 9 août 1953, l'article 54 de la loi du 24 juillet 1966,

modifié par la loi du 13 juillet 1967 et l'article 180 de la loi du 25 janvier 1985 (v. *infra,* n° 761) prévoient que lorsque le redressement judiciaire d'une société fait apparaître une insuffisance d'actif, le tribunal de commerce peut décider que les dettes sociales seront supportées en tout en partie, avec ou sans solidarité, par les gérants ou certains d'entre eux (voir n° 860).

428. *Responsabilité pénale.* – L'article 425 de la loi du 24 juillet 1966 prévoit, pour les gérants des sociétés à responsabilité limitée, des infractions semblables à celles que prévoit, pour les administrateurs, directeurs ou gérants des sociétés par actions, l'article 437 (v. n° 364).

D'autre part, l'article 424 punit les gérants qui auront émis des valeurs mobilières.

Enfin nous avons vu que l'article 429 punit le gérant qui n'a pas accompagné la dénomination sociale des mots « société à responsabilité limitée » ou des initiales « S.A.R.L. » avec l'indication du capital social (v. n° 408).

429. *Responsabilité civile.* – Comme les administrateurs des sociétés anonymes (v. n° 365), les gérants sont responsables individuellement ou solidairement selon le cas, envers la société ou envers les tiers, soit des infractions aux dispositions législatives ou réglementaires applicables aux sociétés à responsabilité limitée, soit des violations des statuts, soit des fautes commises dans leur gestion (loi du 24 juillet 1966, art. 52, al. 1, modifié par la loi du 12 juillet 1967).

Comme dans les sociétés anonymes, il y a lieu de distinguer action sociale et action individuelle. Mais, comme dans les sociétés anonymes, est réputée non écrite toute clause qui subordonnerait l'exercice de l'action sociale à un avis ou à une autorisation de l'assemblée et aucune décision de l'assemblée ne peut éteindre une action en responsabilité contre les gérants pour faute commise dans l'accomplissement de leur mandat (loi du 24 juillet 1966, art. 52, al. 4 et 5).

Les actions en responsabilité se prescrivent par trois ans, sauf en cas de crime, où l'action se prescrit par dix ans (loi du 24 juillet 1966, art. 53).

SECTION II. – CONTROLE

430. *Contrôle direct par les associés.* – Tout associé a le droit, à toute époque, de prendre par lui-même au siège social connaissance

des bilans, des comptes de résultat, des annexes, des inventaires, des rapports soumis aux assemblées des trois derniers exercices. Il peut se faire assister d'un expert près les tribunaux (loi du 24 juillet 1966, art. 56, al. 4 ; décret du 23 mars 1967, art. 33). Et quinze jours au moins avant l'assemblée annuelle, les comptes annuels, le rapport de gestion ainsi que le texte des résolutions proposées, les comptes consolidés, et les rapports du commissaire aux comptes sont adressés aux associés ; pour les autres assemblées, le texte des résolutions et les rapports sont adressés aux associés (décret du 23 mars 1967, art. 36, réd. décret du 1er mars 1985 et art. 37).

Voir également, pour le renforcement de l'information de l'associé dans le cadre de la prévention des difficultés de l'entreprise, *infra*, n° 733 et suiv.

431. *Commissaires aux comptes.* – Depuis le 1er mars 1985, date d'entrée en vigueur de la loi n° 84-148 du 1er mars 1984, les S.A.R.L. doivent avoir au moins un commissaire aux comptes si, à la clôture d'un exercice, elles dépassent au moins deux des trois seuils suivants : total du bilan de 10 millions de francs, chiffre d'affaires hors taxes de 20 millions de francs, nombre moyen de cinquante salariés (loi du 24 juillet 1966, art. 64, al. 2).

Même si ces seuils ne sont pas atteints, la nomination d'un commissaire aux comptes peut être demandée en justice par un ou plusieurs associés représentant au moins le dixième du capital (art. 64, al. 3).

Les commissaires aux comptes sont nommés par les associés pour six exercices. Leurs pouvoirs, leurs fonctions, leurs responsabilités, leur révocation, leur rémunération sont, en principe, régis par les dispositions applicables aux commissaires aux comptes des sociétés anonymes (loi du 24 juillet 1966, art. 66, al. 1) : v., dès lors, n° 371.

SECTION III. – DÉCISIONS DES ASSOCIÉS

432. *Règles générales.* – Les décisions des associés sont, en principe, prises en assemblée. Mais, sauf pour l'assemblée annuelle statuant sur les comptes, les statuts peuvent prévoir que les décisions seront prises par consultation écrite des associés (loi du 24 juillet 1966, art. 57).

S'il y a assemblée, elle est convoquée par le gérant, ou, à défaut, par le commissaire aux comptes s'il en existe un. De plus, un ou plusieurs associés, représentant au moins le quart en nombre et en capital ou la moitié en capital, peuvent demander la réunion d'une assemblée. Et tout associé peut demander en justice la désignation d'un mandataire chargé de convoquer l'assemblée (loi du 24 juillet 1966, art. 57, al. 2, 3 et 4).

Les associés sont convoqués quinze jours au moins avant la réunion de l'assemblée, par lettre recommandée. Celle-ci indique l'ordre du jour (décret du 23 mars 1967, art. 38).

En cas de consultation écrite, le texte des résolutions proposées ainsi que les documents nécessaires à l'information des associés sont adressés aux associés par lettres recommandées. Et les associés ont un délai minimal de quinze jours pour émettre leur vote par écrit.

Chaque associé a le droit de participer aux décisions et dispose d'un nombre de voix égal à celui des parts sociales qu'il possède. Un associé peut se faire présenter par un autre associé ou par son conjoint à moins que la société ne comprenne que les deux époux (loi du 24 juillet 1966, art. 58, al. 1 et 2).

Il n'y a pas, dans les sociétés à responsabilité limitée, d'assemblées constitutives. Mais il y a des décisions (ou assemblées) ordinaires et des décisions (ou assemblées) extraordinaires.

433. *Décisions ordinaires. L'assemblée annuelle.* – Une assemblée annuelle doit être obligatoirement tenue dans les six mois de la clôture de l'exercice pour :

1° Approuver les comptes, après avoir entendu le rapport du gérant et, le cas échéant, celui des commissaires aux comptes : les associés ont pu, au préalable, poser par écrit des questions auxquelles le gérant doit répondre ;

2° Décider de l'affectation des bénéfices. Il est obligatoirement constitué une *réserve légale* indentique à celle des sociétés anonymes (loi du 24 juillet 1966, art. 345, v. n° 383). Si la société emploie plus de cent salariés, les ordonnances du 17 août 1967 sont applicables, et il devra être constitué une *réserve spéciale de participation des travailleurs* (v. n° 384). Le solde est distribué aux associés, sauf constitution de réserve extraordinaire ou report à nouveau. Avant la mise en vigueur de la loi du 24 juillet 1966, il était possible de prévoir, pendant un temps limité, l'allocation d'intérêts fixes aux associés, mais cette pratique n'est plus possible, car il est interdit de stipuler un intérêt fixe ou intercalaire au profit des associés (loi du 24 juillet 1966, art. 348). Les dividendes doivent être mis en paiement dans un délai maximal de neuf mois après la clôture de l'exercice (loi du 24 juillet 1966, modifiée par la loi du 6 janvier 1969, art. 347-1). En cas de distribution de dividendes fictifs, la répétition peut être exigée des associés (loi du 24 juillet 1966, art. 67) ;

3° Approuver les conventions conclues entre les gérants ou associés et la société. Comme dans les sociétés anonymes (v. n° 385) sont interdits les emprunts auprès de la société, les cautionnements par la société ; les autres conventions doivent être soumises à l'assemblée après rapport du gérant et, le cas échéant, des commissaires aux comptes, à moins qu'elles ne portent sur des opérations courantes et ne soient conclues à des conditions normales. Les conventions non approuvées produisent néanmoins leurs effets, mais le gérant ou l'associé contractant supporte les conséquences du contrat préjudiciable à la société (loi du 24 juillet 1966, art. 50 et 50-1, réd. loi du 11 juillet 1985) ;

4° Nommer, s'il y a lieu, gérants ou commissaires aux comptes.

En dehors de l'assemblée annuelle peuvent être tenues, le cas échéant, d'autres assemblées (ou prises des décisions ordinaires sans assemblée, si les statuts le prévoient).

Les décisions ordinaires, qu'il y ait ou non assemblée, doivent être adoptées par un ou plusieurs associés représentant plus de la moitié des parts sociales. A défaut, les associés sont convoqués ou consultés une seconde fois, et les décisions sont prises à la majorité des votes émis, quel que soit le nombre des votants (loi du 24 juillet 1966, art. 59, réd. loi du 10 juillet 1982).

434. *Décisions extraordinaires.* – Les décisions extraordinaires sont nécessaires pour modifier les statuts. Elles doivent être prises par des associés représentant au moins les trois quarts des parts sociales (loi du 24 juillet 1966, art. 60, al. 2). Il n'y a pas possibilité de consultation ultérieure prise à des conditions moins rigoureuses.

Comme dans les sociétés par actions (v. n° 388), les associés ont tous les pouvoirs, sauf pour :

1° Changer la nationalité de la société, si ce n'est à l'unanimité (loi du 24 juillet 1966, art. 60, al. 1) ;

2° Obliger un associé à augmenter son engagement social, si ce n'est à l'unanimité (loi du 24 juillet 1966, art. 60, al. 2) : c'est pourquoi la transformation en société en nom collectif ou en société en commandite exige l'accord unanime des associés (loi du 24 juillet 1966, art. 69, al. 1).

Il faudrait, ici encore, réserver les droits essentiels des associés, les droits des tiers et les cas d'abus du droit (cf. n° 389, 1°, 4° et 5°).

En cas d'augmentation de capital en numéraire sont applicables les règles sur le dépôt des fonds (v. n° 415). En cas d'augmentation de capital par rapports en nature sont applicables les règles sur les apports en nature (v. n° 415). Au cas de réduction du capital non motivée par des pertes, comme dans les sociétés par actions (v. n° 398). les créanciers ont un droit d'opposition et la société peut, par exception au principe de l'interdiction (v. n° 423, *in fine*) acheter un nombre déterminé de parts sociales pour les annuler (loi du 24 juillet 1966, art. 63).

Les modifications aux statuts doivent, si elles touchent aux mentions ayant fait l'objet d'insertions dans un journal d'annonces légales, être publiées de la même façon. Il y a lieu, également, à dépôt de pièces au greffe du tribunal de commerce et à mention modificative au registre du commerce et des sociétés.

SECTION IV. – RÉGIME FISCAL

435. *Impôts payés par la société.* – La S.A.R.L. est soumise à l'impôt sur les sociétés (art. 206 C.G.I.) au taux normal de 50 %. Toutefois pour l'imposition des bénéfices réalisés au cours des exercices ouverts à compter du 1er janvier 1986, ce taux de 50 % peut être ramené à 45 % dans la mesure où ces bénéfices sont affectés à une réserve spéciale.

Les rémunérations allouées au gérant sont déductibles du bénéfice imposable si elles correspondent à un travail effectif et ne sont pas excessives eu égard au service rendu.

Si le gérant est majoritaire, ses rémunérations sont soumises à l'impôt sur le revenu mais selon des règles particulières (art. 62 C.G.I.).

Si le gérant est minoritaire, il suit le régime fiscal des salariés et peut donc, sous réserve de certaines exclusions ou limitations, procéder à la déduction forfaitaire pour frais et à l'abattement de 20 %.

436. *Sociétés dites de famille.* – Les S.A.R.L. peuvent cependant opter pour le régime fiscal des sociétés de personnes à la double condition d'exercer une activité industrielle, commerciale ou artisanale et d'être constituées uniquement entre parents en ligne directe ou entre frères et sœurs ansi que leurs conjoints. Sur ce régime, voir *supra,* n° 255 et suiv.

CHAPITRE III

LA DISSOLUTION DES SOCIÉTÉS À RESPONSABILITÉ LIMITÉE

437. *Généralités.* – Les règles générales de la dissolution ayant été exposées à propos des sociétés par intérêts (nos 257 à 270), il n'y aura

lieu qu'à de très brèves observations sur quelques particularités propres aux sociétés à responsabilité limitée. Nous verrons les causes de dissolution (section I) et les conséquences de la dissolution (section II).

SECTION I. – CAUSES DE DISSOLUTION

438. *Causes diverses.* – La société à responsabilité limitée n'est pas dissoute par les causes qui atteignent les sociétés par intérêts : le décès d'un associé (sauf stipulation contraire des statuts), la faillite ou l'incapacité frappant l'un des associés (loi du 24 juillet 1966, art. 67 *bis*, ajouté par la loi du 12 juillet 1967). Nous avons déjà indiqué que fréquemment les statuts prévoient que l'héritier devra être agréé par les associés survivants (v. n° 423, avant-dernier alinéa).

Mais la société est dissoute :

1° Par les causes de dissolution applicables à toutes les sociétés (v. n°s 259 et 260) ;

2° Par une cause spéciale : si, du fait des pertes constatées dans les documents comptables, les capitaux propres de la société deviennent inférieurs à la moitié du capital social, les gérants doivent, dans les quatre mois qui suivent l'approbation des comptes ayant fait apparaître cette perte, consulter les associés sur l'opportunité d'une dissolution ou d'une réduction du capital. A défaut de consultation des associés ou si les associés ne peuvent délibérer valablement, tout associé pourrait demander la dissolution de la société, et les gérants qui, sciemment, n'auraient pas consulté les associés, encourraient des peines correctionnelles (loi du 24 juillet 1966, art. 68 et 428, modifiés par la loi du 6 janvier 1969, par la loi n° 81-1162 du 30 décembre 1981 et par la loi n° 83-353 du 30 avril 1983 ; décret du 23 mars 1967, art. 50, modifié par décret du 24 décembre 1969) ;

3° Par la *dissolution anticipée* votée par les associés par une décision extraordinaire.

SECTION II. – CONSÉQUENCES DE LA DISSOLUTION

439. *Renvoi.* – Il suffit, en principe, de renvoyer aux explications données n° 262 et suivants.

Il faut cependant noter que la loi du 24 juillet 1966, article 388, contient des dispositions spéciales sur la *fusion* et la *scission* de sociétés à responsabilité limitée : sont, notamment, applicables divers articles relatifs aux sociétés anonymes (v. n° 404).

CHAPITRE IV

LA SOCIÉTÉ A RESPONSABILITÉ LIMITÉE UNIPERSONNELLE

439-1. *Présentation générale.* – Pour permettre à un entrepreneur individuel de ne pas engager la totalité de son patrimoine envers ses créanciers, la loi n° 85-697 du 11 juillet 1985 a institué l'entreprise personnelle à responsabilité limitée (E.U.R.L.), qui, juridiquement, se présente comme une variété de S.A.R.L. L'article 34 nouveau de la loi du 24 juillet 1966 le précise expressément en indiquant que « la S.A.R.L. est instituée par une ou plusieurs personnes qui ne supportent les pertes qu'à concurrence de leurs apports ».

Cette S.A.R.L. unipersonnelle obéit au régime général des S.A.R.L. pluripersonnelles (v. *supra,* n° 410 et suiv.), sous réserve des quelques règles spéciales qui seront seules évoquées dans le présent chapitre.

439-2. *Création.* – L'E.U.R.L. peut être fondée dès l'origine par une seule personne. Mais elle peut également résulter de la disparition des autres associés d'une S.A.R.L. initialement pluripersonnelle, qui ne laissent place qu'à un seul associé (loi du 24 juillet 1966, art. 36-1 nouveau, écartant alors le jeu de l'article 1844-5 du Code civil, sur lequel v. *supra,* n° 260-*c*).

Une personne physique ne peut être associé unique que d'une seule société à responsabilité limitée (loi du 24 juillet 1966, art. 36-2 nouveau). Pour éviter que cette règle ne soit tournée, le texte ajoute qu'une société à responsabilité limitée ne peut avoir pour associé unique une autre société à responsabilité limitée composée d'une seule personne. En cas de violation de l'une de ces dispositions, tout intéressé peut demander la dissolution des sociétés irrégulièrement constituées (art. 36-2, al. 2). En revanche, une personne morale peut être associé unique de plusieurs E.U.R.L.

439-3. *Fonctionnement.* – L'associé unique exerce les pouvoirs dévolus à l'assemblée des associés par les dispositions du droit commun des S.A.R.L. (loi du 24 juillet 1966, art. 34, al. 2 ; sur ces pouvoirs, v. n° 433 et suiv.). En particulier, il approuve les comptes et les conventions conclues entre la société et lui-même ou le gérant (qui peut, en effet, ne pas être l'associé unique). Ses décisions sont répertoriées dans un registre, sous peine de pouvoir être annulées à la demande de tout intéressé (loi du 24 juillet 1966, art. 60-1 nouveau, al. 3 et 4). L'associé unique ne peut déléguer ses pouvoirs (art. 60-1, al. 3). La sanction de la méconnaissance de cette règle est ici encore l'annulation de l'acte.

Le gérant peut être l'associé unique ou un non-associé. Dans ce dernier cas, la répartition des pouvoirs entre l'associé unique, exerçant les attributions de l'assemblée générale, et le gérant est celle du droit commun des sociétés à responsabilité limitée.

Quant à la cession des parts sociales détenues par l'associé unique, on doit noter que le législateur de 1985 a logiquement écarté la procédure de consultation des associés (v. *supra*, nº 423). A tout moment, l'associé unique est donc libre de céder tout ou partie de ses parts à un tiers (loi du 24 juillet 1966, art. 45, al. 2 nouveau).

439-4. *Avenir de cette société.* – L'E.U.R.L. ne permettra sans doute pas toujours cette limitation de responsabilité qu'attendra l'entrepreneur individuel qui recourt à elle, et ce pour deux raisons : d'abord, parce que les établissements de crédit exigeront souvent, pour prêter à l'E.U.R.L., le cautionnement personnel de l'associé unique, qui exposera donc, en qualité de caution, les biens qu'il n'engageait pas comme associé ; ensuite, parce que, dans l'éventuelle procédure collective qui atteindrait l'E.U.R.L., l'associé unique, surtout s'il était gérant, pourra parfois difficilement se soustraire à des sanctions personnelles (comblement du passif ou encore mise personnelle en redressement judiciaire), compte tenu de la difficulté qu'il y aura ici à distinguer vraiment l'associé de la personne morale sociétaire.

Cependant, le principe restera quand même la limitation de responsabilité de l'entrepreneur individuel choisissant cette forme juridique d'entreprise. Par ailleurs, la loi fiscale devrait favoriser le développement des E.U.R.L., puisque la loi de finances pour 1986 (art. 5-IV) a prévu que le droit d'enregistrement frappant les cessions de parts serait ici de 4,80 % en toute hypothèse, y compris donc dans le cas d'une cession massive de ces parts (si, tout au moins, celles-ci sont détenues depuis au moins trois ans avant la cession), alors que la cession du fonds de commerce d'un entrepreneur individuel est imposée au taux beaucoup plus lourd de 16,60 %.

439-5. *Imposition des bénéfices.* – Sauf option pour l'impôt sur les sociétés, l'E.U.R.L. dont l'associé unique est une personne physique relève du régime fiscal des sociétés de personnes. Les bénéfices sociaux sont donc imposés entre les mains de l'associé unique à l'impôt sur le revenu.

Lorsque l'associé unique est une personne morale, l'E.U.R.L. est obligatoirement assujettie à l'impôt sur les sociétés.

Titre V

LES GROUPEMENTS D'INTÉRÊT ÉCONOMIQUE

440. *Généralités.* – Les groupements d'intérêt économique (couramment désignés par le sigle : G.I.E.) ont été créés par l'ordonnance nº 67-621 du 23 septembre 1967.

Leurs caractères distinctifs et la personnalité morale qui leur est reconnue ont déjà été exposés, *supra,* nos 225 et 226.

Ces groupements ont généralement pour objet de permettre à des entreprises de réunir certaines de leurs activités, par exemple, par des comptoirs de vente en commun, des organismes de recherche. Ce sont fréquemment des sociétés qui créent ainsi un groupement d'intérêt économique, de façon à se développer par une mise en commun de certains de leurs moyens et de leurs services. Mais les objets peuvent être bien divers.

Ces groupements, qui laissent une très grande liberté aux parties pour la rédaction du contrat et qui offrent un cadre très souple pour les combinaisons variées, ont eu immédiatement un très grand succès, à vrai dire, bien atténué par la suite. Cependant, leur développement reste concevable dans le cadre international. Précisément, pour permettre la coopération entre entreprises de nationalités différentes sur le territoire de la Communauté européenne, un règlement du Conseil des Communautés européennes du 25 juillet 1985 vient d'instituer un *groupement européen d'intérêt économique,* dont le régime s'inspire largement du modèle français.

441. *Division.* – Nous verrons :

Chapitre I. – La constitution des groupements d'intérêt économique.

Chapitre II. – Le fonctionnement des groupements d'intérêt économique.

Chapitre III. – La dissolution des groupements d'intérêt économique.

CHAPITRE PREMIER

LA CONSTITUTION DES GROUPEMENTS D'INTÉRÊT ÉCONOMIQUE

SECTION I. – CONDITIONS DE FOND

442. *Membres. Apports.* – Le nombre des membres est au moins de deux. Il n'y a pas de maximum. Les membres peuvent être des personnes physiques ou des personnes morales, bien que, le plus souvent, ce seront surtout des personnes morales, des sociétés, qui constitueront le groupement.

Les groupements d'intérêt économique peuvent être constitués sans apports, donc sans capital. Les dépenses seront alors couvertes par des cotisations des membres, des appels de fonds qui leur seront adressés.

Il faut bien entendu, en outre, que soient réunies les conditions générales de validité des contrats : un consentement exempt de vices, la capacité des membres, un objet et une cause licites.

SECTION II. – CONDITIONS DE FORME

443. *Ecrit et publicité.* – Un écrit est nécessaire, il peut être authentique ou sous seing privé. Il est signé de tous les membres. Il doit comporter certaines indications : dénomination du groupement, précisions sur les membres, durée, objet et adresse (ordonnance du 23 septembre 1967, art. 6).

La publicité s'effectue par une immatriculation au registre du commerce et des sociétés, même si le groupement est civil (l'immatriculation n'emporte pas présomption de commercialité : v. n° 118, 1°) et par une insertion au *Bulletin officiel des annonces civiles et commerciales.* C'est à dater de l'immatriculation que le groupement d'intérêt économique jouit de la personnalité morale (v. n° 226).

CHAPITRE II

LE FONCTIONNEMENT DES GROUPEMENTS D'INTÉRÊT ÉCONOMIQUE

SECTION I. – LA GESTION DES GROUPEMENTS D'INTÉRÊT ÉCONOMIQUE

444. *L'administration.* – L'administration est confiée à une ou plusieurs personnes physiques. Sous cette réserve, les membres fixent librement les modalités de l'administration, la nomination et la révocation des administrateurs, les pouvoirs des administrateurs (ordonnance du 23 septembre 1967, art. 9, al. 1). Mais, dans les rapports avec les tiers, les administrateurs engagent le groupement par tout acte entrant dans l'objet du groupement et toute limitation de pouvoirs est inopposable aux tiers (art. 9, al. 2).

445. *Le contrôle.* – Le contrôle de la gestion doit être confié à des personnes physiques. Le contrat constitutif du groupement fixe les modalités de ce contrôle de la gestion ainsi que celles du contrôle des comptes. Cependant si le groupement émet des obligations (ce qui est possible s'il est constitué uniquement de sociétés ou, depuis une loi nº 85-698 du 11 juillet 1985, d'associations pouvant émettre des obligations : v. nº 326), le contrôle des comptes doit être exercé par des commissaires aux comptes conformément à la loi du 24 juillet 1966 (v. nº 371).

446. *L'assemblée.* – L'assemblée des membres du groupement est appelée à prendre toute décision, dans les conditions déterminées par le contrat. Celui-ci peut fixer des conditions de quorum et de majorité, à défaut, les décisions sont prises à l'unanimité. Sauf clause contraire du contrat, chaque membre dispose d'une voix (ordonnance du 23 septembre 1967, art. 8).

SECTION II. – DROITS ET OBLIGATIONS DES MEMBRES

447. *Droits des membres.* – Les droits des membres ne peuvent être représentés par des titres négociables (ordonnance du 23 septembre 1967, art. 2). La cession des droits peut être réglée par le contrat, elle sera généralement soumise à des conditions restrictives.

Le droit essentiel des membres est de participer aux avantages, aux résultats du groupement. Ce droit sera précisé par le contrat. Au cas où les bénéfices sont prévus, le membre a droit à une part fixée par le contrat. Un membre a, en outre, le droit de contrôler la gestion dans les conditions prévues au contrat, le droit de participer aux assemblées.

Tout membre peut se retirer du groupement, s'il a exécuté ses obligations (ordonnance du 23 septembre 1967, art. 7).

448. *Obligations des membres.* – Les membres du groupement sont tenus des dettes de celui-ci sur leur patrimoine propre. Ils sont solidaires, sauf convention contraire, envers le cocontractant. Mais les créanciers du groupement doivent mettre en demeure le groupement avant de poursuivre le paiement des dettes contre un membre (ordonnance du 23 septembre 1967, art. 4).

CHAPITRE III

LA DISSOLUTION DES GROUPEMENTS D'INTÉRÊT ÉCONOMIQUE

449. *Causes de dissolution.* – Le groupement d'intérêt économique est dissous (ordonnance du 23 septembre 1967, art. 13) :

1° Par l'arrivée du terme fixé pour sa durée ;

2° Par la réalisation ou l'extinction de son objet ;

3° Par décision de l'assemblée générale des membres ;

4° Au cas de décès d'une personne physique ou de dissolution d'une personne morale, membres du groupement, sauf stipulation contraire du contrat.

450. *Conséquences de la dissolution.* – La dissolution du groupement entraîne sa liquidation (ordonnance du 23 septembre 1967, art. 15). La liquidation s'opère conformément aux dispositions du contrat. A défaut, un liquidateur est nommé par l'assemblée des membres ou par décision de justice. Après règlement du passif, l'actif est réparti entre les membres conformément au contrat ou, à défaut de clause spéciale, par parts égales (art. 16).

LIVRE III

LES ENTREPRISES PUBLIQUES

Généralités.

451. *Développement des entreprises publiques.* – Les entreprises publiques, c'est-à-dire les entreprises à caractère commercial dépendant des personnes morales de droit public, étaient tout à fait exceptionnelles jusqu'en 1914.

L'Etat n'avait des activités ressemblant à des activités commerciales que dans des domaines très limités. Il s'agissait surtout de monopoles traditionnels reconnus à l'Etat : fabriques de tabac et d'allumettes, de monnaies et médailles. Il s'agissait aussi de fabrications pour les besoins de l'armée ou de la marine : poudres et explosifs, arsenaux. Quant aux Manufactures des Gobelins et de Sèvres, elles étaient déjà exploitées par l'Etat sous l'Ancien Régime.

La guerre de 1914-1918 a amené l'Etat, au moins à titre temporaire, à assumer des activités de transports, d'assurances. Après la guerre, on s'est engagé surtout dans la création de sociétés d'économie mixte dans lesquelles l'Etat et d'autres collectivités publiques collaboraient avec des capitaux privés : ce fut le cas, notamment, de la Compagnie nationale du Rhône, de la Compagnie française des pétroles, de la Société nationale des chemins de fer français (S.N.C.F.), enfin, en 1936, furent nationalisées les entreprises de fabrication aéronautique et certaines entreprises d'armement.

Mais c'est surtout après la dernière guerre mondiale que se multiplièrent les entreprises publiques en raison des multiples et très importantes nationalisations. La loi du 2 décembre 1945 nationalisa la Banque de France et les grands établissements de crédit : Crédit lyonnais, Société générale, Comptoir national d'escompte, Banque nationale pour le commerce et l'industrie (ces deux dernières banques devant fusionner plus tard pour constituer la Banque nationale de Paris). La loi du 8 avril 1946 nationalisa les entreprises d'électricité et de gaz, la loi du 17 mai 1946, les combustibles minéraux. La loi du 25 avril 1946 nationalisa les plus grandes sociétés d'assurances. Les actionnaires expropriés ont reçu, en échange de leurs actions, des obligations (v. n° 317). Mais les usines Renault avaient été nationalisées sans indemnisation (ord. 16 janv. 1945).

Après une assez longue pause, la loi n° 82-155 du 11 février 1982 a, de nouveau, procédé à de très importantes nationalisations affectant : cinq grandes sociétés industrielles (Compagnie générale d'électricité, Compagnie de Saint-Gobain, Péchiney - Ugine-Kuhlmann, Rhône-Poulenc, Thompson-Brandt), toutes les banques ayant plus d'un milliard de francs de dépôts (39 sociétés) et deux grandes sociétés financières (Compagnie financière de Paris et des Pays-Bas, Compagnie financière de Suez). Les actionnaires ont reçu, en échange de leurs actions, des obligations à taux variable (v. nos 317 et 321, 1°).

D'autre part, en échange des très importantes avances faites aux deux grandes sociétés sidérurgiques USINOR et SACILOR, l'Etat a reçu des actions qui lui donnent une majorité considérable dans ces deux sociétés, ce qui équivaut, pratiquement, à une nationalisation de la sidérurgie (loi de finances rectificative pour 1981, loi n° 81-1050 du 27 novembre 1981, art. 1er).

452. *Reflux.* – Ce développement considérable des entreprises dépendant de l'Etat devrait cependant connaître, dans un proche avenir, un coup d'arrêt très brutal puisque le gouvernement libéral, issu des élections législatives de mars 1986, a annoncé un nombre important de dénationalisations au cours des cinq années futures.

453. *Les collectivités publiques autres que l'Etat.* – L'Etat n'est pas la seule personne morale publique intervenant dans des activités commerciales. Les régions, les départements, les communes, les chambres de commerce et d'industrie peuvent avoir de telles activités, soit qu'elles aient des participations dans des sociétés d'économie mixte (par exemple, dans la Compagnie nationale du Rhône ou dans les sociétés d'autoroutes), soit qu'à titre exceptionnel elles aient, en régie, de telles activités. Une loi n° 83-597 du 7 juillet 1983 a d'ailleurs défini le statut et les modalités de fonctionnement des sociétés d'économie mixte locales. Nous n'évoquerons cependant pas davantage ces activités locales, et nous nous en tiendrons à celles de l'Etat.

454. *Diverses formes de l'intervention de l'Etat.* – Tantôt l'Etat exploite directement ou indirectement certaines entreprises. Tantôt il se contente d'une simple participation. Enfin, il se borne parfois à un contrôle. Nous verrons donc :

Chapitre I. – Exploitation par l'Etat.
Chapitre II. – Participation de l'Etat.
Chapitre III. – Contrôle par l'Etat.

CHAPITRE PREMIER

EXPLOITATION PAR L'ÉTAT

455. *Division.* – L'Etat peut exploiter directement en régie (section I). Mais, plus souvent, il exploite par des organismes autonomes, qu'il s'agisse d'organismes administratifs (section II) ou de sociétés nationalisées (section III).

SECTION I. – EXPLOITATION EN RÉGIE

456. *Diverses exploitations.* – L'Etat gère directement certaines entreprises : la Manufacture des Gobelins, la Manufacture de Sèvres, les Postes et Télécommunications avec le Service des chèques postaux, les Arsenaux. Il exploitait également en régie les tabacs, les allumettes, les poudres et explosifs. Mais, pour ces dernières activités, l'exploitation en régie a pris fin. Tabacs et allumettes étaient devenus un établissement public, le S.E.I.T.A. (Service d'exploitation industrielle des tabacs et allumettes), avant d'être transformés en société d'économie mixte : la Société nationale d'exploitation industrielle des tabacs et allumettes (loi du 2 juillet 1980). De même, le monopole des poudres est devenu une société d'économie mixte, la Société nationale des poudres et explosifs.

Le domaine des exploitations en régie est donc actuellement assez peu étendu.

457. *Nature juridique de l'exploitation en régie.* – On s'accorde généralement à dire que l'Etat exploitant en régie ne fait pas acte de commerce et qu'il n'a pas la qualité de commerçant. Sans doute, gère-t-il des entreprises qui peuvent ressembler à des « entreprises de manufacture ». Mais il ne le fait pas dans une idée de spéculation, comme le fait un commerçant, même si l'exploitation est bénéficiaire.

L'Etat gère ses entreprises dans un intérêt général (intérêt artistique, intérêt de la sécurité des communications, etc.). Il n'agit donc pas en commerçant. Le statut du commerçant est inapplicable à l'Etat. Il n'y a pas acte de commerce.

SECTION II. – EXPLOITATION PAR DES ORGANISMES ADMINISTRATIFS

458. *Offices et établissements publics.* – Le plus souvent, l'Etat fait exploiter les entreprises publiques par des organismes administratifs dotés de la personnalité. Ce sont des offices, des établissements publics distincts de l'Etat qui constituent des services publics à caractère industriel ou commercial. On peut citer, parmi beaucoup d'autres : l'Entreprise minière et chimique (regroupant, en 1967, l'Office national industriel de l'Azote et les Mines domaniales de potasse d'Alsace), l'Etablissement de recherches et d'activités pétrolières (E.R.A.P.), et, surtout, les établissements publics chargés d'exploiter les entreprises nationalisées en 1945-1946 : Electricité de France, Gaz de France, Charbonnages de France avec les diverses houillères de bassins, Régie nationale des Usines Renault, etc.

459. *Application du droit privé.* – Ces établissements publics ont une activité très comparable à celle des entreprises commerciales et industrielles. Ils cherchent à réaliser des bénéfices. Leur statut prévoit fréquemment, car les textes sont très divers et complexes, qu'ils doivent être régis par les règles en usage dans le commerce. Les tribunaux de commerce seraient compétents pour statuer sur les litiges avec leurs clients, les conseils de prud'hommes, pour les différends avec leur personnel. Il y a une tendance (mais la question est très controversée) à considérer ces établissements publics comme des commerçants et à leur en appliquer le statut : c'est ainsi qu'ils sont actuellement assujettis à immatriculation au registre du commerce et des sociétés (v. n° 113, 4°), que le décret-loi du 30 septembre 1953 leur a reconnu le droit au renouvellement de leurs baux (v. n° 510, 2°). Le décret du 21 mars 1969 a fixé les conditions d'application aux entreprises publiques de l'ordonnance du 17 août 1967 relative à la participation des salariés aux fruits de l'expansion des entreprises (v. n° 384).

Néanmoins, le redressement judiciaire ne paraît pas concevable. La Cour de cassation a d'ailleurs jugé qu'il n'était pas possible aux créanciers de ces entreprises publiques d'agir par voie de saisie-arrêt, les deniers des établissements publics étant insaisissables.

460. *Caractère original de l'administration.* – Si dans bien des cas le droit privé est applicable, néanmoins, pour l'administration de l'entreprise publique, des règles spéciales existent qui sont fixées par chacun des textes qui régissent chaque entreprise. Mais la règle générale est que la majorité des administrateurs est nommée par l'Etat et que les textes fixent la composition des conseils qui réunissent ces administrateurs. C'est ainsi, par exemple, qu'Electricité de France et Gaz de France sont administrés par des conseils d'administration dont la composition est fixée par le décret du 17 décembre 1953 : 15 membres dont 5 représentants de l'Etat, 5 personnes compétentes en la matière, 5 représentants du personnel. Le directeur général est nommé par le Gouvernement. Mais la responsabilité civile des administrateurs est la même que celle des administrateurs de sociétés anonymes. Le contrôle est assuré par des commissaires aux comptes (comme dans les sociétés commerciales), mais aussi par la Cour des comptes (ce qui relève du droit public).

SECTION III. – EXPLOITATION PAR DES SOCIÉTÉS NATIONALISÉES

461. *Les sociétés nationalisées.* – La formule d'exploitation par des sociétés nationalisées a été inaugurée en 1945 et 1946. Le législateur de cette époque a laissé subsister les sociétés de banque, les sociétés d'assurances, se bornant à transférer les actions à l'Etat. C'est la même formule qui a été adoptée pour les grandes nationalisations de 1982. La loi du 11 février 1982 décide en effet (art. 2, 13, 30) que « la nationalisation des sociétés... est assurée par le transfert à l'Etat en toute propriété des actions représentant leur capital ». Les sociétés subsistent donc, mais n'ont plus qu'un seul actionnaire : l'Etat, ce qui est assez étonnant pour une société, tout au moins anonyme ! (V. nº 260, 2º, *c*.)

462. *Application du droit commercial.* – Ces sociétés nationalisées restent en principe soumises au droit commercial. La règle est très nettement posée par la loi du 11 février 1982 qui décide, pour les cinq grandes sociétés industrielles nationalisées, dans son article 3, que « la législation commerciale, notamment les dispositions relatives aux sociétés anonymes de la loi nº 66-537 de la loi du 24 juillet 1966 modifiée, est applicable aux sociétés mentionnées à l'article 1er ». La même formule figure à l'article 14 (pour les sociétés de banque) et à l'article 31 (pour les compagnies financières).

Les sociétés nationalisées font donc des actes de commerce, et il faut leur reconnaître la qualité de commerçant et leur en appliquer le statut. On se demande cependant si elles pourraient être mises en redressement judiciaire : il faut admettre l'affirmative.

463. *Caractère original de l'administration.* – Si, en principe, le droit des sociétés commerciales est applicable, il y a certaines règles originales pour l'administration de la société nationalisée. D'une part, il ne peut plus y avoir d'assemblée générale. D'autre part, une loi nº 83-675 du 26 juillet 1983 relative à la démocratisation du secteur public a voulu associer les salariés à la gestion. Aussi, le conseil d'administration des sociétés nationalisées comprend-il, à côté de représentants de l'Etat et de personnalités compétentes nommées par décret, des représentants des salariés élus par leurs pairs. Dans les sociétés avec directoire et conseil de surveillance, c'est au sein de ce dernier organe que s'opère l'intégration des salariés.

CHAPITRE II

PARTICIPATION DE L'ÉTAT

464. *Participation à titre privé.* – Dans certains cas, l'Etat se trouve avoir des intérêts dans les entreprises commerciales, notamment des parts ou des actions de sociétés, par suite de confiscations, de successions en déshérence, et surtout par suite des titres qui lui ont été remis pour l'impôt de solidarité (ordonnance du 15 août 1945). L'Etat agit alors comme le ferait un particulier et n'a pas plus de droits, par exemple, qu'un actionnaire quelconque. L'Etat a apporté une partie de ses titres à une *société nationale d'investissement,* constituée en application d'une ordonnance du 2 novembre 1945 et dont les actions avaient été introduites en Bourse en juin 1953, mais par la suite, la société a été transformée en SICAV (v. nº 223).

Dans tous ces cas, l'Etat est nettement minoritaire. Mais il pourrait en être autrement. C'est ainsi que, dans le cas précité de la participation de l'Etat dans USINOR et SACILOR (v. *supra,* nº 451, *in fine*), l'Etat est très largement majoritaire et, par conséquent, le maître de ces sociétés.

465. *Sociétés d'économie mixte.* – Dans d'autres cas, c'est à titre officiel que l'Etat prend des participations dans des entreprises, presque toujours dans des sociétés. Ce sont les sociétés d'économie mixte qui ont à la fois des participations de simples particuliers et des

participations de l'Etat (ou d'autres collectivités publiques). Ces sociétés sont régies par des lois spéciales déterminant les droits de l'Etat. Ce sont souvent des sociétés extrêmement importantes : la Compagnie française des pétroles (loi du 27 mai 1921), la Compagnie nationale du Rhône (loi du 25 juillet 1931), la Société nationale des chemins de fer français (décret-loi du 31 août 1937), la Compagnie générale Transatlantique (lois des 20 juillet 1933 et 28 février 1948), les Messageries maritimes (loi du 28 février 1948), ces deux dernières sociétés ayant fusionné pour former la Compagnie générale maritime, la Compagnie nationale Air France (loi du 16 juin 1948), la Société des transports pétroliers par pipe-line (loi du 2 août 1949), la Société nationale industrielle aérospatiale (réorganisée, en dernier lieu, par le décret du 29 octobre 1975), les Sociétés pour la construction et l'exploitation des autoroutes, etc.

En principe, ces sociétés restent des entreprises privées. Elles accomplissent des actes de commerce, constituent des sociétés commerciales, sont soumises au statut des commerçants. C'est très net pour les sociétés dont les actions sont cotées en Bourse telles que la Compagnie française des pétroles ou la Compagnie générale maritime.

466. *Particularités dues à la participation de l'Etat dans les sociétés d'économie mixte.* – Les lois diverses spéciales à chacune des sociétés d'économie mixte dérogent souvent au droit commun en faveur de l'Etat et donnent ainsi à ces sociétés un statut assez particulier. L'Etat est représenté dans les conseils d'administration par des administrateurs qu'il désigne et dont le statut général est donné par divers textes (décret du 4 octobre 1950, décret du 11 janvier 1952).

Dans certains cas, l'Etat a la majorité ou même la quasi-totalité des actions, nomme la majorité ou même la totalité des administrateurs, de sorte que ces sociétés sont bien proches des entreprises publiques. Tel est le cas par exemple de la Société nationale des chemins de fer français, de la Compagnie nationale Air France, de la Société nationale industrielle aérospatiale.

CHAPITRE III

CONTRÔLE PAR L'ÉTAT

467. *Contrôles divers.* – Dans certains cas, l'Etat se borne à exercer un contrôle sur certaines entreprises. Ainsi les sociétés

d'assurances (non nationalisées), les sociétés de capitalisation et d'épargne sont soumises à une réglementation minutieuse et à un contrôle par des commissaires de l'Etat (décret-loi du 14 juin 1938 et décret du 30 décembre 1938). Le Crédit national, le Crédit foncier de France sont aussi sous le contrôle de l'Etat, et, dans une moindre mesure, les entreprises d'armement maritime (loi du 28 février 1948).

Les entreprises ainsi contrôlées n'en sont pas moins des entreprises commerciales privées, régies en principe par le statut général des commerçants. Elles sont cependant soumises parfois à certaines règles spéciales. C'est ainsi que c'est l'Etat qui nomme les dirigeants du Crédit national et du Crédit foncier de France.

LIVRE IV

LES CONTRATS COMMERCIAUX

Généralités.

468. *La notion de contrat commercial.* – Le contrat est commercial lorsqu'il constitue un acte de commerce. Ce peut être un acte de commerce par nature : ainsi un achat pour revendre comporte deux ventes commerciales qui sont des actes de commerce par nature. De même, les contrats de louage conclus par une entreprise de louage de meubles, les contrats de commission, de courtage, de transport sont, du moins pour l'entreprise de louage, le commissionnaire, le courtier, l'entreprise de transport, des actes de commerce par nature. Ou le contrat peut être commercial parce qu'il constitue un acte de commerce par accessoire, étant fait par un commerçant pour les besoins de son commerce : achat de matériel, contrat de travail, prise en location de machines, d'un local, etc. Est également un contrat commercial le gage constitué pour une dette commerciale.

Certains contrats sont toujours commerciaux, au moins à l'égard de l'une des parties parce que constituant toujours un acte de commerce par nature : il en est ainsi des contrats de commission, de courtage, de transport. D'autres sont, suivant les cas, civils ou commerciaux : tels sont la vente, le louage, le contrat de travail, le gage, etc.

469. *Règles générales applicables aux contrats commerciaux.* – Les contrats commerciaux sont, en principe, soumis aux règles des

contrats telles qu'elles sont fixées par le Code civil : il suffit de renvoyer au *Manuel de droit civil.* Cependant, constituant des actes de commerce, ils sont soumis aux règles applicables aux actes de commerce déjà indiquées (n° 44 et suiv.) :

1° La clause compromissoire : nulle dans les contrats civils, elle est valable, en vertu de la loi du 31 décembre 1925, dans les contrats commerciaux (v. n° 46) ;

2° La mise en demeure : alors qu'en droit civil la mise en demeure doit se faire par exploit d'huissier (art. 1139 C. civ.), pour les contrats commerciaux, en vertu d'une véritable coutume, consacrée par la jurisprudence, la mise en demeure peut se faire par tous moyens : une lettre recommandée ou un télégramme, par exemple ;

3° La solidarité : en droit civil, la solidarité ne se présume point, il faut qu'elle soit expressément stipulée (art. 1202 C. civ.). Pour les contrats ccommerciaux, une coutume très ancienne, consacrée par la jurisprudence, admet que la solidarité se présume ;

4° La preuve : les règles de preuve sont différentes pour les contrats commerciaux : v. le numéro suivant.

(Nous avons supposé un contrat commercial pour les deux parties ; s'il ne l'était que pour l'une des parties, il y aurait *acte mixte,* ce qui soulève des difficultés particulières qui ont été examinées, *supra,* n°s 52 et 53.)

470. *La preuve des contrats commerciaux.* – La différence générale la plus marquante entre les contrats civils et les contrats commerciaux concerne le régime de la preuve, comme il a déjà été indiqué à propos des actes de commerce (v. n°s 4, 1°, et 49).

La preuve des contrats civils, du moins au-dessus d'un certain chiffre (actuellement : 5 000 F), doit être faite par un acte écrit, acte authentique ou acte sous seing privé (art. 1341 C. civ., modifié par la loi du 12 juillet 1980 ; décret du 15 juillet 1980), la preuve par témoins, la preuve par présomptions sont, en principe, exclues. Et quand il existe un écrit, la preuve par témoins est interdite « contre et outre le contenu aux actes ». De plus, l'article 1325 C. civ. impose pour les contrats synallagmatiques la formalité des originaux multiples (il faut un original par partie). L'article 1326 impose dans les promesses de payer une somme d'argent la formalité d'une mention manuscrite de la somme due. L'article 1328 soumet à certaines conditions la preuve de la date des actes sous seing privé. V. *Manuel de droit civil.*

Aucune de ces règles ne joue pour les contrats commerciaux, les besoins et les habitudes du commerce ayant fait admettre des règles beaucoup plus souples. L'article 109 du Code de commerce, modifié par la loi du 12 juillet 1980, décide en effet, que « à l'égard des commerçants, les actes de commerce peuvent se prouver par tous moyens, à moins qu'il n'en soit autrement disposé par la loi. » Le principe est donc que tous les moyens de preuve sont admis, notamment la preuve par correspondance, par témoins, par présomptions. De même ne s'appliquent pas, en matière de contrats commerciaux, les dispositions des articles 1325, 1326 et 1328 du Code civil. Et quand il y a un écrit, on peut faire la preuve par témoins ou présomptions « contre et outre le contenu aux actes ».

Toutefois, l'article 109 du Code de commerce prévoit qu'il puisse en être disposé autrement par la loi. En effet, exceptionnellement, la loi commerciale, plus rigoureuse, exige un écrit pour certains contrats : nous en avons vu des exemples pour la vente du fonds de commerce (v. n° 154), pour le nantissement du fonds de commerce (v. n° 178, 1°), pour le contrat de société (v. n° 235). Nous en verrons aussi des exemples pour les gages sans dépossession (v. n°s 537 et 541), pour le contrat des V.R.P. (v. n° 552), pour le contrat d'agence commerciale (v. n° 564). Et, bien souvent, les contrats commerciaux sont soumis à un formalisme, notamment par des mesures de publicité, qui n'est pas exigé pour les contrats civils.

471. *Règles particulières à certains contrats commerciaux.* – En sus des règles générales ci-dessus indiquées, chacun des contrats commerciaux peut se trouver soumis à des *règles légales particulières* différentes des règles du droit civil. C'est ainsi que le gage commercial n'obéit pas sur tous les points aux mêmes règles légales que le gage civil (v. n° 524 et suiv.), que certains baux commerciaux font l'objet d'un statut légal spécial (v. n° 508 et suiv.).

D'autre part, il faut souligner l'importance, en dehors des règles légales, des *usages commerciaux*, qui peuvent compléter ou modifier la loi (v. n° 19). Leur rôle est surtout important pour la vente commerciale.

Il faut enfin tenir compte des *contrats types*, formules de contrat préparées par des groupements professionnels et pratiquement imposées par celui des contractants qui appartient à un de ces groupements.

472. *La défense des consommateurs.* – En matière de contrats commerciaux, le législateur s'efforce de protéger les « consommateurs » contre les abus de ceux que les textes récents appellent les « professionnels » (fabricants, fournisseurs de biens et de services, dispensateurs de crédits). Sans doute ce souci de protection est-il ancien : il suffirait de rappeler les très nombreuses dispositions

législatives et réglementaires réprimant les fraudes. Mais, depuis quelques années, se sont multipliés les textes, notamment pour prohiber certains procédés de vente (v. n° 483), pour réglementer le démarchage à domicile (v. n° 484), pour restreindre l'effet des clauses pénales (v. n° 473). De façon plus générale, deux lois importantes du 10 janvier 1978 ont été promulguées. La loi n° 78-23 du 10 janvier 1978 tend à l'information et à la protection des consommateurs pour, notamment, lutter contre les clauses abusives (v. n° 474), créer les certificats de qualification. La loi n° 78-22 du 10 janvier 1978 est relative à l'information et à la protection des consommateurs dans le domaine de certaines opérations de crédit : sur cette loi, v. n° 500, *in fine*. Enfin, a été encore promulguée la loi n° 79-596 du 13 juillet 1979 relative à l'information et à la protection des emprunteurs dans le domaine immobilier.

473. *Les clauses pénales.* – On s'était plaint du caractère draconien de certaines clauses de contrats (notamment de contrats de crédit bail : v. n° 506) prévoyant des indemnités extrêmement importantes à payer par le débiteur au cas de non-accomplissement de ses engagements et de résiliation du contrat. Ces clauses constituent cependant des « clauses pénales » qui sont licites (articles 1152 et 1226 et suiv. C. civil). Mais la loi n° 75-597 du 9 juillet 1975 est intervenue pour mettre un terme aux abus en posant des règles générales nouvelles en matière de clauses pénales. Elle a ajouté un alinéa à l'article 1152 du Code civil pour décider que le juge peut modérer ou augmenter la peine qui avait été convenue si elle est manifestement excessive ou dérisoire. Toute stipulation contraire est réputée non écrite. Et la loi nouvelle a refondu l'article 1231 du Code civil pour mieux préciser que lorsque l'engagement a été exécuté en partie, la peine convenue peut être diminuée par le juge à proportion de l'intérêt que l'exécution partielle a procuré au créancier, sans préjudice de l'application de l'article 1152. Toute stipulation contraire est réputée non écrite ; le juge peut, par ailleurs, modifier d'office, sans que les parties le lui aient demandé, la pénalité conventionnelle (loi du 11 octobre 1985).

474. *Les clauses abusives.* – La loi du 9 juillet 1975, analysée au numéro précédent, n'avait qu'un objet limité. De façon plus générale, la loi précitée n° 78-23 du 10 janvier 1978 a eu pour but, dans ses articles 35 et suivants, de protéger les consommateurs contre les clauses abusives. Dans les contrats entre professionnels et non-professionnels ou consommateurs, peuvent être interdites, limitées ou réglementées, les clauses imposées par les professionnels par un abus

de puissance économique et conférant à ces professionnels un avantage excessif. Une commission des clauses abusives, prévue par la loi et réglementée en dernier lieu par le décret n° 81-198 du 25 février 1981, est chargée de proposer des mesures à cet effet. Les clauses abusives sont réglementées par décret : c'est ainsi qu'un décret n° 78-464 du 24 mars 1978 a expressément interdit certaines clauses.

475. *Plan.* – Nous étudierons :
Titre I. – La vente commerciale.
Titre II. – Le louage de choses commercial.
Titre III. – Les sûretés conventionnelles. Le gage.
Titre IV. – Les contrats avec les collaborateurs et les intermédiaires.
Titre V. – Le contrat de transport.

Titre Ier

LA VENTE COMMERCIALE

Généralités.

476. *Sources de la réglementation.* – La vente commerciale est, de beaucoup, le plus courant des contrats commerciaux. Elle correspond d'ailleurs à l'acte de commerce type : l'achat pour revendre ; l'achat pour revendre comprend deux contrats de vente commerciale. Il y a fréquemment aussi des ventes constituant des actes de commerce par accessoire.

Malgré son importance, le Code de commerce ne réglemente pas ce contrat. Aussi les sources sont-elles :

1° Le Code civil, dans son titre de la Vente (art. 1582 à 1701) ;

2° Les lois et règlements spéciaux ;

3° Les usages, dont certains ont été codifiés par la loi du 13 juin 1866.

Nous laisserons de côté la *vente internationale.* Cette vente a fait l'objet de deux conventions internationales de La Haye du 1er juillet 1964, portant, l'une, loi uniforme sur la vente internationale des objets mobiliers corporels, l'autre, loi uniforme sur la formation des contrats de vente internationale des objets mobiliers corporels. Ces conventions n'ont pas été ratifiées par la France. Elles paraissent d'ailleurs devoir être abandonnées au profit d'une nouvelle convention signée à Vienne le 11 avril 1980.

477. *Marchés de bourse.* – Les bourses sont des locaux où se font, par l'intermédiaire de certains professionnels, des ventes soumises à des règles spéciales.

1° Dans les *bourses de valeurs* se font, par l'intermédiaire des agents de change, des opérations sur les valeurs mobilières.

2° Dans les *bourses de commerce* se pratiquent, par l'intermédiaire de courtiers ou de commissionnaires (à Paris, ne peuvent intervenir, en vertu d'une loi du 8 juillet 1983, art. 12, que les « commissionnaires agréés près la Bourse de commerce de Paris »), des ventes soumises à une réglementation particulière par des arrêtés ministériels. C'est ce qu'on appelle les *marchés réglementés,* marchés à terme réservés à certaines marchandises. Ils sont désormais régis par la loi n° 83-610 du 8 juillet 1983, qui a notamment institué une commission « chargée de veiller à leur bon fonctionnement », et qui établit, pour chaque place, leur règlement général.

Nous laisserons de côté les bourses de commerce dans lesquelles, d'ailleurs, les marchés à terme qui avaient cessé de fonctionner en 1939, n'ont été rétablis qu'en nombre très limité : quatre à Paris (tourteaux de soja, cacaos en fèves, sucre blanc, cafés), un à Roubaix - Tourcoing (laines), un au Havre (cafés).

Quant aux bourses des valeurs, elles ont déjà été étudiées, *supra,* n° 347 et suivants.

478. *Ventes aux enchères.* – Nous n'envisagerons que la vente de *gré à gré,* par opposition aux ventes aux enchères publiques. Il suffit d'indiquer que le droit commercial est peu favorable aux ventes aux enchères. Il prohibe, en principe, les ventes aux enchères au détail de marchandises neuves et soumet à des conditions restrictives celles des marchandises d'occasion (loi du 25 juin 1841, modifiée par la loi du 21 octobre 1943). Seules sont autorisées les ventes en gros de certaines marchandises déterminées (loi du 28 mai 1858). V. n° 32, 5°. Par exception, les tribunaux de commerce peuvent autoriser, lorsqu'il est nécessaire, toutes ventes aux enchères (v. la loi du 25 juin 1841, art. 2, pour les ventes au détail ; la loi du 3 juillet 1861 pour les ventes en gros).

479. *Division.* – Sans reprendre l'examen de toute la matière de la vente (v. *Manuel de droit civil*), nous insisterons sur les points importants concernant la vente commerciale. Nous verrons :

Chapitre I. – Formation de la vente et transfert de la propriété.

Chapitre II. – Les obligations du vendeur.

Chapitre III. – Les obligations de l'acheteur.

Rappelons que la vente du fonds de commerce a déjà fait l'objet d'une étude spéciale (v. n° 153 et suiv.).

CHAPITRE PREMIER

FORMATION DE LA VENTE ET TRANSFERT DE LA PROPRIÉTÉ

SECTION I. – FORMATION DE LA VENTE

480. *Généralités.* – La vente commerciale est soumise, pour sa formation, aux règles de la vente civile et, plus généralement, aux règles ordinaires des contrats : il faut un accord des volontés et des consentements exempts de vices. D'autre part, il ne faut pas user de certains procédés de vente prohibés. Enfin nous devons distinguer vente et promesse de vente ou contrat d'exclusivité.

481. *L'accord des volontés.* – Pour que la vente se forme, il faut que les volontés du vendeur et de l'acheteur s'accordent, c'est-à-dire qu'à une *offre* se joigne une *acceptation.* L'offre peut, en principe, être révoquée tant qu'elle n'a pas été acceptée. Elle peut être expresse ou simplement tacite : par exemple, lorsqu'un commerçant expose des marchandises dans une vitrine, il fait des offres au public.

La vente est formée lorsque vendeur et acheteur se sont mis d'accord sur la chose et le prix. En cas de difficulté, le contrat de vente se prouve par tous moyens, comme tous les contrats commerciaux (v. n° 470). Le plus souvent, la vente commerciale se prouve par la correspondance des parties. Une formalité est cependant devenue obligatoire : la *facture.* En vue d'assurer le contrôle des prix, l'ordonnance n° 45-1483 du 30 juin 1945 sur les prix, article 46 et suivants, modifiés par la loi du 4 avril 1947 et le décret du 30 septembre 1953, a prévu que tout achat pour revendre, tout achat par un commerçant pour les besoins de son commerce, doivent faire l'objet d'une *facture.* Les factures doivent mentionner le nom et l'adresse du vendeur et de l'acheteur, la quantité, la dénomination précise et le prix unitaire des biens vendus. Elles doivent être rédigées en double exemplaire : le vendeur remet l'original à l'acheteur et garde le double. Les factures doivent être conservées pendant trois ans. Les infractions aux règles de la facturation sont punies de peines correctionnelles par l'ordonnance n° 45-1484 du 30 juin 1945, article 1er, 5°, et 39-II (15 jours à 3 mois d'emprisonnement, amende de 60 à 40 000 F, ou une de ces deux peines seulement).

La formation d'un contrat de vente *entre absents,* par exemple par correspondance entre deux commerçants éloignés, donne lieu à des difficultés pour déterminer à quel moment précis et en quel lieu le contrat se forme. La Cour de cassation décide qu'il y a là une question de fait, tranchée souverainement par les juges du fond.

Le consentement des parties doit être libre, c'est-à-dire exempt de tout *vice du consentement :* dol, erreur ou violence. La lésion n'est pas prise en considération.

482. *Refus de vendre.* – L'article 37, 1°, de l'ordonnance du 30 juin 1945 sur les prix, dans la rédaction due au décret du 24 juin 1958, érige en délit le fait de refuser de satisfaire, dans la mesure de ses disponibilités et dans les conditions conformes au droit commun, aux demandes des acheteurs, si ces demandes ne sont pas anormales et si les acheteurs sont de bonne foi. Depuis la loi n° 85-1408 du 30 décembre 1985 portant amélioration de la concurrence, le fait justificatif du développement du progrès économique qui permettait déjà de légitimer les ententes tombant sous le coup de l'article 50 de l'ordonnance du 30 juin 1945 (v. *supra,* n° 123) est cependant également applicable au refus de vente. Il en résulte que le refus de vente ne sera pas répréhensible s'il est lié à l'existence d'un contrat de concession exclusive, de franchise ou de distribution sélective (v. *infra,* n° 568 et suiv.) contribuant au développement du progrès économique, au regard du droit des ententes. Un tel effet sera même réputé acquis pour tout contrat qui serait conforme aux conditions fixées par des arrêtés de l'Administration, pris après publication de l'avis consultatif de la Commission de la concurrence.

Sont également sanctionnés le fait de pratiquer à l'égard d'un partenaire économique, de lui demander ou d'obtenir de lui des prix ou des conditions de vente discriminatoires ou encore des dons en marchandises ou en espèces dans des conditions de nature à porter atteinte à la concurrence (ord. 30 juin 1945, art. 37-1°, *g,* réd. loi du 30 décembre 1985), ainsi que le fait, pour tout producteur, grossiste ou importateur, de refuser de communiquer à tout revendeur qui en fera la demande son barème de prix et ses conditions de vente (ord. 30 juin 1945, art. 37-5°, réd. loi du 30 décembre 1985).

483. *Procédés de vente prohibés.* – Certains procédés de vente sont illicites. C'est ainsi que sont prohibées :

1° Les ventes avec primes, c'est-à-dire avec coupons primes, timbres primes, primes en nature, etc. (loi du 20 mars 1951, modifiée et complétée par la loi du 29 décembre 1972 ; décret du 9 mai 1974 ; loi du 30 décembre 1985, apportant certaines limites à cette prohibition : par ex., échantillons, menus services, facilités de stationnement) ;

2° Les ventes pratiquées par le procédé dit de la « boule de neige » (décret du 5 novembre 1953) ;

3° Les ventes sous forme de soldes, de liquidations, de ventes forcées, de ventes au déballage, sauf autorisation du maire (loi du 30 décembre 1906 et décret d'application du 26 novembre 1962) ;

4° Les ventes « forcées », c'est-à-dire les ventes avec envoi d'un objet que le destinataire est invité à payer ou à renvoyer (art. 40, 12°, C. pén. dû au décret du 9 février 1961) ;

5° Les ventes à perte, sauf certaines exceptions (loi du 2 juillet 1963, art. 1er) ;

6° Les ventes directes aux consommateurs (loi du 27 décembre 1973, art. 39 ; décret du 15 mai 1974, modifié par décret du 24 mars 1978).

Aucun texte ne condamne la pratique, souvent critiquée, dite des *« prix d'appel ».* Cette pratique consiste à faire une publicité pour la vente de produits, généralement de produits de marque, à des prix très bas ; mais trop souvent ces produits sont en nombre extrêmement limité de sorte que le client, qui ne peut acquérir ces produits très vite épuisés, est incité par le vendeur à acquérir d'autres produits similaires à des prix beaucoup moins intéressants. La jurisprudence, dans certaines circonstances, a pu voir dans cette pratique un cas de concurrence déloyale ou même un cas de publicité mensongère.

Sur l'interdiction des *prix imposés,* des *prix conseillés,* des *prix et pratiques discriminatoires,* v. *supra,* n° 121.

484. *Vente par démarchage à domicile.* – La vente par démarchage à domicile, sans être en principe prohibée, est néanmoins soumise à une réglementation très stricte en vertu d'une loi du 22 décembre 1972. Notamment, le client a, dans les sept jours du contrat, la possibilité de renoncer à l'achat ou à la commande, en adressant au vendeur une lettre recommandée.

485. *Promesse de vente ou option.* – Comme en droit civil, on connaît en droit commercial la promesse de vente, appelée plutôt *option,* qui doit être soigneusement distinguée de la vente. C'est un contrat par lequel une personne s'engage, généralement pendant un certain délai, à vendre une chose à un certain prix à une autre personne, si celle-ci déclare vouloir acheter. Si cet acquéreur éventuel le désire, il « lève l'option » et la vente est formée. Ainsi, un commerçant offre une option pendant quinze jours à un autre commerçant pour tel lot de marchandises à tel prix. L'option est généralement gratuite, mais elle peut parfois n'être consentie que moyennant une certaine somme.

486. *Contrat d'exclusivité.* – Le contrat d'exclusivité (sorte de promesse d'achat) est un contrat par lequel une personne s'engage, si elle fait des achats de telle marchandise, à les faire exclusivement à telle autre personne. Par exemple, un débitant de boissons s'engage envers un brasseur à lui faire exclusivement tous ses achats de bière. La clause est fréquente dans les contrats de concession (v. n° 569, 2°). Une pareille convention est licite. Cependant, la loi du 14 octobre 1943, au cas, qui est fréquent, où la convention se présente sous forme d'une *clause d'exclusivité* accessoire d'un contrat de vente ou de louage de meubles (par exemple, s'il s'agit d'un brasseur qui loue ou vend du matériel au débitant), limite à dix ans la durée maxima de validité d'une telle clause.

SECTION II. – LE TRANSFERT DE PROPRIÉTÉ

487. *Généralités.* – L'effet essentiel de la vente commerciale, comme de la vente civile, c'est de transférer la propriété de la chose. Mais la vente civile porte, le plus souvent, sur des *corps certains*, c'est-à-dire des choses individuellement déterminées : la maison sise au numéro 15 de telle rue, par exemple. La vente, dans ce cas, transfère immédiatement la propriété. Au contraire, la vente commerciale (du moins la vente en gros entre commerçants) porte le plus souvent sur les *choses de genre*, c'est-à-dire qui ne sont déterminées que par leur quantité et leur qualité : 1 000 kilos de sucre blanc par exemple. La vente, dans ce cas, ne transfère la propriété que quand la chose est *individualisée*.

488. *Intérêts de la fixation du moment où le transfert a lieu.* – Le principal intérêt concerne *le poids des risques*. Ceux-ci sont pour le propriétaire, c'est-à-dire que si la chose périt par cas fortuit ou de force majeure, c'est le propriétaire qui supporte la perte. Si donc le transfert de propriété a eu lieu, les risques sont pour l'acheteur (il perdra la chose et devra néanmoins payer le prix) ; s'il n'a pas encore eu lieu, les risques sont pour le vendeur (il perdra la chose et le prix).

Par ailleurs, comme en droit civil, les parties peuvent, dans le cas d'une vente à crédit, retarder le transfert de propriété à l'acquéreur jusqu'à complet paiement du prix. Une telle clause, dite *clause de réserve de propriété*, protège efficacement le vendeur dans la procédure collective qui frapperait l'acquéreur, y compris lorsque les marchandises se trouvent déjà dans les locaux de celui-ci : voir *infra*, n° 829.

489. *Détermination de l'époque du transfert.* – Si la vente porte sur un corps certain, le transfert est immédiat. Si elle porte sur une chose de genre (ce qui, avons-nous dit, est le cas général), le transfert n'a lieu que par l'individualisation, c'est-à-dire au moment où est exactement déterminée l'identité des marchandises qui seront remises à l'acheteur. Cette individualisation peut avoir lieu lorsque sont précisés, par exemple, le nombre et les numéros des sacs, des récipients qui contiennent, dans les entrepôts du vendeur, la marchandise vendue. Mais souvent l'individualisation n'a lieu qu'à la livraison.

La détermination du moment du transfert de propriété et des risques est surtout importante au cas de transport. Aux risques de qui voyage la marchandise ?

Pour les transports terrestres, la marchandise voyage, en principe, aux risques du destinataire, de l'acheteur (art. 100 C. com.). La livraison, l'individualisation ont lieu au départ. Mais les conventions contraires sont fréquentes.

Pour les transports maritimes, la solution dépend du type de vente choisi par les parties (loi du 3 janvier 1969 sur l'armement et les ventes maritimes). Dans les deux types les plus courants à l'heure actuelle, la livraison a lieu au départ : vente *caf* et vente *fob.*

490. *Vente* caf *et vente* fob. – La vente *caf* est ainsi appelée parce que le prix de la marchandise comprend : le *coût* de la marchandise, le prix de *l'assurance,* le montant du *fret* (dont les initiales sont : C.A.F.). L'acheteur prend livraison dès le départ : les risques du transport sont à sa charge (loi du 3 janvier 1969, art. 40), mais il est couvert par l'assurance. Dans ce type de vente, l'acheteur a l'avantage de savoir d'avance exactement le prix de revient de la marchandise vendue à destination. C'est le vendeur qui, pour le compte de l'acheteur, assure le transport et fait assurer la marchandise (loi du 3 janvier 1969, art. 39). Ce type de vente permet au vendeur, grâce aux *documents* qu'il joint à sa traite, de faire aisément escompter celle-ci (v. n° 643). Ces documents sont : la facture, le connaissement, c'est-à-dire le titre de transport maritime donnant le droit de retirer les marchandises à l'arrivée du navire, la police d'assurance. La vente *caf* donne lieu à de nombreuses opérations bancaires *(crédit documentaire),* le plus souvent régies par les Règles et Usances uniformes dues à la Chambre de commerce internationale et adoptées par la pratique dans presque tous les pays.

La vente *fob* est ainsi appelée en raison des initiales des mots anglais *free on board,* c'est-à-dire franco à bord. C'est, comme la vente *caf*, une « vente au départ » qui met la chose aux risques et à la charge de l'acheteur à compter du jour où elle a été livrée (loi du 3 janvier 1969, art. 32). Cette clause franco bord oblige le vendeur à livrer à bord du navire (loi du 3 janvier 1969, art. 35). Mais, dans ce type de vente, en principe, le vendeur ne s'occupe ni de l'assurance ni du transport, c'est à l'acheteur à faire le nécessaire, et le prix ne comprend que le coût de la marchandise et les frais de mise à bord. Une variante est la vente F.L.B. (franco long du bord ; en anglais : F.A.S. : free along side) dans laquelle le vendeur livre le long du navire.

CHAPITRE II

LES OBLIGATIONS DU VENDEUR

491. *Les deux obligations du vendeur.* – Les deux obligations du vendeur, conformément au Code civil, sont : 1° La livraison ; 2° La garantie.

SECTION I. – LA LIVRAISON

492. *Que faut-il livrer ?* – Le vendeur doit livrer une chose conforme, pour la quantité et la qualité, à la convention ou aux usages.

Pour la *quantité :* il suffit de remarquer que les usages déterminent la valeur des unités employées (par exemple : la « barrique bordelaise », le « sac de café », la « balle de coton »), le point de savoir si le poids s'entend : poids brut ou poids net, etc.

Pour la *qualité :* en principe, le vendeur n'est tenu (suivant la formule de la jurisprudence inspirée de l'article 1246 C. civ.) de livrer que la « qualité loyale et marchande ». Mais souvent la convention est plus précise : par exemple, dans la vente sur échantillon, le vendeur doit livrer une marchandise exactement conforme à des échantillons prélevés contradictoirement par les parties lors de la conclusion du contrat. Ou bien certaines ventes sont subordonnées à un essai, à un agréage par l'acheteur : c'est la règle pour le vin, l'huile (ventes dites « à la dégustation » : art. 1587 C. civ.) A Marseille, l'usage admettait que toute vente en disponible implique agréage préalable.

493. *Date de livraison.* – Pour la date de la livraison, on distingue :

1° La vente en *disponible :* c'est la vente dans laquelle la livraison est immédiate. L'usage donne généralement un bref délai : trois jours, par exemple, d'après les usages marseillais ;

2° La vente *à livrer :* c'est la vente dans laquelle le vendeur a un terme pour la livraison. Un commerçant, par exemple, achètera en janvier des marchandises livrables en juin.

494. *Mode de livraison.* – La livraison s'opère le plus souvent par la remise matérielle des marchandises à l'acheteur. Mais elle peut se faire aussi par transmission du titre qui donne droit à la marchandise : connaissement pour les marchandises transportées par mer (v. n° 490), récépissé pour les marchandises déposées dans un magasin général (v. n°s 530 et 532).

495. *Sanction des règles sur la livraison.* – Si le vendeur ne livre pas, l'acheteur conformément aux règles générales sur les contrats synallagmatiques (v. *Manuel de droit civil),* a le choix entre : exiger l'exécution de la vente ou demander aux tribunaux la résolution. En fait, en matière commerciale, les acheteurs demandent la résolution (en pratique, on dit souvent : la résiliation, mais le mot résolution est le seul correct, s'agissant d'une vente). Ils obtiendront aussi des dommages-intérêts et (en période normale) rachèteront aisément sur le marché une marchandise équivalente.

Les dommages-intérêts sont fonction de la « différence des cours », c'est-à-dire de la différence entre le prix porté au contrat et le cours de la marchandise (par hypothèse supérieur, sinon le vendeur aurait livré) lors du remplacement. D'après les usages marseillais, l'acheteur n'obtient jamais que la stricte différence des cours calculée au jour de la mise en demeure ou, plus exactement, au jour où l'acheteur a su que le vendeur ne livrerait pas.

Si le vendeur a livré, mais partiellement, ou a livré une marchandise non conforme à la convention, les tribunaux apprécient s'il y a lieu d'accorder la résolution ou s'il suffit, en maintenant la vente, d'accorder des dommages-intérêts à l'acheteur : les tribunaux de commerce accordent rarement la résolution pour une simple différence de qualité.

SECTION II. – LA GARANTIE

496. *Les deux garanties.* – Comme dans la vente civile, la vente commerciale entraîne pour le vendeur une double obligation de garantie (v. *Manuel de droit civil) :*

1° Le vendeur doit la *garantie d'éviction :* mais elle joue rarement en matière commerciale, car l'éviction est rare. S'agissant de choses corporelles, l'acheteur est, le plus souvent, protégé par l'article 2279 du Code civil ;

2° Le vendeur doit la garantie des vices cachés, c'est-à-dire doit garantir l'acheteur contre les défauts non apparents de la chose, la défectuosité d'une machine, par exemple. L'acheteur peut demander la résolution de la vente ou une réduction du prix. Il obtient, en outre, des dommages-intérêts si le vendeur connaissait les vices de la chose. La jurisprudence est, en général, sévère lorsque la vente est faite par un professionnel. Elle tend à présumer que celui-ci est de mauvaise foi, car il devait connaître exactement la qualité de ce qu'il vendait.

CHAPITRE III

LES OBLIGATIONS DE L'ACHETEUR

497. *Les deux obligations de l'acheteur.* – La principale obligation de l'acheteur est de payer le prix (art. 1650 C. civ.).

Mais il a encore une seconde obligation : retirer la chose vendue.

SECTION I. – LE PAIEMENT DU PRIX

498. *La fixation du prix.* – Le prix est fixé par la convention.

Avant 1939, cette fixation du prix était, en général, libre. Il y avait cependant quelques exceptions. Dans certains cas, pour le blé, par exemple, le Gouvernement fixait le prix. Dans d'autres cas, certains fabricants fixaient aux commerçants un *prix imposé* (par exemple, pour les spécialités pharmaceutiques). Cette convention était jugée licite par la jurisprudence, et le commerçant ne pouvait vendre au-dessous de ce prix imposé sans encourir des dommages-intérêts.

A partir de 1939, les interventions législatives et réglementaires qui étaient l'exception devinrent la règle. La plupart des prix furent réglementés par arrêtés ministériels ou arrêtés préfectoraux (v. ordonnance n° 45-1483 du 30 juin 1945 sur les prix, codifiant les textes antérieurs). Les infractions à la réglementation furent sévèrement réprimées (v.ordonnance n° 45-1484 du 30 juin 1945 sur la répression des infractions à la législation économique). Ces ordonnances sont toujours en vigueur, mais, dans les années suivantes, le régime est devenu plus libéral. Néanmoins, le gouvernement exerce toujours sur les prix un contrôle qui est, suivant les périodes, plus ou moins rigoureux.

En tout cas, sont interdits les *prix imposés* et peuvent être interdits les *prix conseillés* (v. n° 121). Sont également interdits les *prix discriminatoires* (v. n° 121).

Enfin, sont en principe interdites les *ventes à perte* (loi du 2 juillet 1963, art. 1er).

499. *Date du paiement.* – On distingue :

1° La *vente au comptant :* c'est la vente dans laquelle le paiement doit être fait au moment de la livraison. C'est le mode normal de paiement, à défaut de convention contraire. Au-dessus de 1 000 F, les achats doivent être réglés par les commerçants par chèque barré ou virement (v. *infra,* n° 695) ;

2° La *vente à crédit :* c'est la vente dans laquelle le paiement est postérieur à la livraison. La convention est fréquemment en ce sens en matière commerciale, le paiement se faisant alors, le plus souvent, par lettre de change : l'acheteur est d'ailleurs, depuis un décret-loi du 2 mai 1938 (assez inopérant, à vrai dire, en pratique), tenu d'accepter, dans certaines conditions, la lettre de change que lui fait présenter le vendeur (v. n° 628).

500. *La vente à tempérament.* – La vente à crédit s'appelle plus particulièrement *vente à tempérament* lorsque le paiement se fait par fractions, par exemple 500 F par mois pendant douze mois. Ce mode de vente a pris, depuis quelques années un très grand développement, notamment pour la vente des automobiles, des appareils électro-ménagers, des postes de radio ou de télévision, etc. Parfois le crédit est fait par le vendeur. Plus souvent un organisme de crédit intervient, règle au comptant le vendeur et fait crédit à l'acheteur. Le Conseil national du crédit et un décret-loi du 20 mai 1955 (et des arrêtés du 8 juillet 1955) ont imposé de publier les barèmes des conditions du crédit et de remettre à l'acheteur une attestation des conditions de l'opération. Le Conseil national du crédit, dont les décisions sont applicables à toutes les ventes à crédit (décret du 4 août 1956), fixe le montant et la durée maximaux du crédit, par des avis qui sont publiés au *Journal officiel.*

Les taux maximaux des crédits peuvent résulter de décisions du Conseil national du crédit, à défaut, des plafonds généraux fixés en application de la loi du 28 décembre 1966 sur l'usure (v. n° 50, 3°). A ces taux plafonds s'ajoutent les perceptions forfaitaires dont les montants maximaux sont fixés par arrêté. Au total, le crédit est fort onéreux pour l'acheteur.

On s'était plaint de certains abus en matière de crédit. Pour lutter contre ces abus, sont intervenus la loi n° 78-22 du 10 janvier 1978 relative à l'information et à la protection des consommateurs dans le domaine de certaines opérations de crédit et des décrets d'application n° 78-373 du 17 mars 1978 et n° 78-509 du 24 mars 1978. Une réglementation très complexe tend à assurer une publicité plus complète, à préciser la nécessité et le contenu des offres préalables de crédit, à prohiber tout paiement avant la conclusion définitve des opérations, à limiter les conséquences du remboursement anticipé ou de la défaillance du débiteur.

501. *Arrhes et acomptes.* – Il est fréquent qu'à la conclusion d'une vente à livrer une certaine somme soit versée immédiatement par l'acheteur. Il peut s'agir d'arrhes versées à titre de dédit, c'est-à-dire que l'acheteur pourra renoncer à son achat en abandonnant les sommes versées, le vendeur renoncer à la vente en restituant le double : c'est ce que prévoit l'article 1590 du Code civil.

Mais beaucoup plus fréquemment, en matière commerciale, d'après les usages, les sommes ainsi versées sont seulement un acompte sur le prix d'une vente ferme dont les parties ne peuvent se dédire.

Une loi du 5 décembre 1951 a prévu qu'en cas de vente de meubles toute somme versée d'avance est productive d'intérêts à l'expiration d'un délai de trois mois à compter du versement. La loi a été motivée par les abus résultant des délais souvent très longs exigés, à cette époque, pour la livraison des automobiles commandées.

502. *Garanties du vendeur.* – Le vendeur a des garanties pour le paiement du prix. Le droit civil lui accorde, au cas de vente au comptant : le droit de rétention (qui permet de ne livrer la chose que moyennant paiement) et le droit de revendication (qui permet, pendant huit jours, de reprendre la rétention de la chose, au cas de non-paiement). Le droit civil accorde encore au vendeur : un privilège et une action résolutoire (v. *Manuel de droit civil*), seules garanties au cas de vente à crédit.

Ces garanties existent bien, en principe, dans la vente commerciale. Mais la loi en limite assez sensiblement l'efficacité dans le cadre de la procédure collective frappant l'acheteur (v. n° 829).

Certains vendeurs ont reçu une protection spéciale : les vendeurs d'automobiles (v. n° 536 et suiv.), les vendeurs d'outillage et de matériel d'équipement professionnel (v. n° 540 et suiv.).

SECTION II. – LE RETIREMENT

503. *L'article 1657 Code civil.* – Quand la marchandise est livrable chez le vendeur, l'acheteur doit la retirer. Si un délai a été convenu pour le retirement (en pratique, on dit souvent : « la retiraison », mais le mot n'est pas français), l'article 1657 du Code civil prévoit que l'expiration du délai entraîne de plein droit la résolution de la vente, sans mise en demeure préalable.

Ce texte est applicable aux ventes commerciales. Mais, fréquemment, l'acquéreur a soin de faire insérer dans le contrat une clause aux termes de laquelle le vendeur ne pourra se prévaloir de l'article 1657. Cette clause est licite.

Titre II

LE LOUAGE DE CHOSES COMMERCIAL

504. *Généralités.* – Le louage de choses peut être un contrat commercial, qu'il s'agisse de louage de meubles (chapitre I) ou de louages d'immeubles (chapitre II).

CHAPITRE PREMIER

LE LOUAGE DE MEUBLES

505. *Louage de meubles incorporels et corporels.* – Le louage de meubles *incorporels* ne se rencontre guère que pour le louage de fonds de commerce : cette *location gérance* a déjà été étudiée (v. n° 185 et suiv.).

Le louage de meubles *corporels* est, au contraire, très fréquent. Sont, notamment, de plus en plus nombreuses les entreprises qui donnent en location des machines, des véhicules automobiles, des fûts, des sacs, etc. Elles font des actes de commerce par nature (v. n° 32, 3°). Leurs clients commerçants qui prennent en location pour les besoins de leur commerce font des actes de commerce par accessoire.

Le louage des meubles corporels obéit aux règles du louage du Code civil, auxquelles il suffit de renvoyer (v. *Manuel de droit civil),* sous réserve, bien entendu, de l'application des règles spéciales aux actes de commerce, notamment pour la preuve. Sur le sort d'un louage en cours au moment où survient une procédure de redressement judiciaire contre le locataire, v. *infra,* n° 803.

Certains contrats de louage, notamment ceux qui portent sur des appareils de reprographie, sur des ordinateurs, sont accompagnés de contrats par lesquels le loueur assure des prestations de services au locataire pour l'entretien, la surveillance, le réglage des appareils loués.

506. *Le crédit-bail.* – Une forme particulière du louage se développe depuis quelques années : c'est ce qu'on appelle le *crédit-bail* (en anglais : « leasing »). Il s'agit de location faite pour faciliter le financement. Les entreprises de crédit-bail donnent en location des biens d'équipement, du matériel, de l'outillage (et même des biens immobiliers à usage professionnel, ou encore des fonds de commerce : loi du 6 janvier 1986) avec faculté d'acquérir les biens loués moyennant un prix convenu tenant compte des versements effectués à titre de loyers. Ces entreprises sont, en vertu de la loi du 2 juillet 1966, complétée par une ordonnance du 28 septembre 1967, soumises au statut des établissements de crédit.

Les opérations de crédit-bail, pour être opposables aux tiers, doivent être publiées. Les opérations de crédit-bail mobilier sont publiées sur un registre ouvert au tribunal de commerce, les opérations de crédit-bail immobilier, au bureau des hypothèques (décret du 4 juillet 1972 et arrêté de la même date). Sur l'abus des clauses pénales, v. nº 473.

Une variante du crédit-bail est la cession-bail (en anglais : « lease back »). Dans ce contrat, c'est le propriétaire de la chose qui en transfère la propriété au prêteur qui la lui donne ensuite en location avec promesse unilatérale de vente.

CHAPITRE II

LE LOUAGE D'IMMEUBLES

507. *Généralités.* – Le louage d'immeubles n'est pas un acte de commerce par nature. Peut-il être un acte de commerce par accessoire ? Pour le bailleur, il est presque toujours un acte civil. Mais pour le locataire, il est fréquent qu'un louage d'immeuble soit fait pour les besoins du commerce : c'est surtout le cas du commerçant qui prend en location un immeuble pour y exploiter son fonds de commerce. La doctrine classique se refusait à admettre le caractère commercial d'une telle location, mais cette doctrine est de plus en

plus abandonnée. La Cour de cassation a reconnu formellement le caractère d'acte de commerce au bail conclu par un commerçant pour les besoins de son commerce (arrêt du 14 février 1956). Elle en a déduit que la preuve du bail pouvait être faite par le bailleur par tous moyens, conformément à l'article 109 du Code de commerce. Mais, pour le statut spécial des baux commerciaux, sont seuls compétents les tribunaux de grande instance.

Le louage d'immeubles obéit, en droit commercial, sur la plupart des points, aux règles du droit civil (v. *Manuel de droit civil).* Notons, dans le Code civil, deux dispositions récentes intéressant le bail commercial : 1° Etant donné le droit au renouvellement, le bail d'un local commercial est un acte très grave, aussi l'article 595 du Code civil, modifié par la loi du 13 juillet 1965, ne permet plus à l'usufruitier de donner à bail un immeuble à usage commercial sans le concours du nu-propriétaire ; 2° Le bail commercial consenti par un tuteur ne donne pas au locataire droit au renouvellement (art. 456 C. civ. modifié par la loi du 14 décembre 1964).

Il existe, pour le bail commercial, des règles spéciales au cas de redressement judiciaire du preneur : elles seront étudiées au n° 804. Il existe aussi, à certaines conditions, un statut spécial pour protéger le droit au bail des locaux dans lesquels un fonds de commerce est exploité : ce statut spécial fait l'objet des numéros suivants.

508. *Importance du droit au bail. La propriété commerciale.* – Le droit au bail des locaux dans lesquels le fonds est exploité est, pratiquement, d'importance capitale, surtout pour le commerce de détail dont la prospérité est souvent liée à l'emplacement du fonds. C'est ce qui explique le prix souvent très élevé de la cession du droit au bail (vulgairement appelé « pas de porte »).

Du droit au bail dépend souvent la valeur du fonds. Aussi les commerçants protestaient-ils, avant 1926, contre l'attitude des bailleurs qui, refusant à fin de bail le renouvellement, risquaient de les ruiner. Ils réclamaient la protection de leur droit au bail, nécessaire pour protéger la *propriété même du fonds :* de là l'appellation courante de « loi sur la *propriété commerciale »* donnée à la loi du 30 juin 1926, qui a eu pour but de donner satisfaction aux réclamations des commerçants. La loi de 1926 permettait au bailleur, dans tous les cas, de refuser le renouvellement du bail ; mais elle cherchait à faciliter ce renouvellement et, au cas de refus injustifié, le bailleur était condamné à une idemnité. Mais tandis que le prix des loyers d'habitation était strictement réglementé, le prix des loyers commerciaux était libre.

Les principes de la loi de 1926 ont été maintenus. Mais la loi avait été plusieurs fois remaniée et il existait, de plus, des textes divers sur la révision des baux, sur la cession. Le décret-loi du 30 septembre 1953 a refondu tous les textes en vigueur en un texte unique. Il a été lui-même modifié et complété à plusieurs reprises, en dernier lieu par la loi nº 86-12 du 6 janvier 1986.

Le décret du 30 septembre 1953 est applicable non seulement aux commerçants, mais encore aux artisans, plus précisément aux chefs des entreprises artisanales immatriculées au répertoire des métiers (décret du 30 septembre 1953, art. 1er, modifié par la loi du 12 mai 1965).

509. *Règles générales. Plan.* – Deux règles générales doivent être notées dans le décret du 30 septembre 1953 :

1° Sont nulles toutes clauses ou conventions qui auraient pour effet de faire échec au droit de renouvellement ou aux dispositions légales sur la durée du bail et sur les modifications de l'activité du fonds (art. 35 dans la rédaction due à la loi du 16 juillet 1971). Une exception, cependant, introduite par la loi nº 85-1408 du 30 décembre 1985 : aux termes de l'article 3-1 du décret de 1953, la durée du bail ne peut être inférieure à neuf ans, mais le preneur a la faculté de donner congé à l'expiration d'une période triennale. Désormais, ce droit du preneur n'est plus d'ordre public, et le bail peut valablement l'écarter. Ainsi, le preneur peut valablement s'engager pour neuf ans, ce qui devrait conduire le bailleur, en contrepartie, à ne pas hésiter à entreprendre de nécessaires travaux d'aménagement ;

2° Toutes les actions exercées en vertu du décret se prescrivent par deux ans (art. 33, modifié et complété par la loi du 2 janvier 1970).

Le décret-loi a surtout trait au renouvellement des baux (section I). Mais il contient aussi d'autres dispositions, notamment sur la révision (section II), la cession et la sous-location (section III), la modification de l'activité des fonds (section IV).

SECTION I. – LE RENOUVELLEMENT DES BAUX COMMERCIAUX

510. *Conditions du droit au renouvellement.* – Pour pouvoir prétendre au renouvellement d'un bail, il faut :

1° Que le demandeur soit français. En fait, l'article 38 du décret-loi exclut, en principe, les étrangers. Mais beaucoup de ceux-ci, par conventions internationales, bénéficient de la législation sur les baux commerciaux et des dispositions spéciales ont été édictées par l'ordonnance du 22 avril 1969 en faveur des ressortissants d'un Etat membre de la Communauté économique européenne ;

2° Que le demandeur soit propriétaire d'un fonds de commerce exploité dans les lieux et qu'il soit immatriculé au registre du commerce et des sociétés. La Cour de cassation avait refusé aux entreprises publiques le droit au renouvellement, motif pris de ce qu'elles n'ont pas de fonds de commerce, mais le décret-loi (art. 2, 3°) leur reconnaît formellement ce droit. V. n° 459 ; par ailleurs, depuis une loi du 25 janvier 1985, si le fonds est exploité sous forme de location-gérance, le propriétaire du fonds bénéficie du droit au renouvellement, sans avoir à justifier d'une immatriculation au registre (art. 1er *in fine* du décret).

3° Que le fonds ait fait l'objet d'une exploitation effective au cours des trois années qui ont précédé la date d'expiration du bail ;

4° Qu'il s'agisse de locaux dans lesquels le fonds de commerce est exploité ; le droit au renouvellement s'étend cependant aux locaux accessoires, mais il faut que leur privation soit de nature à compromettre l'exploitation et, s'ils ont été donnés en location par un bailleur différent, que ce dernier ait connu la destination des locaux.

511. *Procédure de renouvellement.* – Le but de la législation est de parvenir à assurer le renouvellement à un prix correspondant à la valeur locative.

S'il s'agit de baux écrits, il faut noter que ces baux, depuis le décret-loi (art. 5), ne prennent fin que par un congé. A défaut, ils se continuent, à la date de fin de bail, par tacite reconduction. Le locataire peut faire, par exploit d'huissier, une demande de renouvellement dans les six mois qui précèdent l'expiration du bail ou au cours de sa reconduction. Si le bailleur ne répond pas dans les trois mois, il est réputé accepter le principe du renouvellement (art. 6 du décret-loi, modifié par la loi du 31 décembre 1953). S'il le préfère, le locataire peut attendre de recevoir congé du bailleur et, à défaut d'accord dans les trois mois, agir en justice.

En cas de location verbale, le locataire pourra de même agir en justice à l'expiration du délai de trois mois.

Fréquemment, les parties se mettent d'accord à l'amiable sur les conditions de renouvellement du bail. A défaut, le loyer sera fixé par justice à la valeur locative. Celle-ci est déterminée par les caractéristiques du local considéré, la destination des lieux, les obligations respectives des parties, les facteurs locaux de commercialité, les prix couramment pratiqués dans le voisinage. Mais le taux de variation du loyer, par rapport au loyer primitif, ne peut excéder le coefficient publié chaque année et qui est la moyenne de divers indices prévus aux alinéas 2 à 5 de l'article 23-6 du décret du 30 septembre 1953 (pour les baux renouvelés en 1986, une loi n° 86-12 du 6 janvier 1986 a fixé ce coefficient à 2,10, c'est-à-dire au-dessous du chiffre qu'auraient donné les indices légaux, et ce dans la double perspective de lutter contre l'inflation et de ne pas trop alourdir les charges des entreprises commerciales). C'est le président du tribunal ou le juge qui le remplace, qui est compétent et qui statue sur les mémoires présentés par les parties. (La notification du mémoire interrompt la prescription.) Le président peut, pour s'éclairer, se rendre sur les lieux ou nommer un expert. L'ordonnance du président est susceptible d'appel devant la cour d'appel.

Dans le mois de la signification de la décision définitive, les parties doivent dresser le nouveau bail, sinon la décision vaut bail. Mais, dans ce mois, le bailleur peut encore refuser le renouvellement (mais sa décision est alors irrévocable) ou le locataire renoncer à ce renouvellement.

La durée du bail renouvelé est de neuf ans, sauf accord des parties pour une durée plus longue (art. 7, al. 1er du décret-loi).

512. *Refus de renouvellement.* – Le bailleur peut toujours refuser le renouvellement du bail. Mais alors il est, en principe, condamné par le tribunal de grande instance à une *indemnité d'éviction,* égale au préjudice causé par le défaut de renouvellement (art. 8 du décret-loi).

Condamné à payer une indemnité d'éviction, le bailleur peut, dans la quinzaine de la date où la décision est passée en force de chose jugée, revenir sur sa position et consentir au renouvellement du bail (c'est ce qu'on appelle le droit de repentir). Mais sa décision est alors irrévocable (décret du 30 septembre 1953, art. 32, modifié par la loi du 16 juillet 1971, et art. 32-1 dû à la loi nouvelle).

Par exception, le bailleur peut refuser de renouveler le bail sans payer aucune indemnité dans les trois cas suivants :

1° S'il justifie d'un motif grave et légitime à l'encontre du locataire sortant ; mais, depuis la loi du 30 juillet 1960, il ne peut alléguer l'inexécution par le locataire de ses obligations que si cette inexécution s'est poursuivie ou renouvelée plus d'un mois après mise en demeure du locataire par exploit d'huissier (art. 9, 1°, modifié, du décret-loi) ;

2° S'il est établi que l'immeuble doit être démoli comme étant insalubre ou s'il présente des dangers ; s'il y a reconstruction l'ancien locataire a un droit de priorité pour louer (art. 9, 2°, du décret-loi) ;

3° S'il reprend pour habiter ou faire habiter par ses ascendants ou descendants ; mais, depuis la loi du 30 juillet 1960, la reprise ne peut plus porter que sur les locaux d'habitation accessoires aux locaux commerciaux ; l'habitation devra durer six ans au moins (art. 14, modifié, du décret-loi).

Dans d'autres cas, le bailleur peut reprendre l'immeuble en payant une indemnité forfaitaire :

1° Il peut reprendre l'immeuble pour le démolir et le reconstruire, en offrant un local de remplacement et payant les frais de réinstallation (art. 10 modifié par loi du 5 janvier 1957) ;

2° Il peut différer le renouvellement pendant trois ans au plus pour surélever l'immeuble, en payant une indemnité qui ne peut excéder trois ans de loyer (art. 13 du décret-loi).

Le bailleur des locaux, qui est en même temps le vendeur du fonds, ne peut reprendre le local qu'en payant l'indemnité d'éviction, sauf s'il justifie d'un motif grave et légitime à l'encontre du locataire sortant (art. 16 du décret-loi).

SECTION II. – LA RÉVISION DES BAUX COMMERCIAUX

513. *Révision triennale.* – Tout bail commercial répondant aux conditions précédemment indiquées peut faire l'objet d'une révision du prix du loyer, en vertu des articles 26 et 27 du décret-loi. Peu importe qu'il s'agisse du bail originaire ou d'un bail renouvelé.

La demande peut être faite par le bailleur ou le locataire (en fait, elle émane toujours du bailleur, la hausse ayant été continue), trois ans au moins après le point de départ du bail.

La procédure est la même qu'en cas de renouvellement. En principe, le prix du loyer, sur la demande en révision, doit être fixé à la valeur locative, mais l'augmentation (ou la diminution) ne peut excéder la variation de l'indice trimestriel du coût de la construction. Il n'en serait autrement que si la preuve était rapportée d'une modification matérielle des facteurs locaux de commercialité ayant entraîné une variation de plus de 10 % de la valeur locative.

Tous les trois ans à compter du jour où le nouveau prix est applicable, de nouvelles demandes en révision peuvent être formées.

514. *Révision en cas de clause d'échelle mobile.* – Le bail peut être assorti d'une clause d'échelle mobile. Est, notamment, licite la clause indexant le loyer sur la variation de l'indice national du coût de la construction (loi du 9 juillet 1970). Mais, depuis l'ordonnance du 30 décembre 1958, article 79, modifiée par ordonnance du 4 février 1959, de telles clauses ne sont plus valables que si le prix varie suivant le cours d'une marchandise faisant l'objet de l'activité de l'une des parties.

Lorsque la clause entraîne variation du loyer de plus du quart, chaque partie peut demander l'adaptation du jeu de la clause mobile à la valeur équitable (art. 28 du décret-loi).

SECTION III. – CESSION ET SOUS-LOCATION

515. *Distinction de la cession et de la sous-location.* – Le cessionnaire régulier du bail a droit au renouvellement.

Les clauses interdisant la cession du bail sont nulles si elles tendent à interdire à un locataire de céder son bail à l'acquéreur de son fonds de commerce (art. 35 du décret-loi). On admet généralement que la nullité n'atteint pas les clauses prévoyant seulement que le cessionnaire devra être agréé par le bailleur. Sur le droit à la cession du bail en cas de départ à la retraite du locataire, voir nº 516 *in fine*.

Au contraire, la sous-location est, en principe, interdite, sauf clause contraire du bail ou accord du bailleur. Si elle est autorisée, le bailleur doit être appelé à concourir à l'acte de sous-location. Et il peut demander une augmentation du prix du loyer principal si le loyer de la sous-location est supérieur à ce prix (art. 21 du décret-loi).

Le sous-locataire peut demander le renouvellement de la sous-location au locataire principal. A l'expiration du bail principal, il peut demander le renouvellement au bailleur principal si celui-ci a agréé la sous-location (art. 22 du décret-loi).

SECTION IV. – MODIFICATIONS DE L'ACTIVITÉ DU FONDS

516. *Activités connexes ou non prévues au bail.* – En droit civil, le locataire ne peut, sans l'accord du bailleur, modifier la destination des locaux telle qu'elle est fixée au bail. Mais, pour les baux commerciaux, est autorisé, en vertu des articles 34 à 34-8 nouveaux du décret du 30 septembre 1953, dus à la loi du 12 mai 1965 et à la loi du 16 juillet 1971, ce que les textes appellent la « déspécialisation ».

D'une part, le locataire, nonobstant toute clause contraire, peut adjoindre à l'activité prévue au bail des activités connexes ou complémentaires (déspécialisation partielle).

Le locataire peut, d'autre part, demander au bailleur l'autorisation d'exercer des activités non prévues au bail. Si le bailleur n'accepte pas, le tribunal de grande instance peut autoriser le locataire, sauf à mettre à sa charge une indemnité au bénéfice du bailleur (déspécialisation totale).

Sur les droits des créanciers inscrits, au cas de transformation, v. *supra*, nº 175, 5º.

Depuis une loi nº 85-1408 du 30 décembre 1985 (art. 14), le locataire invoquant ses droits à pension de retraite peut cependant céder son bail pour l'exercice d'autres activités que celles qu'il poursuivait lui-même sans avoir à se soumettre à la procédure de déspécialisation totale. Le bailleur reçoit alors néanmoins le droit de racheter le bail (art. 34-3-1 nouveau du décret de 1953).

Titre III

LES SÛRETÉS CONVENTIONNELLES. LE GAGE

517. *Sûretés légales et sûretés conventionnelles.* – Les créanciers peuvent, en droit commercial, bénéficier de certaines garanties *légales,* leur donnant une situation préférable à celle des autres créanciers. C'est ainsi que la loi peut accorder à certains créanciers un *privilège,* qu'il s'agisse des privilèges du droit civil (généralement respectés par le droit commercial, sauf certaines restrictions au cas de redressement judiciaire du débiteur : v. n° 825 et suiv.) ou de privilèges spéciaux au droit commercial (par ex., celui du commissionnaire, v. n° 558). De même, la coutume reconnaît au créancier de plusieurs débiteurs tenus commercialement le bénéfice de la *solidarité* (v. n°s 50, 2° et 469, 3°).

Mais les créanciers, en droit commercial, peuvent aussi se faire attribuer par *contrat* des garanties. Ces *sûretés conventionnelles,* qu'elles soient personnelles ou réelles, ne diffèrent guère, dans beaucoup de cas, des sûretés que connaît le droit civil, ou, du moins, n'en diffèrent que par quelques modalités : seul le gage commercial connaît une réglementation originale nécessitant une étude plus complète.

CHAPITRE PREMIER

LES SÛRETÉS PERSONNELLES ET RÉELLES

SECTION I. – LES SÛRETÉS PERSONNELLES

518. *Définition.* – Les sûretés personnelles sont celles qui donnent à un créancier une situation préférable résultant soit de la présence de

personnes qui viennent garantir le paiement (c'est le *cautionnement*), soit du fait qu'il existe plusieurs débiteurs et que ceux-ci sont tenus pour le tout au lieu de ne l'être que pour partie (c'est la *solidarité*).

519. *Le cautionnement.* – Le cautionnement est fréquent en matière commerciale. Très souvent, par exemple, le banquier ouvrant un crédit à une société exigera la caution d'un gérant ou d'un administrateur. Ou encore, traitant avec un commerçant marié, en exigera fréquemment la caution de son conjoint. Très couramment encore, le fisc demande des cautions lorsque le paiement de l'impôt est différé.

Pour la jurisprudence, il ne suffit pas, pour que le cautionnement soit un acte de commerce, qu'il soit donné pour une opération commerciale, il faut encore que celui qui cautionne ait un intérêt personnel dans l'opération.

Mais le cautionnement, en droit commercial, n'est, en principe, pas régi par des règles différentes de celles du droit civil. Il ne mérite donc pas une étude détaillée. Il suffit de remarquer que lorsque le cautionnement est commercial, il est solidaire, en raison de la présomption de solidarité en droit commercial. Sur les droits du créancier, au cas de redressement judiciaire des coobligés, *v. infra,* n° 837.

520. *La solidarité.* – La solidarité conventionnelle peut paraître peu utile en droit commercial, puisque la solidarité est présumée : il n'est donc pas nécessaire de la stipuler expressément. Néanmoins, en pratique, lorsqu'il y a plusieurs débiteurs, on stipule toujours expressément la solidarité : la clause est le style même si elle est surabondante. Mais les effets de la solidarité sont régis, en principe, par le droit civil. Sur les droits du créancier, au cas de redressement judiciaire des coobligés, v. *infra,* n° 837.

SECTION II. – LES SÛRETÉS RÉELLES

521. *Définition.* – Les sûretés réelles sont celles qui donnent au créancier un droit réel sur un bien, généralement un bien qui est la propriété du débiteur, de telle sorte que le créancier ait un *droit de préférence* sur le prix de vente de ce bien et, dans certains cas, un *droit de suite* lui permettant de saisir le bien en quelques mains qu'il se trouve. Par convention, le débiteur peut concéder à son créancier deux sortes de sûretés relles : des sûretés immobilières et des sûretés mobilières.

522. *Sûretés immobilières. L'hypothèque immobilière.* – La seule sûreté couramment pratiquée sur les immeubles est l'hypothèque immobilière. Cette sûreté, réglementée par le Code civil, donne au créancier droit de préférence et droit de suite, tout en permettant au débiteur de conserver la possession de l'immeuble et de l'aliéner. L'hypothèque immobilière est peu usitée dans le commerce, sauf pour garantir des crédits à long terme, car sa constitution est complexe et les procédures de saisie de l'immeuble et de distribution du prix sont longues et complexes (v. notre *Manuel de procédure civile,* 14ᵉ éd., nº 428 et suiv., nº 475 et suiv.). L'hypothèque immobilière, même garantissant une créance commerciale, est soumise aux règles du Code civil. La seule particularité concerne les droits du créancier hypothécaire au cas de redressement judiciaire du débiteur : v. *infra,* nº 825 et suiv.

523. *Sûretés mobilières. Hypothèque et gage.* – Il existe de véritables *hypothèques mobilières* conférant au créancier droit de préférence et droit de suite et laissant au débiteur le droit d'aliéner le bien grevé d'hypothèque. On peut citer les hypothèques sur les navires, les bateaux, les aéronefs. Elles sont, surtout les premières, très utilisées. On peut encore faire état du *nantissement sur films cinématographiques* qui, malgré son nom, est une véritable hypothèque (v. nº 535, 4º).

Beaucoup plus courantes sont les sûretés réelles mobilières, ne conférant, en principe, pas le droit de suite et ne permettant pas, en principe, au débiteur, d'aliéner : ce sont des *gages*. V. le chapitre suivant.

CHAPITRE II

LE GAGE COMMERCIAL

524. *Généralités.* – Pendant une grande partie du XIXᵉ siècle, le gage, qu'il soit fait pour garantir une dette commerciale ou une dette civile, était soumis aux règles du Code civil. Il n'y avait pas de règles spéciales pour le gage commercial. Ce régime avait des inconvénients, les règles du Code civil étant peu compatibles avec les nécessités du commerce, notamment pour la réalisation du gage. La loi du 23 mai 1863 a institué des règles spéciales pour le gage commercial. Quelques années auparavant, la loi du 28 mai 1858, organisant les magasins généraux, avait soumis à des règles particulières le gage constitué sur les marchandises déposées dans ces magasins.

Dans les deux cas, le gage nécessitait, comme en droit civil, la dépossession du débiteur. Cette dépossession est souvent pratiquement impossible. De là des textes spéciaux qui ont admis le *gage sans dépossession*.

SECTION I. – LE GAGE AVEC DÉPOSSESSION

525. *Textes applicables.* – Les règles générales du gage commercial sont données par les articles 91, 92, 93 du Code de commerce, dont la rédaction est due à la loi du 23 mai 1863. Des retouches ont été apportées à ces articles par le décret-loi du 31 août 1937 et l'ordonnance du 18 octobre 1945.

Le cas spécial du gage (warrant), constitué sur les marchandises déposées dans les magasins généraux, est réglé par l'ordonnance du 6 août 1945 (remplaçant la loi du 28 mai 1858) sur les magasins généraux (retouchée par décret-loi du 30 septembre 1953) et le décret du 6 août 1945.

§ 1. – RÈGLES GÉNÉRALES DU GAGE COMMERCIAL

526. *Notion de gage commercial.* – Le gage commercial obéit, en principe, aux règles du Code civil, sauf sur les points sur lesquels la loi du 23 mai 1863 pose des règles spéciales. Ces points concernent la preuve du gage, les modalités de la dépossession dans certains cas particuliers, la réalisation du gage.

Dans quels cas le gage est-il commercial ? L'article 91, alinéa 1, répute tel « le gage constitué soit par un commerçant, soit par un individu non commerçant, pour un acte de commerce ». Le gage est donc commercial lorsque la dette, à la sûreté de laquelle est affecté le gage, est un acte de commerce à l'égard du débiteur. Et, dans ce cas, les règles commerciales s'appliquent même à l'égard du créancier à l'égard duquel l'acte n'est pas commercial (v. n° 53, 1°), même à l'égard des tiers.

I. – *Constitution du gage*

527. *Preuve du gage.* – Le gage civil doit être prouvé par écrit, conformément aux règles générales des contrats civils. Le gage commercial (art. 91, al. 1er) « se constate... conformément aux dispositions de l'article 109 du Code de commerce ». La preuve est donc libre, conformément à la règle générale applicable aux contrats commerciaux (v. n° 470). En pratique, cependant, le plus souvent un écrit sera dressé, ou du moins des lettres échangées.

528. *Dépossession du débiteur.* – Conformément aux règles du Code civil, le gage implique que le débiteur est dépossédé du bien remis en gage, soit que le bien soit mis en la possession du créancier, soit qu'il soit remis à un tiers convenu entre les parties (art. 92, al. 1er).

Néanmoins, le Code de commerce et des textes spéciaux posent certaines règles pour des cas particuliers :

1° S'il est remis au créancier un titre représentant la marchandise, notamment un connaissement (titre de transport maritime), le créancier est censé avoir la possession des marchandises : de nombreuses opérations de *crédit documentaire* sont fondées sur le gage réalisé par remise de ce connaissement (v. nos 490 et 643) ;

2° Pour les titres négociables, le Code de commerce (art. 91, al. 2 à 4, mod. par décret-loi du 25 août 1937) détermine comment se réalise la mise en possession : pour les titres nominatifs, il y a lieu à transfert de garantie (v. n° 342), pour les titres à ordre, endossement pignoratif (v. n° 639). Pour les créances civiles, il faut suivre les règles du Code civil (art. 91, al. 5). Quant aux titres au porteur, les formalités de mise en gage sont identiques à celles concernant les titres nominatifs depuis la loi du 30 décembre 1981 sur la dématérialisation des valeurs mobilières (v. n° 342) ;

3° Pour les marchés de travaux publics, le Code des marchés publics, article 187 et suivants, pose des règles spéciales. Les entrepreneurs qui se font faire des avances pour financer les travaux qu'ils font en exécution d'un marché public, donnent très fréquemment en nantissement le marché. Le Code des marchés publics règle les modalités de ce nantissement. L'acte de nantissement est signifié au comptable chargé du paiement et un exemplaire spécial et unique du marché lui est remis.

II. – *Réalisation du gage*

529. *Procédure spéciale.* – En droit civil, le créancier ne peut faire vendre le meuble remis en gage qu'en vertu d'un jugement. Cette procédure était incompatible avec les besoins de rapidité du commerce. L'article 93 du Code du commerce prévoit qu'à défaut de paiement à l'échéance le créancier peut, huit jours après une simple signification faite au débiteur, faire procéder à la vente publique des objets donnés en gage. Aucune intervention de la justice n'est nécessaire.

Comme en droit civil, est nul le pacte commissoire, c'est-à-dire la convention permettant au créancier, à défaut de paiement, de s'approprier le gage sans suivre la procédure légale. Mais la Cour de cassation a formellement admis que le créancier puisse, conformément à l'article 2078, alinéa 1, du Code civil, faire ordonner par justice que le gage lui demeurera en paiement et jusqu'à due concurrence d'après une estimation faite par expert (arrêt du 30 mai 1960).

Sur le sort du gage dans la procédure collective du débiteur, v. n° 825 et suiv.

§ 2. – RÈGLES SPÉCIALES AU WARRANTAGE DES MARCHANDISES DÉPOSÉES DANS UN MAGASIN GÉNÉRAL

530. *Les magasins généraux.* – Les magasins généraux sont des entreprises privées, mais qui ne peuvent être créées qu'avec une autorisation préfectorale. Ils étaient régis par une loi du 28 mai 1858, remplacée par l'ordonnance du 6 août 1945. Ces magasins généraux reçoivent en dépôt, généralement des commerçants (mais aussi des artisans et des agriculteurs), des matières premières, des marchandises, des denrées ou des produits fabriqués. Bien situés, pourvus de vastes installations, bien outillés, ils rendent de grands services. Ils remettent, en échange des biens déposés, des bulletins appelés *récépissés* (permettant la vente par endossement du récépissé, v. n° 532) et des bulletins appelés *warrants* (permettant le gage par endossement du warrant). Ce gage est un gage avec dépossession, le tiers convenu entre les parties qui reçoit l'objet du gage étant le magasin général.

I. – *Constitution du gage*

531. *Endossement du warrant.* – Le gage sur les marchandises déposées dans les magasins généraux se constitue par endossement d'un bulletin de gage, du *warrant* au bénéfice du créancier. Le warrant est un billet à ordre portant promesse de payer une certaine somme, à une certaine échéance. Il constitue, en outre, nantissement au profit du créancier sur les marchandises déposées. Le warrant porte les nom, profession et domicile du déposant, ainsi que la nature de la marchandise et les indications propres à en établir l'identité et à en déterminer la valeur (ordonnance du 6 août 1945, art. 20, al. 1). Le droit du créancier gagiste porte sur les marchandises déposées, mais aussi sur les marchandises de même nature, de même espèce et de même qualité qui pourraient (le warrant doit en faire mention) leur être substituées (ordonnance du 6 août 1945, art. 20, al. 2 et suiv., mod. par décret-loi du 30 sept. 1953). Le premier endossement du warrant doit être transcrit sur les registres du magasin général. Le

warrant peut ensuite être plusieurs fois endossé, l'endossataire bénéficiant des droits attachés au warrant.

II. – *Droits du porteur du warrant*

532. *Paiement du warrant.* – A l'échéance, le créancier présente le warrant au paiement. S'il est payé, la créance est éteinte et le gage disparaît.

Un autre mode de paiement est possible, par l'acquéreur de la marchandise. Si, en effet, le déposant, entre-temps, vend la marchandise engagée, par endossement du *récépissé*, l'acquéreur (qui connaît l'existence du warrant par le registre du magasin général) ne verse naturellement le prix au vendeur que déduction faite de la somme garantie par le warrant. Cette somme garantie, il peut la verser à l'endossataire du warrant s'il le connaît ; à défaut il la consigne auprès de l'administration du magasin général où, sur les indications du souscripteur, le porteur la trouvera à l'échéance (ordonnance du 6 août 1945, art. 26).

533. *Défaut de paiement. Réalisation du gage.* – Si à l'échéance le porteur du warrant n'est pas payé par le débiteur (ni par un endossataire du récépissé), il fait dresser protêt (sur cette formalité, v. n° 652). Et, huit jours après, sans formalité de justice, il fait procéder à la vente aux enchères de la marchandise engagée, pour se payer par préférence sur le prix.

Section II. – LE GAGE SANS DÉPOSSESSION

534. *Généralités.* – Dans bien des cas, il est pratiquement impossible au débiteur de se déposséder du bien qu'il voudrait remettre en gage. Divers textes sont venus autoriser le gage sans dépossession, la dépossession étant remplacée par une publicité. Ce gage diffère du gage ordinaire en ce qu'il n'y a pas dépossession. Mais il diffère de l'hypothèque en ce que le débiteur n'a pas le droit d'aliéner et en ce que le créancier n'a généralement pas le droit de suite. Ce gage n'est d'ailleurs pas sans danger pour le créancier, le débiteur, resté en possession, pouvant détourner l'objet du gage : des sanctions pénales sont généralement prévues en pareil cas.

535. *Divers cas de gage sans dépossession.* – On peut citer :

1° Le *warrant hôtelier*, qui permet à l'hôtelier de donner en gage le matériel de son hôtel par inscription au greffe du tribunal de commerce (loi du 8 août 1913, modifiée par la loi du 17 mars 1915). L'institution n'a eu aucun succès ;

2° Le *warrant pétrolier*, qui permet aux importateurs de pétrole de le donner en gage par inscription au greffe du tribunal de commerce (loi du 21 avril 1932) ;

3° Le *warrant industriel,* qui, en principe à titre temporaire, permet à des industriels de donner en gage, par inscription au greffe du tribunal de commerce, les produits de certaines fabrications agréées (loi du 12 septembre 1940, modifiée et prorogée à diverses reprises) ;

4° Le *nantissement des films cinématographiques* (qui est d'ailleurs une véritable hypothèque) constitué par une inscription sur le registre public de la cinématographie (C. de l'ind. cinématog., art. 31 et suiv.) ;

5° Le *gage sur automobiles ;*

6° Le *nantissement du matériel d'équipement*.

Seuls ces deux derniers gages méritent une étude plus détaillée, étant d'emploi courant.

Quant au nantissement des fonds de commerce, il a déjà été étudié (v. n° 176 et suiv.). Comportant droit d'aliéner pour le débiteur et droit de suite pour le créancier, il n'est d'ailleurs pas un gage, mais une véritable hypothèque (n° 176).

§ 1. – Le gage sur véhicules automobiles

536. *Généralités.* – Pour faciliter la vente à crédit des véhicules automobiles, la loi du 29 décembre 1934 avait permis la constitution d'un gage sans dépossession. Cette loi a été remplacée par un décret-loi du 30 septembre 1953. Cette sûreté est extrêmement utilisée.

I. – *Constitution du gage*

537. *Conditions de validité.* – Le gage peut être constitué au profit du vendeur du véhicule automobile (et aussi des tracteurs agricoles et des remorques) ou au profit de celui qui prête les fonds pour acheter (ce qui est le cas le plus fréquent : v. n° 500). Le gage doit être constitué par un acte écrit et enregistré (décret du 30 septembre 1953, art. 2). Il doit être mentionné sur un registre tenu par la préfecture qui a délivré le récépissé de déclaration de mise en circulation du véhicule (carte grise). La mention au registre conserve le gage pendant cinq ans. Elle peut être renouvelée une fois (décret du 30 septembre 1953, art. 2).

II. – *Droits du créancier gagiste*

538. *Droit de préférence.* – Le créancier a sur le véhicule automobile les droits d'un créancier gagiste. Ses droits sont opposables dans le redressement judiciaire de l'acquéreur, si le privilège a été inscrit avant le jugement d'ouverture. Mais ce créancier souffre, à cette occasion, des restrictions que la récente loi du 25 janvier 1985 a apportées aux prérogatives des créanciers : v. *infra*, nº 825 et suiv.

Ce créancier peut, comme le gagiste avec dépossession (v. *supra*, nº 529), se faire autoriser par justice à conserver le véhicule en paiement, sur estimation par expert.

539. *Aliénation par le débiteur.* – Le contrat interdit toujours à l'acheteur de vendre le véhicule. Si l'acheteur détourne le véhicule objet du gage, il est passible, d'après la jurisprudence de la Cour de cassation, des peines du détournement de gage. La question de savoir si le créancier a un droit de suite est discutée : la jurisprudence tend à l'admettre.

§ 2. – LE NANTISSEMENT DE L'OUTILLAGE ET DU MATÉRIEL D'ÉQUIPEMENT PROFESSIONNEL

540. *Généralités.* – Pour faciliter la modernisation du matériel par l'achat à crédit, la loi du 18 janvier 1951 a permis la constitution d'un gage sans dépossession au profit des vendeurs. Elle a été retouchée par décret-loi du 30 septembre 1953, par décret-loi du 20 mai 1955, par l'ordonnance du 24 septembre 1958 et par la loi du 19 décembre 1969.

Cette sûreté est fréquemment employée.

I. – *Constitution du gage*

541. *Conditions de validité.* – Le gage est possible au cas de vente à crédit de l'outillage et du matériel d'équipement professionnel : achat de machine-outil par un industriel, d'une installation frigorifique par un boucher, de matériel radiologique par un médecin, etc. Le gage peut être constitué soit au profit du vendeur soit au profit du prêteur qui avance les fonds nécessaires au paiement du vendeur. Sont assimilés aux prêteurs de deniers les garants qui interviennent en qualité de caution, de donneur d'aval ou d'endosseur dans l'octroi des crédits d'équipement (loi du 19 décembre 1969). S'il y a des effets souscrits, le bénéfice du nantissement est transmis de plein droit au

porteur des effets de même qu'il profite aux cautions et donneurs d'aval. Le nantissement doit être constitué par acte écrit et enregistré, au plus tard dans les deux mois de la livraison du matériel sur les lieux où il devra être installé ; il est inscrit, dans les quinze jours de sa date, à peine de nullité, sur un registre tenu au greffe du tribunal de commerce ; si le débiteur est commerçant, on suit les règles du nantissement des fonds de commerce. L'inscription conserve le privilège pendant cinq ans.

Le nantissement ne peut être opposé aux tiers si le créancier nanti n'a pas fait mentionner en marge de l'inscription la date et le lieu de la livraison, dans les quinze jours de l'avis qui lui est donné ou du jour où il en a connaissance (loi du 18 janvier 1951, art. 3, al. 4, dû à la loi du 19 décembre 1969).

II. – *Droits du créancier gagiste*

542. *Droit de préférence.* – A défaut de paiement, le créancier gagiste peut faire vendre le matériel, conformément aux règles du gage commercial, pour se faire payer par préférence sur le prix. Son privilège prime le privilège du fisc, le privilège ordinaire des salariés, et celui de la Sécurité sociale de même que ceux des créanciers inscrits sur le fonds, si le nantissement a été signifié à ces derniers (v. n° 175, 4°). Il n'est primé que par le privilège des frais de justice, du conservateur de la chose et par le privilège extraordinaire des salariés prévu par les articles L. 143-10 et L. 143-11 du Code du travail (sur ce superprivilège, v. n° 769, 2°).

Sur la situation du créancier nanti dans la procédure collective du débiteur, v. n° 825 et suiv.

543. *Aliénation par le débiteur.* – Il est interdit au débiteur, sauf autorisation du créancier ou de justice, d'aliéner le bien grevé. S'il le fait néanmoins, il est passible des peines de l'abus de confiance. Le créancier n'a pas, en principe, de droit de suite : il en serait autrement si le bien avait été revêtu d'une plaque fixée à demeure mentionnant la mise en gage.

543-1. *Conclusion. Déclin des sûretés réelles traditionnelles.* – Hypothèques et gages ont considérablement souffert, à l'époque contemporaine, du traitement que leur ont réservé, dans le cadre des procédures collectives, d'abord la jurisprudence sous l'empire de la loi du 13 juillet 1967 (obligation pour leurs titulaires de faire constater leurs créances, d'où retard dans leur réalisation), puis la loi du 25 janvier 1985 (v. *infra,* n° 825 et suiv.). Dans ces conditions, on constate un certain désintérêt actuel pour ces sûretés reposant sur un simple droit de préférence, et le recours de plus en plus fréquent à des garanties de crédit plus énergiques parce que fondées sur *un droit de propriété :* clause de réserve de propriété (v. n°s 488 et 829), crédit-bail (v. n° 506) ou encore cession de créances professionnelles (v. n° 605 *in fine*).

Titre IV

LES CONTRATS AVEC LES COLLABORATEURS ET LES INTERMÉDIAIRES

544. *Généralités.* – Le commerçant a recours soit à l'intérieur de son entreprise pour assurer la bonne marche de celle-ci, soit à l'extérieur de son entreprise pour favoriser ses rapports avec les fournisseurs ou les clients, à des collaborateurs, à des intermédiaires. Les contrats qui interviennent avec ces derniers appartiennent à plusieurs catégories.

Presque tous les collaborateurs et certains intermédiaires sont des salariés ou sont assimilés à des salariés. Ils sont liés au commerçant par un contrat de travail (chapitre Ier).

La plupart des intermédiaires sont indépendants et concluent avec le commerçant des contrats très divers, distincts du contrat de travail (chapitre II).

CHAPITRE PREMIER

LES CONTRATS AVEC LES SALARIÉS ET ASSIMILÉS

SECTION I. – LE PERSONNEL SALARIÉ

§ 1. – LE CONTRAT DE TRAVAIL

545. *Généralités.* – Le contrat que le commerçant conclut avec ses ouvriers, avec ses employés, y compris ses employés supérieurs

(gérants, directeurs, « cadres ») est, en principe, un contrat de travail. Sans doute, certains gérants de fonds de commerce sont considérés par la jurisprudence comme des mandataires et non comme des salariés (v. *supra*, n° 149). Mais cette situation est exceptionnelle. Le contrat de travail est la règle. Ce contrat est régi par les dispositions du Code du travail et des lois sociales. Son étude ressortit au droit du travail auquel il suffit de renvoyer, en principe, sauf quelques remarques. V. les numéros suivants.

546. *Influence du caractère commercial du contrat.* – Le fait que le contrat de travail est un acte de commerce (il l'est pour le commerçant qui le conclut dans l'intérêt de son commerce, mais il ne l'est pas pour le salarié) entraîne certaines particularités :

1° Le contrat de travail peut être prouvé par tous moyens par le salarié (v. *supra*, n° 40, 1°) ;

2° En cas de redressement judiciaire de l'employeur, certaines règles particulières sont appliquées aux salariés (v. *infra*, n° 847 et suiv.).

547. *Rupture du contrat de travail.* – La rupture du contrat de travail conclu entre le commerçant et ses salariés est, en principe, régie par les règles générales du Code du travail, avec notamment, les réformes opérées par la loi du 13 juillet 1973. Une règle spéciale cependant résulte d'un texte qui, actuellement, constitue l'article L. 122-12 du Code du travail : en cas de modification dans la structure juridique de l'entreprise, notamment par succession, vente, fusion, tous les contrats de travail subsistent entre le nouvel entrepreneur et le personnel de l'entreprise.

§ 2. – Le rôle du personnel dans l'entreprise

548. *Délégués du personnel.* – Comme il a été indiqué (*supra*, n° 151) depuis une trentaine d'années, les textes, sans réaliser encore une véritable « co-gestion », tendent du moins à associer le personnel à la marche de l'entreprise, à assurer son information, à réaliser une certaine liaison entre le chef de l'entreprise et son personnel. A cet effet, les *délégués du personnel* sont obligatoires pour toutes les entreprises comportant au moins dix salariés (loi du 16 avril 1946). Ces délégués du personnel sont les intermédiaires entre le personnel et le chef d'entreprise, ayant surtout pour mission de présenter les réclamations du personnel relatives aux conditions du travail. Mais ils veillent aussi à l'observation de la législation protectrice des travailleurs et, à défaut de comité d'entreprise, collaborent à la gestion des œuvres sociales (art. L. 422-1 et suiv. C. trav.)

549. *Comité d'entreprise.* – Si l'entreprise comporte au moins cinquante salariés, il existe, en vertu de l'ordonnance du 22 février

1945, modifiée, notamment, par loi du 18 juin 1966, un comité d'entreprise, présidé par le chef d'entreprise et composé de délégués élus pour deux ans par le personnel. En dehors de ses attributions sociales (qui comportent, notamment, la gestion des œuvres sociales de l'entreprise), le comité d'entreprise, sans participer proprement à la gestion, est, du moins, consulté sur les questions intéressant la marche de l'entreprise, sur les projets de licenciements collectifs, sur les mesures envisagées pour améliorer la production. Il est informé des résultats de l'entreprise, des bénéfices. Une fois par an, le chef d'entreprise lui fait un rapport sur l'activité de l'entreprise et les projets d'avenir. Des rapports trimestriels sont prévus (art. L. 431-1 et suiv., R. 432-1 et suiv., C. trav.).

Le comité d'entreprise a un rôle plus important dans les sociétés par actions (v. *supra,* n°s 359, al. 2, 374, 375, al. 2 ; 376, dernier alinéa). Depuis une loi du 28 octobre 1982, existent également dans les groupes de sociétés des *comités de groupe.*

550. *Participation et intéressement.* – Plus récemment, le législateur et le Gouvernement se sont préoccupés de favoriser l'intéressement des travailleurs à leur entreprise. Déjà, l'ordonnance du 7 janvier 1959 avait décidé que, par des contrats avec le personnel, pourraient être prévus et seraient favorisés par des exonérations fiscales, l'association ou l'intéressement des travailleurs à leur entreprise. Cette ordonnance n'a eu que peu d'applications pratiques. Elle a été modifiée par la loi n° 73-1197 du 27 décembre 1973 (art. L. 441-1 et suiv., R. 441-1 et suiv., C. trav.).

Quelques années plus tard, les ordonnances du 17 août 1967, modifiées par la loi précitée du 27 décembre 1973, ont rendu obligatoires, dans toutes les entreprises groupant plus de cent salariés, des mesures faisant participer les travailleurs aux fruits de l'expansion des entreprises (art. L. 442-1 et suiv., R. 442-1 et suiv., C. trav.). Etant donné le nombre de salariés exigé, ces mesures intéressent presque exclusivement les sociétés par actions et ont été étudiées pour ces sociétés (v. *supra,* n° 384).

Enfin, mais seulement pour les sociétés par actions, ont été favorisées les souscriptions d'actions par les salariés (v. *supra,* n°s 393 et 394) et l'attribution d'actions aux salariés (v. n° 395).

SECTION II. – LES VOYAGEURS, REPRÉSENTANTS ET PLACIERS

551. *Généralités.* – Le commerçant a recours, pour conclure des contrats avec des tiers, à des *voyageurs de commerce* qui résident

dans la ville du commerçant et vont visiter au-dehors la clientèle, ou à des *placiers* qui visitent la clientèle dans la ville même. Ou bien il s'adresse à des *représentants de commerce* qui résident dans des villes autres que celle du commerçant et qui visitent leur région pour rechercher des clients pour le commerçant, pour maintenir les relations avec ces clients. Ces voyageurs, représentants et placiers (couramment désignés par le sigle : V.R.P.), étaient considérés par la jurisprudence, suivant leur degré d'indépendance, comme liés par un contrat de travail ou par un mandat. Ils réclamaient le statut plus favorable de salariés qui leur a été octroyé par une loi du 7 mars 1957 leur donnant, à certaines conditions, un statut spécial. Les textes, qui ont subi certaines modifications, notamment par les lois des 7 mai 1973 et 20 décembre 1973, figurent actuellement aux articles L. 751-1 et suivants et R. 759-1 et suivants du Code du travail.

§ 1. – Les conditions d'application du statut spécial

552. *Les conditions légales.* – Les voyageurs représentants et placiers, pour jouir du statut spécial, doivent :

1° Exercer en fait, de façon exclusive et constante, leur profession, la loi du 7 mai 1973 permettant cependant aux V.R.P., conjointement à l'exercice effectif et habituel de la représentation, de se livrer à d'autres activités pour le compte d'un ou de plusieurs employeurs ;

2° Ne faire effectivement aucune opération pour leur compte personnel ;

3° Etre liés à leur employeur par des engagements déterminant les services ou marchandises offerts, la région de leur activité, le taux des rémunérations.

Le contrat doit, en principe, être écrit, mais, en l'absence d'écrit, le statut spécial est néanmoins applicable.

§ 2. – Les droits et obligations des V.R.P.

553. *Les droits des V.R.P.* – Le voyageur, représentant ou placier, remplissant les conditions légales est, en somme, assimilé à un salarié et en a les droits, mais bénéficie aussi de certaines règles spéciales.

1° Le contrat est réputé contrat de travail et le V.R.P. jouit du bénéfice des lois sociales propres aux salariés ; les différends sont de la compétence du conseil des prud'hommes ;

2° Le V.R.P. a droit à une rémunération fixée par le contrat, soit fixe, soit plus souvent consistant en des commissions sur les affaires traitées ;

3° Le V.R.P. a droit à un délai-congé réglé par les textes ;

4° Il a droit, en cas de rupture du contrat par le fait de l'employeur, sans faute grave de sa part, à une indemnité pour résiliation abusive ;

5° Il a droit, dans le même cas, à une indemnité dite de clientèle, représentant la valeur de la clientèle qu'il a apportée, créée ou développée, et, en vertu de la loi du 7 mai 1973, à une indemnité de licenciement, si l'entreprise a une convention collective prévoyant cette indemnité. Les deux indemnités ne sont pas cumulables, seule la plus élevée est due.

554. *Les obligations des V.R.P.* – Le V.R.P. doit avoir une carte d'identité professionnelle.

Il doit exécuter, conformément aux usages et aux termes de son contrat, les missions dont il est chargé par le commerçant ; il doit rendre compte de son activité.

Il doit s'abstenir de représenter, sans autorisation, une maison concurrente.

CHAPITRE II

LES CONTRATS AVEC LES INTERMÉDIAIRES

555. *Généralités.* – Le commerçant a fréquemment recours à des intermédiaires indépendants qui lui facilitent les rapports avec les tiers, fournisseurs ou clients.

Si l'on excepte le cas des représentants de commerce qui, malgré une certaine indépendance, sont soumis au statut spécial étudié au chapitre précédent et assimilés par la loi à des salariés, ces intermédiaires sont liés au commerçant par des contrats autres que le contrat de travail.

Certains de ces contrats sont très anciennement connus : la commission, le courtage. Ce sont les seuls que connaît le Code de commerce.

D'autres contrats sont apparus plus tard et certains très récemment ; les uns sont régis par des règles légales ou réglementaires, au moins sur certains points, d'autres ne sont régis que par les principes généraux des obligations et les conventions des parties.

SECTION I. – LA COMMISSION

556. *Mandat et commission.* – Le *mandat* est fréquemment utilisé par le commerçant. C'est ainsi que certains gérants de fonds de commerce ne sont pas des salariés mais des mandataires (v. *supra,* n° 149). Les agents commerciaux sont des mandataires (v. *infra,* n° 564).

Le mandat, même utilisé en droit commercial, est soumis aux règles du Code civil.

La commission est, au contraire, un contrat commercial soumis à des règles particulières. Elle constitue un acte de commerce par nature (v. *supra,* n° 35, 1°). C'est cependant une variété du mandat. En quoi se distingue-t-elle du mandat ? Comme il a déjà été indiqué (v. *supra,* n° 35, 1°), elle s'en distingue en ce que le mandataire agit pour le compte d'autrui et au nom d'autrui tandis que le commissionnaire agit pour le compte d'autrui mais en son propre nom.

Le Code de commerce régit la commission dans les articles 94 et 95.

La commission, quoique beaucoup moins utilisée qu'au début du XIXe siècle, est encore fréquente. Il existe des commissions à la vente, à l'achat, des commissions de transport (v. *infra,* n° 590 et suivants). L'agent de change agit comme commissionnaire (v. *supra*, n° 347, al. 5).

557. *Les obligations du commissionnaire.* – Le commissionnaire doit :

1° Accomplir l'opération dont il est chargé en se conformant aux instructions reçues qui, suivant les cas, sont impératives ou laissent, au contraire, une large marge d'appréciation au commissionnaire ;

2° Traiter avec un tiers, et non pas faire l'opération lui-même en se portant *contrepartiste :* c'est ainsi, par exemple, que chargé de vendre, il ne peut se vendre à lui-même. Par exception, l'agent de change est actuellement autorisé à faire la contrepartie (v. *supra*, n° 347, dernier alinéa).

En principe, le commissionnaire ne garantit pas la solvabilité de celui avec lequel il traite. Mais, fréquemment, le contrat stipule cette garantie. On dit alors que le commissionnaire est « ducroire ».

558. *Les droits du commissionnaire.* – Le commissionnaire a droit :

1° A la rémunération promise, fixée par le contrat, à défaut par les usages, généralement à un certain pourcentage ;

2° Au remboursement de ses dépenses et frais, des avances qu'il a pu faire.

Pour assurer le paiement de ces sommes, le commissionnaire a un droit de rétention. Il a, d'autre part, un privilège, accordé par l'article 95 du Code de commerce, portant sur les marchandises qu'il peut avoir en sa possession, parce qu'elles lui ont été expédiées, déposées ou consignées. Sur le sort du privilège, en cas de redressement judiciaire de son commettant, v. *infra,* n° 825 et suiv.

559. *Rapports avec les tiers.* – Dans les rapports avec les tiers, c'est le commissionnaire qui traite en son nom, c'est donc contre lui seul que le tiers peut agir, et non pas contre le commettant que le tiers ne peut connaître.

Le contrat étant conclu, le commettant peut en revendiquer le bénéfice exclusif puisque le contrat a été fait pour son compte, et il doit, d'autre part, en supporter les charges. Mais ces conséquences ne jouent que dans les rapports du commissionnaire et du commettant. La jurisprudence n'est pas favorable à une action directe du commettant contre les tiers.

SECTION II. – LE COURTAGE

560. *Définition du courtage.* – Le Code de commerce déclare acte de commerce l'opération de courtage (v. *supra*, n° 35, 2°). Il énumère diverses catégories de courtage (art. 77) et donne des règles sur les courtiers privilégiés (art. 79 et suiv.). Mais il ne définit pas le courtage.

Le courtage se distingue nettement de la commission en ce qu'il n'est pas une variété du mandat. Le courtier ne conclut pas le contrat pour le compte d'un commettant. Il se borne à rechercher, pour son client, un cocontractant, à préparer la conclusion du contrat en s'efforçant de rapprocher les parties pour les amener à un accord, mais il laisse ensuite les parties conclure le contrat elles-mêmes.

561. *Diverses catégories de courtiers.* – Il existe encore des courtiers privilégiés, titulaires d'une charge et ayant un monopole : ce sont les courtiers maritimes, qui font le courtage des affrètements, servent d'interprètes et de guides aux capitaines de navires étrangers. Nous les laissons de côté.

Les autres courtiers n'ont pas de monopole. Mais certaines catégories de courtiers sont soumis à une réglementation, par exemple, les courtiers de fret, qu'il s'agisse de fret fluvial ou de fret routier.

Nous n'aurons en vue que les courtiers en marchandises qui sont des courtiers libres depuis la loi du 18 juillet 1866. Mais certains courtiers, dit *courtiers assermentés,* nommés par la cour d'appel, sont seuls qualifiés pour constater les cours dans les bourses de commerce, pour procéder aux ventes aux enchères de marchandises en gros et à diverses autres ventes publiques (décret de codification du 29 avril 1964).

562. *Les obligations du courtier.* – Le courtier doit :

1° Se conformer aux instructions reçues ;

2° Faire les démarches nécessaires pour trouver une contrepartie à son client ;

3° S'efforcer de rapprocher les parties ;

4° Rendre compte de sa mission.

Le courtier remet en général aux parties un bordereau portant les conditions de l'accord. Mais ce bordereau ne fait pas preuve du contrat, car il appartient aux parties de conclure le contrat préparé par le courtier, de confirmer l'accord.

Le courtier serait responsable s'il commettait dans sa mission une faute préjudiciable à son client, par exemple, s'il le mettait en rapport avec une personne notoirement insolvable.

563. *Les droits du courtier.* – Le courtier a droit à une rémunération appelée courtage. Le montant en est fixé par le contrat, à défaut par les usages. La jurisprudence décide que le courtage est dû dès que le contrat préparé par le courtier est conclu, même si, par la suite, le contrat n'est pas exécuté, est résilié.

SECTION III. – L'AGENCE COMMERCIALE

564. *Définition.* – Certains représentants de commerce échappent au statut spécial des V.R.P. (v. *supra*, n° 551 et suiv.) en raison d'une plus grande indépendance. Ils ne sont donc pas assimilés à des salariés, ce sont des mandataires.

Le statut de ces agents commerciaux a été fixé par un décret du 23 décembre 1958, modifié par un décret du 22 août 1968, qui définit l'agent commercial comme « le mandataire qui, à titre de profession habituelle et indépendante, sans être lié par un contrat de louage de services, négocie et éventuellement conclut des achats, des ventes, des locations ou des prestations de services au nom et pour le compte de producteurs, d'industriels ou de commerçants ».

Etant mandataire, l'agent commercial (malgré certaines controverses) n'est pas commerçant, puisqu'il ne fait pas d'actes de commerce en son nom et pour son compte (v. *supra*, n° 60).

Le contrat d'agence commerciale doit être rédigé par écrit (décret du 23 décembre 1958, art. 1er, al. 2).

565. *Les obligations de l'agent commercial.* – L'agent commercial doit se faire immatriculer sur un registre spécial tenu au greffe du tribunal de commerce.

Il doit se conformer aux instructions de son mandant.

Il doit rendre compte de l'exécution de son mandat.

Il serait responsable, en cas de faute dans l'exécution de son mandat, par exemple s'il avait traité avec une personne notoirement insolvable. Mais il ne répond pas de l'insolvabilité de la personne avec laquelle il traite, à moins que le contrat d'agence commerciale ne contienne une convention de « ducroire ».

566. *Les droits de l'agent commercial.* – Etant indépendant, l'agent commercial :

1° Peut représenter un nouveau mandant sans autorisation, mais il lui faut un accord s'il veut représenter une entreprise concurrente (décret du 23 décembre 1958, art. 2, 1er al.) ;

2° Il peut effectuer des opérations commerciales pour son propre compte (décret du 23 décembre 1958, art. 2, al. 2) ; en ce cas, il devient commerçant si ces opérations sont habituelles ;

3° Il peut recruter et employer, sans autorisation, des sous-agents (décret du 23 décembre 1958, art. 2, al. 3) ;

4° Il a droit à une rémunération fixée par le contrat ou par les usages ;

5° Le contrat étant conclu dans l'intérêt commun des parties, la résiliation du contrat par le mandant, si elle n'est pas justifiée par une faute de l'agent commercial, donne à celui-ci droit à une indemnité compensatrice du préjudice subi (décret du 23 décembre 1958, art. 3).

SECTION IV. – LA CONCESSION

567. *Définition.* – La concession est un contrat par lequel un fabricant s'engage à vendre à un commerçant des produits de sa fabrication que ce commerçant devra revendre en se conformant aux

instructions du concédant, le concessionnaire s'obligeant en général à s'approvisionner exclusivement chez le concédant et le concédant accordant en général au concessionnaire l'exclusivité de la vente de sa production.

C'est cette opération d'achat et de revente qui caractérise la concession par rapport à la commission ou à l'agence commerciale.

568. *Validité de la concession exclusive.* – La concession est en général exclusive, le vendeur ayant le monopole de la revente des produits dans une région déterminée.

Une question controversée a été de savoir si cette exclusivité ne tombait pas sous le coup de la prohibition du refus de vente (v. *supra*, n° 482), puisque le fabricant s'interdit de livrer des produits à d'autres qu'à son concessionnaire. La Cour de cassation a refusé de considérer toutes les concessions exclusives comme des refus délictueux de vendre aux non-concessionnaires. A certaines conditions, la concession exclusive peut être légitime, notamment s'il n'y a pas de prix imposé et si le contrat tend à améliorer le service rendu au consommateur. La loi du 30 décembre 1985 portant amélioration de la concurrence rejoint cette jurisprudence en décidant que le refus de vente ne sera pas délictueux s'il découle d'un contrat de concession exclusive contribuant au développement du progrès économique (v. *supra*, n° 482).

La question est également délicate dans les rapports entre commerçants appartenant aux Etats membres de la Communauté économique européenne, pour l'application des dispositions du Traité de Rome du 25 mars 1957 (v. *supra*, n° 124). La Cour de justice des Communautés admet, comme la Cour de cassation française, que toutes les concessions exclusives ne sont pas prohibées. Ne tombent sous le coup des ententes prohibées par l'article 85 du Traité que les concessions entraînant protection territoriale absolue, c'est-à-dire interdisant aux acheteurs, sans passer par le concessionnaire de leur pays, de s'adresser à des grossistes dans le pays du concédant.

569. *Obligations du concessionnaire.* – Le concessionnaire doit :

1° Se conformer aux instructions du concédant qui, le plus souvent, lui impose des méthodes de vente, de publicité, etc. ;

2° Le plus souvent, s'approvisionner exclusivement chez le concédant, cette clause d'exclusivité étant valable sous réserve de l'application de la loi du 14 octobre 1943 (v. *supra*, n° 486) ;

3° Ne pas vendre de produits d'une maison concurrente, à moins d'y être autorisé ;

4° Le plus souvent, le concessionnaire doit avoir constamment un stock d'une importance déterminée, s'engager à vendre une quantité minimale de produits par an, etc.

570. *Droits du concessionnaire.* – Le concessionnaire a pour principal avantage l'exclusivité qui lui est normalement reconnue. Il a le droit de faire respecter cette exclusivité par le concédant.

La situation du concessionnaire demeure précaire à l'arrivée du terme du contrat de concession (donc, lorsque celui-ci était à durée déterminée). En effet, le concessionnaire n'a pas un droit au renouvellement de ce contrat, et la loi ne lui reconnaît pas non plus le bénéfice d'une indemnité qui viendrait rémunérer l'accroissement de clientèle qu'il a réalisé au profit du concédant.

Le concessionnaire a cependant droit à une indemnité dans deux cas :

– d'abord, en cas de rupture anticipée par le concédant d'un contrat de concession à durée déterminée (sauf faute de sa part) ;

– ensuite, en cas de rupture abusive (intention de nuire ou légèreté blâmable) par le concédant d'un contrat de concession à durée indéterminée.

SECTION V. – LE FRANCHISAGE

571. *Définition.* – Le franchisage (en anglais : « franchising ») est une variété du contrat de concession par laquelle le concédant accorde au concessionnaire le droit de vendre les produits de sa marque ou de procurer les services qui sont la spécialité du concédant, en lui fournissant les moyens, les méthodes appropriés, en lui communiquant son « savoir-faire » (en anglais : *« know how »),* en le faisant bénéficier de sa publicité. Il y a collaboration étroite entre le franchiseur et le franchisé. A défaut de toute réglementation, c'est la convention des parties qui détermine leurs obligations.

572. *Les obligations du franchiseur.* – Le franchiseur s'engage généralement à fournir au franchisé tous les renseignements utiles, à faire la publicité nécessaire, à permettre au franchisé d'utiliser des techniques mises au point par le franchiseur, d'utiliser sa marque, souvent son enseigne. Il lui concède l'exclusivité de la vente de ses produits, de la fourniture de ses services.

573. *Les obligations du franchisé.* – Le franchisé doit en général ne vendre que les produits du franchiseur, ne fournir que les services de la firme, respecter les instructions souvent très minutieuses que lui donne le franchiseur, subir les contrôles généralement très stricts qui lui sont imposés.

Section VI. – LA DISTRIBUTION SÉLECTIVE

573-1. *Présentation.* – La vente au public de certains produits, notamment de luxe, se fait aujourd'hui souvent par l'intermédiaire de distributeurs agréés par le fabricant, qui acquiert ainsi la certitude que ses produits seront offerts au public dans des conditions respectant le prestige de son image de marque. Par cet agrément, le distributeur reçoit ainsi le droit contractuel de vendre ces produits, mais, à la différence du concessionnaire, il ne bénéficie d'aucune exclusivité territoriale. Pour la Cour de cassation, un tel contrat est valable et justifie le refus de vendre à des distributeurs non agréés s'il permet d'assurer un meilleur service au consommateur soit de *produits de luxe* (par ex. parfums), soit de *produits dont la vente réclame une haute technicité.*

Section VII. – L'AFFACTURAGE

574. *Définition.* – L'affacturage (en anglais : « factoring ») est un contrat par lequel une personne (appelée en anglais : « factor ») se charge, envers un commerçant, du recouvrement de ses factures dont il garantit le paiement. La pratique dit que le « factor » achète les factures (d'où le nom d'affacturage), mais juridiquement l'opération s'analyse en une subrogation, le « factor » étant subrogé dans les créances du commerçant contre ses clients.

575. *Les obligations du « factor ».* – Le « factor » garantit entièrement le recouvrement des créances, sans avoir aucun recours au cas de non-paiement. Il doit régler au commerçant, aux dates convenues au contrat, l'intégralité des créances.

576. *Les obligations du commerçant.* – Le commerçant qui traite avec le « factor » s'engage à lui transmettre *toutes* ses créances. Il s'engage à faire connaître à ses fournisseurs qu'ils doivent régler au « factor ». Il paie au « factor » une commisson fixée par le contrat.

Titre V

LE CONTRAT DE TRANSPORT

577. *Diverses catégories de transports.* – Le contrat de transport est un contrat par lequel une personne appelée *transporteur* (le Code de commerce l'appelle « voiturier ») s'engage, envers une autre personne appelée *expéditeur* s'il s'agit de marchandises, *voyageur* s'il s'agit de personnes, à déplacer d'un point à un autre, moyennant un certain prix, par un mode de transport déterminé, une marchandise ou une personne.

Il y a donc deux sortes de contrat de transport : le *contrat de transport de marchandises* et le *contrat de transport de personnes.* Ces deux contrats sont régis par des règles différentes et feront l'objet de deux chapitres distincts.

D'autre part, le mode de transport conduit à distinguer des contrats de transport soumis à des règles souvent très différentes suivant qu'il s'agit de transports terrestres, de transports fluviaux, de transports maritimes, de transports aériens. Nous n'examinerons que les *transports terrestres.*

Enfin, il faut distinguer les transports nationaux et les transports internationaux, ces derniers étant régis, dans presque tous les cas, par des conventions internationales (v. *supra,* n° 8). Nous n'examinerons que les *transports nationaux* soumis au droit interne.

Il y aura lieu, également, de donner des indications sur des contrats annexes au contrat de transport : commission de transport, transit, agence de voyage.

CHAPITRE PREMIER

LE CONTRAT DE TRANSPORT DE MARCHANDISES

578. *Généralités.* – Le transport terrestre de marchandises est réalisé soit par un transport par fer, soit par un transport routier. Le transport par fer est assuré, presque toujours, par la Société nationale des chemins de fer français (S.N.C.F.) ou son organisation annexe, le Service national des messageries (SERNAM), pour les expéditions autres que par wagons complets. Les transports routiers sont assurés par de multiples entreprises.

Dans les deux cas, le contrat est régi, essentiellement, par les textes du Code de commerce, articles 96 à 108. En outre, la S.N.C.F. est soumise à un régime très complexe résultant du décret du 31 août 1937 qui l'a créée et organisée, de son cahier des charges et des tarifs. Les transports routiers sont eux aussi soumis à une réglementation très stricte tendant à assurer la coordination entre le Rail et la Route. Ils sont régis, en partie, par des tarifs.

SECTION I. – RÈGLES GÉNÉRALES SUR LE CONTRAT DE TRANSPORT DE MARCHANDISES

§ 1. – FORMATION ET PREUVE DU CONTRAT

579. *Lettre de voiture et récépissé.* – Le contrat de transport est un contrat consensuel, qui n'est pas soumis à un formalisme. Il se prouve conformément aux règles générales, par écrit à l'égard du contractant faisant acte civil, par tous moyens à l'égard du contractant faisant acte de commerce, ce qui est toujours le cas pour le transporteur puisque l'entreprise de transport est un acte de commerce (v. *supra*, n° 33, 3°). Mais en pratique, un écrit est toujours dressé. Le Code de commerce (art. 101 et 102) prévoit que le contrat est constaté par une *lettre de voiture.* Mais celle-ci est tombée en désuétude pour les transports internes et est remplacée par un *récépissé* que délivre le transporteur, à la suite généralement d'une *déclaration d'expédition* formulée par l'expéditeur et qui porte les conditions essentielles du contrat.

§ 2. – Les conditions du contrat

580. *Conditions générales et tarifs.* – En principe, les parties règlent librement les conditions du contrat de transport, soumis d'ailleurs aux règles générales des contrats. Mais la liberté des parties est limitée par l'existence des tarifs. En matière de transports ferroviaires, les tarifs sont des documents qui définissent les conditions du transport et sont obligatoires pour les parties. Ils sont établis par la S.N.C.F. et proposés au ministre compétent pour les transports qui peut opposer son veto. La Cour de cassation leur reconnaît la valeur de lois, bien que ce caractère soit discuté en doctrine, surtout en raison de réformes récentes des tarifs. En matière de transports routiers, certains transports sont également, depuis quelques années, soumis à des tarifs fixant un certain nombre de conditions de transport et, notamment, les prix.

§ 3. – Les parties au contrat

581. *Expéditeur et destinataire.* – Le contrat de transport est conclu entre le transporteur et l'expéditeur. Mais le bénéfice du contrat peut être réclamé par le *destinataire* indiqué au contrat. On explique ces droits du destinataire par l'effet d'une stipulation pour autrui, l'expéditeur stipulant au profit du destinataire (V. *Manuel de droit civil).* Mais, pendant le transport, l'expéditeur reste maître du transport, le transporteur devant obéir aux ordres de l'expéditeur qui peut modifier le contrat, en changeant notamment la destination ou en arrêtant la marchandise en cours de route (pour l'arrêt en cours de route au cas de redressement judiciaire de l'acheteur, v. *infra,* n° 829).

Section II. – LES OBLIGATIONS DES PARTIES

§ 1. – Les obligations du transporteur

582. *Obligations diverses.* – Le transporteur peut, en règle générale, refuser d'opérer un transport. Mais, par une exception très importante, la S.N.C.F. est obligée de transporter, si la marchandise est conforme aux normes réglementaires. Le transporteur doit prendre en charge la marchandise, lui assurer les soins normaux, en opérer le déplacement conformément aux termes du contrat et aux règles des tarifs, la livrer en fin de transport au destinataire indiqué par l'expéditeur.

Le transporteur peut assumer des obligations supplémentaires, par exemple celle de faire payer par le destinataire la somme indiquée par l'expéditeur : c'est ce qu'on appelle *l'expédition contre remboursement.* La jurisprudence admet qu'en principe le transporteur peut livrer la marchandise au destinataire qui lui remet un chèque, sans que l'expéditeur puisse mettre sa responsabilité en jeu, si le chèque se révèle ensuite être sans provision.

583. *Responsabilité du transporteur.* – Le transporteur est, en principe, responsable en cas de perte, d'avarie ou de retard (art. 103 et 104 C. com.). Et il ne peut se dégager qu'en prouvant la force majeure (la jurisprudence est très stricte en la matière et n'admet que les événements naturels d'une exceptionnelle violence et non pas les accidents ou incidents qui se produisent à l'intérieur de l'entreprise), le vice propre de la marchandise (par exemple, des fruits trop mûrs qui se gâtent en route) ou une faute de l'expéditeur (par exemple, un emballage défectueux).

En vertu d'un alinéa ajouté à l'article 103 par la loi du 17 mars 1905 (dite loi Rabier, du nom du sénateur qui la fit voter), toute clause contraire qui tendrait à exonérer le transporteur de sa responsabilité pour perte ou avarie est nulle. Mais sont valables les clauses limitant le montant de l'indemnité, les tarifs d'ailleurs fixant eux-mêmes des limites.

§ 2. – Les obligations de l'expéditeur et du destinataire

584. *Le prix du transport.* – L'obligation essentielle est de payer le prix du transport. Mais la charge de ce paiement peut incomber, suivant les termes du contrat, soit à l'expéditeur (expédition en *port payé),* soit au destinataire (expédition en *port dû).*

Le destinataire a, en outre, l'obligation de prendre livraison de la marchandise. Celle-ci, au cas de transport ferroviaire, peut d'ailleurs lui être livrée soit en gare, soit à domicile.

585. *Les garanties du transporteur.* – Pour garantir le paiement du prix, le transporteur a un privilège résultant de l'article 2102, 6°, du Code civil. Il peut aussi se refuser à livrer la marchandise s'il n'est pas payé.

Section III. – Les actions en justice

§ 1. – Les diverses actions

586. *Actions en responsabilité et actions relatives au prix du transport.* – Les actions en matière de transport sont, le plus

souvent, des actions en responsabilité intentées contre le transporteur par l'expéditeur ou par le destinataire. Elles sont de la compétence du tribunal de commerce puisque l'entreprise de transport est un acte de commerce (v. *supra*, n°s 45 et 52, 1°), mais si l'expéditeur ou le destinataire n'ont pas fait acte de commerce, ils pourraient, s'ils le voulaient, assigner devant les tribunaux civils.

Quant aux actions relatives au prix, s'il s'agit de l'action en paiement du prix ou en complément de taxe, la compétence variera suivant que le défendeur en concluant le contrat de transport a fait un acte civil ou un acte de commerce par accessoire. Pour l'action en détaxe intentée contre le transporteur qui a trop perçu, elle peut être portée devant le tribunal de commerce (v. *supra*, n° 40, 2°).

§ 2. – LA PROCÉDURE SPÉCIALE DE L'ARTICLE 106

587. *L'expertise, le dépôt, la vente.* – L'article 106 du Code de commerce, modifié par la loi du 12 février 1927, est très fréquemment utilisé par la pratique. Il permet, au cas de refus des marchandises transportées ou présentées pour être transportées ou de contestation sur la formation ou l'exécution du contrat de transport ou à raison d'un incident de transport, de faire vérifier l'état des marchandises par un expert. La procédure est simple et rapide. L'expert est nommé, sur requête, par le président du tribunal de commerce ou, à défaut, par le juge d'instance. Le requérant appelle à l'expertise, par lettre recommandée ou par télégramme, les intéressés, le juge pouvant d'ailleurs, en cas d'urgence, dispenser de cette formalité. Cette procédure est particulièrement courante lorsque, à l'arrivée des marchandises, le destinataire allègue une perte partielle ou une avarie et saisit immédiatement le juge.

Le juge peut aussi ordonner le dépôt de la marchandise dans un dépôt public. Il peut encore ordonner la vente jusqu'à concurrence des frais exposés.

§ 3. – FIN DE NON-RECEVOIR ET PRESCRIPTIONS

588. *Fin de non-recevoir de l'article 105.* – L'article 105 du Code de commerce, remanié par la loi du 11 avril 1888 puis par le décret du 19 mai 1959, est très fréquemment invoqué par les transporteurs. Cet article prévoit que la réception des objets transportés éteint toute action contre le transporteur pour avarie ou perte partielle, si, dans les trois jours qui suivent la réception, le destinataire n'a pas notifié au transporteur, par acte d'huissier ou par lettre recommandée, sa protestation motivée. Cependant, une demande d'expertise en

application de l'article 106 vaut protestation. Des réserves seraient insuffisantes, à moins qu'elles ne soient acceptées par le transporteur.

589. *Prescriptions.* – L'article 108 du Code de commerce, modifié par le décret-loi du 30 octobre 1935 et la loi du 18 novembre 1942, prévoit que toutes les actions en matière de transport se prescrivent par un an. Le délai est compté, dans le cas de perte totale, du jour où la remise de la marchandise aurait dû être effectuée, et, dans tous les autres cas, du jour où la marchandise aura été remise ou offerte au destinataire.

Les actions récursoires (qu'exerce, par exemple, le commissionnaire de transport, assigné en responsabilité, contre le transporteur qu'il a chargé du transport (v. n° 591, *in fine),* se prescrivent par un mois. Cette prescription court du jour de l'exercice de l'action contre le garanti (art. 108, al. 4).

SECTION IV. – LA COMMISSION DE TRANSPORT ET LE CONTRAT DE TRANSIT

590. *Nature de la commission de transport.* – La commission de transport était extrêmement fréquente lors de la rédaction du Code de commerce. Elle reste encore couramment utilisée. Comme tout commissionnaire (v. *supra,* n° 556), le commissionnaire de transport agit en son nom pour le compte d'autrui. Il s'engage à faire exécuter sous sa responsabilité et en son nom, par des transporteurs auxquels il s'adresse, le transport d'une marchandise pour le compte d'un commettant. La commission de transport n'est donc pas un contrat de transport puisque le commissionnaire de transport n'effectue pas lui-même le transport mais le fait effectuer par d'autres personnes, avec lesquelles il conclut des contrats de transport. Il conclut ces contrats en son nom, mais pour le compte de son commettant.

591. *Droits et obligations du commissionnaire de transport.* – Le commissionnaire de transport a droit à la commission qu'il a stipulée, au remboursement des frais qu'il a engagés. Pour assurer le remboursement des sommes qui lui sont dues, il a, comme tous les commissionnaires, le privilège prévu par l'article 95 du Code de commerce (v. *supra,* n° 558).

Le commissionnaire de transport s'est engagé à faire transporter la marchandise. Il répond de ses fautes personnelles dans l'exécution de la mission qui lui a été donnée. Il répond surtout du fait des transporteurs avec lesquels il traite pour le compte de son commettant (art. 99 C. com.). Il est donc garant des avaries ou pertes de marchandises (art. 98 C. com.) ainsi que du retard (art. 97 C. com.), sauf à exercer un recours contre les transporteurs. Ce recours se prescrit par un mois (v. n° 589, al. 2).

592. *Les transports successifs.* – Lorsqu'une marchandise est transportée successivement par plusieurs transporteurs, fréquemment le premier transporteur agit comme commissionnaire de transport à l'égard du transporteur suivant. Il est alors responsable en tant que transporteur en ce qui concerne le transport qu'il assure personnellement, il est responsable en tant que commissionnaire de transport pour les transports suivants.

Lorsqu'il y a des transports successifs sans qu'il y ait de lien de droit entre les transporteurs, intervient souvent, pour faire la liaison, un transitaire : v. le numéro suivant.

593. *Le contrat de transit.* – Le contrat de transit ne doit pas être confondu avec la commission de transport. C'est le contrat par lequel une personne appelée transitaire reçoit mandat de prendre livraison d'une marchandise transportée et de la réexpédier conformément aux ordres de son mandant. Le transit est très fréquent pour assurer la liaison entre deux modes de transport : c'est ainsi que, dans les ports, les transitaires assurent la liaison entre le transport maritime et le transport terrestre. Simple mandataire, le transitaire ne répond que de ses fautes personnelles, il n'est pas responsable des pertes et avaries de la marchandise en cours de transport.

CHAPITRE II

LE CONTRAT DE TRANSPORT DE PERSONNES

594. *Généralités.* – Le contrat de transport de personnes n'est pas prévu par le Code de commerce. Les règles qui le régissent ne dérivent que du droit commun des obligations et de certains règlements, notamment, des tarifs de chemins de fer, des tarifs des transports routiers.

SECTION I. – FORMATION ET PREUVE DU CONTRAT

595. *Recours au droit commun.* – Dans le silence des textes, le contrat est consensuel et la preuve en est faite par tous moyens à l'égard de la partie qui a fait acte de commerce (ce qui est toujours le cas du transporteur), par écrit à l'égard de la partie qui a fait acte civil (ce qui est très souvent le cas pour le voyageur). En fait, le contrat est constaté par la remise au voyageur d'un *billet*.

SECTION II. – LES OBLIGATIONS DES PARTIES

596. *Obligations du voyageur.* – L'obligation essentielle du voyageur est de payer le prix du transport, en fait presque toujours d'avance. Le prix est fixé par le contrat, mais en conformité avec les tarifs.

Le voyageur doit, en outre, se plier à la réglementation des transports, spécialement en matière ferroviaire où la police des chemins de fer est très minutieusement fixée. Il doit, dans une certaine mesure, veiller à sa sécurité, ne pas commettre d'imprudence.

597. *Obligations du transporteur.* – Depuis longtemps, la jurisprudence admet que le transporteur a une obligation de sécurité. Il doit amener le voyageur sain et sauf à destination. Il est donc responsable, en cas de mort ou de dommage corporel survenant au voyageur, à moins qu'il ne démontre la force majeure ou la faute du voyageur.

Cette responsabilité du transporteur, aux termes d'une jurisprudence de la Cour de cassation, débute au moment où le voyageur commence à monter en voiture et cesse au moment où il achève de descendre.

Les ayants droit du voyageur, au cas de mort du voyageur, peuvent invoquer cette responsabilité du transporteur en se prévalant du contrat de transport conclu par le défunt. En effet, la Cour de cassation admet qu'il y a, de la part du voyageur, stipulation pour autrui en faveur de son conjoint et de ses parents.

SECTION III. – LE CONTRAT AVEC L'AGENCE DE VOYAGES

598. *Rôle de l'agence de voyages.* – Le contrat avec l'agence de voyages est, en principe, un contrat par lequel l'agence se charge de

procurer à un voyageur les titres de transport et souvent aussi les prestations hôtelières qu'il désire. Simple mandataire, l'agent n'est responsable que de ses fautes personnelles. Mais parfois l'agence de voyages organise elle-même le voyage et devient alors responsable de sa bonne exécution.

Les agences de voyages sont strictement réglementées. Elles doivent avoir une licence (v. en dernier lieu : loi du 11 juillet 1975).

LIVRE V

LES EFFETS DE COMMERCE

Généralités.

599. *Les titres négociables.* – Sous le nom de titres négociables (ou titres de crédit), le droit commercial connaît des écrits par lesquels un signataire promet certaines prestations et qui sont transmissibles par les modes commerciaux.

Ces modes commerciaux de transmission sont : le *virement* pour les valeurs mobilières, qu'elles soient désormais, depuis la loi du 30 décembre 1981, au porteur ou sous forme nominative (v. *supra*, n° 340) et l'*endossement* pour les titres à ordre (v. n° 635 et suiv.). Cette transmission par les modes commerciaux, cette *négociabilité* s'oppose à la *cession* par les modes civils suivant les règles de l'article 1690 du Code civil (signification de l'acte de cession au débiteur par exploit d'huissier ou acceptation de la cession par le débiteur dans un acte authentique : v. *Manuel de droit civil*).

Si l'on néglige certains titres donnant droit à des marchandises (connaissement dans le transport maritime : v. nos 490, 494, 642 ; récépissé des magasins généraux : v. nos 494, 530 et 532), on distingue les titres négociables en deux catégories :

1° *Les valeurs mobilières,* titres qui constituent des valeurs de placement et sont susceptibles de donner un revenu : actions, obligations, titres mixtes (v. n° 306 et suiv.) ;

2° Les *effets de commerce,* titres négociables, normalement à ordre, qui servent principalement dans le commerce, comme instruments de paiement et aussi comme instruments de crédit.

600. *Les divers effets de commerce.* – Nous avons déjà vu un effet de commerce : le *warrant des magasins généraux,* variété du billet à ordre (v. nº 530 et suiv.).

En laissant de côté ce warrant, il faut citer :

1º La *lettre de change,* par laquelle une personne donne l'ordre à une autre de payer une certaine somme, normalement à une certaine échéance, à une troisième personne ou à son ordre ;

2º *Le billet à ordre,* par lequel une personne s'engage à verser, à une certaine échéance, une certaine somme à une autre personne ou à son ordre ;

3º *Le chèque,* par lequel une personne donne l'ordre à son banquier de verser, à présentation, une certaine somme à une personne ou à son ordre.

L'ordonnance nº 67-838 du 28 septembre 1967 avait créé les *factures protestables,* transmissibles, appelées à remplacer dans certains cas les effets de commerce classiques. Mais ces factures protestables avaient eu peu de succès et ont été supprimées par la loi nº 81-1 du 2 janvier 1981 qui a créé le *bordereau des créances professionnelles* (v. nº 605, *in fine*).

601. *Analyse juridique des effets de commerce.* – L'explication juridique du mécanisme des effets de commerce est délicate. Traditionnellement, en France, on expliquait ce mécanisme par les règles de droit civil du mandat et de la cession de créance ou encore de la délégation. A l'heure actuelle, on tend à abandonner ces explications classiques et à analyser les effets de commerce comme des titres abstraits, formels, dans lesquels l'engagement du souscripteur dérive de la volonté unilatérale. Ces controverses, intéressantes théoriquement, ont peu d'importance pratique en raison de la minutie actuelle de la réglementation, et nous les laisserons de côté.

602. *Plan.* – Nous étudierons, conformément au programme :

Titre I. – La lettre de change.

Titre II. – Le billet à ordre.

Titre III. – Le chèque.

Titre 1er

LA LETTRE DE CHANGE

Généralités.

603. *Définition.* – La *lettre de change* (souvent appelée, en pratique : *traite*) est un écrit par lequel une personne appelée *tireur*, donne à une autre, appelée *tiré*, l'ordre de payer, à une époque déterminée, une certaine somme à une troisième, appelée *preneur* ou *bénéficiaire* ou à *l'ordre* de celle-ci.

EXEMPLE :

Marseille, le 1er mars 1986.

B.P.F. : 5 436,79

A : fin avril 1986.

Veuillez payer contre la présente lettre de change la somme de : cinq mille quatre cent trente-six francs soixante-dix-neuf centimes.

A l'ordre de : M. Bernard, banquier.

(signé) PIERRE.

A : M. Paul, 3, rue Provençale, 75009 Paris.

Pierre est le *tireur*, Paul le *tiré*, Bernard le *preneur* ou *bénéficiaire*, ce dernier peut se faire payer par le tiré ou transmettre la lettre à un nouveau bénéficiaire en l'*endossant*.

Celui qui est titulaire de la lettre de change à un moment déterminé, soit comme bénéficiaire, soit comme endossataire, s'appelle le *porteur*.

604. *Rôle de la lettre de change.* – La lettre de change a trois rôles, le troisième devenant, de nos jours, le principal.

1° La lettre de change permet, sans faire un transport matériel d'espèces, d'acquitter une dette dans un lieu éloigné, spécialement d'opérer un paiement dans un pays étranger et dans la monnaie de ce pays : c'est alors, proprement, qu'il y a *change*. Pratiquement, le commerçant français qui a un débiteur en Italie tire sur lui une lettre de change en lires et l'endosse à son banquier qui lui remet des francs. Cette lettre de change permet au banquier de vendre des lires contre des francs à des Français qui ont des paiements à faire en Italie, par exemple, en leur remettant des chèques en lires tirés sur son correspondant italien ;

2° La lettre de change, même sur une même place, est un *instrument de paiement :* pour payer mon créancier, je crée à son ordre une lettre de change tirée sur un de mes débiteurs. Mais, dans ce rôle, la lettre de change est supplantée par le chèque pour les paiements au comptant ;

3° La lettre de change est un *instrument de crédit*. Ce peut être un crédit pour des *opérations commerciales*. Un vendeur donne un crédit de trois mois à son acheteur qui a ainsi un délai important pour se libérer. Mais le vendeur va néanmoins rentrer immédiatement dans ses fonds : il tire une lettre de change sur son acheteur au profit de son banquier qui lui *escomptera* la lettre de change, c'est-à-dire créditera immédiatement son compte du montant de la lettre (moins l'escompte). De même la lettre de change est d'un emploi courant dans les ventes à tempérament (v. n° 500) : l'acheteur d'une automobile, par exemple, accepte des traites représentant les mensualités à payer. La lettre de change sert aussi d'instrument de crédit pour des *opérations financières,* elle permet de *mobiliser* le crédit bancaire : le commerçant qui a besoin d'avances de son banquier accepte des traites tirées par le banquier ou tire lui-même au profit du banquier sur des tiers qui veulent bien, en acceptant, cautionner sa dette. Ainsi le banquier peut, s'il a besoin d'argent, faire réescompter la lettre de change par une autre banque. Beaucoup de lettres de change aboutissaient autrefois au réescompte de la Banque de France dont le taux d'escompte avait une très grande importance. Mais, actuellement, ce réescompte n'est plus que très exceptionnel, les effets de commerce se négociant sur le marché monétaire. Le taux d'escompte de la Banque de France n'a plus l'importance qu'il avait autrefois, il conserve cependant un certain rôle, notamment parce qu'il constitue maintenant le taux de l'intérêt légal (v. n° 50, 3°). Il a été fixé à 9,50 % le 1er septembre 1977 et n'a plus varié depuis lors, alors que le taux de l'intervention de la Banque de France sur le marché monétaire est bien supérieur, ayant atteint, à certaines périodes, jusqu'à 20 %.

605. *Procédés récents tendant à remplacer la lettre de change.* – La lettre de change a vu son rôle diminuer en raison de procédés plus récents.

En tant qu'instrument de paiement, la lettre de change est concurrencée par les paiements par chèques qui l'ont supplantée entièrement pour les paiements comptant, par les règlements par prélèvement sur les comptes bancaires ou de chèques postaux, par les virements, par les cartes de crédit (v. n° 679 et suiv.).

En tant qu'instrument de crédit, l'emploi de la lettre de change entraîne la manipulation fastidieuse et onéreuse de très nombreux effets. On a voulu trouver d'autres modes de recouvrement des créances soit par l'emploi des *factures protestables* (v. n° 600, dernier alinéa), soit par l'emploi de la *lettre de change relevé* (L.C.R.), procédé par lequel les lettres de change ne circulent pas, le règlement se faisant par traitement automatisé, soit par l'*affacturage* (v. *supra*, n° 574). En dernier lieu, la loi n° 81-1 du 2 janvier 1981 a supprimé les factures protestables et créé le *bordereau de créances professionnelles*. Les établissements de crédit peuvent se faire remettre un bordereau de cession ou de nantissement des créances résultant, pour leurs clients, de leur activité professionnelle. L'établissement de crédit peut demander au débiteur de s'engager à le payer directement, ce qui entraîne inopposabilité des exceptions. La loi bancaire du 24 janvier 1984 a encore affermi le régime juridique de ce bordereau, notamment en rendant efficace la cession de créances qu'il réalise dans l'éventuelle procédure collective qui atteindrait ultérieurement le cédant (v. *infra*, n° 784).

Néanmoins, la lettre de change conserve un rôle très important.

606. *Caractère commercial.* – Rappelons que la lettre de change est toujours un acte de commerce, en vertu de l'article 632 (v. n° 36), quels que soient les signataires et quelle que soit la nature de la créance. Les difficultés suscitées par la lettre de change sont donc toujours de la compétence du tribunal de commerce. (Il en est autrement du billet à ordre.)

607. *Législation.* – La lettre de change est régie par le titre VIII du livre Ier du Code de commerce, articles 110 à 182 (les articles 183 à 189 réglementent le billet à ordre qui, à beaucoup d'égards, est soumis aux mêmes règles que la lettre de change : v. n° 663 et suiv.).

Les articles 110 à 189 ont été entièrement refondus par un *décret-loi du 30 octobre 1935.* Ce décret-loi a été pris en exécution de la convention internationale de Genève du 7 juin 1930, par laquelle plusieurs Etats (notamment la France, l'Allemagne, l'Italie, la Suisse) se sont mis d'accord pour accepter une « *loi uniforme* sur les lettres de change et les billets à ordre ». La ratification de la convention a été, ensuite, autorisée par la loi du 8 avril 1936. Il existe, en conséquence, actuellement, une loi uniforme dans plusieurs pays, ce qui facilite beaucoup les relations internationales. Certains points, cependant, ont été réservés : la France, par exemple, a maintenu sa législation antérieure sur la *provision.*

Les nouveaux textes ont déjà subi quelques retouches, d'ailleurs légères, en 1937, 1938, 1939, 1949, 1966, mais sur des points où il n'y a pas de législation uniforme, car sur les points où l'uniformité a été convenue, la France n'a plus le droit de faire des modifications sans dénoncer au préalable la convention internationale (v. n° 645, *in fine*).

608. *Plan.* – Nous verrons :
Chapitre I. – La création de la lettre de change.
Chapitre II. – La provision de la lettre de change.
Chapitre III. – L'acceptation de la lettre de change.
Chapitre IV. – L'endossement de la lettre de change.
Chapitre V. – Le paiement de la lettre de change.

CHAPITRE PREMIER

LA CRÉATION DE LA LETTRE DE CHANGE

609. *Division.* – La création de la lettre de change est soumise à des conditions très strictes de validité, et tout particulièrement à des conditions de forme (section I) ; des conditions de fond sont également requises (section II) ; nous verrons, enfin, l'influence de la création de la lettre de change sur les rapports juridiques préexistants (section III).

SECTION I. – CONDITIONS DE FORME

610. *Nombre d'exemplaires.* – La lettre de change est un titre *écrit* qui, en général, est tiré à *un seul exemplaire ;* quelquefois, elle est dressée en *plusieurs exemplaires numérotés,* notamment pour éviter des risques de perte en cas d'envoi par mer (v. art. 173 à 175).

611. *Mentions obligatoires.* – La lettre de change doit contenir (art. 110) :

1° La *dénomination de « lettre de change »* insérée dans le texte même du titre ;

2° Les indications relatives au *paiement,* c'est-à-dire :

a) La *somme à payer,* avec mandat pur et simple de la payer. La somme peut être indiquée soit en chiffres, soit en lettres : mais pratiquement, on l'indique en chiffres en haut et à droite, en lettres dans le texte même ; c'est alors la somme en lettres au cas de différence, qui fait foi (art. 113) ;

b) La *date du paiement :* l'échéance peut être fixée de diverses manières : *à date fixe* (à un jour déterminé ou à un certain délai de date à compter du jour de l'émission), *à vue* (l'effet est payable le jour où il plaît au porteur de le présenter au tiré), *à un délai de vue* (on compte un certain délai à partir de l'acceptation du tiré ou du protêt faute d'acceptation). La première modalité est de beaucoup la plus fréquente ;

c) Le *lieu de paiement :* C'est, à défaut de précision contraire, l'adresse indiquée à côté du nom du tiré ;

3° Les indications relatives aux *parties,* c'est-à-dire :

a) La signature du tireur : elle devait être apposée à la main jusqu'à la loi du 16 juin 1966 qui a autorisé les procédés non manuscrits (griffe ou tampon) ;

b) Le nom du tiré ;

c) Le nom du bénéficiaire (qui peut être le tireur lui-même : Payez à moi-même ou à mon ordre) ;

4° L'indication de la *date et du lieu où la lettre est créée.*

Depuis le décret-loi du 30 octobre 1935, la clause à ordre est sous-entendue. Mais on a conservé l'habitude de la mentionner : Payez à l'ordre de M... ; Payez à M... ou à son ordre.

Dans le commerce, on utilise des formules imprimées dont on remplit les blancs et qui respectent des normes imposées par l'AFNOR (Association française de normalisation).

612. *Sanction des mentions obligatoires.* – Au cas d'omission d'une quelconque des énonciations obligatoires, le titre est nul en tant

que lettre de change (art. 110). Mais il peut valoir comme reconnaissance de dette civile si on y trouve les éléments suffisants.

Par ailleurs, certaines mentions initialement défaillantes (par ex. le nom du bénéficiaire) pouvent faire l'objet d'une régularisation ultérieure.

613. *Mentions facultatives.* – Les mentions facultatives correspondent à des stipulations spéciales des parties, par exemple : une traite tirée sur un individu est payable au domicile d'un tiers (clause de *domiciliation :* v. nº 645) ou l'obligation est faite au porteur de ne pas faire de protêt et de n'engager aucune dépense dans le cas où la traite ne serait pas payée à l'échéance *(claude de retour sans frais,* v. nº 650) ou la traite porte une mention *d'acceptation* (v. nº 629), une mention *d'aval* (v. nº 642), etc.

614. *Timbre et enregistrement.* – La lettre de change est soumise au droit de timbre dont le tarif normal est de 10 F. Cependant si, dès sa création, la lettre de change est domiciliée dans une banque, elle n'est passible que du droit fixe de 3 F. En cas de défaut ou d'insuffisance de timbres, la lettre de change n'est pas nulle, mais, outre des amendes fiscales, le porteur ne peut exercer ses recours cambiaires (sur lesquels, v. nº 658).

La lettre de change n'est pas soumise à enregistrement, même en cas de protêt.

SECTION II. – CONDITIONS DE FOND

615. *Généralités.* – Les conditions de fond présentant un intérêt sont relatives à la capacité des signataires et au caractère licite de la lettre de change.

616. *Capacité.* – La lettre de change étant *essentiellement commerciale,* il faut avoir, pour s'obliger sous cette forme à un titre quelconque, *la capacité de faire des actes de commerce.*

Des mineurs, des majeurs en tutelle ou en curatelle sont incapables et ne peuvent donc s'obliger par lettre de change. Et si le mineur est émancipé, il ne peut plus, depuis la loi du 5 juillet 1974 (v. nº 67), être commerçant, mais il est capable, semble-t-il, de faire des actes de commerce isolés. Il peut donc s'engager valablement par lettre de change.

La femme mariée, étant pleinement capable, peut, naturellement, s'engager par lettre de change, de même qu'elle peut valablement faire tout acte de commerce (v. nº 70).

617. *Indépendance des signatures.* – Si une lettre de change porte des signatures de personnes incapables, et des signatures de personnes capables, ou, de façon plus générale, des engagements valables et d'autres qui ne le sont pas, la lettre de change n'est pas entièrement nulle : ceux qui ont valablement donné leur signature sont engagés (art. 114). C'est le principe de *l'indépendance des signatures.*

618. *Caractère licite. Les effets de complaisance.* – La lettre de change doit avoir une cause licite ou, plus généralement, être licite. Sinon, elle est nulle, mais la nullité est inopposable aux tiers de bonne foi (v. nº 631).

La jurisprudence invoque surtout le caractère illicite de la lettre de change pour justifier la nullité des *effets de complaisance.* Il s'agit de traites tirées sur une personne qui, ne devant rien au tireur, les accepte par une complaisance coupable, certaine d'ailleurs qu'elle ne les paiera pas et comptant soit que le tireur lui fera parvenir des fonds, soit qu'elle se remboursera en tirant elle-même un effet, également fictif, contre le tireur et en le faisant escompter : c'est un moyen dangereux usité par des commerçants menacés de cessation de paiements pour se procurer des fonds en faisant escompter ces traites fictives. Il faut bien distinguer les traites de complaisances des traites acceptées par un tiré qui, bien que ne devant rien au tireur, consent à lui ouvrir un crédit et entend s'engager réellement : ces dernières sont pleinement valables.

Civilement, la jurisprudence déclare nulles les traites purement fictives, c'est-à-dire, pratiquement, qu'elle refuse tout recours au banquier escompteur de mauvaise foi qui prétend se faire payer dans la procédure collective du tireur ou du tiré.

Pénalement, le tireur qui a fait escompter la traite acceptée par complaisance peut être poursuivi pour escroquerie. Et, au cas de redressement judiciaire, le commerçant qui a émis des effets de complaisance s'expose aux peines de la banqueroute (v. *infra,* nº 868).

SECTION III. – INFLUENCE DE LA CRÉATION DE LA LETTRE DE CHANGE SUR LES RAPPORTS JURIDIQUES PRÉEXISTANTS

619. *Valeur fournie et provision.* – La création de la lettre de change suppose, normalement, l'existence de deux rapports juridiques antérieurs. Si le tireur tire sur le tiré, c'est qu'il est créancier du tiré : cette créance s'appelle la *provision* (v. nº 621 et suiv.). Si le tireur crée

la lettre de change au profit du bénéficiaire, c'est qu'il est débiteur du bénéficiaire, la créance du bénéficiaire contre le tireur s'appelle la *valeur fournie.* Jusqu'à la loi du 8 février 1922, la valeur fournie devait être mentionnée dans la lettre de change : on l'indique encore quelquefois, bien que ce ne soit plus obligatoire : « Valeur fournie en marchandises », « Valeur en compte », « Valeur en fonds de commerce » : la pratique confond souvent la valeur fournie avec la provision.

620. *Influence de la création de la lettre de change.* – On admet que la création de la lettre de change laisse subsister les rapports juridiques préexistants. *Il n'y a pas novation* (cf., pour le chèque, nº 696, 2º).

La *provision subsiste.* La créance qui la constitue est, d'ailleurs, légalement transmise aux porteurs successifs de la lettre de change (v. nº 624). Et la créance survit à la prescription de la lettre de change (v. nº 632).

De même, la créance constituant la *valeur fournie* subsiste. C'est ainsi que si, pour payer un immeuble, un acheteur crée une lettre de change au profit de son vendeur et que celui-ci, la lettre étant impayée, exerce un recours contre son acheteur, il peut se prévaloir du privilège du vendeur d'immeuble attaché à sa créance primitive. Et sa créance survit à la prescription du recours en matière de lettre de change (v. nº 658).

CHAPITRE II

LA PROVISION DE LA LETTRE DE CHANGE

621. *Plan.* – La provision est réglementée par l'article 116 du Code de commerce. Cet article n'est que la reproduction des textes antérieurs au décret-loi du 30 octobre 1935 (v. nº 607). Il faut examiner la définition de la provision (section I), la propriété de la provision (section II), la preuve de la provision (section III).

SECTION I. – DÉFINITION DE LA PROVISION

622. *En quoi consiste la provision.* – Le tireur donne l'ordre au tiré de payer la lettre de change, il doit lui en fournir les moyens

en faisant provision. Mais il suffit que la provision existe au moment de l'échéance. L'article 116, alinéa 2, définit parfaitement la provision : « Il y a provision si, à l'échéance de la lettre de change, celui sur qui elle est fournie est redevable au tireur... d'une somme au moins égale au montant de la lettre de change. » La provision est donc *une créance*, une créance de somme d'argent, du tireur sur le tiré.

La jurisprudence admet une définition plus large de la provision et considère qu'elle existe quand le tiré a reçu du tireur des valeurs (marchandises, effets de commerce) grâce auxquelles, il peut payer la traite : en réalité, il y a, dans ce cas une ouverture de crédit faite par le tiré et, par conséquent, créance de somme d'argent.

623. *Absence de provision.* – Une lettre de change sans provision n'est pas nulle, mais elle a peu de chances d'être payée. Si les effets de complaisance sont nuls, ce n'est pas parce qu'ils n'ont pas de provision, c'est parce qu'ils sont illicites (v. n° 618).

Mais l'existence de la provision a, néanmoins, une grande importance : pour le tiré, qui n'acceptera, en général que s'il a provision ; pour le porteur, puisqu'il acquiert la propriété de la provision (v. le numéro suivant) ; pour le tireur au cas de recours d'un porteur impayé (v. n° 662, 2°).

SECTION II. – PROPRIÉTÉ DE LA PROVISION

624. *Cas du redressement judiciaire du tireur.* – D'après l'article 116, alinéa 3, « la propriété de la provision est transmise de droit aux porteurs successifs de la lettre de change », c'est-à-dire que la créance qui constitue la provision n'a plus pour titulaire le tireur, mais le porteur, et que, par conséquent, le tireur ne peut plus en obtenir paiement (du moins, pour la jurisprudence, lorsque la lettre de change a été acceptée par le tiré, ou, à défaut, lorsqu'une défense formelle de payer le tireur a été adressée au tiré par le porteur).

Pratiquement, la règle présente un intérêt essentiel au cas de redressement judiciaire du tireur. Seul le porteur peut alors obtenir valablement paiement de la part du tiré. Ainsi, acquiert-il une sorte de privilège sur la provision au cas de redressement judiciaire du tireur.

SECTION III. – PREUVE DE LA PROVISION

625. *Distinction.* – Il faut distinguer :

1° Les *rapports entre tireur et tiré*. Le tireur qui a tiré la lettre à son ordre la présente lui-même au tiré. Ou bien encore, le tiré qui a payé prétend exercer un recours contre le tireur, alléguant qu'il ne lui devait rien. Dans de tels cas, si le tiré prétend ne rien devoir, c'est au tireur à faire la preuve de la provision, c'est-à-dire à établir qu'il est bien créancier du tiré. Cependant, si le tiré a accepté, l'*acceptation fait présumer la provision.* Mais le tiré peut faire la preuve contraire : on en avait douté, après la réforme de 1935, mais la Cour de cassation permet au tiré, malgré son acceptation, d'opposer au tireur le défaut de provision ;

2° Les *rapports entre tireur et porteur*. Le tireur ne peut opposer la déchéance au porteur négligent que s'il a fait provision (v. n° 662, 2°). En cas de contestation, il doit faire la preuve de l'existence de la provision, même si le tiré a accepté (art. 116, al. 6).

CHAPITRE III

L'ACCEPTATION DE LA LETTRE DE CHANGE

626. *Définition.* – L'acceptation (art. 124 à 129) est l'acte par lequel le tiré s'engage à payer le montant de la lettre de change entre les mains du porteur à l'échéance.

SECTION I. – OBLIGATIONS DU PORTEUR ET DU TIRÉ

627. *Obligations du porteur.* – En principe, le porteur a toujours la faculté, mais jamais l'obligation de requérir l'acceptation du tiré. Mais, en général, le porteur (c'est-à-dire le plus souvent une banque) a soin de présenter la lettre à l'acceptation (le tireur peut la présenter lui-même, avant escompte, mais les banquiers préfèrent souvent la présenter eux-mêmes).

Par exception : 1° Le porteur a l'obligation de présenter la lettre à l'acceptation, si le tireur ou l'endosseur l'ont stipulé ; 2° Il ne peut le faire si le tireur le lui a interdit (clause *non acceptable)* ou lui a, du moins, interdit de le faire avant telle date.

628. *Obligation du tiré.* – En principe, le tiré, bien qu'ayant provision, n'est pas obligé d'accepter la lettre de change, car il aggrave ainsi sa situation (v. n°s 630 et 631). Mais le plus souvent, en pratique, il le fait.

Pour faciliter le crédit, favoriser l'escompte, un décret-loi du 2 mai 1938 a, par exception, rendu *l'acceptation obligatoire*, lorsque sont remplies les conditions suivantes (alinéa ajouté à l'article 124) :

1° Il s'agit d'une vente de marchandises entre commerçants ;

2° Le tireur a satisfait aux obligations du contrat ;

3° Le tiré a reçu les marchandises et a eu le délai normal pour les reconnaître.

La sanction, peu efficace en fait, c'est la déchéance du terme, le vendeur pouvant exiger le paiement immédiat. En fait, il ne paraît pas que le décret-loi ait eu de conséquences pratiques.

SECTION II. – FORMES ET EFFETS DE L'ACCEPTATION

629. *Formes de l'acceptation.* – L'acceptation résulte d'une mention sur la lettre de change, en général le mot « accepté » avec la signature du tiré. La signature du tiré au recto de la lettre de change serait suffisante (art. 126).

La loi dit que « l'acceptation est écrite sur la lettre de change » (art. 126). On en déduit que l'acceptation qui ne figurerait pas sur la lettre elle-même et ne serait donnée que par acte séparé obligerait sans doute le tiré par une promesse de paiement, mais ne produirait pas les effets de l'acceptation d'une lettre de change : la solution a été expressément consacrée par un arrêt de la Cour de cassation du 22 février 1954.

630. *Effets de l'acceptation.* – L'acceptation produit plusieurs effets :

1° L'effet essentiel de l'acceptation est de rendre le tiré débiteur de la lettre de change. Par l'acceptation, le tiré s'oblige à payer la lettre de change à l'échéance (art. 128, al. 1). Il se soumet donc aux règles strictes du change et renonce ainsi à opposer au porteur les exceptions qu'il aurait pu avoir contre le tireur ou un endosseur précédent : cette *inopposabilité des exceptions* mérite une étude spéciale : v. le numéro suivant ;

2° L'acceptation fait présumer la provision dans les rapports entre tireur et tiré (v. n° 619, 1°) ;

3° L'acceptation fixe le point de départ du délai de vue si l'échéance a été fixée de cette manière (v. n° 611, 2°, *b)* ;

4° L'acceptation fixe les droits du porteur sur la provision, le tireur ne pouvant plus, dès lors, en disposer (v. n° 624) ;

5° L'acceptation rend le tiré justiciable du tribunal de commerce ;

6° L'acceptation permet au porteur, quel que soit le montant de la lettre de change, d'user de la procédure simplifiée, d'injonction de payer (décret n° 72-790 du 28 août 1972, art. 1er, 2°).

631. *L'inopposabilité des exceptions.* – Le tiré qui a accepté la lettre de change ne peut opposer au porteur les moyens de défense, les exceptions (on emploie ici ce mot dans un sens très large) qu'il aurait pu opposer au tireur ou aux endosseurs précédents. Cette règle essentielle, consacrée par l'article 121 actuel, contribue beaucoup à la facile circulation des lettres de change. On la rencontre d'ailleurs pour tous les titres négociables.

Exemple : Un tireur, usant de manœuvres dolosives, a fait accepter une lettre de change au tiré. Le tiré ne pourra opposer ce dol au porteur. Il sera réduit à un recours contre le tireur. Ou encore : pour régler une dette de jeu, une personne accepte une lettre de change. La cause est illicite, le tiré accepteur ne pourra cependant opposer ce moyen au porteur de la lettre.

Mais l'inopposabilité ne joue pas si le débiteur prouve que le porteur, « en acquérant la lettre de change, a agi sciemment au détriment du débiteur ». Cette formule, assez peu claire, de l'article 121 doit être interprétée, d'après la Cour de cassation, en ce sens qu'il faut établir la conscience qu'avait le porteur du dommage qu'il causait au débiteur en le mettant dans l'impossibilité de se prévaloir d'un moyen de défense (par ex., le porteur sait, lorsqu'il recueille l'effet, que le tireur ne sera pas en mesure de fournir la provision d'ici l'échéance).

L'inopposabilité est limitée aux exceptions fondées sur les rapports personnels du débiteur avec le tireur ou les endosseurs précédents. On admet qu'elle ne joue pas :

1° Pour les exceptions fondées sur une irrégularité de forme ;

2° Pour l'exception tirée de l'incapacité du débiteur : le tiré, par exemple, opposera à tous son état de mineur non émancipé ;

3° Pour les exceptions résultant des rapports personnels entre le porteur et le tiré : c'est par exemple, le porteur lui-même qui, par des manœuvres dolosives, avait amené le tiré à accepter la lettre de change.

Ainsi que nous l'avons indiqué (*supra,* n° 625, 1°), le tiré accepteur conserve le droit d'opposer au tireur le défaut de provision.

632. *Prescription de l'action contre l'accepteur.* – Toutes actions résultant de la lettre de change contre l'accepteur se prescrivent par trois ans à compter de la date de l'échéance (art. 179, al. 1).

Cette prescription spéciale ne joue que pour l'action résultant de la lettre de change. Si donc il y a provision, la créance primitive qu'avait le tireur contre le tiré subsiste, et le porteur de la lettre, s'il ne peut plus, après trois ans, agir contre le tiré en vertu de la lettre de change pourrait encore agir en vertu de la créance primitive que la lettre de change n'a pas éteinte. Cette solution de la jurisprudence est critiquée par certains auteurs.

La prescription de trois ans peut être *interrompue* par tous moyens de droit commun. A partir de l'acte interruptif, une prescription de trois ans commencera à courir, sauf dans deux cas où la prescription de trente ans se substitue à celle de trois ans : cas de jugement de condamnation prononcé contre les débiteurs ou de reconnaissance de sa dette par le débiteur par acte séparé.

Cette prescription constitue une *présomption légale de paiement*. Le demandeur pourra donc déférer le serment à celui qui la lui oppose (art. 179, dernier alinéa), et si celui-ci refuse de jurer qu'il n'est pas débiteur de la lettre de change, il sera condamné à payer.

SECTION III. – LE REFUS D'ACCEPTATION

633. *Conséquences du refus d'acceptation.* – Si le tiré refuse d'accepter, le porteur fait dresser un *protêt faute d'acceptation* et exerce ses recours contre les signataires : les règles sont les mêmes qu'en cas de refus de paiement (voir n° 649 et suiv.).

634. *Acceptation par intervention.* – Les conséquences du refus d'acceptation peuvent être évitées si un tiers accepte la lettre de change par intervention, avec l'assentiment du porteur.

CHAPITRE IV

L'ENDOSSEMENT DE LA LETTRE DE CHANGE

635. *Généralités.* – La lettre de change doit pouvoir circuler rapidement et offrir la plus grande sécurité possible au porteur. De là un régime spécial de transmission qui a des effets particuliers : *c'est l'endossement* (art. 117 à 123) qui consiste dans une mention écrite au *dos* de l'effet.

Cette faculté d'endossement existe de plein droit, la clause à ordre étant sous-entendue. L'endossement ne serait impossible que si la lettre était créée avec la mention (pratiquement inusitée) « non à ordre » (art. 117) : dans ce cas, la lettre de change ne pourrait être transmise que par les modes civils de l'article 1690 du Code civil.

(La lettre de change au porteur est interdite, mais l'endossement au porteur est permis : v. le numéro suivant.)

L'auteur de l'endossement est *l'endosseur*. Dans le langage courant, on appelle le nouveau porteur *l'endossataire*.

L'endossement normal, c'est l'endossement *translatif*. Mais la loi prévoit aussi les endossements de *procuration* ou de *garantie*.

SECTION I. – L'ENDOSSEMENT TRANSLATIF

636. *Cas d'application et formes.* – L'endossement translatif est un endossement par lequel l'endossataire acquiert la lettre de change. C'est l'endossement pratiqué lorsqu'un banquier escompte un effet : le banquier crédite immédiatement son client du montant de la lettre de change sous déduction de l'escompte et des frais. En somme, il achète la lettre de change à son client.

L'endossement doit être inscrit au verso de la lettre de change. Il peut consister simplement en la signature de l'endosseur : on l'appelle alors *endossement en blanc*. Mais il peut être plus complet, désigner le nom du preneur « Payez à l'ordre de M... » avec la signature de l'endosseur. Il peut encore être daté.

L'endossement peut aussi être au porteur : il vaut comme endossement en blanc (art. 117, al. 6).

Si l'endossement est en blanc, le porteur peut remplir le blanc (art. 118, 1°). C'est ce que font généralement les banquiers : le client met simplement sa signature au-dessus de laquelle le banquier complète l'endossement à son nom.

La signature de l'endosseur, comme celle du tireur, peut être faite par un procédé non manuscrit (loi du 16 juin 1966).

637. *Effets de l'endossement. Différences avec la cession de créance.* – L'endossement transmet tous les droits résultant de la lettre de change (art. 118, al. 1). A cet égard, il se rapproche de la cession de créance du droit civil. Mais il en diffère profondément sur deux points :

1° En droit civil, en principe, le cédant garantit seulement l'existence de la créance au moment de la cession. Au contraire, l'endosseur est *garant de l'acceptation et du paiement* (art. 119, al. 1). Il n'en serait autrement qu'au cas de clause contraire (clause « sans garantie ») ;

2° En droit civil, le cessionnaire ne peut avoir plus de droits que le cédant : le débiteur peut donc opposer au cessionnaire tous les moyens qu'il aurait pu opposer au cédant. Au contraire, le débiteur de la lettre de change ne le peut pas (du moins s'il a accepté la lettre de change) : *c'est l'inopposabilité des exceptions*, déjà étudiée (v. n° 631).

SECTION II. – ENDOSSEMENTS DE PROCURATION ET DE GARANTIE

638. *Endossement de procuration.* – Cet endossement doit être exprès. Il résultera de la mention « valeur en recouvrement », « pour encaissement », « par procuration » ou toute autre mention équivalente (art. 122). L'endosseur donne ainsi mandat à l'endossataire de recouvrer le montant de l'effet. Comme il y a mandat, le tiré peut opposer au porteur les exceptions qu'il pouvait opposer à l'endosseur mandant.

Cet endossement est, en pratique, courant. Les banquiers reçoivent fréquemment des effets non pas à l'escompte, mais simplement pour les faire encaisser. Ils n'assument donc aucun risque, car ils ne créditent leur client qu'après avoir encaissé l'effet. Naturellement, ils ne prennent pas d'escompte dans ce cas, mais seulement une commission d'encaissement.

639. *Endossement à titre de garantie.* – L'endossement peut être fait simplement pour donner la lettre de change en gage : c'est l'endossement *pignoratif* ou à titre de *garantie*. Il porte la mention « valeur en garantie », « valeur en gage » ou une mention équivalente. Il entraîne inopposabilité des exceptions (art. 122, al. 4 et 5). Le créancier gagiste a le droit et l'obligation de se faire payer la lettre de change à son échéance (art. 91, dernier alinéa).

En pratique, cet endossement est très rare. Quand on remet une lettre de change en garantie (« en pension »), on se borne à l'endosser en blanc et le gage résulte d'une convention séparée. Ce ne sont guère que les banques qui donnent, entre elles, des effets en garantie d'avances à très court terme.

CHAPITRE V

LE PAIEMENT DE LA LETTRE DE CHANGE

640. *Plan.* – Nous examinerons successivement les garanties du paiement (section I), les conditions du paiement (section II), le refus du paiement et ses conséquences (section III).

SECTION I. – GARANTIES DU PAIEMENT

641. *Solidarité.* – Il y a une garantie qui est établie par la loi ; c'est la solidarité.

« Tous ceux qui ont tiré, accepté, endossé... une lettre de change sont tenus solidairement envers le porteur » (art. 151), en un mot : tous les signataires. En conséquence, le porteur peut agir, individuellement ou collectivement, au cas de refus de paiement du tiré, contre tous les signataires. Et, en cas de redressement judiciaire, il produit pour le montant total de sa créance dans chacune des procédures (v. nº 837). La jurisprudence décide, d'ailleurs, que les signataires sont tenus comme des débiteurs solidaires et non pas seulement comme des cautions solidaires.

Cependant, s'il y a solidarité, ce n'est pas la solidarité parfaite du droit civil, car, au cas de recours, l'interruption de la prescription à l'égard d'un signataire ne l'interrompt pas à l'égard des autres (art. 179, al. 5).

642. *L'aval.* – Une garantie supplémentaire peut résulter de l'aval (art. 130). Le donneur d'aval intervient comme caution solidaire. Il donne sa garantie soit sur la lettre même (par la mention signée « bon pour aval », ou même par une simple signature au recto de la lettre) soit par acte séparé.

L'aval peut être donné pour le compte d'un signataire quelconque : tireur, endosseur, tiré accepteur. Le donneur d'aval doit indiquer pour qui il le donne. A défaut, il est réputé l'avoir donné pour le tireur (art. 130, al. 6). C'est une question qui a été très discutée que de savoir si cette présomption est irréfragable. La Cour de cassation (arrêt des Chambres réunies du 8 mars 1960) a nettement admis le caractère irréfragable. En conséquence, le tireur qui a conservé la lettre de change et la présente au paiement, ne peut agir cambiairement, en cas de refus de paiement du tiré, contre le donneur d'aval qui n'a pas indiqué pour qui il s'engageait, même s'il est établi, en fait, que c'est bien pour le tiré que le donneur d'aval s'est engagé. Mais la Cour de cassation admet que le tireur pourrait invoquer un cautionnement civil. Sur un autre intérêt de la question, v. n° 662, 4°.

643. *Autres sûretés.* – Exceptionnellement, d'autres sûretés, des *sûretés réelles,* par exemple, peuvent garantir le paiement de la lettre de change. Ainsi, dans la vente *caf* (v. n° 490), le vendeur qui tire une lettre de change sur l'acheteur joint à la lettre les *documents,* c'est-à-dire la facture, la police d'assurance, le connaissement (titre de transport maritime). Cette *traite documentaire* donne au preneur la possession des marchandises en cours de transport, elle le rend créancier gagiste.

D'autre part, nous savons que les garanties attachées à la créance originaire du bénéficiaire contre le tireur ne disparaissent pas (v. n° 620). Elles sont transmises avec la lettre de change, et le porteur pourra s'en prévaloir dans son recours contre le tireur.

Enfin, rappelons les droits du porteur sur la provision (v. n° 624).

SECTION II. – CONDITIONS DU PAIEMENT

644. *Date du paiement.* – Le paiement doit être fait à présentation. D'après l'article 135 du Code de commerce, le porteur doit présenter la lettre de change au paiement le jour de l'échéance ou l'un des deux jours ouvrables qui suivent. Mais une loi du 29 octobre 1940 avait prévu que, jusqu'à une date à fixer par décret, la présentation pouvait être faite dans les dix jours ouvrables : le décret prévu n'ayant pas été publié, la loi est toujours en vigueur.

La lettre de change à vue doit être présentée dans l'année de sa date.

Si l'échéance tombe un jour férié légal, elle est reportée au premier jour ouvrable qui suit. Des textes spéciaux déterminent les jours fériés. Les samedis et lundis sont assimilés aux jours fériés, en vertu d'un décret-loi du 31 août 1937, dont l'application avait été suspendue par une loi du 9 avril 1941, mais a été rétablie par décret du 11 juin 1945.

Aucun délai de grâce ne peut être accordé par les juges (art. 182, al. 2).

Si le porteur ne présente pas la lettre dans les délais légaux, le tiré peut consigner les sommes à la Caisse des dépôts et consignations (art. 139, modifié par décret-loi du 31 août 1937).

645. *Lieu du paiement.* – Le paiement a lieu, en principe, au domicile du tiré, c'est-à-dire au lieu désigné à côté du nom du tiré sur la lettre de change (art. 110). Mais on peut, par une clause spéciale, fixer le paiement ailleurs : c'est la *domiciliation*. Couramment, la lettre de change est domiciliée dans une banque. Cette domiciliation entraîne une réduction du droit de timbre (v. n° 614).

Cette domiciliation en banque avait même été rendue obligatoire par une loi du 4 septembre 1937, votée à la demande des banques, car la domiciliation simplifie beaucoup l'encaissement. Mais cette loi a été abrogée par la loi du 20 juillet 1949 : elle était, d'ailleurs, irrégulière parce qu'en opposition avec la loi uniforme dérivant de la convention internationale qui lie la France (v. n° 607, *in fine).* Mais, en fait, les grandes banques n'acceptent guère à l'escompte que les lettres de changes domiciliées.

646. *Modes de paiement.* – Le paiement doit être fait en monnaie ayant cours légal dans le lieu de paiement. Le porteur ne peut être obligé de recevoir un chèque, sous réserve des règles sur le paiement par chèque (v. n° 695). Au cas de paiement par chèque, des règles spéciales sont prévues (v. n° 654). La traite peut être stipulée payable en monnaie étrangère, elle est alors payée en monnaie locale, au cours du change, à moins que le paiement affectif en monnaie étrangère n'ait été stipulé.

Le tiré peut exiger – et, en fait, il l'exige toujours – en payant la lettre de change qu'elle lui soit remise acquittée par le porteur (art. 136, al. 1).

Contrairement au droit commun des obligations (art. 1244, al. 1, C. civ.), le porteur ne peut refuser un paiement partiel (art. 136, al. 2).

647. *A qui est fait le paiement.* – Le paiement doit être fait à celui qui se présente porteur, en apparence régulier, à l'échéance. Celui qui paie de bonne foi une lettre de change à son échéance est valablement libéré (même si le porteur était un faussaire ou un incapable) dès lors que les endossements sont réguliers en la forme et qu'il n'y a pas d'opposition. Le tiré n'a pas à vérifier les signataires (ce qui serait d'ailleurs le plus souvent impossible), mais seulement la suite régulière des endossements.

Le porteur peut recouvrer lui-même la lettre de change. Mais, le plus souvent, le recouvrement est confié aux banques. Il peut l'être aussi à l'administration des postes qui se charge des valeurs à recouvrer (v. art. L. 117 et suiv., D. 539 et suiv. du Code des Postes et Télécommunications, décret du 12 mars 1962).

648. *Oppositions au paiement.* – En principe pour faciliter la circulation des lettres de change, la loi a interdit les oppositions, sauf dans deux cas (art. 140) :

1° *Perte de la lettre de change.* – Le porteur dépossédé fera opposition auprès du tiré. Puis il se fera payer sur autorisation du président du tribunal. Mais s'il se présente un porteur de la lettre perdue ou volée, ce porteur ne sera tenu de se dessaisir de la lettre de change que s'il l'a acquise de mauvaise foi ou si, en l'acquérant il a commis une faute lourde (art. 120, al. 2). En somme, le porteur de bonne foi est préféré au porteur dépossédé ;

2° *Redressement judiciaire du porteur.* – Si le tribunal a opté pour le dessaisissement du porteur faisant l'objet d'une procédure collective (v. *infra,* n° 799), l'administrateur peut faire opposition pour recouvrer lui-même, dans l'intérêt de l'entreprise, cette partie de l'actif du porteur que représente la lettre de change.

SECTION III. – LE REFUS DU PAIEMENT ET SES CONSÉQUENCES

649. *Généralités.* – Si le tiré refuse de payer, le *porteur* peut exercer un *recours* contre les divers signataires de la traite (qui lui doivent la garantie du paiement) en se montrant *diligent* et en observant certaines conditions à défaut desquelles il encourt les déchéances du *porteur négligent.*

§ 1. – OBLIGATIONS DU PORTEUR

650. *La clause sans frais.* – Les obligations du porteur, telles qu'elles sont, en principe, déterminées par la loi, comportent essentiellement l'obligation de faire dresser protêt. Mais le tireur peut vouloir ménager le tiré. Ou, plus souvent, il ne veut pas engager les frais assez élevés que représentent les frais d'huissier, d'enregistrement, de publicité. Le protêt, en fait, a d'ailleurs perdu, aux yeux de trop de commerçants, sa vertu d'intimidation. Aussi, la clause « sans frais », « retour sans frais », « sans protêt » (art. 150) est-elle devenue pratiquement très fréquente : elle figure, actuellement, sur la majorité des effets. Cette clause dispense le porteur de faire dresser protêt. La lettre de change protestable, qui est, légalement, la règle, est devenue, en fait, l'exception, du moins pour les petits effets.

1. *Lettre de change protestable*

651. *Obligations diverses.* – Le porteur doit, essentiellement,

après avoir réclamé le paiement en temps voulu, faire dresser un *protêt faute de paiement* dans les délais : à cette condition, il est diligent et pourra exercer son recours.

Il doit aussi adresser avis à son endosseur, mais non pas à peine de déchéance.

652. *Obligation essentielle : le protêt.* – Le protêt est un acte authentique, dressé par un notaire ou par un huissier (en pratique, toujours par un huissier) qui constate le défaut de paiement.

D'après l'article 148 A du Code du commerce, le protêt doit être fait l'un des deux jours ouvrables qui suivent l'échéance, mais la loi du 29 octobre 1940 (v. n° 644) a porté le délai à dix jours.

Une loi du 27 janvier 1910 prévoit que, dans certaines circonstances exceptionnelles, un décret peut proroger les délais des protêts. C'est ainsi qu'en raison des grèves du personnel des postes, les délais des protêts ont été, par décrets des 6 novembre 1974 et 5 mars 1975, suspendus du 21 octobre 1974 au 10 mars 1975.

Le protêt doit contenir : copie de la lettre de change, sommation de payer, mention de la présence ou de l'absence du débiteur, motifs du refus de payer. Il est signé du débiteur, sinon l'huissier en mentionne les raisons. En cas de domiciliation en banque, le protêt est fait au directeur de la banque.

Les protêts sont soumis à l'enregistrement dans le délai d'un mois et au droit fixe de 410 F.

Le porteur n'est dispensé du protêt (qui serait alors inutile) qu'au cas où le tiré est en redressement judiciaire (ou au cas où le tireur d'une lettre de change non acceptable est en redressement judiciaire).

653. *Publicité des protêts.* – Une loi du 2 août 1949, modifiant l'article 162 du Code de commerce, a institué une publicité des protêts. Le décret d'application est du 24 juin 1950. L'huissier doit, dans la quinzaine du protêt, en remettre une copie sur papier libre au greffe du tribunal de commerce. Le greffier tient un registre chronologique ainsi qu'un état nominatif (sous la forme d'un fichier alphabétique), portant, pour chaque intéressé, tous les protêts, qui lui ont été dressés. Toute personne peut se faire délivrer un extrait de l'état nominatif mentionnant tous les protêts faits depuis un an au maximum et depuis plus d'un mois, contre un individu déterminé. Il est ainsi possible d'avoir un renseignement intéressant sur la solvabilité d'un commerçant.

654. *Cas spécial de paiement par chèque.* – Si le tiré consent à recevoir un paiement par chèque, la loi a dû prendre certaines

mesures pour que le protêt puisse, éventuellement, être fait à temps. Si le chèque remis n'est pas payé, le porteur fait protester le chèque et notifie ce protêt du chèque au débiteur dans le délai fixé pour la présentation du chèque (huit jours). Si le débiteur ne paie pas, l'huissier réclame la restitution de la lettre de change et, s'il l'obtient, dresse immédiatement un protêt qui n'est pas considéré comme tardif. A défaut de restitution, un acte de protestation est dressé par l'huissier, et le débiteur sera poursuivi pour abus de confiance.

Des règles analogues sont prévues pour le cas de paiement par chèque postal ou par ordre de virement sur la Banque de France (art. 148 B modifié et complété par décret-loi du 29 juillet 1939 et loi du 18 novembre 1959).

655. *Obligation accessoire : l'avis.* – Le porteur qui a fait dresser protêt doit, dans les quatre jours, en donner avis à son endosseur ; celui-ci, dans les deux jours suivant la réception de l'avis, donne à son tour avis à son endosseur, et ainsi de suite jusqu'au tireur.

Ces avis sont donnés dans une forme quelconque : par lettre recommandée, par exemple.

Le défaut d'avis n'entraîne pas déchéance. Il y aurait seulement lieu à dommages-intérêts au cas de préjudice (art. 149).

656. *Paiement par intervention.* – Malgré le protêt, le recours du porteur peut encore être évité, si quelqu'un, au plus tard le lendemain du dernier jour utile pour le protêt, paie par *intervention.*

Cette intervention a lieu pour l'un des signataires. L'intervenant est subrogé dans les droits résultant de la lettre de change contre le signataire en faveur de qui il est intervenu et contre les garants de ce signataire.

II. – *Cas de clause « sans frais »*

657. *Obligations simplifiées.* – Au cas de clause « sans frais » (à laquelle le porteur doit se conformer, à peine de conserver les frais à sa charge), le porteur est dispensé du protêt. Sa seule obligation essentielle est de présenter la lettre de change au paiement dans les délais indiqués au n° 644. La preuve de l'inobservation des délais incombe d'ailleurs à celui qui s'en prévaut contre le porteur (art. 150, al. 3).

L'obligation accessoire de donner avis persiste, comme au cas de lettre de change protestable. L'avis doit être donné dans les quatre jours de la présentation (art. 149, al. 1).

§ 2. – Droits du porteur diligent

658. *Recours contre les garants.* – Le porteur diligent, c'est-à-dire celui qui a fait dresser protêt en temps voulu (ou qui, au cas de clause « sans frais », a présenté la lettre en temps voulu), a un recours contre les signataires de la lettre.

Il réclamera : 1° Le montant de la lettre ; 2° Les intérêts à partir de l'échéance : 3° Les frais. Il peut assigner tous les signataires (v. n° 641) ; il peut, avec l'autorisation du président du tribunal de commerce, faire une saisie conservatoire (art. 158 C. com.). Il peut, quel que soit le montant de la créance, si la lettre de change est acceptée, user de la procédure simplifiée d'injonction de payer (v. notre *Manuel de procédure civile,* 14ᵉ éd., nos 270-271).

L'action se prescrit par un an à dater du protêt (ou de l'échéance au cas de clause sans frais), art. 179, al. 2. Mais, comme nous l'avons indiqué pour l'action contre le tiré (v. n° 632), il ne s'agit que de la prescription de l'action résultant de la lettre de change. On admet que le porteur peut encore agir contre le tireur en vertu de la créance primitive qu'avait le bénéficiaire contre le tireur (valeur fournie).

La loi prévoit un mode spécial de recours, fort peu usité à l'heure actuelle : *la retraite.* Elle consiste en une nouvelle traite, égale au montant dû au porteur, que celui-ci tire contre l'un des garants, et qui est payable à vue.

659. *La contre-passation des effets de commerce.* – La plupart des lettres de change se trouvant, à l'échéance, entre les mains de banquiers escompteurs, le recours est, pratiquement, exercé dans ce cas d'une façon spéciale. Le banquier, lorsque l'effet est impayé, débite de son montant le compte de son client (qu'il avait crédité lors de l'escompte) : c'est ce qu'on appelle la *contre-passation.* Il produit, s'il y a lieu, pour le solde du compte, ainsi augmenté, au redressement judiciaire de son client. Et, conservant la lettre de change, il poursuit, pour le tout, le tiré. La jurisprudence autorise cette façon de procéder, mais elle ne permet pas au banquier de contrepasser, dès l'ouverture de la procédure collective de son client, les effets qui ne sont pas encore impayés. Et si la contrepassation est faite alors que le client n'est pas en état de redressement judiciaire, le banquier doit restituer l'effet.

660. *Recours avant l'échéance.* – Même avant l'échéance, le porteur peut exercer immédiatement un recours si le tiré accepteur (ou, au cas de traite non acceptable, le tireur) est mis en redressement judiciaire (art. 147 et 148-A). Nous avons déjà vu qu'il en est de même au cas de refus d'acceptation (n° 633).

661. *Recours entre garants.* – Si le porteur se fait payer par un autre que le tireur, le garant peut exercer un recours contre les signataires antérieurs. Des recours successifs peuvent ainsi être exercés en remontant jusqu'au tireur. Ces recours doivent être exercés dans les six mois du paiement (art. 173, al. 3).

§ 3. – DÉCHÉANCES DU PORTEUR NÉGLIGENT

662. *Distinction.* – Le porteur négligent est celui qui n'a pas fait dresser protêt en temps voulu (ou qui, en cas de clause « sans frais », n'a pas présenté la lettre en temps voulu). Il encourt des *déchéances,* mais il faut distinguer :

1° A l'égard des endosseurs, il est déchu de tout recours ;

2° A l'égard du tireur, il n'est déchu que si le tireur prouve qu'il a fait provision, sinon, il conserve son recours : on comprend, en effet, que si le tireur n'était pas créancier du tiré, il serait injuste que ce soit le porteur qui supporte la charge de l'indélicatesse du tireur qui a mis en circulation un papier sans valeur ;

3° A l'égard du tiré, il ne peut s'agir de déchéance : si le tiré n'a pas accepté, il n'est pas tenu ; s'il a accepté, il est toujours tenu, quelle que soit la négligence du porteur ;

4° A l'égard du donneur d'aval, il faut rechercher pour qui l'aval a été donné. Le donneur d'aval est dans la même situation que celui pour lequel il est intervenu : tireur, endosseur ou tiré accepteur. Rappelons que si l'aval ne précise pas pour le compte de qui il est donné, il est réputé (de façon irréfragable, d'après la Cour de cassation : n° 642) donné pour le tireur : le donneur d'aval sera dans la même situation que le tireur, il pourra donc invoquer la déchéance du porteur, s'il y a provision. Si, au contraire, il a donné l'aval pour le compte du tiré, il ne peut se prévaloir de la négligence du porteur. Il peut le faire, au contraire, dans tous les cas, s'il a donné son aval pour le compte d'un endosseur.

Titre II

LE BILLET A ORDRE

Généralités.

663. *Définition.* – Le billet à ordre est un écrit par lequel une personne appelée *souscripteur* s'engage à payer, à une époque déterminée, une certaine somme à une autre personne appelée *bénéficiaire* ou à l'ordre de celle-ci.

EXEMPLE :

B.P.F. : 5 436,79

A : fin avril 1986

Je paierai à : M. Pierre *ou à son ordre la somme de :* cinq mille quatre cent trente-six francs soixante-dix-neuf centimes.

Paris, le 1er mars 1986.
(signé) PAUL.
3, rue Provençale, 75009 Paris.

Paul est le *souscripteur,* Pierre le *bénéficiaire*. Ce dernier peut se faire payer par le souscripteur ou transmettre le billet à ordre à un nouveau bénéficiaire en *l'endossant,* par exemple en le faisant escompter par un banquier.

Celui qui est titulaire du billet à ordre à un moment déterminé, soit comme bénéficiaire, soit comme endossataire, s'appelle le *porteur*.

664. *Rôle du billet à ordre.* – Le billet à ordre, dans le commerce, est beaucoup moins employé que la lettre de change. Il est cependant utilisé dans les ventes à crédit de fonds de commerce, l'acquéreur souscrivant des billets à ordre au profit de l'acquéreur : ce sont les *billets de fonds* (v. n° 169). Il est également employé, concurremment avec la lettre de change (v. n° 604, 3°) pour *mobiliser les crédits bancaires,* le commerçant souscrivant des billets à ordre au bénéfice du banquier.

Le *warrant* des magasins généraux est une variété de billet à ordre (v. n° 530 et suiv.)

665. *Caractère civil ou commercial.* – Le billet à ordre n'est pas, comme la lettre de change, un acte de commerce par sa forme même. Il est civil ou commercial suivant la nature des dettes qu'il représente. Mais les billets à ordre souscrits par un commerçant sont censés faits pour son commerce (art. 638, al. 2, C. com., auquel est substitué l'article L.411-17 C. org. jud.).

666. *Législation.* – Le billet à ordre est régi par les articles 183 à 189 du Code de commerce, refondus, comme tous les articles du titre VIII du livre Ier de ce code, par le *décret-loi du 30 octobre 1935* (v. n° 607). Les textes sont très peu nombreux pour le billet à ordre, parce qu'ils se bornent, sur la plupart des points, à renvoyer aux dispositions concernant la lettre de change : ce qui explique que les développements du présent titre seront brefs.

667. *Plan.* – Nous verrons :
Chapitre I. – La création du billet à ordre.
Chapitre II. – L'endossement et le paiement du billet à ordre.

CHAPITRE PREMIER

LA CRÉATION DU BILLET À ORDRE

SECTION I. – CONDITIONS DE FORME

668. *Mentions obligatoires.* – Le billet à ordre doit contenir (art. 183) :

1° La clause *à ordre* ou dénomination du titre insérée dans le texte même du titre. On peut mettre indifféremment : « Je paierai à M. ... ou *à son ordre* », comme dans notre exemple (*supra*, nº 663) ou : « Je paierai contre le présent *billet à ordre* » : l'essentiel c'est que figurent les mots : *à ordre ;*

2º Les indications relatives au *paiement,* c'est-à-dire :

a) La *somme à payer* avec promesse pure et simple de la payer : on indique la somme à payer comme pour la lettre de change (v. nº 611, 2º, *a) ;*

b) La *date du paiement :* l'échéance peut être fixée soit *à date fixe,* soit *à vue,* soit à un certain *délai de vue* (dans ce dernier cas, le délai part du visa signé du souscripteur : art. 189). La première modalité est de beaucoup la plus fréquente. Si l'échéance n'est pas indiquée, le billet est considéré comme payable à vue ;

c) Le *lieu de paiement :* Dans notre exemple, c'est l'adresse donnée par le souscripteur ;

3º Les indications relatives aux *parties,* c'est-à-dire :

a) La signature du souscripteur ;

b) Le nom du bénéficiaire ;

4º L'indication de la *date* et du *lieu où le billet est souscrit.*

669. *Sanction des mentions obligatoires.* – Au cas d'omission d'une des mentions obligatoires, le titre ne vaut pas comme billet à ordre (art. 184, al. 1), mais il peut valoir comme reconnaissance de dette civile si on y trouve les éléments suffisants.

670. *Mentions facultatives.* – Comme pour la lettre de change, des mentions facultatives existent : clause de domiliation, mention d'aval.

671. *Timbre et enregistrement.* – Les règles sont les mêmes que pour la lettre de change (v. nº 614).

SECTION II. – CONDITIONS DE FOND

672. *Capacité.* – Le billet à ordre n'étant pas, par lui-même, un acte de commerce, il n'est pas toujours nécessaire, comme pour la lettre de change, pour souscrire un billet à ordre, d'avoir la capacité de faire des actes de commerce. Les règles de capacité varient suivant que le billet à ordre sera commercial ou civil.

673. *Indépendance des signatures. Caractère licite.* – Pour l'indépendance des signatures, les règles sont les mêmes que pour la

lettre de change, l'article 186 déclarant applicable l'article 114 (v. nº 617).

Pour le caractère licite, les règles sont les mêmes que pour la lettre de change (v. nº 618).

SECTION III. – INFLUENCE DE LA CRÉATION DU BILLET A ORDRE SUR LE RAPPORT JURIDIQUE PRÉEXISTANT

674. *Influence de la création du billet à ordre.* – Comme la lettre de change (v. nºs 619, 620) la création du billet à ordre *n'entraîne pas novation.* Il suffit de remarquer qu'il n'y a pas provison (v. nº 676), mais seulement valeur fournie : la créance du bénéficiaire, constituant la valeur fournie, subsiste.

CHAPITRE II

L'ENDOSSEMENT ET LE PAIEMENT DU BILLET A ORDRE

675. *Renvoi aux règles de la lettre de change.* – Les règles sur l'*endossement* et le *paiement* du billet à ordre sont les mêmes que celles de la lettre de change, l'article 185 déclarant applicables au billet à ordre les dispositions régissant la lettre de change. Il suffit donc de renvoyer aux numéros 635 à 662.

676. *Inapplicabilité de la théorie de la provision. Absence d'acceptation.* – Notons que la théorie de la *provision* est, aux termes de la jurisprudence de la Cour de cassation, inapplicable au billet à ordre.

Quant à l'*acceptation,* il ne peut en être question, puisque le souscripteur est engagé dès la création du billet à ordre. Mais le souscripteur du billet à ordre est obligé, aux termes de l'article 188, de la même manière que l'accepteur d'une lettre de change. Notamment, il y a lieu à *inopposabilité* des exceptions : le souscripteur ne peut opposer aux endossataires les exceptions qu'il aurait pu opposer au bénéficiaire.

Titre III

LE CHÈQUE

Généralités

677. *Définition.* – Le *chèque* est un écrit par lequel une personne appelée tireur donne l'ordre à un banquier (tiré) chez lequel elle a des fonds disponibles, de payer à vue une certaine somme à un bénéficiaire ou, généralement, à son ordre.

EXEMPLE (nous supposons, ce qui est le cas normal, que le chèque est établi sur une formule imprimée extraite d'un carnet de chèques délivré par la banque et nous mettons en italique le texte établi par la banque) :

N° 2732302 Banque BERNARD *B.P.F. :* 5 436,79
Payez contre ce chèque la somme de : cinq mille quatre cent trente-six francs soixante-dix-neuf centimes.

A l'ordre de : M. PIERRE Paris, le 30 avril 1986
(Signé) PAUL,

Payable à la Banque BERNARD *M. PAUL*
1, rue de l'Opéra, 75009 Paris - *3, rue Provençale, 75009 Paris*
Tél. : 40 07 27 32 *Compte n° 1030627*

Paul est le tireur, la Banque Bernard le *tiré,* Pierre est le *bénéficiaire* qui peut se faire payer par le tiré ou transmettre le chèque à un nouveau bénéficiaire en l'endossant.

(Cette formule de chèque reste licite et peut être demandée à un banquier. Mais, plus couramment, les formules délivrées par les banques, depuis le 1er avril 1979 sont pré-barrées et portent la mention « non endossable sauf au profit d'une banque, d'une caisse d'épargne ou d'un établissement assimilé ».)

678. *Rôle du chèque.* – Essentiellement payable à vue, le chèque ne peut être un instrument de crédit. Mais il est un instrument de paiement très pratique et économique pour ceux qui ont un compte en banque. Le chèque aboutit à des règlements commodes du fait de la compensation. Le porteur, le plus souvent, n'encaisse pas lui-même (ce que, d'ailleurs, il ne pourrait pas faire si le chèque était barré, ce qui est extrêmement fréquent : v. n° 712), il endosse le chèque à son banquier, qui le portera au crédit de son compte. Et les banquiers, porteurs de chèques les uns contre les autres, règlent entre eux par compensation et, pour le solde, par virement. De sorte que la très grande majorité des chèques se règlent sans numéraire.

Aussi, le législateur tend-il à favoriser l'usage du chèque, notamment en le rendant obligatoire pour certains paiements (v. n° 695), en lui accordant des avantages fiscaux (v. n° 691), en luttant contre le chèque sans provision (v. n° 700).

679. *Virements.* – Il ne faut pas confondre avec le chèque le *virement*. Le virement est un ordre que la personne qui a un compte dans une banque donne à cette banque de créditer le compte d'une autre personne par le débit du compte du donneur d'ordre. Les virements sont surtout fréquents entre comptes à la Banque de France. Tous les agents de change, tous les banquiers ont un compte à la Banque de France et règlent entre eux des sommes considérables par virements. Mais le virement ne suppose aucun titre négociable et n'a donc rien de commun avec le chèque. Il n'est soumis à aucune condition de forme. La Banque de France remet à ses clients des carnets de virements qui sont des formules toutes préparées pour donner à la banque des ordres de virement.

680. *Chèques postaux.* – Malgré leur nom, les chèques postaux ne sont presque toujours que des virements. Les personnes qui ont un compte courant postal règlent entre elles par virements, comme le font les clients d'une banque. Les comptes courants postaux permettent cependant d'émettre, dans certains cas, des titres ressemblant à des chèques. Mais en tout cas, la législation sur les chèques, sauf pour la répression des chèques sans provision, est inapplicable aux chèques postaux. Ceux-ci sont régis par une législation spéciale (Code des Postes et Télécommunications, art. L. 98 à L. 109 et D. 488 à D. 522 modifiés, en dernier lieu, par la loi du 3 janvier 1972) qui s'est d'ailleurs beaucoup rapprochée de la législation du chèque bancaire.

681. *Chèques de voyage. Cartes de crédit.* – Les banques (surtout

les banques étrangères) remettent à leurs clients des sortes de chèques, appelés *chèques de voyage* ou *« travellers cheques »*, payables dans les diverses succursales de la banque ou chez des banquiers correspondants. Bien que la question soit discutée, il faut admettre, avec la Cour de cassation, que ce ne sont pas de véritables chèques.

Ne sont certainement pas des chèques les *cartes de crédit* (la « carte bleue », par exemple) que certains organismes ou banques délivrent à leurs clients et sur le vu desquelles les commerçants affiliés font crédit au porteur (qui signe une facture) et se font payer par l'émetteur de la carte.

682. *Procédés de remplacement des chèques.* – Le chèque, surtout quand il est de faible montant, entraîne pour les banques des frais très élevés qui ne sont pas en rapport avec le montant du chèque. De là le désir de créer des procédés de règlement n'entraînant pas de pareils frais. Outre les *cartes de crédit* (v. le numéro précédent), il faut citer les *prélèvements en banque* sur les comptes des clients au profit, notamment, de l'Electricité de France, du Gaz de France, de l'Administration des P.T.T. (pour les redevances téléphoniques). Il faut aussi faire état des *« distributeurs automatiques de billets* (DAB) » accessibles aux porteurs de certaines cartes, qui suppriment les chèques de retrait. Enfin, commencent à se développer les *« paiements électroniques »* permettant, par exemple, dans de grands magasins, à des clients de régler leurs achats grâce à des terminaux reliés à un ordinateur, par le débit de leurs comptes en banque.

683. *Caractère civil ou commercial.* – Le chèque n'est pas, comme la lettre de change, un acte de commerce par sa forme même. Il est civil ou commercial, suivant la nature des dettes qu'il tend à régler.

684. *Législation.* – Le chèque, inconnu en France lors de la rédaction du Code de commerce, n'avait été réglementé que par une loi du 21 juin 1865. Les dispositions de cette loi ont été remplacées par un nouveau texte, en soixante-sept articles, contenu dans l'article 1er du décret-loi du 30 octobre 1935. Ce décret-loi a été pris en exécution de la convention internationale de Genève du 19 mars 1931 qui, comme l'avait fait, pour la lettre de change, la convention du 7 juin 1930 (v. *supra*, n° 607) a établi une *« loi uniforme »* sur le chèque.

Ce décret-loi, comme en matière de lettre de change, ne peut plus être modifié sur les points où l'uniformité a été convenue, sans que la France dénonce la convention internationale. Mais, sur les autres points, la législation sur le chèque a été, à plusieurs reprises, modifiée et complétée par des textes spéciaux, notamment en dernier lieu, par deux lois très importantes : la loi du 3 janvier 1972 et la loi du 3 janvier 1975, cette dernière complétée par le décret du 3 octobre 1975. Ces deux derniers textes sont entrés en vigueur le 1er janvier 1976. Il faut également noter, plus récemment, l'article 85 de la loi de finances n° 78-1239 du 29 décembre 1978, entré en vigueur le 1er avril 1979, une loi n° 85-695 du 11 juillet 1985 et enfin un décret du 10 janvier 1986.

685. *Plan.* – Nous verrons :
Chapitre I. – La création du chèque.
Chapitre II. – La provision du chèque.
Chapitre III. – La transmission du chèque.
Chapire IV. – Le paiement du chèque.
Nous ne consacrerons pas, comme pour la lettre de change, de chapitre à l'acceptation. Le chèque, en effet, ne comporte pas d'acceptation : une mention d'acceptation serait réputée non écrite (décret-loi du 30 octobre 1935, art. 4). Le banquier peut seulement le *viser* ou le *certifier* (v. n° 699).

CHAPITRE PREMIER

LA CRÉATION DU CHÈQUE

686. *Division.* – La création du chèque est soumise à des conditions de forme (section I) et de fond (section II). Nous verrons ensuite les paiements par chèque (section III).

SECTION I. – CONDITIONS DE FORME

687. *Nombre d'exemplaires.* – La pluralité d'exemplaires est interdite pour les chèques émis en France et payables en France. Elle n'est autorisée, par exemplaires numérotés que pour les chèques émis dans un pays et payables dans un autre pays (décret-loi du 30 octobre 1935, art. 49).

688. *Mentions obligatoires.* – Le chèque doit contenir (décret-loi du 30 octobre 1935, art. 1er) :

1° La *dénomination de « chèque »* insérée dans le texte même du titre ;

2° Les indications relatives au *paiement*, c'est-à-dire :

a) La *somme à payer* avec mandat pur et simple de la payer. La somme peut être indiquée soit en chiffres, soit en lettres ; mais, pratiquement, on l'indique en chiffres en haut et à droite, en lettres dans le texte même : c'est alors la somme en lettres au cas de différence, qui fait foi (décret-loi du 30 octobre 1935, art. 9, al. 1). Si, cependant, le montant était inscrit deux fois soit en chiffres soit en toutes lettres, le chèque ne vaudrait, en cas de différence, que pour la moindre somme (art. 9, al. 2) ;

b) Le *lieu de paiement :* c'est, à défaut de précision contraire, l'adresse indiquée à côté du nom du tiré ;

3° Les indications relatives aux *parties*, c'est-à-dire :

a) La signature du tireur : cette signature doit être manuscrite ;

b) Le nom du tiré ;

c) L'indication relative au bénéficiaire : le chèque peut être créé : à l'ordre d'une personne (il suffit alors de mettre le nom de la personne, la clause à ordre étant sous-entendue d'après la loi, bien qu'en fait elle figure toujours sur les formules imprimées) – à personne dénommée (il faut alors mettre la clause « non à ordre ») – au porteur. La première modalité est la modalité normale, la seconde est inusitée, la troisième est rare. Le bénéficiaire peut être le tireur lui-même (« Payez à l'ordre de moi-même ») : c'est le procédé usuel employé pour retirer soi-même des fonds que l'on a en banque (on appelle ce chèque : « chèque de retrait ») ;

4° *La date et le lieu où le chèque est créé.*

Le chèque ne mentionne pas *d'échéance*, étant essentiellement payable à vue : toute mention contraire est réputée non écrite (décret-loi du 30 octobre 1935, art. 28, al. 1).

Les banques remettent à leurs clients des *carnets de chèques*, carnets à souche comportant par exemple vingt-cinq ou cinquante formules imprimées détachables, numérotées, dont le client n'a qu'à remplir les blancs. Ces formules doivent porter le nom du titulaire du compte et son adresse, le numéro de téléphone de la banque auprès de laquelle le chèque est payable (art. 65-1 nouveau dû à la loi du 3 janvier 1975). Ces formules sont gratuites. Les chèques sur papier blanc sont cependant, en principe, valables mais les banques imposent à leurs clients de ne se servir que des formules imprimées qu'elles leur remettent.

689. *Sanction des mentions obligatoires.* – Au cas d'omission

d'une quelconque des mentions obligatoires, le titre est nul en tant que chèque (décret-loi du 30 octobre 1935, art. 2).

Mais il peut valoir comme reconnaissance de dette, si on y trouve les éléments suffisants.

690. *Mentions facultatives.* – Le chèque peut comporter certaines mentions facultatives analogues à certaines mentions de la lettre de change : clause de domiciliation (chez un banquier), clause « sans frais », aval, etc. Ces mentions sont très rares. Mais le chèque peut porter un *visa* ou une *certification* (v. n° 699) et, très fréquemment, un *barrement* (v. n° 712).

691. *Timbre et enregistrement.* – Le chèque est exempt de timbre, mais, depuis le 1er avril 1979, à condition qu'il soit fait sur des formules barrées d'avance par le banquier et portant une mention le rendant intransmissible par endossement sauf au profit d'une banque, d'une caisse d'épargne ou d'un établissement assimilé. A défaut, le chèque est astreint à un droit de timbre porté à 2,50 F par la loi de finances pour 1982 (loi n° 81-1160 du 30 décembre 1981, art. 37-V).

Depuis la réforme fiscale de 1948, le chèque n'est pas soumis à l'enregistrement, même au cas de protêt.

SECTION II. – CONDITIONS DE FOND

692. *Généralités.* – Les conditions de fond de validité du chèque sont relatives à la capacité du tireur et à la qualité de banquier du tiré. Depuis le décret-loi du 30 octobre 1935, la provision n'est plus une condition de validité du chèque.

693. *Capacité.* – Le chèque n'étant pas, par lui-même, un acte de commerce, il n'y a pas lieu d'exiger chez le tireur, comme pour la lettre de change, la capacité de faire un acte de commerce. Il suffit, suivant la nature des dettes, d'appliquer le droit commun : ainsi, un mineur émancipé ne pouvait, avant la loi du 5 juillet 1974 (v. n° 67), tirer des chèques que pour des opérations civiles, à moins d'être habilité à faire le commerce. Depuis la loi nouvelle, il peut tirer des chèques quelle que soit la nature de la dette.

Quant aux femmes mariées, depuis la loi du 13 juillet 1965, elles peuvent se faire ouvrir librement, sans le consentement de leur mari, tout compte de chèques, comme d'ailleurs tout compte de dépôt de fonds ou de titres (art. 221 C. civ.).

694. *Qualité de banquier du tiré.* – Le chèque ne peut être tiré que sur un banquier, depuis le décret-loi du 30 octobre 1935 (art. 3). Aux banquiers sont assimilés certaines personnes ou établissements : agents de change, divers caissiers du Trésor, établissements de crédit municipal, caisses de Crédit agricole, caisses d'épargne.

SECTION III. – LES PAIEMENTS PAR CHÈQUE

695. *Règlement obligatoire par chèque.* – Jusqu'en 1940, un créancier n'était jamais tenu d'accepter un chèque, il pouvait toujours exiger un paiement en espèces. La loi du 22 octobre 1940 est venue rendre obligatoire le règlement par chèque barré (ou virement) dans un certain nombre de cas. Ce texte a été plusieurs fois remanié et, en dernier lieu, par la loi du 31 décembre 1971, art 64, la loi du 7 juin 1977, art. 10, la loi du 11 juillet 1985, art. 23.

Actuellement, sont obligatoires, par chèque barré ou virement, les paiements de loyers, transports, services, fournitures, travaux, achats, paiements de produits de titres nominatifs lorsqu'ils dépassent 1 000 F. Par exception, pour les règlements effectués aux notaires, la limite est portée à 2 000 F. Sont également obligatoirement faits par chèque barré ou virement, les paiements de traitements et salaires qui excèdent 2 500 F pour un mois entier. Et, quel que soit le chiffre, le paiement par chèque barré ou virement est obligatoire pour les achats de bœufs, moutons, porcs, chevaux et ânes (loi du 22 décembre 1966, art. 13).

Depuis la loi du 2 août 1957, article 11, l'obligation n'est plus applicable qu'aux commerçants, les particuliers non commerçants en sont dispensés.

La sanction est une amende fiscale égale à 5 % des sommes indûment réglées en numéraire (loi du 22 octobre 1940, art. 3, modifié par la loi de finances du 26 septembre 1948, art. 93). La loi paraît, d'ailleurs, assez mal appliquée.

Comme corollaire, tout commerçant est tenu de se faire ouvrir un compte dans une banque ou dans un centre de chèques postaux (loi du 22 octobre 1940, art. 6).

Pour les particuliers non commerçants ayant leur domicile fiscal en France, la loi de finances pour 1984 (art. 90) a cependant imposé l'obligation d'effectuer par chèques barrés non endossables ou par virement bancaire ou postal, ou encore par carte de paiement ou de crédit, le règlement des transactions d'un montant supérieur à 10 000 F. La sanction est une amende fiscale égale à 25 % des sommes illégalement payées et incombant pour moitié au débiteur et au créancier, chacun d'eux étant cependant solidairement tenu d'en assurer le règlement total (art. 1756 *quater*, C. gén. imp.).

Toute personne qui remet un chèque en paiement doit justifier de son identité au moyen d'un document officiel portant sa photographie (décret du 30 octobre 1935, art. 12-2 dû à la loi du 3 janvier 1972).

696. *Influence de la création d'un chèque sur le rapport juridique préexistant.* – Quand un débiteur remet un chèque à son créancier, il faut noter que :

1° La remise du chèque ne vaut pas paiement. Il n'y aura paiement qu'au jour et au lieu de l'encaissement (ou de la présentation à la compensation) ;

2° « La remise d'un chèque n'entraîne pas novation. En conséquence, la créance originaire subsiste avec toutes les garanties y attachées jusqu'à ce que le chèque soit payé » (décret-loi du 30 octobre 1935, art. 62).

Sur le cas de remise d'un chèque par le destinataire au cas d'expédition contre remboursement, v. *supra*, n° 582, dernier alinéa.

CHAPITRE II

LA PROVISION DU CHÈQUE

697. *Plan.* – Il faut examiner : la définition de la provision (section I), les sanctions au cas de chèque sans provision (section II), la propriété et la preuve de la provision (section III).

SECTION I. – DÉFINITION DE LA PROVISION

698. *En quoi consiste la provision.* – Comme dans la lettre de change (v. n° 622), la provision est une créance d'argent du tireur contre le tiré. Mais :

1° Alors que, pour la lettre de change, il suffit que la provision existe à l'échéance, pour le chèque, il faut une provision *préalable* à l'émission, existant au moment de la création du titre (décret-loi du 30 octobre 1935, art. 3) ;

2° La provision doit consister en *fonds* qui soient chez le banquier à la disposition du tireur. Il faut que ces fonds soient *disponibles*, c'est-à-dire que, d'après la convention passée entre le banquier et le tireur, celui-ci ait le droit de disposer de ces fonds par chèque. Mais cette convention peut être tacite (décret-loi du 30 octobre 1935, art. 3).

699. *Visa et certification.* – Le décret-loi du 30 octobre 1935, art. 4, al. 2, prévoit que le banquier peut *viser* le chèque, constatant ainsi l'existence de la provision à la date du visa. (En pratique, le visa n'esf guère utilisé par les banques que pour rendre payable un chèque dans une succursale autre que celle où le tireur a son compte.)

D'autre part, depuis une loi du 28 février 1941 et, actuellement, en vertu de l'article 12-1 nouveau du décret du 30 octobre 1935, dû à la loi du 3 janiver 1972, existe le chèque *certifié*. Le tiré, si la provision existe, à la demande du tireur (ou du porteur) *certifie* le chèque. La provision du chèque certifié reste, sous la responsabilité du tiré, bloquée au profit du porteur jusqu'au terme du délai de présentation. S'il le préfère, le tiré peut, au lieu de certifier le chèque, remettre un chèque qu'il tire sur une de ses agences (qu'on appelle « chèque de banque »).

Les formes de la certification sont précisées par l'article 29 du décret du 3 octobre 1975.

SECTION II. – LE CHÈQUE SANS PROVISION

700. *Mesures de prévention et de répression.* – Les chèques sans provision sont malheureusement extrêmement fréquents. Une répression existait depuis longtemps mais s'était révélée peu efficace. La loi du 3 janvier 1975 s'est efforcée, par des mesures de prévention et de répression, de lutter contre la multiplication des chèques sans provision. Les mesures prises concernent le rôle des banques et les sanctions pénales. Elles ont été, au demeurant, partiellement modifiées par le décret n° 86-78 du 10 janvier 1986.

1° Le rôle des banquiers est devenu très important. D'une part, un meilleur contrôle est institué lors de l'ouverture des comptes. Le banquier doit vérifier l'identité et le domicile du demandeur. Il doit surtout consulter la Banque de France qui tient le fichier des personnes auxquelles il doit être interdit d'émettre des chèques. D'autre part, au cas où il refuse le paiement d'un chèque pour défaut de provision, le banquier doit, non seulement, donner avis à la Banque de France, mais encore envoyer une injonction au tireur d'avoir à restituer toutes les formules de chèques en sa possession et lui interdire d'émettre des chèques (autres que des chèques de retrait ou des chèques certifiés) pendant un an (art. 65-3 nouveau). A la première injonction, le client peut régulariser dans les trente jours et échapper aux sanctions mais, en cas de récidive, aucune régularisation n'est possible dans l'année. La menace de cette « interdiction bancaire » paraît, en pratique, se révéler très efficace. Le banquier serait d'ailleurs tenu à payer, malgré le défaut de provision et jusqu'à concurrence de 10 000 F, les chèques émis par un client auquel il aurait remis des formules sans consulter la Banque de France ou duquel il n'aurait pas exigé la restitution des formules après un refus de paiement (art. 73 nouveau).

Par une disposition assez curieuse, les banquiers sont obligés de payer, même s'ils n'ont pas provision, les chèques de valeur inférieure ou égale à 100 F : ils sont censés avoir fait pour ces chèques une ouverture de crédit irrévocable.

Mais ils ont un recours contre le tireur et, pour exercer ce recours, ils peuvent, vingt jours après une sommation restée infructueuse, faire saisir les meubles du tireur et les faire vendre un mois après la saisie (art. 73-1 et 73-2 nouveaux).

Dans les cas où le banquier n'a pas cette obligation légale de payer le chèque sans provision, il doit, à l'issue du délai de régularisation de trente jours, remettre au porteur *un certificat de non-paiement*. La signification de ce certificat au tireur par huissier vaut commandement de payer, et peut ultérieurement conduire à la délivrance au porteur d'un titre exécutoire : voir n° 718-1°.

2° Au point de vue pénal, toute émission de chèque sans provision ou avec une provision insuffisante, tout retrait de la provision, tout blocage de la provision constituent un délit puni des peines de l'escroquerie (amende de 3 600 à 2 500 000 F, emprisonnement de un à cinq ans), mais seulement lorsqu'il y a intention de porter atteinte aux droits d'autrui (art. 66 nouveau). Est puni des mêmes peines celui qui, en connaissance de cause, accepte de recevoir un tel chèque. Le tribunal peut, en outre, interdire au condamné, pendant une durée de un à cinq ans, d'émettre des chèques autres que des chèques de retrait ou des chèques certifiés : c'est « l'interdiction judiciaire » (art. 68 nouveau).

Est puni des mêmes peines celui qui émet un chèque contrairement à l'interdiction judiciaire ou à l'interdiction bancaire qui le frappe (art. 69 nouveau).

SECTION III. – PROPRIÉTÉ ET PREUVE DE LA PROVISION

701. *Propriété de la provision.* – La propriété de la provision est transmise au porteur par l'endossement (décret-loi du 30 octobre

1935, art. 17). La portée de ce principe est la même que pour la lettre de change (v. n° 624). Par conséquent, au cas de redressement judiciaire du tireur, les porteurs de chèques émis antérieurement au jugement déclaratif ont seuls droit à la provision.

702. *Preuve de la provision.* – C'est toujours au tireur qu'il appartient, en cas de dénégation, de faire la preuve de la provision (décret-loi du 30 octobre 1935, art. 3, al. 3).

CHAPITRE III

LA TRANSMISSION DU CHÈQUE

703. *Généralités.* – Les règles sur la transmission du chèque diffèrent suivant que le chèque est à ordre (ce qui est le cas général) ou suivant qu'il est à personne dénommée ou au porteur.

SECTION I. – CHÈQUE A ORDRE

704. *Endossement.* – Lorsque le chèque est à ordre, il se transmet par endossement. Les règles de l'endossement du chèque sont alors tout à fait semblables à celles de l'endossement de la lettre de change, auxquelles il suffit de renvoyer (v. n° 635 et suiv.). Notamment, l'endossement entraîne *garantie* de l'endosseur et *inopposabilité des exceptions* (décret-loi du 30 octobre 1935, art. 18, al. 1, et art. 22).

En pratique, le chèque, étant payable à vue, ne fait pas, comme la lettre de change, l'objet de plusieurs endossements. Le plus souvent, il ne fait l'objet que d'un seul endossement du bénéficiaire à son banquier qui encaissera le chèque ou, le plus souvent, le réglera par compensation (v. n° 678). Cet endossement est presque toujours un endossement de procuration, le banquier ne prenant le chèque qu'à l'encaissement : il ne créditera son client qu'après encaissement (sauf à lui faire, parfois, une avance). Il est rare que le banquier accepte d'escompter un chèque, c'est-à-dire d'en acquérir la propriété par un endossement translatif et d'en créditer immédiatement son client.

Depuis le 1er avril 1979, les formules délivrées par les banques portent, en principe, la mention « non endossable sauf au profit d'une banque, d'une caisse d'épargne ou d'un établissement assimilé ». Mais le client peut réclamer des formules ne portant pas cette mention ; il paiera alors un droit de timbre.

SECTION II. – CHÈQUE A PERSONNE DÉNOMMÉE

705. *Règles de la cession civile.* – Le chèque à personne dénommée (avec clause non à ordre) n'est transmissible que suivant les formes civiles de la cession de créance et avec les effets de la cession de créance (décret-loi du 30 octobre 1935, art. 13).

SECTION III. – CHÈQUE AU PORTEUR

706. *Tradition.* – Le chèque au porteur se transmet par simple tradition. Il y a inopposabilité des exceptions. Mais il ne peut y avoir de garantie puisque ceux qui transmettent le chèque sont inconnus.

CHAPITRE IV

LE PAIEMENT DU CHÈQUE

707. *Plan.* – Les garanties du paiement sont les mêmes que pour la lettre de change (v. n° 641 et suiv.), mais les sûretés réelles sont inusitées. Il y a lieu seulement d'examiner : les conditions du paiement (section I) et les conséquences du refus de paiement (section II).

SECTION I. – CONDITIONS DU PAIEMENT

708. *Date du paiement. Délai de présentation.* – Le chèque est essentiellement payable à vue et, ainsi que nous l'avons indiqué, toute clause contraire est réputée non écrite.

Mais le chèque doit être présenté au paiement dans un délai assez bref : huit jours pour les chèques émis et payables dans la France métropolitaine (vingt ou soixante jours, suivant les pays, si le chèque est payable hors de la France métropolitaine) ; si le dernier jour du délai est un jour férié légal, le délai est prorogé jusqu'au premier jour ouvrable.

Le rôle du délai doit être bien compris : le chèque présenté après le délai *doit être payé* par le banquier, et cela jusqu'à accomplissement de la prescription. Le délai ne présente d'intérêt que :

1° Pour le recours en cas de non-paiement (v. n° 717).

2° S'il s'agit d'un chèque certifié : le délai expiré, le chèque doit toujours être payé, mais la provision n'est bloquée au profit du porteur que pendant la durée du délai (v. n° 699).

709. *Obligation de payer pour le banquier.* – Dès l'instant que, même après expiration du délai, un chèque régulier est présenté au banquier qui a provision, celui-ci, s'il n'a pas reçu d'opposition, a *l'obligation* de payer. S'il refusait (par exemple au prétexte que la somme est trop considérable, etc.), il serait tenu de dommages-intérêts pour le préjudice causé au tireur (décret-loi du 30 octobre 1935, art. 32).

Ce n'est qu'au bout d'un an que le chèque se prescrit : l'action du porteur de chèque contre le tiré se *prescrit par un an* à partir de l'expiration du délai de présentation (décret-loi du 30 octobre 1935, art. 52, al. 3, modifié par la loi n° 85-695 du 11 juillet 1985).

710. *Modes de paiement.* – Les règles sur la monnaie de paiement sont les mêmes que pour la lettre de change (v. n° 646).

Le porteur ne peut refuser un paiement partiel si la provision est insuffisante. Et le banquier ne peut refuser de faire ce paiement partiel. Le banquier qui indiquerait sciemment une provision inférieure à la provison existante serait passible d'amende (décret-loi du 30 octobre 1935, art. 72).

En cas de paiement partiel, le banquier peut exiger que mention du paiement soit faite sur le chèque et qu'une quittance lui soit donnée.

L'article 34 du décret-loi du 30 octobre 1935 prévoit que le tiré peut exiger que le chèque lui soit remis acquitté. C'est ce que font toujours les banques. Le porteur écrit au dos du chèque « Pour acquit », il mentionne le lieu et la date et il signe.

711. *A qui est fait le paiement.* – Le paiement doit être fait à celui qui se présente comme porteur, en apparence régulier. Le banquier ne doit vérifier que la signature du tireur, son client, dont il a un spécimen. Il n'a pas à vérifier les autres signatures et doit payer si la chaîne des endossements est régulière.

Assez fréquemment, des chèques portant une fausse signature sont payés par le banquier. La jurisprudence admet, en principe, le recours du client contre le banquier. Le recours ne serait rejeté que si le banquier établissait qu'il y a faute de la part de son client qui a, par exemple, laissé traîner son carnet de chèques ou l'a, imprudemment, confié à un employé indélicat.

Si, au contraire, la signature est authentique, mais que la mention relative à la somme a été falsifiée après coup, le banquier n'est pas responsable si la falsification a été assez adroitement faite pour être peu visible.

712. *Le chèque barré.* – Le tireur peut *barrer* le chèque qu'il émet, c'est-à-dire tracer, en travers du chèque, au recto, deux barres parallèles (décret-loi du 30 octobre 1935, art. 37 et suiv.). Dans ce cas, le chèque ne peut plus être payé à un porteur quelconque, mais seulement à un banquier (à moins que le porteur ne soit un client du tiré). Et un banquier ne peut, pour le présenter à l'encaissement, accepter un chèque barré que de son client (ou d'un autre banquier). Pratiquement, presque tous les chèques sont barrés : le barrement est d'ailleurs légalement imposé au cas de paiement obligatoire par chèque. C'est une garantie contre la perte ou le vol, car le voleur ne pourra aller encaisser à la banque le chèque.

Depuis le 1er avril 1979, les formules délivrées par les banques portent, en principe, un barrement préalable. Mais le client peut réclamer des formules ne portant pas de barrement ; il paiera alors un droit de timbre.

713. *Opposition au paiement.* – Les règles sont les mêmes que pour la lettre de change (v. n° 648). Si le tireur fait à tort opposition, le porteur doit obtenir la mainlevée en référé (décret-loi du 30 octobre 1935, art. 32, modifié par la loi du 3 janvier 1972, al. 3).

SECTION II. – LE REFUS DU PAIEMENT ET SES CONSÉQUENCES

714. *Généralités.* – Comme pour la lettre de change (v. n° 649 et suiv.), le porteur peut, au cas de refus de paiement, exercer un recours contre les signataires du chèque en se montrant diligent et en observant certaines conditions à défaut desquelles il encourt les déchéances du porteur *négligent*.

§ 1. – OBLIGATIONS DU PORTEUR

715. *Obligation essentielle : le protêt.* – Comme pour la lettre de change (v. n° 652), le porteur, au cas de refus de paiement, doit faire dresser protêt. (La clause sans frais est prévue par la loi, mais elle est,

pratiquement, peu usitée ; elle serait cynique, insérée par le tireur ; elle pourrait se concevoir, insérée par un endosseur, peu confiant dans le crédit du tireur et ne voulant pas que son banquier fasse des frais ; nous la négligerons.)

Le protêt doit être fait avant l'expiration du délai de présentation. Si la présentation a lieu le dernier jour du délai, le protêt peut être établi le premier jour ouvrable suivant (décret-loi du 30 octobre 1935, art. 41).

En raison des frais assez élevés du protêt, il est fréquent que le porteur ne le fasse pas dresser, ce qui, sauf cas exceptionnel, n'a guère d'inconvénients (v. n° 720).

Le bénéficiaire du chèque aura d'ailleurs, même s'il ne fait pas le protêt, un document prouvant le défaut de paiement. En effet, le banquier qui a refusé, en tout ou en partie, le paiement d'un chèque pour défaut de provision suffisante, doit établir, à l'intention du porteur, et à l'expiration du délai de régularisation de trente jours, un certificat de non-paiement, dont la signification par huissier au tireur vaut commandement de payer (décret-loi du 30 octobre 1935, art. 65-3, al. 5, réd. loi du 11 juillet 1985). Ce certificat fait l'objet d'une publicité identique à celle du protêt (v. n° suivant), mais uniquement si l'auteur du chèque est un commerçant ou un artisan, et si le chèque dépasse un montant qui sera déterminé par un arrêté conjoint des ministres de la Justice et de l'Economie (décret du 3 octobre 1975, art. 32-2, modifié par décret du 10 janvier 1986).

716. *Publicité des protêts.* – Les protêts en matière de chèque sont soumis à la même publicité que les protêts en matière de lettre de change. La loi du 2 août 1949 et le décret du 24 juin 1950 leur sont applicables (v. n° 653).

717. *Obligation accessoire : l'avis.* – Les règles sur l'avis sont les mêmes que pour la lettre de change (v. n° 655).

§ 2. – Droits du porteur diligent

718. *Recours contre les garants.* – Le porteur diligent, c'est-à-dire celui qui a fait dresser protêt dans le délai de présentation, a un recours contre les signataires. Les règles sont en principe les mêmes que pour la lettre de change (v. n° 658). Mais la prescription n'est que de six mois (décret-loi du 30 octobre 1935, art. 52).

Pour le recours contre le tireur, deux procédures particulières sont possibles :

1° Le porteur peut faire signifier au tireur le certificat de non-paiement rédigé par le banquier. Cette signification par huissier vaut alors commandement de payer. L'huissier qui n'a pas reçu justification du paiement du montant du chèque et des frais dans un délai de vingt jours à compter de la signification délivre, sans autre acte de procédure, *un titre exécutoire* (décret-loi du 30 octobre 1935, art. 65-3, al. 6 et 7, réd. loi du 11 juillet 1985).

2° Si le tireur est poursuivi pour émission de chèque sans provision, le porteur peut se porter partie civile devant le juge de l'action publique et obtenir le remboursement du montant du chèque. Et, même en l'absence de constitution de partie civile, le juge de l'action publique peut, d'office, condamner le tireur à payer le montant du chèque (décret du 30 octobre 1935, art. 71, modifié par la loi du 3 janvier 1975).

719. *Recours entre les garants.* – Les règles sont les mêmes que pour la lettre de change (v. n° 661).

§ 3. – DÉCHÉANCES DU PORTEUR NÉGLIGENT

720. *Distinction.* – Le porteur négligent est celui qui n'a pas fait dresser protêt dans le délai de présentation. Il encourt des déchéances, mais il faut distinguer :

1° A l'égard des endosseurs, il est déchu de tout recours : mais il y a rarement des endosseurs ;

2° A l'égard du tireur, le porteur conserve une action contre le tireur qui n'a pas fait provision (décret-loi du 30 octobre 1935, art. 52, dernier alinéa.) Le porteur ne serait donc déchu que si le tireur avait fait provision mais que le tiré soit déclaré en redressement judiciaire après le délai de présentation ; mais il est bien rare qu'une banque soit déclarée en redressement judiciaire.

En somme, il est exceptionnel que les déchéances aient à jouer.

LIVRE VI

LE TRAITEMENT DES DIFFICULTÉS DE L'ENTREPRISE COMMERCIALE

Généralités.

721. *La déconfiture civile et l'attitude du droit commercial.* – Face aux difficultés d'un débiteur, le droit commercial a toujours eu une réaction différente du droit civil. Celui-ci, dans l'hypothèse où le débiteur ne peut plus payer ses créanciers (qualifiée de *déconfiture), laisse faire.* Chaque créancier agit pour son compte, exerce individuellement une procédure de saisie portant sur tel ou tel élément du patrimoine, c'est le régime des saisies individuelles. Le droit commercial, au contraire, *organise.* Dans cette hypothèse, qualifiée habituellement de *faillite,* il met en œuvre une procédure collective, destinée à faire, autant que possible, un sort égal à tous les créanciers.

Cependant, l'organisation de cette procédure a profondément évolué depuis le Moyen Age, où elle a vu le jour dans les villes commerçantes d'Italie du Nord, et avait alors un caractère essentiellement sanctionnateur (le banc du marchand était rompu : « banca rotta », d'où le nom de banqueroute).

722. *Du Code de commerce de 1807 à la loi du 13 juillet 1967.* – Au cours de cette longue période, l'attitude de notre droit est restée

principalement sanctionnatrice des agissements d'un commerçant qui n'avait pas respecté ses engagements. En 1807, le failli devait déposer son bilan dans les trois jours de sa cessation des paiements et était arrêté tandis qu'une procédure très rigoureuse était organisée à l'initiative de ses créanciers. Par la suite, la législation devait évoluer vers une plus grande indulgence, avec les lois du 28 mai 1838, et surtout du 4 mai 1889, qui institua, à côté de la faillite, une procédure exceptionnelle destinée aux commerçants de bonne foi, victimes de circonstances malheureuses : la *liquidation judiciaire,* où le débiteur conservait l'administration de son patrimoine, assisté d'un liquidateur.

Le système devait ultérieurement être remanié par un décret du 20 mai 1955. D'un côté, la liquidation judiciaire, réorganisée sous la dénomination de *règlement judiciaire,* devint le mode normal de règlement du passif, applicable à tous les commerçants qu'il ne paraissait pas nécessaire d'éliminer de la vie commerciale. D'autre part, subsistait la *faillite,* réservée aux commerçants indignes, et entraînant de plein droit la liquidation forcée de leurs biens.

Seulement, ce système présentait un inconvénient majeur qui se révéla au fur et à mesure que se multiplièrent les défaillances commerciales. Le choix entre les deux procédures était généralement effectué par les juges en fonction de la gravité des fautes commises par le débiteur, *indépendamment de leur situation économique,* de telle sorte que des commerçants plus incompétents que malhonnêtes bénéficiaient de règlements judiciaires, alors que leur entreprise n'était pas économiquement viable et que le concordat, clôturant normalement une telle procédure, ne pouvait être exécuté, tandis que des entreprises qui auraient pu survivre étaient condamnées à la liquidation en raison des fautes particulièrement répréhensibles commises par leurs dirigeants.

723. *La réforme de 1967.* – Elle s'est opérée en deux temps.

D'abord, une loi du 13 juillet 1967 a institué les procédures de *règlement judiciaire* et de *liquidation des biens* dans une perspective générale radicalement nouvelle qui, tenant compte des leçons du passé, voulait fondamentalement *distinguer le sort de l'entreprise de celui de l'homme.* Si l'entreprise était viable, si elle était en mesure de présenter et d'exécuter un concordat sérieux (arrangement entre les créanciers et le débiteur, par lequel les premiers consentaient au second des délais de paiement, voire des remises de dettes), le juge devait prononcer le règlement judiciaire. Dans le cas contraire, c'était la liquidation des biens qui devait être retenue. Ainsi, à ce stade essentiel de l'orientation de la procédure concernant l'entreprise elle-même, la conduite passée des dirigeants était indifférente, seules comptaient ses chances de survie. C'était, en revanche, sur la base de considérations d'ordre moral (gravité des fautes commises, bonne foi éventuelle) qu'était fixé le sort des dirigeants (sanctions personnelles ou pas).

Ensuite, une ordonnance du 23 septembre 1967 créa une troisième procédure : la procédure de *suspension provisoire des poursuites et d'apurement collectif du passif*. Cette procédure était réservée aux entreprises d'une certaine importance (celles dont la disparition était de nature à causer un trouble grave à l'économie nationale ou régionale), mais surtout se voulait d'un déclenchement plus précoce que les deux autres. En effet, elle devait s'ouvrir avant la cessation proprement dite des paiements, dès lors que la situation financière de l'entreprise était difficile, mais non irrémédiablement compromise. S'ouvraient alors une première période de trois mois pendant laquelle toute poursuite était suspendue contre l'entreprise, qui bénéficiait ainsi d'un répit, puis une seconde période, où s'exécutait un plan, homologué par le tribunal, et destiné à régler progressivement le passif de l'entreprise, dans un délai maximum de trois ans.

724. *Les imperfections de ces procédures.* – Assez rapidement, les procédures mises en place en 1967 devaient à leur tour révéler leurs limites. La principale est, sans conteste, qu'elles intervenaient le plus souvent beaucoup trop tard, à un moment où toute possibilité de redressement était définitivement compromise, et cela même dans le cadre de l'ordonnance du 23 septembre 1967, que les juges appliquèrent fréquemment en fermant les yeux sur un état effectif de cessation des paiements. D'où, le déroulement de procédures finalement sans grande utilité pour l'entreprise (puisque, dans 98 % des cas, celle-ci disparaissait), pour ses salariés et pour les créanciers eux-mêmes, dont les chances de remboursement étaient des plus faibles (2 à 3 % du montant de leurs créances, par ex., pour les chirographaires).

La meilleure preuve de l'insuccès de ces procédures fut d'ailleurs que tous les créanciers qui le purent s'en dégagèrent, préférant obtenir le règlement de leurs droits hors procédure : ainsi, les *sous-traitants* obtenant, d'une loi du 31 décembre 1975, le droit de poursuivre directement le recouvrement de leur dû auprès du maître de l'ouvrage et donc de ne pas souffrir de la « faillite » de leur débiteur (l'entrepreneur principal) ; *les établissements de crédit-bail,* demeurés propriétaires du bien simplement loué à l'utilisateur, et donc se présentant comme revendiquant et non comme créancier dans la « faillite » de ce dernier ; *les vendeurs de meubles* obtenant, d'une importante loi du 12 mai 1980, le droit de récupérer le bien vendu dans la « faillite » de l'acquéreur lorsqu'ils avaient pris la précaution de le vendre avec une clause de réserve de propriété, désormais opposable aux créanciers de l'acquéreur (v. nº 829) ; et aussi *les salariés,* depuis une importante loi du 27 décembre 1973 obligeant les employeurs à les assurer contre le risque de leur cessation des paiements. Sur cette base, en effet, l'A.G.S. (Association pour la gestion du régime d'assurance des créances des salariés) paye directement les salariés créanciers, et prend leur place, par l'effet d'une subrogation légale, dans la procédure collective.

Un autre reproche non négligeable qui fut adressé aux procédures de 1967 était de ne pas associer précisément les salariés au déroulement d'une procédure concernant pourtant éminemment le sort de leur entreprise et donc, au-delà, celui de leur propre emploi. Seul leur statut de créanciers éventuels (pour des salaires ou primes encore dus) était, en effet, pris en compte, par le biais de l'assurance-insolvabilité pesant sur l'employeur et provoquant le règlement de l'A.G.S.

725. *Les orientations nouvelles.* – Devant l'échec des procédures de 1967 et, par ailleurs, la multiplication des défaillances d'entreprises commerciales (environ 25 000 procédures ouvertes en 1985), un double souhait fut émis :

– celui d'une réforme d'ensemble de ces procédures, qui les centre encore davantage sur le redressement de l'entreprise, et qui associe davantage les salariés ;

– et celui d'une action efficace au stade préventif, qui est un stade capital s'agissant des difficultés d'une entreprise. Le rapport présenté en 1975 par le Comité d'étude pour la réforme de l'entreprise (connu sous le nom de rapport Sudreau) avait déjà longuement insisté sur les considérables lacunes de notre droit en ce domaine, en relevant notamment qu'aucun texte n'organisait les moyens de déceler, au sein d'une entreprise, les signes annonciateurs de difficultés ou de prévenir l'évolution d'une situation compromise. Le moment était venu d'en tirer les leçons.

726. *Les textes nouveaux.* – Notre droit des entreprises en difficulté a donc été totalement remanié par deux lois récentes :

– la loi nº 84-148 du 1er mars 1984, relative à la prévention et au règlement amiable des difficultés des entreprises (complétée par un décret d'application nº 85-295 du 1er mars 1985, et entrée elle-même en vigueur à compter de cette dernière date) ;

– la loi nº 85-98 du 25 janvier 1985 relative au redressement et à la liquidation judiciaires des entreprises (complétée par un décret d'application n° 85-1388 du 27 décembre 1985). Cette loi, qui se substitue à la loi du 13 juillet 1967 et à l'ordonnance du 23 septembre 1967, régit toutes les procédures collectives ouvertes depuis le 1er janvier 1986 (pour celles déjà ouvertes à cette date, et qui suivent leur cours, continuent à s'appliquer les textes de 1967).

A ces deux lois, il convient d'ajouter la loi n° 85-99 du 25 janvier 1985, relative aux administrateurs judiciaires, mandataires-liquidateurs et experts en diagnostic d'entreprise qui, en particulier, bouleverse l'ancienne profession de syndic de faillite. Jusque-là, ce dernier, auxiliaire de justice spécialisé dans les procédures collectives, était, d'une certaine manière, « l'homme-orchestre » de la procédure, puisque, tout à la fois, il veillait à son bon déroulement, représentait la collectivité des créanciers (constituée en une masse), et représentait également le débiteur en cas de liquidation des biens (ou l'assistait en cas de règlement judiciaire). Or, ces multiples tâches étaient lourdes et, au demeurant, contradictoires. D'où des insuffisances, auxquelles la loi nouvelle a voulu remédier en remplaçant la profession de syndic par deux professions distinctes : celle d'administrateur (v. *infra,* n° 786) et celle de mandataire-liquidateur (v. *infra,* n° 820), entre lesquelles les anciens syndics ont dû choisir.

727. *Plan de l'étude.* – Des lois de 1984 et 1985, se dégage, pour la première fois, un véritable droit des entreprises en difficulté, appréhendé de façon globale. Nous l'envisagerons en trois titres :

Titre I. – La détection des difficultés.

Titre II. – La solution amiable des difficultés.

Titre III. – Le traitement judiciaire des difficultés.

Titre Ier

LA DÉTECTION DES DIFFICULTÉS

728. *Objectifs de la loi du 1er mars 1984*. – Le législateur a pensé, à juste titre, que la solution des difficultés d'une entreprise passait le plus souvent par une intervention suffisamment précoce. D'où, deux attitudes complémentaires :

– D'abord, une attitude de *prévention générale* contre les difficultés éventuelles. De même que tout bien portant est un malade qui s'ignore, de même, en période de crise économique, toute entreprise saine est une entreprise qui reste en danger. Or, l'expérience révèle que les entreprises les plus performantes, les mieux armées pour lutter contre les difficultés économiques, sont celles où l'information circule le mieux et où la gestion est la plus éclairée. Informés, les dirigeants peuvent rectifier leur gestion à temps ; informés, les associés peuvent prendre des décisions contrebalançant les erreurs des dirigeants. Aussi, face aux difficultés éventuelles, la loi de 1984 a choisi d'améliorer l'information au sein de l'entreprise (chapitre Ier).

– Ensuite, une attitude d'*alerte immédiate* en présence de difficultés qui, d'éventuelles, deviendraient effectives. D'où, l'institution d'un droit d'alerte entre les mains du commissaire aux comptes et du comité d'entreprise (chapitre II).

CHAPITRE PREMIER

DIFFICULTÉS ÉVENTUELLES ET AMÉLIORATION DE L'INFORMATION

729. *Double axe.* – La loi du 1er mars 1984 renferme, à ce stade d'une prévention générale, une foule de dispositions diverses que relie seulement leur objectif commun d'une meilleure information au sein de l'entreprise. On peut toutefois les ordonner en disant que le législateur a souhaité, d'une part, des informations plus complètes (section I) et, d'autre part, des informations mieux contrôlées (section II).

SECTION I. – DES INFORMATIONS PLUS COMPLÈTES

§ 1er. – UNE OBLIGATION DE MIEUX INFORMER

730. *Présentation générale.* – Pour mieux informer, la loi de 1984 a institué toute une série de nouvelles mesures d'information : par exemple, la mise en annexe au bilan des sociétés commerciales d'un état des sûretés données par elles (art. 5), ou encore l'obligation faite aux sociétés cotées d'annexer à leurs comptes un inventaire des valeurs mobilières qu'elles détiennent en portefeuille et de publier un rapport semestriel (art. 6). La principale innovation concerne toutefois l'institution des *documents prévisionnels.*

731. *Etablissement des documents prévisionnels.* – La loi de 1984 a introduit dans la loi du 24 juillet 1966 sur les sociétés commerciales un article 340-1 nouveau qui impose au conseil d'administration, au directoire ou aux gérants des sociétés commerciales (qui, à la clôture d'un exercice social, comptent cent salariés *ou* dont le montant net du chiffre d'affaires est égal ou supérieur à 40 millions de francs : décret du 23 mars 1967, art. 244, réd. décret du 1er mars 1985) d'établir :

– une situation de l'actif réalisable et disponible, valeurs d'exploitation exclues, et du passif exigible ;
– un compte de résultat prévisionnel ;
– un tableau de financement ;
– un plan de financement prévisionnel.

Ainsi, si deux de ces documents (le premier et le troisième) sont rétrospectifs, deux sont, en revanche, tournés vers l'avenir (le compte de résultat prévisionnel et le plan de financement prévisionnel), et devraient permettre de déceler les éventuelles difficultés qui menacent à terme l'entreprise.

Cet effort du législateur est d'autant plus remarquable que l'établissement de tels documents n'est pas imposé aux seules sociétés commerciales, mais s'étend aussi à toutes les *personnes morales de droit privé non commerçantes ayant une activité économique*, atteignant l'un des deux seuils précités (donc, par ex., à des associations agissant dans le domaine de la protection sociale, des loisirs, de la formation). Le groupement d'intérêt économique est également visé s'il compte plus de cent salariés.

732. *Utilisation des documents prévisionnels.* – Les articles 340-2 et 340-3 nouveaux de la loi du 24 juillet 1966 fixent la destinée des documents prévisionnels établis dans les sociétés. Dans les sociétés anonymes, ces documents sont analysés dans des rapports écrits sur l'évolution de la société, établis par le conseil d'administration ou le directoire, et communiqués simultanément au conseil de surveillance, au commissaire aux comptes et au comité d'entreprise. Dans les autres sociétés, les rapports sont établis par les gérants et communiqués au commissaire aux comptes, au comité d'entreprise et au conseil de surveillance s'il en existe un.

Le défaut d'établissement, d'analyse ou de communication de ces documents, non pénalement sanctionné, provoque, dans la société anonyme, un rapport du commissaire aux comptes au conseil d'administration ou au directoire. Un rapport spécial doit également être établi si les informations contenues dans les rapports des organes dirigeants appellent des observations du commissaire. Ce rapport est communiqué au comité d'entreprise, et il en sera donné connaissance à la prochaine assemblée générale des actionnaires (lesquels ne figurent pas parmi les destinataires naturels des documents prévisionnels, n'étant indirectement informés de leur contenu que dans l'hypothèse où leur établissement a fait problème : on ne peut évidemment que déplorer cette timidité de la loi). Dans les sociétés autres qu'anonymes, l'irrespect des obligations légales suscite également un rapport spécial du commissaire aux comptes au gérant. Ce rapport doit être communiqué au comité d'entreprise et peut l'être, si le commissaire le demande, aux associés.

Ainsi, cette obligation d'analyser les documents prévisionnels conduira les dirigeants à envisager plus lucidement l'avenir de leur entreprise, et sa méconnaissance éventuelle par les dirigeants conduira les commissaires aux comptes et comités d'entreprise, par ailleurs titulaires d'un droit d'alerte (v. n° 737), à redoubler de vigilance, voire à déclencher l'alerte.

§ 2. – UN DROIT ÉLARGI D'APPRENDRE

733. *Renforcement de la technique des questions écrites.* – Pour accroître encore les possibilités d'information au sein de l'entreprise, la loi du 1er mars 1984 a généralisé à l'ensemble des sociétés commerciales la technique dite des questions écrites qui n'existait, jusque-là, que dans les sociétés en nom collectif et en commandite simple. Désormais, dans la S.A.R.L., l'article 56, al. 3, de la loi de 1966, dans sa nouvelle rédaction, prévoit qu'à compter de la communication des comptes annuels et du rapport de gestion, tout associé a la faculté de poser par écrit des questions auxquelles le gérant sera tenu de répondre au cours de l'assemblée. De plus, l'article 64-1 nouveau accorde à chaque associé non gérant une sorte de droit d'alerte puisqu'il lui permet de poser, deux fois par exercice, par écrit des questions au gérant sur tout fait de nature à compromettre la continuité d'exploitation. La réponse du gérant est communiquée au commissaire aux comptes. Dans la société anonyme, des droits similaires sont reconnus aux actionnaires (art. 162, al. 3, et 226-1 nouveaux de la loi de 1966). Simplement, ce quasi-droit d'alerte ne peut être mis en œuvre que par des actionnaires représentant au moins un dixième du capital social.

734. *Elargissement de l'expertise de minorité.* – Jusqu'en 1984, seuls les actionnaires d'une société anonyme pouvaient, à condition de représenter au moins un dixième du capital social, demander en justice la nomination d'un expert chargé de présenter un rapport sur une ou plusieurs opérations de gestion (v. *supra*, n° 373), et donc de les éclairer avant d'entreprendre, par exemple, une action en responsabilité contre les administrateurs. Désormais, cette expertise est également prévue dans les S.A.R.L., au profit d'un ou plusieurs associés représentant cette même portion du capital social (loi de 1966, art. 64-2). Par ailleurs, aussi bien dans la S.A. que dans la S.A.R.L., l'expertise de « minorité » n'est plus réservée aux seuls associés ou actionnaires, puisqu'elle se trouve également ouverte au ministère public et au comité d'entreprise, ainsi qu'à la commission des opérations de bourse s'il s'agit d'une société anonyme faisant appel public à l'épargne.

SECTION II. – DES INFORMATIONS MIEUX CONTROLÉES

735. *Extension du domaine du contrôle obligatoire des comptes.* – Le commissaire aux comptes est assurément au centre de l'arsenal des

mesures préventives qu'a mis sur pied la loi du 1er mars 1984. Tout naturellement donc, son champ d'intervention obligatoire est-il sensiblement étendu. Désormais, la nomination d'un commissaire aux comptes est obligatoire dans les sociétés en nom collectif, les sociétés en commandite simple et les S.A.R.L. qui dépassent, à la clôture de l'exercice social, deux des trois seuils suivants : 10 millions de francs au total du bilan, 20 millions de francs de chiffre d'affaires hors taxes et un nombre moyen de cinquante salariés. Les personnes morales de droit privé non commerçantes ayant une activité économique sont soumises à la même obligation ; de même encore, les groupements d'intérêt économique employant cent salariés.

736. *Rénovation du statut des commissaires aux comptes.* – La loi de 1984 a voulu notamment renforcer la situation du commissaire dans la société (d'où l'impossibilité nouvelle pour l'assemblée générale des associés de le révoquer en cours de mandat ; seule une décision de justice peut le faire, pour faute ou empêchement) et lui donner les moyens d'exercer efficacement sa profession (d'où la possibilité pour les commissaires de constituer avec d'autres professionnels des sociétés commerciales, dont les 3/4 du capital doivent toutefois être détenus par eux). Sur leur statut, voir, de façon générale, *supra*, nº 371.

CHAPITRE II

DIFFICULTÉS EFFECTIVES ET INSTITUTION DU DROIT D'ALERTE

737. *Présentation générale.* – Pour intéressants qu'ils soient, les moyens de prévention générale ne suffiront évidemment pas à suppléer l'inaptitude ou le manque de vigilance des dirigeants sociaux. Dès lors, le législateur de 1984 a choisi de suivre les recommandations du rapport Sudreau, lorsqu'il indiquait que « les diverses parties constitutives de l'entreprise devraient avoir le droit de mettre en œuvre une procédure spéciale lorsqu'elles ont des éléments d'information concordants et sérieux laissant présager l'existence de difficultés qui peuvent être lourdes de conséquences pour elles-mêmes ». La loi du 1er mars n'est cependant pas allée aussi loin dans cette association des partenaires de l'entreprise au déclenchement de l'alerte que ne le préconisait ce rapport. Alors que ce dernier ouvrait, en effet, le droit d'intervention aux associés représentant au moins

10 % du capital social, aux administrateurs minoritaires, aux créanciers représentant au moins 15 % du passif social, la loi l'a réservé aux deux autres personnages que le rapport visait également : le commissaire aux comptes et le comité d'entreprise. Toutefois, la loi a aussi ouvert, dans certains cas, une sorte de droit d'alerte au président du tribunal de commerce.

Nous examinerons :

Section I. – Les conditions de l'alerte.

Section II. – Le déroulement et les effets de l'alerte.

SECTION I. – LES CONDITIONS DE L'ALERTE

738. *Problématique.* – La question de la détermination du moment de l'alerte est sans conteste très délicate. D'un côté, il est évidemment très dangereux d'ouvrir un droit d'alerte trop précoce : déclenchée trop tôt, l'alerte risque d'avoir un effet pervers et, en paralysant notamment les possibilités de crédit de la part de fournisseurs et banques rendus méfiants, d'aggraver des difficultés naissantes, et de précipiter la chute de l'entreprise. Mais, d'un autre côté, lancée trop tard, l'alerte perd tout intérêt, et ne permet plus de maîtriser des difficultés d'ores et déjà considérables. Entre ces deux moments extrêmes, la loi a cherché un juste milieu, qu'elle n'a d'ailleurs pas placé au même endroit selon que l'alerte est déclenchée par le commissaire aux comptes, le comité d'entreprise (ou les délégués du personnel), ou encore par le président du tribunal de commerce.

739. *Alerte par le commissaire aux comptes.* – Aux termes de l'article 29 de la loi du 1er mars 1984, le commissaire aux comptes peut demander des explications « sur tout fait de nature à compromettre la continuité de l'exploitation qu'il a relevé à l'occasion de l'exercice de sa mission ». Ainsi, la loi n'a pas retenu la méthode objective des clignotants, suggérée par le rapport Sudreau, et consistant à isoler des signes indéniables de difficultés réelles ou potentielles (report renouvelé d'échéances, notification d'un protêt, non-paiement de cotisations fiscales ou sociales, licenciement collectif d'un certain pourcentage des effectifs, etc.), et lui a préféré une méthode plus souple, importée des Etats-Unis, qui met l'accent sur la notion de *« continuation de l'exploitation »* (going concern). Le commissaire pourra déclencher l'alerte sur la base de faits significatifs suffisamment préoccupants compte tenu du contexte particulier de l'entreprise, et susceptibles d'empêcher la permanence de l'exploi-

tation dans un futur prévisible. Il pourra, notamment, prendre en compte le fait que d'importants emprunts à court terme ont été utilisés pour financer des investissements non susceptibles d'être réalisés rapidement, la durée de grèves, l'épuisement d'une concession, etc.

740. *Alerte par le comité d'entreprise.* – Aux termes de l'article L. 432-5 nouveau du Code du travail, « lorsque le comité d'entreprise a connaissance de faits de nature à affecter de manière préoccupante la situation économique de l'entreprise, il peut demander à l'employeur de lui fournir des explications... ». Le critère du déclenchement de l'alerte est donc ici, semble-t-il, plus large que dans le cas du commissaire aux comptes.

En cas de carence, c'est-à-dire si l'entreprise, bien qu'ayant au moins cinquante salariés, n'a pas de comité d'entreprise, le droit d'alerte est dévolu par la loi aux délégués du personnel (art. L. 422-4 C. trav.).

741. *Alerte par le président du tribunal de commerce.* – L'article 34 de la loi du 1er mars 1984 prévoit que les dirigeants des sociétés commerciales et des groupements d'intérêt économique qui ne répondent pas aux critères retenus pour l'application des mesures de prévention générale (établissement des documents prévisionnels : v. *supra,* n° 731), et dont les comptes font apparaître une perte nette comptable supérieure à un tiers du montant des capitaux propres en fin d'exercice, pourront être convoqués par le président du tribunal de commerce. Ce magistrat peut alors leur demander de lui indiquer « les mesures qu'ils envisagent pour redresser la situation ». La loi n'en dit pas davantage, mais on peut songer, par exemple, à la mise en œuvre d'une procédure de règlement amiable (v. *infra,* n° 745).

Les effets de cette alerte étant ainsi indiqués, il nous reste à envisager ceux des alertes déclenchées par un commisaire aux comptes ou un comité d'entreprise.

SECTION II. – LE DÉROULEMENT ET LES EFFETS DE L'ALERTE

742. *Alerte par le commissaire aux comptes.* – L'article 230-1 nouveau de la loi du 24 juillet 1966 indique les trois stades de la procédure d'alerte dans les *sociétés anonymes.* Dans un premier temps, le commissaire aux comptes demande des explications au président du conseil d'administration ou au directoire. Les dirigeants

doivent lui répondre par lettre recommandée dans le mois. A ce stade, la procédure reste confidentielle. La seconde phase n'est engagée qu'en cas de défaut de réponse ou de réponse non satisfaisante. Le commissaire doit alors inviter les dirigeants à faire délibérer le conseil d'administration ou le conseil de surveillance sur les faits relevés. Cette délibération est communiquée au comité d'entreprise. La troisième phase n'est déclenchée que si la procédure précédente n'a pas été respectée ou si le commissaire constate que, en dépit des décisions prises, la continuité de l'exploitation reste compromise. Le commissaire établit alors un rapport spécial qui est présenté à la prochaine assemblée générale (qu'elle soit ordinaire ou extraordinaire), ou, en cas d'urgence, à une assemblée qu'il convoque lui-même pour lui soumettre ses conclusions. Ainsi, les actionnaires seront à leur tour informés et pourront prendre des mesures utiles (par ex., la révocation des dirigeants).

Dans les sociétés commerciales autres qu'anonymes, les deux premiers stades de la procédure d'alerte sont fusionnés (art. 230-2 nouveau de la loi de 1966). La réponse du gérant aux demandes d'explications du commissaire doit être immédiatement communiquée au comité d'entreprise et au conseil de surveillance s'il en existe un. En cas d'inobservation de la procédure ou si, malgré les décisions prises, le commissaire constate que la continuité de l'exploitation demeure compromise, il établit un rapport spécial, et peut demander que ce rapport soit adressé aux associés ou qu'il soit présenté à la prochaine assemblée générale. Ce rapport est, en outre, communiqué au comité d'entreprise.

743. *Alerte par le comité d'entreprise.* – Dans un premier temps, l'alerte passe ici encore par une demande d'explications adressée à l'employeur par le comité (art. L. 432-5-1 C. trav.). Si ce dernier n'a pu obtenir de réponse suffisante de l'employeur ou si la réponse confirme le caractère préoccupant de la situation, le comité établit, avec l'éventuelle assistance de l'expert comptable choisi pour l'examen des comptes annuels, un rapport qui est transmis au commissaire aux comptes et à l'employeur. Le comité décide, en outre, à la majorité de ses membres présents, s'il y a lieu de communiquer ce rapport au conseil d'administration ou de surveillance, s'il en existe un dans la société considérée (lequel doit alors délibérer) ou, dans le cas contraire, aux associés eux-mêmes, ainsi placés, une fois encore, devant leurs responsabilités.

Titre II

LA SOLUTION AMIABLE DES DIFFICULTÉS

744. *Objectif.* – Une fois les difficultés détectées, l'objectif est d'éviter l'ouverture d'une procédure judiciaire qui, même si elle est désormais axée sur le redressement de l'entreprise (v. nº 760), ne reste qu'un pis-aller qu'il convient, autant que faire se peut, d'écarter. A cette fin, dans l'optique d'une thérapie douce des difficultés de l'entreprise, coexistent à l'heure actuelle deux voies, qui peuvent d'ailleurs s'interpénétrer :

– l'une, organisée par la loi du 1er mars 1984, est le règlement amiable (chapitre Ier) ;

– l'autre, plus informelle, est l'intervention des pouvoirs publics, qui vont s'efforcer de faciliter les nécessaires restructurations industrielles et de coordonner les aides publiques (chapitre II).

CHAPITRE PREMIER

LE RÈGLEMENT AMIABLE

745. *Présentation générale.* – L'expérience montre qu'avant d'arriver à la cessation des paiements proprement dite, qui contraindra le débiteur à déposer son bilan (v. nº 771), existe souvent une période pendant laquelle il est encore possible d'éviter l'ouverture d'une procédure judiciaire. Elle est fort courte, car la situation se dégrade généralement vite, mais existe, et mérite donc d'être utilisée.

De nombreuses législations étrangères montraient d'ailleurs la voie, qui connaissent depuis longtemps l'institution du *concordat préventif*, par lequel un débiteur obtient un accord collectif de ses créanciers pour conjurer la faillite, mais les deux brèves expériences qu'avait pu faire notre droit (règlement transactionnel institué par une loi du 2 juillet 1919, et règlement amiable homologué prévu par un décret-loi du 31 août 1937) s'étaient révélées négatives. La loi du 1er mars 1984 a cependant choisi de tenter une nouvelle expérience, en organisant une procédure dite de *règlement amiable* dans ses articles 35 à 38 (complétés par les articles 36 à 39 du décret du 1er mars 1985).

746. *Cadre du règlement amiable.* – Aux termes de l'article 35 de la loi du 1er mars 1984, « pour la mise en œuvre des mesures de redressement, les dirigeants des entreprises commerciales ou artisanales dont les comptes prévisionnels font apparaître des besoins qui ne peuvent être couverts par un financement adapté aux possibilités de l'entreprise peuvent demander au président du tribunal de commerce de nommer un conciliateur. Les dirigeants de toute entreprise ayant une activité économique peuvent demander au président du tribunal de grande instance la nomination d'un conciliateur dans les conditions prévues à l'alinéa précédent. »

De ce texte, on retiendra que la procédure ne peut être déclenchée qu'à l'initiative des dirigeants de l'entreprise (et non, par ex., de ses créanciers), et à condition que ceux-ci tiennent des documents prévisionnels (ce qu'ils peuvent évidemment faire spontanément, sans être soumis à l'obligation légale envisagée *supra*, n° 731, pour les grandes entreprises). On isolera surtout le moment de sa mise en œuvre. La procédure de règlement amiable s'adresse (et c'est bien, semble-t-il, la condition de son succès) aux entreprises qui ne sont pas encore en cessation des paiements, mais dont les besoins ne peuvent pas être couverts par un financement adapté aux possibilités de l'entreprise (formule légale cependant assez vague, et donc souple, qui est tournée vers l'avenir plus que vers le passé).

747. *La demande de règlement amiable.* – Formée par écrit, elle est adressée ou remise au président du tribunal, selon le cas, par le représentant légal de la personne morale ou le chef d'entreprise (cas d'une entreprise individuelle). Cette demande doit exposer les difficultés financières qui la motivent, les mesures de redressement envisagées ainsi que les délais de paiement ou les remises de dettes qui permettraient la mise en œuvre de ces mesures. A cette demande, sont annexés :

1° Un plan de financement prévisionnel et un compte de résultat prévisionnel ;

2° L'état des créances et des dettes accompagné d'un échéancier ainsi que la liste des principaux créanciers ;

3° L'état actif et passif des sûretés ainsi que celui des engagements hors bilan ;

4° Les comptes annuels, le tableau de financement ainsi que la situation de l'actif réalisable et disponible, valeurs d'exploitation exclues, et du passif exigible des trois derniers exercices, si ces documents ont été établis (décret du 1er mars 1985, art. 36).

748. *La décision du président du tribunal.* – Dès réception de la demande, le président du tribunal fait convoquer, par le greffier, le représentant légal de la personne ou le chef d'entreprise pour recueillir ses explications. Pour compléter son information et lui permettre de décider, en pleine connaissance de cause, s'il y a lieu ou non de nommer un conciliateur aux fins de parvenir à un règlement amiable, la loi de 1984 prévoit que :

– d'une part, le président peut ordonner une expertise sur la situation économique et financière de l'entreprise et sur ses perspectives de redressement ;

– et, d'autre part, il peut, nonobstant toute disposition législative ou réglementaire contraire, obtenir communication par les commissaires aux comptes, les membres et représentants du personnel, les administrations publiques, les organismes de sécurité et de prévoyance sociales, les établissements bancaires et financiers ainsi que les services chargés de centraliser les risques bancaires et les incidents de paiement, des renseignements de nature à lui donner une exacte information sur la situation économique et financière du débiteur.

Ainsi informé, le président du tribunal nomme un conciliateur s'il lui apparaît que les propositions du débiteur sont de nature à favoriser le redressement de l'entreprise. Si la nomination du conciliateur n'intervient pas dans le délai d'un mois à compter de la demande, celle-ci est réputée non admise (décret du 1er mars 1985, art. 37, al. 2). Le refus du président de nommer un conciliateur se manifestera sans doute dans les cas où l'entreprise apparaît d'ores et déjà en cessation des paiements, le président orientant alors la procédure vers le prononcé d'un redressement judiciaire qu'il appartient au tribunal qu'il dirige de prononcer (v. *infra,* n° 773).

749. *Le conciliateur.* – La loi de 1984 ne dit presque rien de ce personnage pourtant essentiel. Simplement, l'article 35, al. 3, exalte

sa fonction en indiquant que « le conciliateur a pour mission de favoriser le redressement notamment par la conclusion d'un accord entre le débiteur et les principaux créanciers de celui-ci sur des délais de paiement ou des remises de dettes » ; l'article 36, al. 3, prévoit que lui sont communiqués les renseignements obtenus par le président ainsi que les résultats de l'expertise éventuellement diligentée ; et, enfin, l'article 37, al. 3, ajoute que le conciliateur rend compte de sa mission au président (lequel, précise l'article 38, al. 2, du décret, arrête sa rémunération).

Si la loi est ainsi peu prolixe sur le conciliateur, c'est qu'en réalité sa mission est bien difficile à caractériser juridiquement, reposant tout entière sur le bon vouloir des autres. Le conciliateur n'est investi par la loi d'aucun pouvoir d'injonction, il n'a pour seule arme que sa force de persuasion. A lui de convaincre les créanciers de l'entreprise, et notamment les plus importants d'entre eux (fournisseurs principaux, fisc, Sécurité sociale, banques), que la meilleure solution pour sauvegarder l'essentiel de leurs droits est encore d'en abandonner dès maintenant une petite partie dans le cadre d'un effort collectif d'assistance. C'est, en effet, uniquement de la bonne volonté des créanciers que dépend la conclusion de l'accord, c'est uniquement en elle que peuvent prendre juridiquement source les remises de dettes ou les délais de paiement nécessaires au redressement de l'entreprise.

750. *Conclusion de l'accord.* – Si la mission du conciliateur réussit, est conclu un accord entre le débiteur et les créanciers. Cet accord doit être constaté dans un écrit signé par les parties et le conciliateur. Ce document, qui n'a pas à faire l'objet d'une homologation judiciaire, est déposé au greffe et communiqué au procureur de la République. Avis de l'accord est adressé au commissaire de la République (décret du 1er mars 1985, art. 38). Toute personne qui est appelée au règlement amiable ou qui, par ses fonctions, en a connaissance est tenue au secret professionnel, dans les conditions et sous les peines prévues à l'article 378 du Code pénal (loi du 1er mars 1984, art. 38).

751. *Contenu de l'accord. Effets.* – Les parties ont une très grande liberté pour déterminer le contenu du règlement amiable. Bien évidemment, y figureront principalement les délais de paiement et/ou remises de dettes consentis par les créanciers, mais d'autres mesures, par exemple, d'ordre social ou économique (fermeture d'établissement, aménagements structurels, etc.), peuvent parfaitement y figurer.

Le règlement amiable est doté par l'article 37 de la loi d'une grande force juridique. Ce texte précise, en effet, que « l'accord amiable conclu suspend, pendant la durée de son exécution, toute action en justice, toute poursuite individuelle tant sur les meubles que sur les immeubles du débiteur dans le but d'obtenir le paiement des créances qui font l'objet de l'accord, et interdit que des sûretés soient prises pour garantir le paiement de ces créances ». Corrélativement, ajoute-t-il logiquement, « les délais impartis aux créanciers parties à l'accord à peine de déchéance ou de résolution des droits afférents à ces créances sont suspendus ». La loi donne ainsi au débiteur une sorte de ballon d'oxygène dont il peut user, si on l'ose dire, à pleins poumons en vue de son redressement.

Cependant, il faut aussitôt ajouter que sur la base de ce texte, qui respecte pleinement le principe de l'effet relatif des conventions, la suspension n'affecte que les droits des créanciers parties à l'accord. En d'autres termes, pendant que les prérogatives de ces derniers seront paralysées, rien n'empêchera les créanciers dissidents d'exiger strictement le paiement à l'échéance prévue, ou encore de conforter leur situation en prenant des sûretés. Il y a assurément là une inégalité de conditions qui peut choquer puisqu'elle pénalise les créanciers bienveillants, et qui est à même, dans certains cas, de rendre difficile la conclusion de l'accord.

752. *Inexécution de l'accord.* – Si le débiteur n'exécute pas les obligations résultant de l'accord (par ex., ne paye le créancier au nouveau terme prévu), la loi du 25 janvier 1985 sur le redressement judiciaire formule, en son article 2, la sanction de l'ouverture contre le débiteur d'une telle procédure. Cependant, seule se trouve ainsi sanctionnée l'inexécution d'*engagements financiers* contenus dans l'accord. En cas d'irrespect d'autres engagements, par exemple d'ordre social ou industriel, il conviendra d'en revenir au droit commun des contrats (en particulier, résolution judiciaire pour inexécution grave et définitive).

CHAPITRE II

L'INTERVENTION DES POUVOIRS PUBLICS

753. *Généralités.* – Depuis une quinzaine d'années, dès qu'une entreprise en dificulté occupe une place économique et sociale importante au plan national ou local, les pouvoirs publics, intéressés

à sa survie, ont pris l'habitude d'intervenir. Initialement, ces interventions se sont opérées au coup par coup, sans cohérence particulière et de façon souvent très arbitraire. Mais pour éviter que les fonds publics ne soient dispensés en pure perte, un effort de rationalisation a été progressivement mené, qui a conduit à la mise en place d'organismes spécialisés et à la détermination des aides concevables. Après avoir vu ce cadre administratif (section I), nous dirons quelques mots des suites juridiques concevables de ces interventions publiques (section II).

SECTION I. – LE CADRE ADMINISTRATIF

754. *Les CODEFI.* – Créés en 1974, les Comités départementaux d'examen des problèmes de financement des entreprises ont été réorganisés par un décret du 10 mai 1982. Présidés par le commissaire de la République, et comprenant le trésorier-payeur général, le directeur de la succursale de la Banque de France, le directeur des services fiscaux, le directeur de l'U.R.S.S.A.F. et le procureur de la République, ces comités examinent, à l'échelon de chaque département, la situation des entreprises en difficulté n'employant, en principe, pas plus de deux cent cinquante salariés. Leur objectif essentiel est de rechercher le redressement de l'entreprise. Ils peuvent donc susciter un plan à cet effet, trouver un repreneur, des capitaux extérieurs, et peuvent également aider à la solution des difficultés financières conjoncturelles, notamment en intervenant auprès des banques ou en proposant aux services fiscaux et sociaux d'accorder des délais de paiement. Les CODEFI peuvent également engager directement des prêts du F.D.E.S. (Fonds de développement économique et social) dans la limite de 1 million de francs par entreprise.

755. *Les CORRI et le C.I.R.I.* – A l'échelon régional, les CORRI (Comités régionaux de restructuration industrielle) et, à l'échelon national, le C.I.R.I. (Comité interministériel de restructuration industrielle) jouent un rôle qui rappelle celui des CODEFI, mais l'exercent à l'égard d'entreprises de dimension plus importante.

756. *Les différentes aides concevables.* – Elles sont infiniment variées. Les unes sont de nature passive, s'exprimant par l'octroi de délais de paiement à l'entreprise en difficulté. Les autres sont de nature active et consistent, outre une assistance technique de la part des services ministériels compétents, en des aides financières : apport

en fonds propres (prises de participation de la part de l'Institut de développement industriel, prêts participatifs consentis par le Fonds de développement économique et social), prime d'aménagement du territoire (P.A.T.), créée par le décret n° 82-379 du 6 mai 1982 et pouvant aller, en cas de reprise d'une entreprise en difficulté, jusqu'à 50 000 F par emploi créé par le repreneur.

On doit également évoquer ici les importantes *mesures fiscales* qu'a prises la loi n° 84-578 du 9 juillet 1984 sur le développement de l'initiative économique. D'abord, lorsqu'une société qui n'a pas de lien avec l'entreprise en difficulté acquiert les actifs nécessaires à l'exploitation, elle bénéficie, sur agrément des services fiscaux, d'une exonération totale de l'impôt sur les sociétés pour les trois premières années et de 50 % pour les deux suivantes. Ensuite, la société repreneuse peut procéder au transfert d'une partie des déficits de la société qu'elle acquiert, si elle respecte des conditions précises de reconstitution des fonds propres et d'autofinancement. Enfin, lorsque des salariés créent une société en vue de l'acquisition du capital de l'entreprise qui les emploie, conduisant à une fusion, ils peuvent ici encore obtenir, sur agrément, des avantages fiscaux (hypothèse dite, par référence à cette acquisition à levier, du *leverage buy out*).

757. *Les collectivités locales.* – Depuis la loi n° 82-213 du 2 mars 1982 relative aux droits et libertés des communes, départements et régions (loi dite de décentralisation), les collectivités locales peuvent elles-mêmes intervenir en matière économique, et donc apporter leur soutien à des entreprises en difficulté. Les textes leur laissent une grande liberté lorsque leur aide vise à « la protection des intérêts économiques et sociaux de la population ». Dans une telle hypothèse, elles peuvent accorder des aides directes ou indirectes à l'entreprise en difficulté pour la mise en œuvre de mesures de redressement qui auront dû être prévues dans une convention passée entre elles-mêmes et l'entreprise. Toutefois, la loi limite le montant des cautionnements que ces collectivités peuvent ainsi consentir et, par ailleurs, exclut en principe toute prise de participation de leur part dans des sociétés commerciales (cf. les art. 5-III, 9, 49 et 66 de la loi).

SECTION II. – LES SUITES JURIDIQUES CONCEVABLES

758. *Responsabilités.* – De même que des banques ont été souvent condamnées par la jurisprudence récente pour avoir abusivement maintenu le crédit à une entreprise économiquement condamnée et pour avoir ainsi causé un dommage à des tiers qui, sur

la base de cette apparence trompeuse de solvabilité, avaient eux-mêmes continué à faire crédit à l'entreprise (par ex., dans le cadre de contrats de vente ou d'entreprise), pourrait-on concevoir que des autorités publiques (l'Etat, un département, une commune) soient condamnées sur le même fondement, lorsqu'elles ont, de manière similaire, artificiellement maintenu en vie une entreprise non viable ? La question n'a pas encore été tranchée par la jurisprudence, mais pourrait l'être prochainement. Il est permis de souhaiter qu'elle le soit par l'affirmative tant une systématique impunité des pouvoirs publics en ce domaine serait la porte ouverte à des interventions irréfléchies ou arbitraires.

759. *Exonération des dirigeants.* – Poursuivis en comblement de passif social (sur cette hypothèse, v. *infra,* nº 861), certains dirigeants d'entreprise invoquent les pressions qu'ont exercées sur eux les pouvoirs publics pour qu'ils concluent tel contrat, tentent telle expérience et surtout ne déposent pas le bilan en dépit de l'évident état de cessation des paiements de leur société. Ainsi, essaient-ils de déplacer rétrospectivement le centre des décisions, et donc celui des responsabilités. Les tribunaux de commerce paraissent accueillants à l'égard de ce moyen de défense, du moins lorsque l'intervention des pouvoirs publics a été manifeste.

Titre III

LE TRAITEMENT JUDICIAIRE DES DIFFICULTÉS

760. *Présentation générale.* – Si les difficultés de l'entreprise se précisent au point que celle-ci n'est plus en mesure de payer ses créanciers, s'ouvre une procédure collective judiciaire. Jusqu'au 31 décembre 1985, celle-ci était, dans le cadre de la loi du 13 juillet 1967 alors applicable, soit un règlement judiciaire (devant conduire au redémarrage de l'entreprise par le biais d'un concordat voté par les créanciers), soit une liquidation des biens (se traduisant par le démantèlement d'une entreprise considérée comme non viable). Parallèlement, dans l'hypothèse d'entreprises importantes et dont la situation était difficile mais non irrémédiablement compromise, pouvait s'ouvrir, sur la base de l'ordonnance du 23 septembre 1967, une procédure de suspension provisoire des poursuites et d'apurement collectif du passif. A dire vrai, cette procédure se caractérisait, non seulement par la plus grande précocité de son ouverture, mais encore par le fait que le désintéressement des créanciers y passait, d'une certaine façon, au second plan, primé par le souci d'assurer la survie de l'entreprise. Dans le règlement judiciaire et la liquidation des biens, l'objectif traditionnel des procédures collectives – le paiement autant que possible égalitaire des créanciers – était, en revanche, respecté, du moins officiellement (sur son caractère illusoire en pratique, v. *supra,* nº 724). Simplement, estimait-on que cette défense des intérêts des créanciers passait, dans un cas, par le redémarrage de l'entreprise et, dans l'autre, par sa liquidation.

La loi nº 85-98 du 25 janvier 1985, applicable aux procédures ouvertes à compter du 1er janvier 1986, modifie radicalement ces perspectives à deux points de vue :

– d'abord, aux trois procédures existantes, elle substitue une procédure unique : la procédure du *redressement judiciaire* applicable aux commerçants, aux artisans et aux personnes morales de droit privé qui cessent leurs paiements (ou ne respectent pas les engagements financiers souscrits dans un règlement amiable) ;

– ensuite, l'objectif traditionnel de l'apurement du passif est incontestablement relayé au second, voire même au troisième plan ! L'article 1er de la loi est, à cet égard, évocateur lorsqu'il précise que l'objectif de cette procédure nouvelle est *« de permettre la sauvegarde de l'entreprise, le maintien de l'activité et de l'emploi et l'apurement du passif ».* De nombreuses dispositions ponctuelles de la loi, qui seront exposées au numéro 825 et suiv., confirment largement ce point de vue, et laminent sensiblement les droits des créanciers, y compris de ceux munis de sûretés. En revanche, comme on le constatera également (v. *infra,* n° 789 et suiv.), *la survie de l'entreprise* devient l'objectif prioritaire, de même que sont mis au premier plan *la défense de l'emploi* et, au-delà, *le rôle des salariés dans le déroulement de la procédure collective* (v. *infra,* n° 847 et suiv.).

761. *Deux procédures en une.* – Cependant, la loi nouvelle n'a pas pu totalement satisfaire son ambition d'instaurer une procédure unique. En effet, elle a été conduite à distinguer :

– une procédure dite *de droit commun,* qu'elle organise dans son titre Ier (art. 3 à 136), et qui est applicable aux entreprises de plus de cinquante salariés ou dont le chiffre d'affaires hors taxes excède 20 millions de francs (décret n° 85-1387 du 27 décembre 1985, art. 1er) ;

– et une procédure dite *simplifiée,* régie dans le titre second (art. 137 à 147), applicable aux entreprises qui n'atteignent aucun des seuils précités.

Nous examinerons ces deux procédures, non pas successivement, mais *simultanément,* à propos de chacun des problèmes qu'elles suscitent. La loi invite à cette présentation : en effet, elle réglemente de façon très détaillée la procédure applicable aux grandes entreprises et procède par renvoi, sous réserve de quelques dispositions particulières, pour celle concernant les petites et moyennes entreprises. On ajoutera d'ailleurs que cette manière de faire et les qualifications retenues sont assez étonnantes, puisque la procédure de droit commun ne devrait s'appliquer que dans 5 à 6 % des cas, et la procédure simplifiée, toutes les autres fois. *Une précision cependant importante :* jusqu'au jugement qui arrête le plan (v. *infra,* n° 807), le tribunal peut, à la demande du débiteur, du procureur de la

République ou d'office, décider de faire application à une entreprise n'atteignant pas les seuils réglementaires de la procédure de droit commun, « s'il estime qu'elle est de nature à favoriser le redressement de l'entreprise » (loi du 25 janvier 1985, art. 138, al. 1er).

762. *Plan de l'étude.* – Pour respecter l'objectif de la loi, nous envisagerons, après l'ouverture de la procédure (chapitre Ier), le sort de l'entreprise elle-même (chapitre II). Ensuite seulement, nous préciserons le sort de ceux qu'on pourrait, *lato sensu,* dénommer ses partenaires : créanciers, salariés, associés et dirigeants (chapitre III).

CHAPITRE PREMIER

L'OUVERTURE DE LA PROCÉDURE DE REDRESSEMENT JUDICIAIRE

763. *Division.* – Nous examinerons successivement les conditions d'ouverture (section I), la procédure d'ouverture (section II) et le jugement d'ouverture (section III).

SECTION I. – LES CONDITIONS D'OUVERTURE

§ 1. – LES PERSONNES VISÉES

764. *Expansionnisme du droit commercial.* – Jusqu'en 1967, les procédures collectives spécifiques du droit commercial n'étaient applicables qu'aux commerçants personnes physiques et aux sociétés commerciales. Eu égard à leur attrait par rapport au désintérêt que manifeste le droit civil envers la déconfiture d'un débiteur (v. n° 721), la loi du 13 juillet 1967 les a spectaculairement étendues à l'ensemble des personnes morales de droit privé. La loi du 25 janvier 1985 poursuit cette expansion en y soumettant les artisans. Ainsi, la procédure de redressement judiciaire concerne-t-elle aujourd'hui les commerçants personnes physiques, les personnes morales de droit privé et les artisans. Certains débiteurs en demeurent cependant aujourd'hui encore écartés : en particulier, les agriculteurs (à condition cependant que leur activité ne soit pas exercée sous le couvert d'une personne morale et que, par ailleurs, ils ne soient pas devenus commerçants de fait : v. n° 32), les promoteurs immobiliers,

les membres des professions libérales et les officiers ministériels (sauf agents de change et courtiers maritimes : sous réserve, ici encore, de ne pas avoir constitué une société civile professionnelle et de ne pas s'être comportés comme commerçants de fait), et les dirigeants ou membres des personnes morales en cessation des paiements (avec, ici encore, des réserves qui seront exposées, pour les premiers, au nº 863, et pour les seconds, au nº 857).

765. *Commerçants personnes physiques.* – La détermination de la qualité de commerçant, qui expose à la procédure collective, s'opère ici sur la base des critères de droit commun, découlant de l'article 1er du Code de commerce, et exposés au numéro 57 et suiv. On précisera simplement que :

– le défaut d'immatriculation au registre du commerce et des sociétés ne permet pas à celui qui s'est comporté comme commerçant de fait d'échapper à la procédure collective ;

– le caractère illicite ou immoral de la profession exercée (par ex. l'exploitation d'une salle de jeu clandestine) n'exclut également pas la procédure collective, pas plus que l'exercice d'une activité commerciale en méconnaissance d'une interdiction ou d'une incomptabilité.

Sur les commerçants retirés ou décédés, v. *infra*, nº 778 et suiv.

766. *Personnes morales de droit privé.* – Toutes ces personnes sont exposées à la procédure collective, qu'elles soient donc ou non commerçantes. C'est ainsi que, notamment, les sociétés civiles, les coopératives agricoles, les associations, les groupements d'intérêt économique peuvent faire l'objet d'un redressement judiciaire au même titre que les sociétés commerciales. Seules les sociétés en participation et les sociétés créées de fait, n'ayant pas la personnalité morale (v. nº 213 et suiv.), ne peuvent y être soumises.

La loi ne vise que les personnes morales de droit privé. La question est discutée de savoir si la procédure collective du droit commercial est applicable aux établissements publics à caractère industriel et commercial : il semble qu'il faille répondre négativement (v. nº 459). La question est également discutée pour les sociétés nationalisées : l'affirmative doit être admise (v. nº 462).

767. *Artisans.* – Dès lors que s'est accentué, avec la loi du 25 janvier 1985, le souci de sauver l'entreprise en cessation des paiements, et que la procédure collective a définitivement perdu son visage sanctionnateur pour prendre, au contraire, celui d'une faveur faite au débiteur, il n'y avait plus de raison que les artisans demeurent

en marge de cette procédure. La loi de 1985 a donc procédé ici à une extension logique.

Sur les artisans décédés ou retirés, v. *infra*, n° 778 et suiv.

§ 2. – Les cas visés

768. *Pluralité de cas.* – Le principal cas d'ouverture de la procédure de redressement judiciaire est évidemment la cessation des paiements du débiteur. Mais ce n'est pas le seul. La loi de 1985 en prévoit, en effet, deux autres :

– l'inexécution par le débiteur des engagements financiers (et d'eux seuls : v. n° 752) contenus dans un règlement amiable préalablement conclu (loi de 1985, art. 2, al. 2) ;

– et l'inexécution par celui qui, dans le cadre de la procédure collective ouverte contre une entreprise, a pris celle-ci en location-gérance, de son obligation d'acquérir l'entreprise dans les conditions et délais fixés par le plan (loi de 1985, art. 98). Dans ce cas, le locataire-gérant est lui-même mis en procédure de redressement judiciaire, alors qu'il peut très bien ne pas être en état de cessation des paiements. Sur cette hypothèse très particulière de procédure collective - sanction, qui exprime la méfiance du législateur de 1985 à l'égard de la technique de la location-gérance, v. *infra*, n° 818.

769. *Notion de cessation des paiements.* – Consacrant la jurisprudence antérieure de la Cour de cassation, l'article 3 de la loi de 1985 la définit comme « l'impossibilité (pour l'entreprise) de faire face au passif exigible avec son actif disponible ». Peu importe, comme le suggère l'article 4, la nature des dettes impayées, c'est-à-dire qu'elles soient commerciales ou civiles.

Il ne faut pas confondre cessation des paiements et *insolvabilité* : un commerçant qui est insolvable, c'est-à-dire dont le passif est supérieur à l'actif, ne peut être déclaré en redressement judiciaire tant qu'il fait honneur à ses dettes ; à l'inverse, s'il est solvable, c'est-à-dire s'il a un actif supérieur à son passif, mais s'il ne peut le réaliser et, par suite, est incapable de régler des dettes certaines et échues (ou même, une seule d'entre elles), il encourt le redressement judiciaire.

770. *Constatation de la cessation des paiements.* – Pratiquement, l'état de cessation des paiements se révèle par certains faits que les tribunaux apprécient : des protêts, des poursuites contre le commerçant, la fermeture de son magasin, etc. Mais la cessation matérielle des paiements n'est pas toujours exigée : une jurisprudence constante décide, en effet, que le débiteur qui ne maintient ses

paiements que par des moyens ruineux (par ex., des emprunts qu'il n'est manifestement pas en état de rembourser) ou frauduleux (par ex., des effets de complaisance : v. n° 618) peut être déclaré en état de cessation des paiements.

SECTION II. – LA PROCÉDURE D'OUVERTURE

§ 1. – LES POSSIBLES AUTEURS DE LA SAISINE

771. *Le débiteur.* – L'article 3, al. 2, de la loi de 1985 prévoit que l'ouverture du redressement judiciaire doit être demandée par le débiteur lui-même dans les quinze jours qui suivent sa cessation des paiements. Ce *dépôt du bilan* (selon l'expression consacrée en pratique), qui se réalise par une déclaration au greffe du tribunal de commerce, est donc obligatoire. Cela explique que son absence ou sa tardiveté puisse être sanctionnée par la faillite personnelle ou l'interdiction de diriger une entreprise (loi de 1985, art. 189-5°, et 192 : v. *infra,* n°s 865 et 867).

772. *Un créancier.* – L'article 4, alinéa 1er, de la loi précise que la procédure peut être également ouverte « sur l'assignation d'un créancier, quelle que soit la nature de sa créance ». Peu importe donc que la créance invoquée et impayée soit commerciale ou civile, privilégiée ou chirographaire, peu importe également son montant. Le décret du 27 décembre 1985 (art. 7, al. 1er) indique toutefois que l'assignation du créancier devra préciser la nature et le montant de la créance et contenir l'indication des procédures ou voies d'exécution éventuellement engagées pour le recouvrement de la créance. Une demande d'ouverture d'une procédure collective, faite à la légère, sans qu'il y ait cessation des paiements du débiteur, pourrait d'ailleurs entraîner la responsabilité civile du créancier.

773. *Le tribunal*. – La saisine d'office est un autre mode d'ouverture de la procédure (loi de 1985, art. 4, al. 2). Elle interviendra en principe à titre principal, le débiteur devant alors être entendu ou dûment appelé en chambre du conseil. La saisine d'office du tribunal peut cependant intervenir aussi à titre accessoire, pour régulariser une procédure mal engagée (par ex. à la suite d'une assignation irrégulière d'un créancier : jurisprudence antérieure qui devrait se maintenir).

774. *Le ministère public.* – Le dernier auteur possible de la saisine est le ministère de la République, dont le rôle dans les procédures

collectives a été, compte tenu de leurs incidences économiques et sociales, progressivement accru par le législateur (lois du 10 juillet 1970, du 15 octobre 1981 et enfin du 25 janvier 1985).

775. *La saisine n'appartient pas aux salariés.* – Bien que la loi nouvelle ait choisi de les associer fortement au déroulement de la procédure, les salariés n'ont pas recueilli le droit de provoquer son ouverture. Simplement, d'une part, l'article 4, al. 3, de la loi indique que « le comité d'entreprise ou, à défaut, les délégués du personnel peuvent communiquer au président du tribunal ou au procureur de la République tout fait révélant la cessation des paiements de l'entreprise » et, d'autre part, l'article 6 précise que « le tribunal statue sur l'ouverture de la procédure, après avoir entendu ou dûment appelé en chambre du conseil... les représentants du comité d'entreprise ou, à défaut, des délégués du personnel ».

§ 2. – LE TRIBUNAL À SAISIR

776. *Compétence d'attribution.* – Elle dépend de la qualité du débiteur, appartenant donc au tribunal de commerce si le débiteur est un commerçant personne physique ou une société commerciale, et au tribunal de grande instance dans les autres cas. Cependant, l'article 7 de la loi de 1985 reprend l'exception traditionnelle de l'extension de la procédure à une ou plusieurs autres personnes : le tribunal initialement saisi reste alors compétent. Ainsi, le tribunal de commerce connaîtra, par exemple, de la procédure qui s'ouvrirait contre l'associé non commerçant d'une société commerciale qu'il a déjà mise en redressement judiciaire.

Par ailleurs, confortant encore cette opportune centralisation de compétence, l'article 174 du décret de 1985 prévoit que le tribunal qui a ouvert la procédure collective connaît ensuite « de tout ce qui concerne le redressement et la liquidation judiciaires, la faillite personnelle ou autres sanctions prévues par la loi du 25 janvier 1985 » (à l'exception des actions en responsabilité intentées contre les professionnels mandataires de justice, qui relèvent du tribunal de grande instance).

777. *Compétence territoriale.* – Deux points sont ici à noter :

– d'abord, aux termes de l'article 1er du décret du 27 décembre 1985, le tribunal territorialement compétent est celui dans le ressort duquel le débiteur a son siège ou, à défaut de siège en territoire français, son principal établissement. Cependant, un autre décret (nº 85-1387) du même jour réserve, dans chaque département, la connaissance des procédures de droit commun (celles concernant les grandes entreprises) à certains tribunaux de commerce, dont il donne la liste en annexe ;

– ensuite, lorsqu'un tribunal est saisi d'une demande qu'il estime soit d'office, soit par voie d'exception, ne pas ressortir de sa compétence, son président doit transmettre le dossier par ordonnance motivée au premier président de la cour d'appel qui désigne, sans recours possible, la juridiction compétente, les parties entendues ou dûment appelées (décret du 27 décembre 1985, art. 3).

§ 3. – Le délai de saisine

778. *Commerçant ou artisan décédé.* – Un délai particulier de saisine du tribunal est prévu par la loi dans deux séries d'hypothèses.

La première, visée à l'article 16, concerne le cas d'un commerçant ou d'un artisan décédé alors qu'il était en état de cessation des paiements. Une procédure collective demeure possible, mais le tribunal doit être saisi *dans le délai d'un an* à compter de la date du décès, soit sur la déclaration d'un héritier, soit sur assignation d'un créancier. Le tribunal peut également se saisir d'office ou être saisi par le procureur dans le même délai, les héritiers connus étant entendus ou dûment appelés.

779. *Cessation d'activité.* – La seconde hypothèse où un délai légal de saisine est prévu concerne, de façon générale, les cessations d'activité de personnes physiques ou morales. Aux termes de l'article 17 de la loi, la procédure collective ne peut être ouverte que *dans le délai d'un an* à partir de l'un des événements suivants (et à condition encore, naturellement, que l'événement considéré soit postérieur à la cessation des paiements du débiteur) :

– radiation du registre du commerce et des sociétés (s'il s'agit d'une personne morale, le délai court de la radiation consécutive à la publication de la clôture des opérations de liquidation) ;

– cessation de l'activité, s'il s'agit d'un artisan ;

– publication de l'achèvement de la liquidation, s'il s'agit d'une personne morale non soumise à l'immatriculation.

Enfin, ajoute le texte, la procédure ne peut être ouverte à l'égard d'une personne, membre ou associée d'une personne morale et indéfiniment et solidairement responsable du passif social (sur ce cas, v. *infra*, n° 857) que, ici encore, *dans le délai d'un an* à compter de la mention de son retrait au registre du commerce et des sociétés, lorsque la cessation des paiements de la personne morale est antérieure à cette mention.

SECTION III. – LE JUGEMENT D'OUVERTURE

§ 1. – LA PRÉPARATION DU JUGEMENT

780. *Information du tribunal.* – Le tribunal statue sur l'ouverture de la procédure après avoir entendu ou dûment appelé en chambre du conseil le débiteur et les représentants du comité d'entreprise ou, à défaut, des délégués du personnel. Il peut également entendre toute personne dont l'audition lui paraîtrait utile, et même commettre un juge pour recueillir tous renseignements sur la situation financière, économique et sociale de l'entreprise, ainsi que sur le nombre des salariés employés et le chiffre d'affaires réalisé (et ce pour choisir entre la procédure de droit commun et la procédure simplifiée).

§ 2. – LE CONTENU DU JUGEMENT

781. *Prononcé du redressement judiciaire et choix de la procédure.* – Le tribunal vérifie si les conditions de recevabilité (compétence, qualité du demandeur) et de fond sont remplies. Dans l'affirmative, il prononce le redressement judiciaire.

Dans ce jugement, souvent dénommé en pratique jugement déclaratif (à tort car il est un véritable jugement constitutif, ne se bornant pas à constater l'état préexistant de cessation des paiements, mais créant surtout un état de droit nouveau), le tribunal doit choisir entre la procédure de droit commun et la procédure simplifiée. Les critères fixés par le décret du 27 décembre 1985 (v. *supra,* nº 761) lui permettent d'opérer ce choix, sans toutefois, comme nous l'avons vu (v. même nº, *in fine*), le lier, aussi bien lors du jugement d'ouverture qu'ultérieurement.

Ce jugement doit, par ailleurs, fixer la date de cessation des paiements et désigner les organes de la procédure.

782. *Fixation de la date de cessation des paiements.* – Le jugement ouvrant la procédure collective constate un état de cessation des paiements qui, pratiquement, existe depuis des semaines, voire des mois. La loi impose au tribunal, à cette occasion, de fixer l'effective date de cessation des paiements (loi de 1985, art. 9, ajoutant que, s'il ne le faisait pas, la cessation des paiements serait réputée intervenue à la date du jugement qui la constate).

Cette détermination de la date de cessation des paiements, qui n'est cependant pas définitive dans la mesure où le tribunal peut la reporter une ou plusieurs fois, sans toutefois la fixer plus de dix-huit mois avant le jugement d'ouverture, est très importante. Elle détermine, en effet, le point de départ de *la période suspecte*.

783. *Détermination corrélative de la période suspecte. Présentation générale.* – La période suspecte est donc la période qui s'étend entre le jour de la cessation des paiements et celui du jugement ouvrant la procédure collective. Pendant cette période, le débiteur se trouve, du fait de la cessation de ses paiements, dans une situation presque désespérée, et il est à craindre qu'il ne soit amené à consentir des actes juridiques susceptibles de léser gravement ses créanciers, ou encore d'en avantager certains (dans l'espoir d'obtenir d'eux des délais de paiement) au détriment d'autres. Or, l'action paulienne (v. *Manuel de droit civil*) ne protège pas suffisamment les créanciers, car ses conditions d'exercice sont rigoureuses. Aussi la loi a-t-elle prévu des actions spéciales en nullité (depuis 1985 ; sous l'empire du droit antérieur : en inopposabilité), que peuvent exercer l'administrateur, le représentant des créanciers, le liquidateur ou le commissaire à l'exécution du plan (sur ces personnages, v. *infra*, n°s 786, 807, 820), et qui sont destinées, comme le dit l'article 110 de la loi, « à reconstituer l'actif du débiteur ».

La loi prévoit toutefois deux catégories de sanctions : *la nullité de droit, liant le tribunal,* pour les actes qui révèlent par eux-mêmes la fraude ou sont gravement inégalitaires, et *la nullité facultative, que le tribunal,* jouissant ici d'un pouvoir d'appréciation, *peut prononcer* pour tous les autres actes intervenus au cours de la période suspecte, si ceux qui ont traité avec le débiteur avaient connaissance de son état de cessation des paiements.

784. *Les nullités de droit.* – Aux termes de l'article 107 de la loi de 1985, sont nuls, lorsqu'ils sont faits par le débiteur depuis la date de cessation des paiements :

1° Tous les actes à titre gratuit translatifs de propriété mobilière ou immobilière (des libéralités sont évidemment particulièrement suspectes de la part d'une personne qui ne peut plus payer ses créanciers !) ;

2° Tout contrat commutatif dans lequel les obligations du débiteur excèdent notablement celles de l'autre partie (par ex., une vente à un prix insuffisant) ;

3° Tout paiement, quel qu'en ait été le mode, de dettes non échues (ici encore, suspect de la part d'un débiteur incapable de régler les dettes exigibles) ;

4° Tout paiement de dettes échues, fait autrement qu'en espèces, effets de commerce, virements, bordereaux de cession visés par la loi du 2 janvier 1981 (sur lesquels, v. *supra,* n° 605), ou tout autre mode de paiement communément admis dans les relations d'affaires. Ont été ainsi considérés par la jurisprudence comme des modes anormaux de paiement, conduisant à la remise en cause des règlements effectués, la dation en paiement et la délégation (v. *Manuel de droit civil)* ;

5° Tout dépôt et consignation des sommes effectués en vue d'obtenir le cantonnement d'une saisie (v. *Manuel de procédure civile)* ;

6° Toute constitution de sûretés en garantie de dettes antérieurement contractées : un tel acte est, en effet, gravement inégalitaire. Une fois le contrat principal conclu, rien n'oblige le débiteur à consentir une hypothèque ou un nantissement à celui qui est déjà son créancier. S'il le fait, c'est donc pour l'avantager.

7° Toute inscription d'hypothèques ou de nantissements judiciaires conservatoires (v. *supra,* n° 181). Cette nullité de droit rend ainsi inutile la manœuvre du créancier qui, sentant approcher l'ouverture de la procédure collective, prendrait une sûreté conservatoire.

785. *Les nullités facultatives.* – Elles concernent les paiements de dettes échues effectués par un mode normal de règlement après la date de cessation des paiements et, plus généralement, tous les actes à titre onéreux intervenus au cours de la période suspecte. Pour prononcer la nullité, le tribunal doit constater que le cocontractant était au courant de la cessation des paiements du débiteur lors de l'acte considéré mais, même dans ce cas, il demeure maître de sa décision, et peut donc écarter la sanction (loi de 1985, art. 108).

L'article 107 *in fine* de la loi prévoit, en outre, un cas particulier de nullité facultative en indiquant que le tribunal peut également annuler les actes à titre gratuit faits dans les six mois précédant la cessation des paiements. Les actes ainsi visés sont les mêmes que ceux qui auraient été nuls de droit s'ils avaient été accomplis par le débiteur depuis la cessation des paiements (v. *supra,* n° 784-1°).

786. *Mise en place des organes de la procédure.* – Jusqu'en 1985, le personnage central de la procédure était le syndic, appelé à y représenter aussi bien le débiteur que les créanciers, et à veiller à son bon déroulement. Avec la réforme de 1985 et la disparition de la profession de syndic (v. *supra,* n° 726), on assiste à une multiplication des organes de la procédure, qui pourrait bien être source de frictions et de blocages.

Si le tribunal opte pour la procédure de droit commun, il devra, dans le jugement d'ouverture, désigner :

– un organe judiciaire, *le juge-commissaire,* « chargé de veiller au déroulement rapide de la procédure et à la protection des intérêts en présence » (loi de 1985, art. 10, et dont le rôle est, de fait, comme on le constatera, capital) ;

– et deux mandataires de justice qui sont *l'administrateur,* chargé de gérer l'entreprise et de préparer le plan de redressement, et *le représentant des créanciers* (qui peut lui-même être assisté d'un ou deux *contrôleurs* choisis parmi les créanciers et désignés par ordonnance du juge-commissaire).

Le tribunal doit, en outre, inviter le comité d'entreprise ou, à défaut, les délégués du personnel ou, à défaut de ceux-ci, *les salariés* à désigner, au sein de l'entreprise, et par vote secret au scrutin uninominal à un tour, *leur représentant.*

Si le tribunal retient la procédure simplifiée, la nomination d'un administrateur se présente cependant comme l'exception (loi de 1985, art. 141), et, sans doute, le tribunal n'y procédera-t-il que dans les affaires importantes.

§ 3. – La publicité du jugement

787. *Diverses mentions.* – Constitutif d'un état de droit nouveau, intéressant éminemment les tiers, le jugement d'ouverture fait tout naturellement l'objet d'une publicité, qui emprunte plusieurs modalités :

– mention au registre du commerce et des sociétés (ou à un registre spécial au greffe du T.G.I. pour les personnes non immatriculées), avec l'indication des pouvoirs conférés à l'administrateur ;

– avis pour insertion au B.O.D.A.C.C. ;

– avis dans un journal d'annonces légales du lieu où le débiteur a le siège de son entreprise ou des établissements secondaires.

Ces publicités, prévues par l'article 21 du décret du 27 décembre 1985, sont faites d'office par le greffier.

§ 4. – Les voies de recours contre le jugement

788. *Voies de recours.* – Le jugement qui ouvre la procédure collective est immédiatement exécutoire (décret du 27 décembre 1985, art. 155). Il produit donc ses effets, vu l'urgence et par dérogation au droit commun, avant même l'expiration des voies de recours et continue de les produire si ces voies de recours sont exercées.

Ce souci général de rapidité explique la réglementation très stricte des voies de recours. L'appel doit être interjeté dans un délai de dix jours à compter de la notification aux parties (décret de 1985, art. 157, al. 3). Il peut être formé, contre le jugement statuant sur l'ouverture de la procédure, par le débiteur, le créancier poursuivant, ainsi que par le ministère public, même s'il n'a pas agi comme partie principale (loi de 1985, art. 171).

L'opposition n'est pas ouverte au débiteur, en cas de jugement rendu par défaut, puisqu'un appel est possible. Une tierce opposition paraît, en revanche, ouverte aux tiers, à condition d'être formée dans les dix jours du prononcé de la décision (décret de 1985, art. 156).

Le pourvoi en cassation obéit aux règles du droit commun (v. *Manuel de procédure civile).*

CHAPITRE II

LE SORT DE L'ENTREPRISE

789. *Division.* – Le sort de l'entreprise passe par une phase obligatoire d'observation (section I), puis par un choix du tribunal entre plusieurs solutions concevables (section II).

SECTION I. – LA PHASE D'OBSERVATION

§ 1. – DURÉE DE LA PHASE

790. *Dans la procédure de droit commun.* – Selon l'article 8 de la loi, la période d'observation est ici limitée à trois mois, renouvelable une fois par décision motivée à la demande de l'administrateur, du débiteur, du procureur, ou d'office par le tribunal. Elle peut, en outre, être exceptionnellement prolongée à la demande du procureur, par décision motivée du tribunal pour une durée n'excédant pas six mois. Ainsi, alors qu'aucun minimum n'est fixé par la loi (sous réserve, toutefois, de la nécessaire existence d'une telle période), un maximum d'un an résulte de ce texte.

791. *Dans la procédure simplifiée.* – Selon l'article 140 de la loi, la période d'observation s'ouvre par une période d'enquête limitée à quinze jours, renouvelable une fois. Il appartient au juge-commissaire de dresser un rapport pendant ce délai. Le renouvellement résulte, s'il

y a lieu, d'une ordonnance du président du tribunal, rendue à la demande du débiteur, du procureur ou du juge-commissaire. A l'issue de cette période initiale d'enquête, le tribunal doit prendre parti sur la suite de la procédure. Il décide soit la poursuite de l'activité en vue de l'élaboration d'un projet de plan de redressement de l'entreprise, soit la liquidation judiciaire (sur ce choix, v., de façon générale, *infra*, n° 807). S'il opte pour la première solution, la phase d'observation se poursuit pour permettre la préparation du plan pendant deux ou, exceptionnellement, trois mois.

§ 2. – ÉLABORATION DU PROJET DE PLAN DE REDRESSEMENT

792. *Procédure de droit commun. Rapport de l'administrateur.* – Au cours de la période d'observation, l'administrateur, qui aura été obligatoirement désigné dans la procédure de droit commun (v. *supra*, n° 786), doit, avec le concours du débiteur et l'assistance éventuelle d'un ou plusieurs experts en diagnostic, dresser dans un rapport *le bilan économique et social* de l'entreprise. C'est au vu de ce document qu'il proposera soit un plan de redressement, soit la liquidation de l'entreprise (loi de 1985, art. 18, al. 1er).

Pour établir ce bilan, qui doit préciser « l'origine, l'importance et la nature des difficultés », l'administrateur dispose de larges pouvoirs. Non seulement, il peut s'entourer d'un ou plusieurs experts (dont le statut a été précisé par la loi n° 85-99 du 29 janvier 1985), mais encore, il reçoit du juge-commissaire tous renseignements et documents utiles (art. 20, al. 1er), consulte le débiteur et le représentant des créanciers, et entend toute personne susceptible de l'informer sur la situation de l'entreprise (art. 20, al. 3).

793. *Projet de plan de redressement.* – Ce projet n'est pas obligatoire. Si l'administrateur estime, au vu du bilan économique et social, que l'entreprise n'offre aucune perspective de redressement, il doit proposer la liquidation judiciaire.

Dans le cas contraire, il établit un projet de plan de redressement qui « détermine les perspectives de redressement en fonction des possibilités et des modalités d'activités, de l'état du marché et des moyens de financement disponibles » (loi de 1985, art. 18, al. 3).

Ce plan doit, en particulier, définir les modalités de règlement du passif (sur lesquelles, v. plus précisément *infra*, n° suiv.) et les garanties éventuelles que le chef d'entreprise devra souscrire pour en assurer l'exécution. Il doit également exposer et justifier le niveau et les perspectives d'emploi ainsi que les conditions sociales envisagées pour la poursuite d'activité. Si le projet prévoit des licenciements pour cause économique, il doit rappeler les mesures intervenues et définir les actions à entreprendre en vue de faciliter le reclassement et l'indemnisation des salariés dont l'emploi est ainsi menacé. Le plan peut également prévoir des modifications de capital : par exemple, une augmentation qui permettra l'entrée dans la société de nouveaux associés. Dans un tel cas, l'administrateur doit demander au conseil d'administration, au directoire ou aux gérants, selon le cas, de convoquer l'assemblée générale extraordinaire ou l'assemblée des associés. En cas de besoin, il peut convoquer lui-même l'assemblée. Les engagements pris par les actionnaires ou associés ou par de nouveaux souscripteurs sont alors subordonnés dans leur exécution à l'acceptation du plan par le tribunal (v. *infra*, n° 807). Les clauses d'agrément sont réputées non écrites (loi de 1985, art. 22), afin de ne pas gêner l'arrivée de nouveaux associés qui s'avérerait opportune.

794. *Règlement du passif.* – A son propos, l'article 24 de la loi prévoit que l'administrateur communique ses propositions au représentant des créanciers, aux éventuels contrôleurs désignés pour l'assister, et au comité d'entreprise. Le représentant des créanciers recueille ensuite, individuellement ou collectivement, l'accord éventuel de chaque créancier sur les délais et remises qui lui sont proposés, étant précisé qu'en cas de consultation écrite le défaut de réponse écrite d'un créancier dans les trente jours vaut acceptation de sa part. L'article 24, al. 3, ajoute que le Trésor et les organismes de Sécurité sociale pourront eux-mêmes consentir des remises ou des cessions de rang dans des conditions fixées par décret (pour les dettes fiscales, décret du 27 décembre 1985, art. 179 et 180 ; pour les dettes sociales, décret particulier n° 86-244 du 18 février 1986, visant les remises des seules majorations de retard).

Au vu de ces réponses, le représentant des créanciers dresse un état, qui est adressé à l'administrateur en vue de l'établissement de son rapport.

795. *Eviction des dirigeants.* – Lorsque la survie de l'entreprise le requiert, le tribunal, sur la demande de l'administrateur, du procureur ou d'office, peut subordonner l'adoption du plan de redressement de l'entreprise au remplacement d'un ou plusieurs dirigeants (loi de 1985, art. 23). A cette fin et dans les mêmes conditions, le tribunal peut prononcer l'incessibilité des actions, parts sociales ou certificats de droit de vote détenus par un ou plusieurs dirigeants de droit ou de fait, rémunérés ou non, et décider que le droit de vote y attaché sera exercé, pour une durée qu'il fixe, par un mandataire de justice désigné à cet effet (même article).

796. *Offres de concours des tiers.* – Pendant toute la durée d'élaboration du plan, les tiers peuvent soumettre à l'administrateur des offres « tendant au maintien de l'activité de l'entreprise » (loi de 1985, art. 21). Ces offres proposent soit une cession totale ou partielle, avec éventuellement une location-gérance, soit un apport d'argent frais par la participation à une augmentation de capital, et lient leur auteur jusqu'à la décision du tribunal arrêtant le plan.

797. *Procédure simplifiée.* – Le juge-commissaire, avec le concours du débiteur et l'assistance éventuelle d'un expert de son choix, doit procéder à une enquête afin de dresser un rapport sur la situation économique et sociale de l'entreprise et sur ses perspectives de redressement (loi de 1985, art. 140, al. 2). Par ailleurs, lors de la poursuite d'activité qui serait décidée au terme de la phase d'enquête (v. *supra,* n° 791), le débiteur ou l'administrateur, s'il en a été nommé un, élabore un projet de plan de redressement (art. 143, al. 2).

§ 3. – SITUATION DE L'ENTREPRISE AU COURS DE CETTE PÉRIODE

798. *Mesures conservatoires.* – Dès son entrée en fonctions, l'administrateur est tenu de requérir du chef d'entreprise ou, selon le cas, de faire lui-même tous actes nécessaires à la conservation des droits de l'entreprise contre les débiteurs de celle-ci et à la préservation des capacités de production (loi de 1985, art. 26) : par exemple, recouvrement des créances, renouvellement d'inscriptions hypothécaires.

De son côté, le juge-commissaire reçoit différents pouvoirs :

– celui de prescrire l'inventaire des biens de l'entreprise et l'apposition des scellés (art. 27) ;

– celui d'ordonner la remise à l'administrateur des lettres adressées au débiteur, lequel a cependant droit d'assister à leur ouverture et d'obtenir la restitution immédiate de celles ayant un caractère personnel (art. 29) ;

Il fixe, par ailleurs, la rémunération afférente aux fonctions exercées par le débiteur. En l'absence de rémunération, celui-ci pourrait obtenir, pour lui-même et sa famille, des subsides (art. 30).

Enfin, à compter du jugement d'ouverture, les dirigeants de droit ou de fait, rémunérés ou non, ne peuvent, à peine de nullité, céder les parts sociales, actions ou certificats d'investissement ou de droit de vote (sur ces derniers, v. n° 328) représentant leurs droits sociaux dans la société en redressement judicicaire que dans les conditions fixées par le tribunal (art. 28).

799. *Administration de l'entreprise. Procédure de droit commun.* – Entre le jugement d'ouverture et celui qui fixera le sort de l'entreprise (v. *infra*, n° 807), la loi de 1985 opte pour un régime d'administration assez différent de celui qu'avait retenu la loi du 13 juillet 1967. Alors que celle-ci, par méfiance à l'égard d'un débiteur qui avait cessé ses paiements, avait posé un principe de dessaisissement total (liquidation des biens) ou partiel (règlement judiciaire, où le débiteur était assisté par le syndic), la loi de 1985 décide que c'est, en principe, le débiteur (chef d'entreprise individuelle ou dirigeants de la personne morale) qui continue d'administrer lui-même l'entreprise (art. 32). Cependant, le tribunal reçoit le pouvoir de réduire ses compétences en accroissant symétriquement les pouvoirs de l'administrateur. Ainsi, le dessaisissement est-il désormais à la carte, le tribunal pouvant aller *du dessaisissement total* (faculté toujours maintenue) *jusqu'à la simple surveillance, en passant par des formules intermédiaires* (assistance du débiteur par l'administrateur pour tous les actes de gestion, assistance du débiteur pour certains d'entre eux seulement, remplacement du débiteur par l'administrateur pour une partie de l'administration de l'entreprise) : loi de 1985, art. 31.

800. *Actes interdits au débiteur.* – Quelle que soit la formule retenue par le tribunal pour la détermination de ses pouvoirs, un certain nombre d'actes graves demeurent interdits au débiteur ou sont, au moins, soumis à une autorisation du juge-commissaire (art. 33). Est interdit le paiement de toute créance née avant le jugement d'ouverture (sauf, avec l'autorisation du juge-commissaire, celui permettant de retirer le gage ou une chose légitimement retenue, lorsque ce retrait est justifié par la poursuite de l'activité). Sont soumis à autorisation les actes de disposition étrangers à la gestion courante de l'entreprise, les apports en société, les constitutions d'hypothèque ou de nantissement, la conclusion d'un compromis ou d'une transaction. Les sanctions de ces réglementations sont d'ordre civil (nullité pouvant être demandée par tout intéressé dans les trois ans : art. 33, al. 3) et pénal (emprisonnement de 3 mois à 2 ans et/ou amende de 10 000 à 200 000 F : art. 203).

801. *Procédure simplifiée.* – L'article 141 de la loi indique nettement que la situation normale est l'administration de l'entreprise par le débiteur. Ce texte ne reprend même pas la liste des actes en toute hypothèse interdits au débiteur qu'énumère l'article 33 pour la procédure de droit commun (v. n° précédent). Mais, compte tenu de leur gravité, ce texte doit, à notre avis, conserver ici son empire.

L'administration par le débiteur n'est cependant, là encore, qu'un principe. Le tribunal peut lui préférer la représentation par un administrateur, ou l'assistance du débiteur par ce dernier.

802. *Poursuite de l'activité. Principe.* – Pendant la période d'observation, l'activité de l'entreprise est continuée. Cette poursuite est de droit, alors que, sous le régime de 1967, elle ne pouvait intervenir que sur autorisation du juge-commissaire, puis du tribunal, et ce pour une période limitée. Une exception cependant : à tout moment, et en particulier au cas de détérioration rapide de la situation économique de l'entreprise, le tribunal peut ordonner la cessation totale ou partielle de l'activité ou la liquidation judiciaire de l'entreprise (art. 36).

803. *Continuation des contrats en cours.* – La première des règles concernant cette poursuite de l'activité, qui sont communes à la procédure de droit commun et à la procédure simplifiée, est posée par l'article 37 de la loi. L'administrateur, et lui seul, a la faculté d'exiger l'exécution des contrats en cours (par ex., de crédit-bail, d'ouverture de crédit, de fourniture) en fournissant la prestation promise au cocontractant du débiteur. Aucune disposition légale ou contractuelle (par ex., une clause résolutoire de plein droit) ne peut faire échec à cette prérogative. Le cocontractant doit remplir ses obligations (par ex., continuer à livrer ou à faire jouir le débiteur de la chose louée) malgré le défaut d'exécution par le débiteur d'engagements antérieurs au jugement d'ouverture (fournitures ou loyers impayés pour lesquels ce cocontractant est donc réduit à une déclaration de passif dans la procédure collective).

804. *Droits du bailleur.* – Des articles 38 et 39 de la loi, il résulte :

– que le bailleur ne peut introduire ou poursuivre une action en résiliation du bail des immeubles affectés à l'activité de l'entreprise pour défaut de paiement des loyers que s'il s'agit de loyers échus depuis plus de trois mois après le jugement ouvrant la procédure collective ;

– que, nonobstant toute clause contraire, le défaut d'exploitation pendant la période d'observation dans un ou plusieurs immeubles loués par l'entreprise n'entraîne pas résiliation du bail ;

– et que le bailleur n'a, en principe, privilège que pour les deux dernières années de loyers avant le jugement d'ouverture.

805. *Créances nées après le jugement d'ouverture.* – Le législateur a voulu favoriser le redressement de l'entreprise en assurant un sort préférentiel aux partenaires de l'entreprise qui accepteraient de lui

consentir un crédit après le jugement ouvrant la procédure. Dans cette optique, l'article 40 de la loi de 1985 prévoit que ces créances (qui seront payées à leur échéance lorsque l'activité est poursuivie) seront payées, en cas de cession totale ou de liquidation, de façon prioritaire (sous réserve simplement des créances superprivilégiées des salariés, v. *infra,* n° 853), et que, parmi elles, l'emporteront les prêts consentis par les établissements de crédit ainsi que les créances résultant de l'exécution des contrats poursuivis conformément à l'article 37 (v. *supra,* n° 803).

806. *Conclusion d'un contrat de location-gérance.* – Elle est possible dès la phase d'observation, mais uniquement sur décision du tribunal, statuant à la demande du procureur et après consultation du comité d'entreprise ou, à défaut, des délégués du personnel, lorsque « la disparition de l'entreprise serait de nature à causer un trouble grave à l'économie nationale ou régionale » (art. 42). Le contrat est alors conclu pour une durée maximale de deux ans, et la période d'observation voit sa durée prolongée jusqu'au terme de ce contrat.

SECTION II. – LE CHOIX DU TRIBUNAL

807. *Sa décision.* – Nullement lié par le projet de l'administrateur, le tribunal a deux grandes possibilités :

– soit arrêter le plan de redressement de l'entreprise qui, lui-même, peut passer par la continuation de l'entreprise (§ 1) ou par sa cession, totale ou partielle (§ 2) ;

– soit prononcer la liquidation judiciaire de l'entreprise.

Sa décision est susceptible d'appel ou de pourvoi en cassation de la part du débiteur, de l'administrateur, du représentant des créanciers, du comité d'entreprise et du ministère public (loi de 1985, art. 171).

S'il opte pour un plan de redressement, le tribunal désigne les personnes tenues de l'exécuter, et énonce les engagements pris à cette fin (par ex., des engagements portant sur les modalités de financement de l'entreprise, de règlement du passif), sans pouvoir les augmenter (loi de 1985, art. 62). Il détermine les modalités de cette exécution, notamment les perspectives d'emploi, ainsi que les licenciements éventuels. Le tribunal fixe également la durée du plan (art. 65) et confère à l'administrateur les pouvoirs nécessaires à sa mise en œuvre, de même qu'il désigne un commissaire à l'exécution du plan, qui peut être l'administrateur ou le représentant des créanciers (art. 67).

Le plan est opposable à tous, mais cautions et coobligés ne peuvent s'en prévaloir (art. 64).

Enfin, le tribunal peut ultérieurement imposer une modification substantielle du plan primitivement arrêté, sauf en ce qui concerne le prix de cession de l'entreprise. Sur la possible résolution du plan, v. *infra*, n° 811.

§ 1. – La continuation de l'entreprise

808. *Présentation générale.* – La continuation de l'entreprise est la première modalité concevable du plan de redressement : le tribunal doit opter pour elle « lorsqu'il existe des possibilités sérieuses de redressement et de règlement du passif » (loi de 1985, art. 69). Cette continuation peut être *pure et simple,* c'est-à-dire se réduire exclusivement à une exploitation directe par le chef d'entreprise ou les dirigeants de la personne morale, *ou être assortie d'une cession partielle* de certains secteurs de l'entreprise (art. 69, al. 2 : dans ce dernier cas, la cession partielle est soumise aux règles exposées *infra,* n° 812 et suiv.).

809. *Inaliénabilité de certains biens.* – Afin d'assurer le redressement de l'entreprise, il convient de protéger le mieux possible l'intégrité de son patrimoine, et surtout de lui conserver les moyens de production indispensables à sa survie. Aussi, le tribunal peut-il, dans le jugement arrêtant le plan ou le modifiant, décider que « les biens qu'il estime indispensables à la continuation de l'entreprise ne pourront être aliénés, pour une durée qu'il fixe, sans son autorisation » (loi de 1985, art. 70). Cette inaliénabilité fait l'objet d'une publicité (à la conservation des hypothèques pour les immeubles, et au greffe du tribunal pour les meubles), et l'acte qui la méconnaît est atteint d'une nullité absolue.

810. *Modification des statuts de la personne morale débitrice.* – Le plan peut mentionner les modifications des statuts (par ex. une augmentation de capital) nécessaires à la continuation de l'entreprise. En ce cas, l'administrateur reçoit mandat du tribunal de convoquer l'assemblée compétente pour mettre en œuvre ces modifications (par ex., l'assemblée générale extraordinaire des actionnaires). Si cette assemblée n'adopte pas ces modifications, le plan n'est pas, par hypothèse, respecté et doit donc être considéré comme caduc.

L'article 73 précise que, dans le cas d'une augmentation de capital, les nouveaux associés ou actionnaires sont, en principe, tenus de libérer immédiatement la totalité du capital qu'ils souscrivent (sous réserve d'une compensation avec d'éventuelles créances dont ils seraient titulaires envers l'entreprise).

811. *Modalités de règlement du passif.* – Le tribunal organise, dans le plan qu'il arrête, les modalités de paiement des créanciers. Elles seront exposées au numéro 843. On indiquera simplement ici que, si le débiteur n'exécute pas ses engagements financiers, le tribunal prononce la résolution du plan et ouvre une nouvelle procédure qui, cette fois, ne peut tendre qu'à la cession de l'entreprise ou à sa liquidation (loi de 1985, art. 80).

§ 2. – La cession de l'entreprise

812. *Présentation générale.* – La cession de l'entreprise a « pour but d'assurer le maintien d'activités susceptibles d'exploitation autonome, de tout ou partie des emplois qui y sont attachés, et d'apurer le passif » (loi de 1985, art. 81).

Elle peut être *totale,* c'est-à-dire porter sur l'ensemble de l'entreprise, ou *partielle,* c'est-à-dire appliquée à un ensemble d'éléments d'exploitation qui forment une ou plusieurs branches complètes et autonomes d'activités. Mais, à défaut de plan de continuation, les biens qui ne seraient pas ainsi compris dans le plan de cession devront être réalisés selon les modalités de la liquidation judiciaire (v. *infra,* n° 823).

813. *Offres et choix du tribunal.* – Pour que le tribunal puisse se décider en parfaite connaissance de cause et poursuivre au mieux l'objectif assigné par la loi à la cession de l'entreprise (v. n° précédent), l'article 83 de la loi prévoit que les offres d'acquisition devront être adressées à l'administrateur (ou, dans la procédure simplifiée, au greffe du tribunal : art. 144), et comporter l'indication :

– des prévisions d'activité et de financement ;

– du prix de cession et de ses modalités de règlement ;

– de la date de réalisation de la cession ;

– du niveau et des perspectives d'emploi justifiés par l'activité considérée ;

– des garanties souscrites en vue d'assurer l'exécution de l'offre.

Le tribunal retient l'offre qui permet dans les meilleures conditions d'assurer le plus durablement l'emploi attaché à l'ensemble cédé et le paiement des créanciers, étant précisé que la cession peut s'accompagner d'une location-gérance préalable pour une durée maximale de deux ans, mais assortie d'une promesse irrévocable d'achat dans ce délai (v. *infra,* n° 818).

814. *Cession de contrats.* – Le jugement arrêtant le plan détermine les contrats de crédit-bail, de location ou de fournitures des biens ou services qui, nécessaires au maintien de l'activité, vont se trouver cédés à l'acquéreur de l'entreprise, en même temps que l'entreprise elle-même. Le contrat ainsi cédé par autorité de justice, sans que le consentement du cocontractant soit requis, devra être exécuté aux conditions en vigueur au jour de l'ouverture de la procédure, nonobstant toute clause contraire, sous réserve toutefois des délais de paiement que le tribunal peut imposer au cocontractant dans le souci d'assurer la poursuite de l'activité (loi de 1985, art. 86).

815. *Réalisation matérielle de la cession.* – Selon l'article 87 de la loi, c'est à l'administrateur qu'il revient de passer tous les actes nécessaires à la réalisation de la cession. En attendant leur accomplissement, l'administrateur peut, sous sa responsabilité, confier au cessionnaire la gestion de l'entreprise. De son côté, le commissaire à l'exécution du plan demeure en fonctions jusqu'au paiement intégral du prix (art. 88). Dans la procédure simplifiée, c'est à lui d'assister le débiteur pour la réalisation des actes nécessaires à la cession (art. 147).

816. *Obligation du cessionnaire de payer le prix.* – Le cessionnaire doit payer le prix d'acquisition de l'entreprise. Aussi longtemps qu'il ne l'a pas fait, il ne peut, à peine de nullité, et sauf autorisation du tribunal, aliéner les biens acquis (stocks exceptés), ou les donner en location-gérance (loi de 1985, art. 89).

S'il n'acquittait pas le prix de cession, le tribunal pourrait, d'office, à la demande du procureur, du commissaire à l'exécution du plan ou de tout intéressé, nommer un administrateur *ad hoc,* dont il déterminerait la mission (art. 90).

817. *Situation des créanciers (renvoi).* – La réalisation intégrale des actes de cession entraîne la clôture de la procédure (loi de 1985, art. 92). Le commissaire à l'exécution du plan répartit le prix entre les créanciers, selon des modalités qui seront exposées *infra,* n° 844.

818. *Location-gérance.* – Le législateur de 1985 a vu avec une particulière méfiance l'opération de location-gérance (sur laquelle, v. *supra,* n° 185 et suiv.), très utilisée dans le passé comme technique de reprise d'une entreprise en difficulté et qui avait donné lieu à de nombreux abus (le locataire-gérant se contentant d'épuiser le carnet de commandes de l'entreprise et laissant cette dernière plus exsangue encore qu'il ne l'avait prise !). Aussi, sans aller jusqu'à interdire cette

opération (à laquelle le tribunal doit recourir, dans le jugement arrêtant le plan de redressement, lorsque c'est elle qui assure le mieux le maintien de l'emploi et le paiement des créanciers), la loi nouvelle la soumet à une réglementation globalement sévère.

Certes, d'un côté, pour la faciliter, l'article 96 déclare inapplicables les dispositions des articles 4 et 5 (conditions de délai exigées du bailleur : v. *supra,* n° 186) et 8 (solidarité entre le bailleur et le locataire-gérant : v. *supra,* n° 191) de la loi du 20 mars 1956. Mais, d'autre part, les activités du locataire-gérant sont soumises à une surveillance renforcée du commissaire à l'exécution du plan (art. 96), la durée de la location est au maximum de deux ans (art. 97), et enfin et surtout, dans le cadre de ce délai, le locataire-gérant a l'obligation d'acquérir l'entreprise aux conditions qui ont été fixées par le jugement arrêtant le plan (mais dont il pourrait cependant demander au tribunal la modification s'il ne pouvait plus les respecter « pour une cause qui ne lui est pas imputable » (art. 98, al. 1er). La sanction de cette obligation d'acquérir, qui a l'avantage de lier le locataire-gérant au devenir de l'entreprise, est des plus dures, puisque c'est l'ouverture d'une procédure de redressement judiciaire – qui se présente ici, exceptionnellement, comme une véritable sanction – contre le locataire-gérant lui-même, sans qu'il y ait lieu de constater son état de cessation des paiements (art. 98, al. 1er).

§ 3. – La liquidation judiciaire

819. *Présentation générale.* – Le tribunal prononce la liquidation judiciaire de l'entreprise dès qu'il lui apparaît, au cours même de la phase d'observation (loi de 1985, art. 36, al. 1er) ou à son terme, au moment du choix (art. 61), que ni la continuation, ni la cession de l'entreprise ne seront possibles. La procédure est alors orientée vers la liquidation totale de l'entreprise, le débiteur se trouvant dessaisi. Une continuation provisoire d'activité est cependant possible. L'article 153 de la loi précise, en effet, que si l'intérêt public ou celui des créanciers l'exige, le maintien de l'activité peut être autorisé par le tribunal pour une période ne pouvant excéder trois mois et pour les seuls besoins de la liquidation.

820. *Nomination d'un liquidateur.* – En même temps qu'il prononce la liquidation judiciaire, le tribunal nomme le liquidateur, qui est, en principe, le représentant des créanciers. Cependant, le tribunal peut, par décision motivée, à la demande de l'administrateur, d'un créancier, du débiteur ou du procureur, désigner le liquidateur parmi les autres mandataires-liquidateurs (loi de 1985, art. 148). Le

remplacement du liquidateur initialement nommé peut être décidé par le tribunal (art. 149).

821. *Dessaisissement du débiteur.* – Alors que, durant la période d'observation, le dessaisissement du débiteur n'était pas la règle (v. n° 799), ici au contraire, dans la perspective d'une liquidation de l'entreprise, il devient le principe. Le jugement qui prononce la liquidation emporte de plein droit, à partir de sa date, dessaisissement pour le débiteur de l'administration et de la disposition de ses biens, tant que la liquidation n'est pas clôturée. Les droits et actions du débiteur concernant son patrimoine sont exercés, pendant toute la durée de la liquidation judiciaire, par le liquidateur. Simplement, le débiteur est-il encore en droit de se constituer partie civile afin d'établir la culpabilité de l'auteur d'un crime ou d'un délit dont il serait la victime, à condition de limiter son action à la poursuite de l'action publique, sans solliciter de réparation civile (loi de 1985, art. 152).

822. *Pouvoirs et obligations du liquidateur.* – Outre sa mission principale, qui est la réalisation de l'actif (v. n° suiv.), le liquidateur achève éventuellement la vérification des créances et établit l'ordre des créanciers. Il poursuit les instances en cours, peut introduire celles qui relèvent de la compétence du représentant des créanciers, et procède aux licenciements en application de la décision ayant prononcé la liquidation (loi de 1985, art. 148).

En contrepartie de ces pouvoirs, le liquidateur doit informer, au moins tous les trois mois, le juge-commissaire et le procureur du déroulement des opérations (art. 150), et doit immédiatement verser à la Caisse des dépôts et consignations toute somme reçue dans l'accomplissement de ses fonctions, sous peine de devoir, pour les sommes non déposées, un intérêt dont le taux est égal au taux de l'intérêt légal (v. *supra,* n° 604), majoré de cinq points (art. 151).

823. *Réalisation de l'actif. Apurement du passif (renvoi).* – Les ventes d'immeubles ont, en principe, lieu en la forme des saisies immobilières (v. notre *Manuel de procédure civile,* 14e éd., n° 428 et suiv.). Toutefois, le juge-commissaire peut autoriser des adjudications amiables et des cessions de gré à gré selon les modalités et aux conditions qu'il détermine (loi de 1985, art. 154).

Aux termes de l'article 155, des unités de production composées de tout ou partie de l'actif mobilier ou immobilier peuvent faire l'objet d'une cession globale. Ce sont là les seules cessions à forfait qu'il sera désormais possible de réaliser. Le texte précise que le liquidateur suscite des offres d'acquisition et fixe le délai pendant lequel elles seront reçues. C'est au liquidateur de choisir ensuite l'offre « qui lui paraît la plus sérieuse et permettant dans les meilleures conditions d'assurer durablement l'emploi et le paiement des créanciers » (étant précisé que la cession, finalement ordonnée par le juge-commissaire, ne peut intervenir au profit des dirigeants de la personne morale en liquidation, ou de parents ou alliés de ces dirigeants ou du chef d'entreprise jusqu'au second degré inclusivement).

Tous les autres biens de l'entreprise sont vendus aux enchères publiques ou de gré à gré selon la décision du juge-commissaire (art. 156).

Le produit de toutes ces réalisations est naturellement distribué aux créanciers, selon des modalités qui vont être exposées dans le chapitre suivant, au numéro 845.

CHAPITRE III

LE SORT DES PARTENAIRES DE L'ENTREPRISE

824. *Division.* – Dans ce chapitre, nous envisagerons successivement les situations des créanciers antérieurs à l'ouverture de la procédure collective (sur les créanciers postérieurs, v. *supra,* n° 805), des salariés, des associés et des dirigeants.

SECTION I. – LE SORT DES CRÉANCIERS ANTÉRIEURS

825. *Considération générale.* – Historiquement, les procédures collectives de droit commercial étaient organisées dans l'intérêt des créanciers, afin de permettre, dans les meilleures conditions possible, le recouvrement de leur dû (v. *supra,* n° 721). La loi du 13 juillet 1967 et, plus encore, l'ordonnance du 23 septembre 1967, en soulignant l'importance du devenir de l'entreprise, avaient déjà sensiblement modifié cette optique initiale, et amoindri les droits des créanciers. La jurisprudence postérieure, dépassant en quelque sorte les vœux mêmes du législateur, avait encore accentué cette évolution (arrêts de la Cour de cassation de 1972 empêchant les créanciers munis de sûretés réelles spéciales de réaliser les biens grevés pendant toute la période d'exécution du plan d'apurement collectif du passif, et de 1976 obligeant ces mêmes créanciers à faire constater leurs

créances, dans la procédure de règlement judiciaire ou de liquidation des biens, avant de pouvoir procéder à cette réalisation). La loi du 25 janvier 1985, en accordant la priorité au redressement de l'entreprise, parachève cette évolution. Même s'il doit être pris en considération pour certaines décisions du tribunal (v. *supra*, n°s 808, 812, 819), l'apurement du passif n'est plus qu'un objectif secondaire de la procédure (cf. le libellé de l'art. 1er cité *supra*, n° 760). La situation des créanciers en sort donc sensiblement affaiblie, aussi bien durant la phase d'observation (§ 1er) que lors du règlement ultérieur du passif (§ 2).

§ 1. – LA SITUATION DES CRÉANCIERS PENDANT LA PÉRIODE D'OBSERVATION

826. *Suppression de la masse.* – Sous l'empire de la législation précédente, tous les créanciers chirographaires ainsi que les créanciers titulaires d'un privilège général étaient de plein droit, à compter du jugement ouvrant la procédure, réunis en une *masse*, sorte de groupement auquel la Cour de cassation avait reconnu la personnalité morale et qui, représentée par le syndic, agissait en leur nom. La loi de 1985 a supprimé cette masse. Son article 46, al. 2, règle, dès lors, le sort des sommes recouvrées à la suite des actions du représentant des créanciers, et qui, jusque-là, tombaient dans l'actif de la masse. Ces sommes entrent aujourd'hui dans le patrimoine du débiteur, et sont affectées en cas de continuation de l'entreprise selon les modalités prévues pour l'apurement du passif. C'est également dans l'actif du débiteur que tombent les biens récupérés à la suite de l'annulation d'actes accomplis en période suspecte (loi de 1985, art. 110 : v. *supra*, n° 784 et suiv.).

827. *Représentation des créanciers.* – Les créanciers sont cependant représentés à l'occasion de la procédure collective. Ils le sont par *le représentant des créanciers*, qui est désigné par le tribunal et qui a seul qualité pour agir en leur nom et dans leur intérêt (loi de 1985, art. 46, al. 1er). Le représentant des créanciers prend toute mesure pour informer et consulter les créanciers (décret de 1985, art. 27). En outre, le juge-commissaire autorise l'administrateur à remettre au représentant des créanciers les sommes nécessaires à l'accomplissement de sa mission (décret de 1985, art. 28).

828. *Arrêt des poursuites individuelles. Exceptions.* – L'article 47 de la loi indique que le jugement d'ouverture suspend ou interdit

toute action en justice de la part de tous les créanciers dont la créance a son origine antérieurement audit jugement et tendant :

– à la condamnation du débiteur au paiement d'une somme d'argent ;

– à la résolution d'un contrat pour défaut de paiement d'une somme d'argent.

Ce jugement arrête ou interdit également toute voie d'exécution de la part de ces créanciers tant sur les meubles que sur les immeubles. Les délais impartis à peine de déchéance ou de résolution des droits se trouvent, en conséquence, suspendus.

L'arrêt des poursuites est ainsi très généralement formulé (beaucoup plus que sous l'empire du droit antérieur, où seules les actions tendant au paiement d'une somme d'argent étaient suspendues). Il connaît cependant deux limites :

– l'action en paiement que le créancier intenterait, non pas contre le débiteur lui-même, mais contre un tiers garant (par ex., une caution, d'où le probable développement futur du cautionnement : sur lequel v. *supra,* n° 519) ;

– l'action en revendication qu'exercerait un vendeur de meubles impayé et qui, compte tenu de son importance pratique, mérite quelques développements.

829. *Action en revendication du vendeur de meubles impayé.* – Les garanties que le droit civil accorde au vendeur de meubles (v. *Manuel de droit civil ;* v. aussi n° 502) sont réduites au cas de redressement judiciaire de l'acquéreur (loi de 1985, art. 115 à 122). La loi commerciale se fonde traditionnellement sur l'idée que les meubles, dès qu'ils sont entre les mains de l'acheteur, constituent un élément de son crédit apparent : les tiers ont pu compter sur ces meubles qu'ils voyaient entre les mains de leur débiteur pour se faire rembourser. Cependant, certaines revendications (à exercer dans les trois mois du jugement ouvrant la procédure : loi de 1985, art. 115) demeurent possibles, et l'idée de solvabilité apparente est même en recul depuis qu'une importante loi du 12 mai 1980 (dont les solutions ont été conservées) a rendu opposable aux créanciers de l'acquéreur en procédure collective la clause de réserve de propriété stipulée dans une vente à crédit (sur cette clause, v. *supra,* n° 488).

Peuvent notamment être revendiquées par le vendeur impayé :

– les marchandises dont la vente a été résolue antérieurement au jugement d'ouverture soit par décision de justice, soit par le jeu d'une clause résolutoire acquise, à condition qu'elles existent en nature, en tout ou en partie (art. 117) ;

– les marchandises expédiées au débiteur, mais non encore

parvenues dans ses magasins ou dans ceux du commissionnaire chargé de les vendre, à moins qu'elles n'aient été revendues, avant leur arrivée, sur factures ou titres de transport réguliers (art. 119) ;

– les marchandises consignées au débiteur, soit à titre de dépôt, soit pour être vendues pour le compte du propriétaire, à condition qu'elles se retrouvent en nature (art. 121, al. 1er) ;

– et les marchandises vendues avec une clause subordonnant le transfert de propriété au paiement intégral du prix (art. 121, al. 2). Cependant, cette revendication sur la base d'une *clause de réserve de propriété* suppose la réunion de deux conditions : la clause doit avoir été convenue entre les parties dans un écrit établi, au plus tard, au moment de la livraison ; et les marchandises doivent se retrouver en nature dans les locaux de l'acquéreur (donc, ni transformées, ni incorporées ou assemblées à d'autres, ni revendues à un sous-acquéreur de bonne foi : dans ce dernier cas toutefois, le vendeur pourrait, par subrogation réelle, revendiquer le prix ou la partie du prix de ces marchandises non encore réglé à l'acquéreur-revendeur par son cocontractant : art. 122). La revendication reste, en outre, impossible si le prix est payé immédiatement ou, au plus tard, à l'issue de la période d'observation initiale, suivant le délai fixé par le juge-commissaire, l'administrateur étant alors tenu de garantir le paiement du prix (art. 121, al. 2, *in fine).*

830. *Suspension des instances en cours.* – Aux termes de l'article 48 de la loi, et sous réserve de l'article 124 qui envisage le cas des instances en cours devant la juridiction prud'homale, les instances en cours sont suspendues jusqu'à ce que le créancier poursuivant ait procédé à la déclaration de sa créance. Elles sont alors reprises de plein droit, le représentant des créanciers et, le cas échéant, l'administrateur dûment appelés, mais tendent uniquement à la constatation des créances et à la fixation de leur montant.

831. *Arrêt du cours des intérêts.* – Sous l'empire du droit antérieur, les créances cessaient de produire intérêt à compter du jugement d'ouverture, à moins d'être garanties par une sûreté spéciale. Désormais, l'article 55 de la loi de 1985 ne fait plus cette distinction, et prévoit que le jugement d'ouverture arrête le cours des intérêts légaux et conventionnels, ainsi que de tous intérêts de retard et majorations. Une exception, toutefois : les intérêts résultant de prêts conclus pour une durée égale ou supérieure à un an, ou de contrats assortis d'un paiement différé d'un an ou plus.

832. *Absence de déchéance du terme.* – Revenant sur la solution

antérieure, l'article 56 de la loi de 1985 décide que le jugement d'ouverture ne rend pas exigibles les créances non échues à la date de son prononcé, et ajoute que toute clause contraire est réputée non écrite. L'article 1188 du Code civil se trouve modifié en conséquence (v. *Manuel de droit civil*). Désormais, seuls les jugements de cession totale de l'entreprise et de liquidation judiciaire produisent cet effet qui était, jusque-là, traditionnellement attaché au jugement ouvrant une procédure collective de droit commercial.

833. *Interdiction des inscriptions.* – S'inspirant, en revanche, de l'article 33 de la loi de 1967, la loi de 1985 pose le principe, en son article 57, de l'interdiction d'inscrire, après le jugement d'ouverture, les hypothèques, nantissements, privilèges ainsi que les actes et décisions judiciaires translatifs ou constitutifs de droits réels. Deux exceptions sont admises : d'une part, le vendeur du fonds de commerce peut inscrire son privilège (dans les quinze jours de la vente : loi du 17 mars 1909, art. 3, al. 1er, v. *supra*, nº 170), malgré le redressement judiciaire de l'acquéreur et, d'autre part, le Trésor conserve son privilège pour les créances qu'il n'était pas tenu d'inscrire à la date du jugement d'ouverture et pour celles mises en recouvrement après cette date si elles ont été déclarées dans les conditions de l'article 50 (v. *infra*, nº 834 ; sur les limites de l'obligation de publicité pesant sur le Trésor, v. *infra*, nº 838-1º *in fine*).

834. *Déclaration des créances. Généralité de l'obligation.* – A partir de la publication du jugement, tous les créanciers dont la créance a son origine antérieurement au jugement d'ouverture... adressent la déclaration de leurs créances au représentant des créanciers. Les créanciers bénéficiant d'une sûreté ayant fait l'objet d'une publication sont avertis personnellement et, s'il y a lieu, à domicile élu (loi de 1985, art. 50, al. 1er).

La formule est générale, et concerne aussi bien les créanciers chirographaires que les créanciers munis d'une sûreté réelle spéciale (hypothèque, nantissement, privilège immobilier ou mobilier : v. *Manuel de droit civil*), que ceux titulaires d'un privilège général (sur lesquels, v. *infra*, nº 835). Peu importent les modalités de la créance (par ex., une condition ou un terme ; v. simpl., pour la déclaration des coobligés, les règles particulières exposées *infra*, nº 837). Une seule exception, il est vrai d'importance : les salariés sont expressément dispensés de cette obligation de déclaration par l'article 50 de la loi (mais pas l'A.G.S. subrogée dans leurs droits : art. 50, al. 3).

835. *Avertissement aux fins de déclaration.* – Le représentant des créanciers, dans les huit jours du jugement d'ouverture, avertit les créanciers connus d'avoir à lui déclarer leurs créances dans un délai de quinze jours à compter de la publication du jugement d'ouverture au B.O.D.A.C.C. Ce délai est augmenté de quinze jours pour les créanciers domiciliés hors de France métropolitaine (décret de 1985, art. 66).

836. *Contenu de la déclaration.* – La déclaration porte le montant de la créance due au jour du jugement d'ouverture avec indication des sommes à échoir et de la date de leurs échéances. Elle précise la nature du privilège ou de la sûreté dont la créance est éventuellement assortie (loi de 1985, art. 51).

Sauf si elle résulte d'un titre exécutoire, la créance déclarée dont le montant est supérieur à la somme de 10 000 F (décret de 1985, art. 68) est certifiée sincère par le créancier. Le commissaire aux comptes de celui-ci ou, à défaut, l'expert-comptable, s'il en existe un, appose son visa sur la déclaration après avoir constaté l'existence de la créance à partir des documents auxquels il a accès. Le refus de visa est motivé (loi de 1985, art. 51, al. 3).

La déclaration de créance contient, en outre :

– les éléments de nature à prouver l'existence et le montant de la créance si elle ne résulte pas d'un titre ; à défaut, une évaluation de la créance si son montant n'est pas encore fixé ;

– les modalités de calcul des intérêts dont le cours n'est pas arrêté, cette indication valant déclaration pour le montant ultérieurement arrêté ;

– l'indication de la juridiction saisie si la créance fait l'objet d'un litige.

A cette déclaration, sont joints sous bordereau les documents justificatifs. A tout moment, le représentant des créanciers peut demander la production de documents qui n'auraient pas été fournis (décret de 1985, art. 67).

837. *Déclaration des coobligés.* – Il arrive fréquemment, en droit commercial, qu'un créancier ait plusieurs codébiteurs (par ex., associés en nom collectif ou commandités : *supra*, n° 253 ; signataires d'une lettre de change : *supra*, n° 641), d'autant plus que la solidarité se présume en la matière (*supra*, n°s 40 et 469). Dans l'éventuel redressement judiciaire de chacun de ces coobligés, le créancier se présente certes, en principe, comme un simple créancier chirographaire (sauf s'il a pris des sûretés particulières), mais la loi de 1985, reprenant la solution antérieure, s'efforce d'accroître ses chances de

remboursement, en lui permettant, s'il n'a encore rien touché, de déclarer sa créance pour la valeur nominale de son titre, dans chacune des procédures collectives (art. 58). S'il a déjà reçu un acompte avant le jugement d'ouverture, il ne peut, en revanche, déclarer sa créance que sous déduction de cet acompte (art. 60). Corrélativement, aucun recours pour les paiements effectués n'est logiquement ouvert aux coobligés soumis à une procédure de redressement judiciaire les uns contre les autres, à moins que la réunion des sommes versées en vertu de chaque procédure n'excède le montant total de la créance, en principal et accessoire ; en ce cas, cet excédent est dévolu, suivant l'ordre des engagements, à ceux des coobligés qui auraient les autres pour garants (art. 59).

838. *Déclaration des créanciers titulaires d'un privilège général.* – Si l'on met de côté le privilège des salariés, dont la situation fait l'objet de dispositions particulières (*infra,* n° 852), deux privilèges généraux, soumis à déclaration, méritent d'être rappelés ici compte tenu de l'importance des sommes qu'ils garantissent habituellement :

1° *Les privilèges du Trésor,* prévus par les articles 1920 à 1929 du Code général des impôts, portent uniquement sur les meubles du débiteur. Ils garantissent, en un très bon rang (v. *Manuel de droit civil),* le paiement des contributions directes, de la T.V.A., des droits indirects ou de douane, des droits d'enregistrement, ainsi que, depuis une loi du 30 décembre 1981, des majorations et pénalités appliquées à ces diverses impositions.

Pour éclairer ceux qui envisagent de faire crédit à une entreprise, une importante loi du 28 décembre 1966 a mis partiellement fin au caractère occulte de ces privilèges en instituant leur publicité par une inscription prise sur des registres tenus au greffe du tribunal de commerce pour les commerçants, et à celui du tribunal de grande instance pour les personnes morales de droit privé non commerçantes (art. 396 *bis* de l'annexe II C. gén. imp.). Cette publicité n'est cependant obligatoire qu'au-delà d'un certain montant, fixé par arrêté ministériel (actuellement, 100 000 F : arrêté du 18 mars 1985, art. 207 *quinquies* de l'annexe IV C. gén. imp.). La publicité doit s'effectuer à date fixe chaque trimestre (loi du 1er mars 1984, art. 46) ;

2° *Le privilège de la Sécurité sociale :* les organismes de sécurité sociale ont, au même rang que le privilège des salariés, un privilège général pour le paiement des cotisations d'assurances sociales, des prestations familiales et d'accidents du travail (v. *Manuel de droit civil).* Pour pouvoir être invoqué dans la procédure collective du débiteur, ce privilège doit avoir fait l'objet d'une publicité au greffe du tribunal de commerce (pour les commerçants et les personnes morales de droit privé non commerçantes) dans les trois mois suivant l'échéance des sommes dues. Cette inscription conserve le privilège pendant deux ans et trois mois à compter du jour où elle est effectuée, et ne peut être renouvelée (loi du 1er mars 1984, art. 47).

839. *Liste établie par le débiteur.* – Associant le débiteur à l'évaluation de son passif, la loi de 1985 prévoit, en son article 52, que le débiteur remet au représentant des créanciers la liste certifiée de ses créanciers et du montant de ses dettes. Cette liste comporte les noms ou dénomination, siège ou domicile des créanciers avec l'indication du montant des sommes dues au jour du jugement d'ouverture, des sommes à échoir et de leur date d'échéance, de la nature de la créance, des sûretés et privilèges dont chaque créance est assortie (décret de 1985, art. 69).

840. *Discussion des créances.* – S'il y a discussion sur tout ou partie d'une créance, et hormis le cas des créances visées au Code général des impôts et au Code des douanes, le représentant des créanciers doit aviser le créancier intéressé et l'inviter à faire connaître ses explications. Le défaut de réponse dans un délai de trente jours interdit toute contestation ultérieure de la proposition du représentant des créanciers (loi de 1985, art. 54).

841. *Défaut de déclaration.* – La loi prévoit de sévères sanctions pour la non-déclaration dans les délais fixés par le décret (v. *supra,* n° 835). En effet :

– si la créance n'a pas été déclarée, et n'a pas, par ailleurs, donné lieu à un relevé de forclusion, elle est éteinte (art. 53, al. 3) ;

– si elle n'a pas été déclarée, mais a donné lieu à un relevé de forclusion de la part du juge-commissaire qui a pu constater que la défaillance du créancier n'était pas due à son fait, ce dernier ne peut concourir que pour la distribution des répartitions postérieures à sa demande de relevé (art. 53, al. 1er).

§ 2. – L'APUREMENT DU PASSIF

842. *Période d'observation.* – Durant cette période, tout paiement d'un créancier antérieur à l'ouverture de la procédure collective est interdit, sauf pour retirer un objet légitimement retenu (soit dans le cadre d'un *gage,* soit dans celui d'un *droit de rétention,* qui demeure ainsi, comme sous l'empire du droit antérieur, opposable dans la procédure collective : d'où son grand intérêt qui a pu le faire qualifier de « reine des sûretés ». Sur le droit de rétention, v. *Manuel de droit*

civil), lorsque ce retrait est justifié par la *poursuite de l'activité.* C'est au juge-commissaire qu'il appartient d'autoriser un tel paiement exceptionnel, effectué, selon le cas, par le débiteur ou l'administrateur (loi de 1985, art. 33, al. 3). Dans tous les autres cas, le paiement effectué est atteint d'une nullité absolue (art. 33, al. 4).

Si, durant la période d'observation, est vendu un bien grevé d'une sûreté spéciale, la partie du prix correspondant à la créance garantie est versée à la Caisse des dépôts et consignations pour être distribuée aux ayants cause après l'adoption du plan de redressement, mais dans le respect des modalités du plan de continuation de l'entreprise, ou après le prononcé de la liquidation judiciaire (loi de 1985, art. 34).

843. *Règlement du passif en cas de continuation de l'entreprise.* – Dans cette première hypothèse concevable, le tribunal donne acte aux créanciers des délais et remises qu'ils ont pu consentir au cours de la période d'observation (v. *supra,* n° 794), et que lui-même peut d'ailleurs décider de réduire. A ceux qui n'en ont spontanément consenti, il impose des délais uniformes de paiement, sous réserve, en ce qui concerne les créances à terme, des délais supérieurs stipulés par les parties avant l'ouverture de la procédure (loi de 1985, art. 74, al. 1er). Ces délais, qui peuvent dépasser la durée du plan (art. 74, al. 2), s'appliquent aussi bien aux créanciers chirographaires qu'à ceux munis de sûretés.

Cependant, des paiements anticipés uniformes peuvent être prévus, mais contre réduction proportionnelle du montant des créances (art. 75). Par ailleurs, dans la limite de 5 % du passif estimé, les créances les plus faibles prises dans l'ordre croissant de leur montant et sans que chacune puisse excéder un montant fixé par décret (250 F, décret de 1985, art. 101), sont remboursées sans remise ni délai (loi de 1985, art. 76, al. 4). Cette dernière disposition ne s'applique toutefois pas lorsque le montant des créances détenues par une même personne excède un dixième du pourcentage ci-dessus fixé ou lorsqu'une subrogation a été consentie ou un paiement effectué pour autrui.

Enfin, l'article 78 de la loi précise que, si, dans le cadre du plan de continuation de l'entreprise, un bien grevé d'un privilège spécial, d'un nantissement ou d'une hypothèque est vendu, les créanciers bénéficiaires de ces sûretés, ou titulaires d'un privilège général, reçoivent les dividendes à échoir d'après le plan, réduits en fonction du paiement anticipé, suivant l'ordre de préférence existant entre eux. Mais le tribunal pourrait ordonner la substitution aux sûretés existantes de nouvelles garanties jugées suffisantes.

844. *Règlement du passif en cas de cession de l'entreprise.* – Dans ce second cas, le jugement qui arrête le plan rend exigibles les dettes non échues (loi de 1985, art. 91). Le prix de cession est réparti par le commissaire à l'exécution du plan entre les créanciers suivant leur rang (art. 92, al. 2). Lorsque la cession porte sur des biens grevés d'un privilège spécial, d'un nantissement ou d'une hypothèque, une quote-part du prix est affectée par le tribunal à chacun de ces biens pour la répartition du prix et l'exercice du droit de préférence. Une exception, cependant, est prévue pour le vendeur ou le prêteur bénéficiaire d'un nantissement sur le matériel d'équipement professionnel, dont le contrat est transmis (v. *supra,* n° 803), et qui devient créancier du cessionnaire de l'entreprise (art. 93, al. 2).

Le paiement complet du prix de cession, en même temps qu'il donne au cessionnaire une plénitude de pouvoirs sur les biens qu'il a acquis (v. *supra,* n° 816), opère purge des sûretés. Jusque-là, les créanciers bénéficiant d'un droit de suite ne peuvent l'exercer qu'en cas d'aliénation du bien cédé (sur lequel porte leur garantie) par le cessionnaire (art. 93, al. 3).

845. *Règlement du passif en cas de liquidation judiciaire.* – La dernière issue concevable a également pour effet de rendre immédiatement exigibles les créances antérieures au jugement qui avait ouvert la procédure de redressement judiciaire (loi de 1985, art. 160).

S'ils ont déclaré leurs créances dans les délais, les créanciers titulaires d'un privilège spécial, d'un nantissement ou d'une hypothèque, ainsi que le Trésor public pour ses créances privilégiées, retrouvent leur *droit de poursuite individuelle* lorsque le liquidateur n'a pas entrepris la liquidation des bien grevés dans les trois mois du jugement de liquidation (loi de 1985, art. 161, al. 1er). L'article 159 de la loi organise, par ailleurs, une procédure particulière pour le retrait des biens constitués en gage ou sur lesquels un créancier exerce *un droit de rétention.* Ce texte précise que le liquidateur, autorisé par le juge-commissaire, peut retirer un tel bien en payant la dette. A défaut d'un tel retrait, il doit, dans les six mois du jugement de liquidation judiciaire, demander au juge-commissaire l'autorisation de procéder à la réalisation. Le créancier peut alors, avant celle-ci, demander *l'attribution judiciaire* (c'est-à-dire l'attribution du bien en pleine propriété, à titre de paiement, à charge éventuellement de verser une soulte si la valeur du bien excède le montant de la créance ainsi réglée). S'il ne le fait pas, la vente se produit, et le droit de rétention du créancier se trouve de plein droit reporté sur le prix (ce qui assure à son titulaire un remboursement de premier rang).

Cette hypothèse exceptée, *les règles gouvernant la répartition du produit de réalisation de l'actif sont les suivantes :*

– si une ou plusieurs distributions de sommes précèdent la répartition du prix des immeubles, les créanciers privilégiés et hypothécaires coucourent aux répartitions dans la proportion de leurs créances totales. Après la vente des immeubles et le règlement définitif de l'ordre entre les créanciers hypothécaires et privilégiés, ceux d'entre eux qui viennent en rang utile sur le prix des immeubles pour la totalité de leur créance ne perçoivent le montant de leur collocation hypothécaire que sous la déduction des sommes par eux reçues. Les sommes ainsi déduites profitent aux créanciers chirographaires (art. 162) ;

– les droits des créanciers hypothécaires qui sont colloqués partiellement sur la distribution du prix des immeubles sont réglés d'après le montant qui leur reste dû après la collocation immobilière. L'excédent des dividendes qu'ils ont touchés dans des distributions antérieures par rapport au dividende calculé après collocation est retenu sur le montant de leur collocation hypothécaire et se trouve inclus dans les sommes à répartir aux créanciers chirographaires (art. 163) ;

– les créanciers privilégiés ou hypothécaires, non remplis sur le prix des immeubles, concourent avec les créanciers chirographaires pour ce qui leur reste dû (art. 164) ;

– les dispositions précédentes (art. 162 à 164) s'appliquent aux créanciers bénéficiaires d'une sûreté mobilière spéciale (sous réserve du report du droit de rétention sur le prix du bien grevé vendu par le liquidateur : art. 165) ;

– enfin, le montant de l'actif, distraction faite des frais et dépens de la liquidation judiciaire, des subsides accordés au chef d'entreprise ou aux dirigeants ou à leur famille et des sommes payées aux créanciers privilégiés, est réparti entre tous les créanciers au marc le franc de leurs créances admises (art. 166).

846. *Sort du passif et clôture de la liquidation judiciaire.* – Cette clôture peut être prononcée à tout moment en cours de procédure, si la totalité du passif est payée ou en cas de défaut d'actif (loi de 1985, art. 167). Dans ce dernier cas, et à la différence du droit antérieur, les créanciers ne retrouvent pas pour autant leur droit de poursuite individuelle contre le débiteur. En effet, aux termes de l'article 160, ce droit ne réapparaît que de manière exceptionnelle, dans les hypothèses particulières suivantes : créances résultant d'une condamnation pénale pour des faits étrangers à l'activité professionnelle du débiteur, ou provenant de droits attachés à la personne ; fraude à

l'égard des créanciers, faillite personnelle, interdiction de diriger ou contrôler une entreprise commerciale ou une personne morale, banqueroute prononcée contre le débiteur, et enfin hypothèse du débiteur récidiviste (ayant déjà connu une clôture pour insuffisance d'actif dans une précédente procédure dirigée contre lui). Hormis ces cas le droit de poursuite individuelle ne renaît pas, de telle sorte que la liquidation judiciaire constitue désormais, dans la plupart des cas, et de très originale façon, une nouvelle cause d'extinction des créances !

SECTION II. – LE SORT DES SALARIÉS

847. *Considération générale.* – Longtemps fort précaire, nettement amélioré par une loi du 27 décembre 1973 obligeant les employeurs à s'assurer contre le risque de leur propre insolvabilité (v. *supra,* n° 724, et *infra,* n° 854), le sort des salariés a été sans conteste une préoccupation majeure de la loi du 25 janvier 1985. Dans l'optique d'une entreprise perçue comme une communauté économique et humaine, cette loi a voulu, de façon inédite, associer les salariés au déroulement de la procédure (§ 1er). Elle a aussi, parallèlement, entendu renforcer leur protection contre les licenciements (§ 2), et améliorer le paiement de leurs créances (§ 3).

§ 1. – LEUR ASSOCIATION AU DÉROULEMENT DE LA PROCÉDURE

848. *Le représentant des salariés.* – La meilleure illustration de la volonté législative nouvelle d'associer les salariés au déroulement de la procédure collective est donnée par la désignation, au début de la procédure, et selon des modalités exposées *supra,* n° 786, d'un *représentant des salariés,* qui est essentiellement chargé de la vérification des créances salariales (loi de 1985, art. 44 et 123), mais qui reçoit aussi le droit de se constituer partie civile en cas d'infractions commises par le débiteur (art. 211). Le temps que ce représentant passe dans l'exercice de ses fonctions est considéré comme temps de travail, et donc se trouve rémunéré comme tel (art. 44), et son licenciement est réglementé (art. 228).

849. *Comité d'entreprise et délégués du personnel.* – Les organes habituels de représentation du personnel participent également à la procédure collective. Ainsi, le comité d'entreprise (ou, à défaut, les délégués du personnel) est-il *informé* de l'avancement des travaux d'élaboration du plan, des propositions de règlement des dettes, des licenciements envisagés. De même, doit-il être *consulté* sur ces

licenciements, ainsi que sur l'opportunité d'une éventuelle mise en location-gérance ou encore sur les mesures qu'il suggère pour le redressement de l'entreprise.

Le comité d'entreprise reçoit aussi des pouvoirs particuliers dans le domaine des *voies de recours*. Ainsi, peut-il interjeter appel ou se pourvoir en cassation contre les décisions statuant sur la liquidation judiciaire, arrêtant ou rejetant le plan de continuation de l'entreprise ou encore le modifiant (loi de 1985, art. 171).

§ 2. – LEUR PROTECTION CONTRE LES LICENCIEMENTS

850. *Pluralité de mesures.* – Une procédure collective se traduit pratiquement toujours, malheureusement, par un certain nombre de licenciements. La loi ne peut évidemment pas les éviter, mais elle s'est efforcée de les rendre moins brutaux, plus supportables par toute une série de mesures :

– au cours de la phase d'observation, les licenciements pour motif économique ne doivent être qu'exceptionnels (la loi parle à leur propos d'un caractère « urgent, inévitable et indispensable »...) ; ils sont effectués par l'administrateur, autorisé par le juge-commissaire (loi de 1985, art. 45). Les indemnités auxquelles ils donnent lieu sont, par ailleurs, garanties par l'A.G.S. (art. 133) ;

– ultérieurement, dans le cadre d'un plan de continuation ou de cession, les licenciements, qui supposent désormais l'information et la consultation tant des représentants du personnel que de l'autorité administrative, doivent être décidés par le tribunal lui-même (loi de 1985, art. 63). Cependant, dans le cadre de la liquidation, il est vrai nécessairement tournée vers la disparition de l'entreprise, l'exigence de cette autorisation judiciaire paraît moins certaine (cf. la formulation équivoque de l'article 148, al. 4 de la loi) ;

– le plan de continuation ou de cession de l'entreprise doit comporter un volet social, envisageant « le niveau et les perspectives d'emploi ». C'est dire que les licenciements doivent être réduits au maximum, et que doit être étudié le sort de ceux qui en seront victimes (mise à la retraite anticipée, reclassement dans une autre entreprise, etc.) ;

– enfin, le règlement des indemnités de licenciement est désormais garanti par l'A.G.S. elle-même, d'une part, en cas de continuation de l'entreprise (pour les licenciements intervenus dans le mois suivant le jugement qui arrête le plan de redressement) et, d'autre part, en cas de liquidation (pour ceux se produisant dans les quinze jours du jugement de liquidation ou durant la période transitoire de maintien de l'activité) : loi de 1985, art. 133.

§ 3. – LE PAIEMENT DE LEURS CRÉANCES

851. *Etablissement des créances.* – Les salariés, contrairement à tous les autres créanciers, ne sont pas tenus de déclarer individuellement leurs créances. C'est le représentant des créanciers qui établit la liste de leurs créances, qu'il soumet, pour vérification, au représentant des salariés (lequel, en cas de difficultés, pourra s'adresser à l'administrateur et au juge-commisaire : loi de 1985, art. 44). Le relevé des créances, visé par le juge-commissaire, est déposé au greffe du tribunal et publié. Le salarié dont la créance ne figure pas en tout ou en partie sur ce relevé peut saisir, dans les deux mois de cette publicité, le conseil des prud'hommes (loi de 1985, art. 123).

852. *Le privilège général.* – Les salariés créanciers bénéficient, tout d'abord, d'un privilège général, mobilier et immobilier, qui garantit le paiement des six derniers mois de salaires, ainsi que celui des indemnités de congés payés, de délai-congé, de rupture abusive, et de certaines indemnités de licenciement (art. 2101 et 2104 C. civ). Mais ce privilège ne constitue pas une garantie absolue : certes, il prime les créanciers hypothécaires sur les immeubles (art. 2105 C. civ.) mais, sur les meubles, il vient après un éventuel créancier gagiste et les privilèges du Trésor et en concours avec le privilège de la Sécurité sociale.

853. *Le super-privilège.* – Pour conforter la situation des salariés, un décret-loi du 8 août 1985 (aujourd'hui, l'art. L. 143-10 C. trav.) a créé une garantie supplémentaire qui porte sur une partie des créances privilégiées. Pour cette partie-là, le salarié doit être payé « nonobstant l'existence de toute autre créance privilégiée » : d'où le nom de super-privilège habituellement donné à cette faveur particulière, d'autant plus énergique que si l'administrateur dispose des fonds nécessaires, il doit payer ces sommes dans les dix jours du jugement d'ouverture (loi de 1985, art. 129).

Cette partie super-privilégiée concerne les rémunérations de toute nature dues aux salariés (et aux apprentis) pour les soixante derniers jours de travail (90 jours pour les V.R.P.), dans la limite d'un plafond fixé par décret, qui ne peut être inférieur à deux fois le plafond retenu pour le calcul des cotisations de sécurité sociale.

854. *L'assurance contre le risque de non-paiement des salaires.* – Privilège et super-privilège n'ont cependant d'intérêt que si des disponibilités permettent un paiement effectif et rapide des salariés.

Or, souvent, le débiteur sera insolvable ou la réalisation de son actif prendra du temps. Aussi, une importante loi du 27 décembre 1973 (art. L. 143-11-1 et suiv. C. trav.) a-t-elle obligé tout employeur commerçant, artisan ou personne morale de droit privé à assurer ses salariés contre le risque de non-paiement, en cas de procédure collective, des sommes qui leur sont dues en exécution du contrat de travail. Désormais, l'assurance couvre non seulement les sommes dues aux salariés à la date du jugement ouvrant le redressement judiciaire, mais encore les indemnités dues pour la plupart des licenciements intervenant au cours de la procédure collective (v. *supra,* n° 850).

L'A.G.S. (Association pour la gestion du régime d'assurance des créances des salariés) doit fournir au représentant des créanciers, dans un délai de cinq jours à compter de la réception du relevé des créances considérées, les sommes qui lui font défaut pour régler les sommes garanties. Elle est, de plein droit, subrogée aux droits des salariés qu'elle a ainsi désintéressés, et participera donc à la procédure collective en invoquant leurs privilège et super-privilège.

Section III. – LE SORT DES ASSOCIÉS

855. *Présentation générale.* – Lorsque le débiteur est une société, le sort des associés est fondamentalement différent selon qu'ils sont ou non tenus indéfiniment et solidairement du passif social. S'ils ne le sont pas, leur rôle est essentiellement de continuer à participer à la vie sociétaire (§ 1er). S'ils le sont (ce qui est le cas des associés en nom collectif et des commandités), ils font eux-mêmes l'objet d'une procédure collective (§ 2).

§ 1. – Associés non tenus indéfiniment et solidairement du passif social

856. *Absence d'effet direct de la procédure collective.* – Le redressement judiciaire de la société ne produit aucun effet direct sur la situation personnelle des associés dont la responsabilité est limitée (associés de S.A.R.L., actionnaires de sociétés par actions). Simplement, peuvent-ils être amenés à délibérer sur des modifications statutaires dans le cadre d'un plan de redressement (*supra,* n° 810).

Toutefois, par exception à ce principe, l'associé commanditaire qui se serait immiscé dans la gestion de la société pourra, si cette immixtion a été constante, être assimilé à un commandité et être, à ce titre, mis personnellement en redressement judiciaire (v. *infra,* n° 857), et, par ailleurs, des sanctions personnelles pourront atteindre l'associé ou l'actionnaire qui se serait comporté comme un dirigeant de fait (v. *infra*, n° 860).

§ 2. – ASSOCIÉS TENUS INDÉFINIMENT ET SOLIDAIREMENT DU PASSIF SOCIAL

857. *Ouverture d'une procédure collective personnelle.* – D'après l'article 178 de la loi de 1985, le jugement qui ouvre le redressement judiciaire de la société (et, plus généralement, d'une personne morale) produit ses effets à l'égard de tous les associés (et, plus généralement, de tous les membres : par ex., ceux d'un G.I.E.) indéfiniment et solidairement responsables du passif social : le tribunal ouvre à l'égard de chacun d'eux une procédure de redressement judiciaire. La raison en est que l'état de cessation des paiements où se trouve la société révèle, dans ce cas, nécessairement celui de chacun des associés. Ces procédures collectives demeurent juridiquement distinctes, et peuvent donc avoir des issues différentes.

L'associé qui s'est retiré de la société ne peut cependant pas être déclaré en redressement judiciaire si sa retraite a été régulièrement publiée au registre du commerce et des sociétés avant que la société ne soit en état de cessation des paiements. Mais la règle est différente si la mention de la retraite est postérieure à la cessation des paiements (sur cette hypothèse, et le délai prévu, v. *supra*, n° 779, *in fine*).

858. *Sanctions personnelles.* – Associés en nom collectif et commandités sont des commerçants. A ce titre, ils peuvent être frappés de la faillite personnelle ou des autres mesures d'interdiction prévues par la loi (v. *infra*, n° 865), et s'être rendus coupables de banqueroute ou des autres infractions énumérées dans la loi (v. *infra*, n° 868 et suiv.).

SECTION IV. – LE SORT DES DIRIGEANTS

859. *Division.* – Nous avons déjà vu que la procédure collective se traduisait, à l'égard des dirigeants, par la suppression de la libre cessibilité de leurs droits sociaux (v. *supra*, n° 798), voire, parfois, par leur éviction (v. *supra*, n° 795). Mais, surtout, cette procédure peut les atteindre directement sur leur patrimoine ou dans leur honneur, à travers des sanctions qui, d'une certaine manière, font sauter l'écran de la personne morale. Ces sanctions, prévues par les articles 179 à 209 de la loi de 1985, sont de trois ordres. Certaines sont

patrimoniales (§ 1er), d'autres, professionnelles (§ 2), d'autres enfin, pénales (§ 3).

§ 1. – LES SANCTIONS PATRIMONIALES

860. *Domaine commun d'application.* – Qu'il s'agisse de la condamnation en comblement de passif social (v. *infra,* n° 861) ou de la mise personnelle en redressement judiciaire (v. *infra,* n° 863), les personnes visées sont les mêmes. Il s'agit – lorsqu'une procédure de redressement judiciaire a été ouverte contre *une personne morale de droit privé ayant une activité économique* (sur cette notion, v. *supra,* n° 731), de ses dirigeants personnes physiques ou morales, ainsi que des personnes physiques représentants permanents de ces dirigeants personnes morales. Peu importe que :

– ces dirigeants soient de droit ou *de fait* (dans ce dernier cas, associé, prêteur, parent, etc., s'étant comportés comme de véritables dirigeants en titre) ;

– qu'ils soient rémunérés ou non.

861. *Condamnation en comblement de passif social.* – Lorsque le redressement judiciaire ou la liquidation de la personne morale fait apparaître une insuffisance d'actif, le tribunal peut, en cas de faute de gestion ayant contribué à cette insuffisance d'actif, décider que les dettes de la personne morale seront supportées, en tout ou en partie, avec ou sans solidarité, par tous les dirigeants ou par certains d'entre eux (loi de 1985, art. 180). De ce texte, on retiendra :

– la nécessité, contrairement au droit antérieur où le dirigeant subissait une double présomption (de faute et de causalité entre sa faute et l'insuffisance d'actif), d'établir *la faute du dirigeant ayant contribué à l'insuffisance d'actif ;*

– le très grand pouvoir d'appréciation dont le tribunal dispose dans le prononcé de la sanction.

On doit ajouter que les sommes ainsi versées par les dirigeants entrent dans le patrimoine du débiteur et sont, en cas de continuation de l'entreprise, affectées selon les modalités prévues dans le plan d'apurement du passif et, en cas de liquidation, réparties entre tous les créanciers au marc le franc (loi de 1985, art. 180, al. 3). Si le dirigeant condamné n'acquittait pas sa dette, il s'exposerait à l'ouverture contre lui-même d'une procédure de redressement judiciaire (art. 181).

862. *Règles de poursuite.* – Le tribunal compétent, qui est celui ayant prononcé le redressement judiciaire de la personne morale

(décret de 1985, art. 163), est saisi par l'administrateur, le représentant des créanciers, le commissaire à l'exécution du plan, le liquidateur ou le procureur. Il peut également se saisir d'office (loi de 1985, art. 183). L'action se prescrit par trois ans à compter du jugement qui arrête le plan de redressement ou, à défaut, du jugement qui prononce la liquidation judiciaire (art. 180, al. 2).

863. *Mise personnelle en redressement judiciaire.* – Les règles de poursuite étant ici les mêmes (v., dès lors, n° 862), il suffit de préciser les cas où l'article 182 de la loi de 1985 prévoit que le tribunal a le pouvoir d'ouvrir une procédure collective contre le dirigeant de la personne morale. Les faits visés sont les suivants :

1° Avoir disposé des biens de la personne morale comme des siens propres ;

2° Avoir fait, sous le couvert de la personne morale masquant ses agissements, des actes de commerce dans un intérêt personnel ;

3° Avoir fait des biens ou du crédit de la personne morale un usage contraire à l'intérêt de celle-ci à des fins personnelles ou pour favoriser une autre personne morale ou entreprise dans laquelle le dirigeant était directement ou indirectement intéressé ;

4° Avoir poursuivi abusivement, dans un intérêt personnel, une exploitation déficitaire qui ne pouvait conduire qu'à la cessation des paiements de la personne morale ;

5° Avoir tenu une comptabilité fictive ou fait disparaître des documents comptables de la personne morale ou s'être abstenu de tenir toute comptabilité conforme aux règles légales ;

6° Avoir détourné ou dissimulé tout ou partie de l'actif ou frauduleusement augmenté le passif de la personne morale.

§ 2. – LES SANCTIONS PROFESSIONNELLES

864. *Faillite personnelle. Présentation générale.* – Aux termes de l'article 186 de la loi de 1985, la faillite personnelle emporte interdiction de diriger, gérer, administrer ou contrôler, directement ou indirectement, toute entreprise commerciale ou artisanale et toute personne morale ayant une activité économique. Elle entraîne également les interdictions et déchéances applicables aux personnes qui étaient déclarées en état de faillite au sens donné à ce terme antérieurement au 1er janvier 1968 (c'est-à-dire, exclusion des fonctions publiques, administratives ou judiciaires, des offices ministériels, déchéance des droits civiques et politiques, inéligibilité aux tribunaux de commerce).

865. *Cas de faillite personnelle.* – Les dirigeants visés, comme les possibles auteurs de la saisine, étant les mêmes que pour les sanctions patrimoniales (v., dès lors, *supra,* n°s 860 et 862), on se contentera ici d'indiquer les cas de faillite personnelle, en précisant bien que *tous sont désormais facultatifs :* le tribunal n'est jamais obligé de prononcer cette sanction, quelle que soit la gravité des fautes commises.

Ces cas sont :

– Tous ceux pouvant justifier la mise personnelle du dirigeant en redressement judiciaire (loi de 1985, art. 188 : v., dès lors, *supra,* n° 863),

– Et les cinq cas énumérés par l'article 189 :

1° Avoir exercé une activité commerciale ou artisanale ou une fonction de direction ou d'administration d'une personne morale contrairement à une interdiction prévue par la loi ;

2° Avoir, dans l'intention d'éviter ou de retarder l'ouverture de la procédure de redressement judiciaire, fait des achats en vue d'une revente au-dessous du cours ou employé des moyens ruineux pour se procurer des fonds ;

3° Avoir souscrit, pour le compte d'autrui, sans contrepartie, des engagements jugés trop importants au moment de leur conclusion, eu égard à la situation de l'entreprise ou de la personne morale ;

4° Avoir payé ou fait payer, après cessation des paiements et en connaissance de celle-ci, un créancier au préjudice des autres créanciers ;

5° Avoir omis de faire, dans le délai de quinze jours, la déclaration de l'état de cessation des paiements.

866. *Durée. Relèvement.* – Quand il la prononce, le tribunal fixe la durée de la faillite personnelle, qui ne peut être inférieure à cinq ans, et peut ordonner l'exécution provisoire de sa décision. Au terme prévu, les déchéances et incapacités cessent de plein droit, sans qu'il y ait lieu au prononcé d'un jugement (loi de 1985, art. 195, al. 1er).

La loi prévoit deux hypothèses de relèvement anticipé :

– le jugement de clôture pour extinction du passif : le relèvement est automatique (art. 195, al. 3) ;

– dans tous les autres cas, l'intéressé est en droit de demander au tribunal de le relever, en tout ou en partie, des déchéances et incapacités pesant sur lui « s'il a apporté une contribution suffisante au paiement du passif » (art. 195, al. 4).

867. *Interdiction de diriger ou contrôler une entreprise commerciale ou une personne morale.* – Cette sanction se présente comme une diminution de la faillite personnelle. L'article 192 de la loi de

1985 permet au tribunal de la prononcer à la place de cette dernière, mais uniquement dans les cas prévus aux articles 189 (v., sur ces cinq cas, n° 865) ainsi que dans celui où le dirigeant condamné en comblement de passif social n'acquitte pas sa dette. La substitution n'est, en revanche, pas possible dans les six cas énumérés au numéro 863 qui permettent donc uniquement le prononcé d'une faillite personnelle (v. n° 865).

§ 3. – LES SANCTIONS PÉNALES

868. *Banqueroute.* – Les personnes visées sont les commerçants, les artisans ainsi que les personnes qui ont, directement ou indirectement, en droit ou en fait, dirigé ou liquidé une personne morale de droit privé ayant une activité économique, lorsque eux-mêmes ou la personne morale considérée font l'objet d'un redressement judiciaire.

Les cas de banqueroute sont énumérés à l'article 197 (qui ne distingue plus, comme dans le passé, banqueroute simple et banqueroute frauduleuse). Ce sont les faits suivants :

1° Avoir, dans l'intention d'éviter ou de retarder l'ouverture de la procédure de redressement judiciaire, soit fait des achats en vue d'une revente au-dessous du cours, soit employé des moyens ruineux pour se procurer des fonds ;

2° Avoir détourné ou dissimulé tout ou partie de l'actif du débiteur ;

3° Avoir frauduleusement augmenté le passif du débiteur ;

4° Avoir tenu une comptabilité fictive ou fait disparaître des documents comptables de l'entreprise ou de la personne morale ou s'être abstenu de tenir toute comptabilité.

Les peines, également applicables aux complices, sont un emprisonnement de trois mois à cinq ans, une amende de 10 000 à 200 000 F ou l'une de ces deux peines seulement (art. 402 C. pén.).

869. *Autres infractions.* – Les articles 203 et 204 de la loi de 1985 prévoient toute une série d'infractions diverses. Les unes sont punies des peines de la banqueroute (par ex., le fait d'avoir frauduleusement déclaré dans la procédure collective d'autrui de fausses créances). Les autres sont uniquement punies d'un emprisonnement de trois mois à deux ans, d'une amende de 10 000 à 200 000 F, ou de l'une de ces deux peines seulement (par ex., le fait pour le commerçant, l'artisan ou le dirigeant d'avoir, pendant la période d'observation de la procédure collective l'atteignant, fait un acte de disposition sans l'autorisation du juge-commissaire).

INDEX ALPHABÉTIQUE

(Les renvois sont faits aux *numéros* du manuel et non aux pages. La lettre « s » signifie « et suivants ».

TABLE DES MATIÈRES

LIVRE II

LES SOCIÉTÉS COMMERCIALES ET LES GROUPEMENTS D'INTÉRÊT ÉCONOMIQUE

LIVRE III

LES ENTREPRISES PUBLIQUES

LIVRE IV

LES CONTRATS COMMERCIAUX

LIVRE V

LES EFFETS DE COMMERCE

LIVRE VI

LE TRAITEMENT DES DIFFICULTÉS DE L'ENTREPRISE COMMERCIALE

Achevé d'imprimer le 23 juillet 1986
sur les presses de l'imprimerie Delmas
à Artigues-près-Bordeaux

Dépôt légal : juillet 1986
Nº d'édition : 2130
Nº d'impression : 33946